国家级一流本科专业（会计学）建设点配套教材
云南省课程思政示范课重点培育项目

诚信为本
立德树人

"中级财务会计"课程思政探索与实践

陈旭东　徐良金　林雁　陈瑜婕　鲁啸宇◎编著

陈永飞◎主审

立信会计出版社
LIXIN ACCOUNTING PUBLISHING HOUSE

图书在版编目(CIP)数据

诚信为本　立德树人："中级财务会计"课程思政探索与实践/陈旭东等编著. —上海：立信会计出版社，2023.9
　　ISBN 978-7-5429-7229-3

　　Ⅰ.①诚… Ⅱ.①陈… Ⅲ.①高等学校—思想政治教育—教学研究—中国 Ⅳ.①G641

中国国家版本馆 CIP 数据核字（2023）第 197130 号

策划编辑　孙　勇
责任编辑　孙　勇
助理编辑　倪丹燕

诚信为本　立德树人："中级财务会计"课程思政探索与实践
CHENGXIN WEIBEN LIDE SHUREN ZHONGJI CAIWU KUAIJI KECHENG SIZHENG TANSUO YU SHIJIAN

出版发行	立信会计出版社		
地　　址	上海市中山西路 2230 号	邮政编码	200235
电　　话	(021)64411389	传　真	(021)64411325
网　　址	www.lixinaph.com	电子邮箱	lixinaph2019@126.com
网上书店	http://lixin.jd.com		http://lxkjcbs.tmall.com
经　　销	各地新华书店		
印　　刷	常熟市人民印刷有限公司		
开　　本	787 毫米×1092 毫米	1/16	
印　　张	20	插　页	1
字　　数	438 千字		
版　　次	2023 年 9 月第 1 版		
印　　次	2023 年 9 月第 1 次		
书　　号	ISBN 978-7-5429-7229-3/G		
定　　价	68.00 元		

如有印订差错，请与本社联系调换

自序
FOREWORD

时光如梭,光阴似箭。一转眼,我的教师生涯即将结束,回首往事,我发现有很多值得总结的事情:30多年积累的会计教学经验,会计职业经历、艰苦奋斗的创业经历等。

有位诗人说过:"很多记忆被锁住,压抑在心底,成为郁结,释放是最好的结果。"我一直想总结多年的会计教学经验和心得体会,把自认为好的东西保留下来、传播下去,在临近退休之时,这个愿望更加强烈,但我一直被一些繁琐的事务缠身,未能如愿。

30多年前,从选择教师这个光荣而神圣的职业起,我就立志要做一个好老师,绝不能误人子弟。这样一个真挚而朴素的愿望,现在看来却是一个很难实现的目标。真是"从满怀梦想,到前途迷茫,从青春少年,到双鬓染霜,我生活的轨迹无不是循着那条无法改变自我命运的路在走着"。

回首往事,当遇到挫折,四处碰壁时,我曾觉得苦苦追求的所谓的梦想犹似镜花水月。天马行空的承诺经不起现实风雨,被轻轻一击便灰飞烟灭,我迷茫、彷徨,我感叹命运不公,现实残酷,甚至准备放纵自我;可当我再回首,风雨依然,坎坷依旧,太阳依旧朝升夕落,滚滚江水依然东流,我不愿在自欺欺人的借口和理由中虚度年华。所以我没有逃避,没有放弃,反而拿出那种"明知山有虎偏向虎山行"的勇气做我认为有意义的事。有人问我:"你都快退休了还做这些干嘛?"我说:"正是快要退休了,才要'撸起袖子加油干'。"

近年来,习近平总书记多次提到"立德树人"是教师的本分和首要任务,教育部2020年5月发布的《高等学校课程思政建设指导纲要》指出:"经济学、管理学、法学类专业课程要帮助学生了解相关专业和行业领域的国家战略、法律法规和相关政策,引导学生深入社会实践、关注现实问题,培育学生经世济民、诚信服务、德法兼修的职业素养。"总书记的要求和党中央的精神真可谓"及时雨",对中国教育来说是"久旱逢甘霖"。乘此东风,我在2020年依托"中级财务会计"课程申报了云南省课程思政示范课重点培育项目,并于2021年经云南省教育厅批准立项,建设期两年。本书是该项目的主要成果,也是对我和我的同事、学生多年来"中级财务会计"课程教学和课程思政探索的总结。

从教30多年来,我践行"教书育人"的承诺,一直坚持每学期(新冠疫情期间除外)带领学生到企业和会计师事务所实地参观学习,邀请企业的会计前辈和资深注册会计师给同学们"传经送宝";安排学生参与假期实习实践活动,利用"云南财经大学司法鉴定中心"平台带领学生参与司法会计鉴定业务——到云南省第一监狱听正在服刑的犯罪分子"现身说法";带领学生创办自媒体平台("环球烛光财会解说"公众号),交流学习体会,关注现实问题,讨论社会热点。我通过诸多方式让学生关注现实社会、恪守职业道德、了解传统文化、遵守法律法规。这些我自发组织的活动与教育部《高等学校课程思政建设指导纲要》的要求高度契合。

从20世纪90年代开始,我边工作,边探索,边总结,写了一些教研文章,较有特色的是实践教学和情景教学方面的文章。进入21世纪后,尤其是近几年,在党中央和教育部的倡导下,课程思政将教育推入了一个新的时代,我和同事、学生有感而发,撰写了课程思政探索与实践系列文章。这些文章既有对教学方法的探讨,也有对法律法规和国家政策的研究,更多的是对课程思政的探索与思考。在"中级财务会计"课程的学习过程中,学生主要的问题是:面对抽象的概念和枯燥的政策与法规,难以理解;面对现实中的各种现象,不知对错。鉴于此,我们编撰了这本书,期望为学生们的会计学习旅途点燃思想的火炬,照亮同学们一路前行。这些文字就像一串串歪歪扭扭的脚印,记录了艰难的印迹。

本书是我和项目团队多年积累的教学经验的总结,由上下篇构成:上篇是"中级财务会计"课程思政指南。下篇是课程思政探索与实践(专题论文)。本书具有如下特点:

(1) 本书充分体现了专业知识与思政元素的融合,满足了课程思政建设需求,力争在传播知识的同时进行价值塑造和技能培养。本书将有关教育学、心理学、伦理学的理论融入企业财务会计理论知识体系,始终围绕"诚信为本,立德树人"的主题,注重务实与创新相结合。

(2) 本书作者身份多元,除了专业课教师,还有基层党组织的领导、从事学生思政工作的辅导员(组织员)和部分学生(研究生和本科生)。他们从不同的视角展开研究,使本书内容既有理论探讨,又有实践运用;既有专业阐述,又有思政引导;既传承历史文化,又关注现实问题。

本书是云南财经大学正在建设的国家级一流本科专业"会计学"的核心课程"中级财务会计"的配套学习指导书。本书适合学习"中级财务会计"课程的广大师生阅读,可作为教师和学生的课外读物和讨论素材。

本书由云南财经大学陈旭东教授负责总纂,由陈永飞教授(云南财经大学会计学院院长)担任主审。徐良金老师(云南财经大学会计学院原党委书记)对大纲和书稿进行了审查并提出修改意见。林雁博士(云南财经大学会计学院教授)参与了内容策划,负责上篇各章节内容的审定与修改并撰写了部分内容;陈瑜讲师(云南财经大学学生处心理咨询中心咨询师)从教育学、心理学角度对上篇各章节内容提出修改意见并撰写部分内容;鲁啸宇(云南财经大学会计学院硕士研究生)参与了内容策划和资料收集并撰写了部分内容。感谢参加本书撰稿的同事和学生们,尤其是我指导的研究生们,他们有活跃的思想、饱满的热情和崇高的理想,他们的很多思想和建议为本书增添了色彩;他们通过阅读大量文献,编写出符合各章节内容的思政案例、思政语录,找到契合各章节内容的历史故事;他们花费大量时间和精力分析数据,为案例提供参考答案。他们分别是:王清玢(第一章),李凌霄(第二章),冷欣芸(第三章),张晓琳(第四章),江宛霖(第五章),杨楠(第六章),鲁啸宇(第七章),阮怡颖(第八章),胡倩(第九章),王宇嫣(第十章),毛睿杰(第十一章),杨钦智(第十二章),孙卓然(第十三章)。云南财经大学会计学院诸位师生撰写的课程思政论文构成了下篇的主体。

卡耐基说过:"人生的价值,就是创造有价值的人生。正是如此,人生最值得回味的地方并不在功成名就之时。"这是一句至理名言,也是一切人生理念的思想基础。

人生的意义不仅在于"知",而且在于"行"。"知"是为"行"作准备的。愿本书既能给读者"知",又能引导读者"行",希望它能为有志于从事会计事业的读者指引奋斗的方向,帮助读者实现事业和人生的辉煌!

限于作者的水平,虽然我们一遍又一遍地审核与修改,但本书仍可能存在瑕疵,尚祈广大读者和同仁不吝赐教、指正。

陈旭东
于云南财经大学龙泉校区南院
2023.8.20

目录 CONTENTS

上篇 "中级财务会计"课程思政指南

第一章	"财务会计基本理论"思政指南	003
第二章	"货币资金"思政指南	017
第三章	"存货"思政指南	028
第四章	"固定资产"思政指南	040
第五章	"无形资产"思政指南	050
第六章	"投资性房地产"思政指南	062
第七章	"长期股权投资与金融资产"思政指南	075
第八章	"资产减值"思政指南	090
第九章	"负债"思政指南	101
第十章	"职工薪酬"思政指南	112
第十一章	"收入、费用和利润"思政指南	123
第十二章	"所有者权益"思政指南	134
第十三章	"财务报告"思政指南	147

下篇 课程思政探索与实践

第一部分 理论研究

诚信为本,立德树人
——试论会计类"课程思政"之"学科核心素养"内核及其实现途径
　　　　　　　　　　　　　　　　　　　陈旭东　林　雁　164

培根铸魂,教书育人
——谈"中级财务会计"课程研究与教学研究在思政教育中的作用
　　　　　　　　　　　　　　　　　陈旭东　鲁啸宇　田世晓　169

以德育人,以文化人
——云南财经大学"中级财务会计"课程思政改革探索及创新
　　　　　　　　　　　　　　　　　　　鲁啸宇　陈旭东　175

以人为本,以理服人
　　——论"具身式教学观"在课程思政中的作用　　　　　　　陈瑜婕　184
学以致用,实践育人
　　——"云南财经大学司法鉴定中心"成立二十周年反思
　　　　　　　　　　　　葛茂光　陈旭东　兰　剑　陈德怀　190
会计课程与思政教育融合的思考与探讨
　　——以"中级财务会计"课程为例　　　　　　梁安琪　魏　峥　197
"中级财务会计"课程思政教学机制构建与实施探析　刘李福　孟禹衡　杜敏瑞　208
新时代文化自信导向下的高校会计职业道德教育研究　施飞峥　邓斯敏琴子　215
内部控制"课程思政"教学内容与教学方法研究　　　　　　　李　正　221
"中级财务会计"课程思政切入点
　　——基于学生视角的思考　　　　　　　　　　　　　　张　妍　224
课程思政视角下的"慎独"教育
　　——公司治理课程实践之独董治理　　　　　　　　　　刘丽芳　230
财务会计课程教学模式优化设计中的"情景教学"研究　陈旭东　俞　昕　林　浩　236
我国传统文化与会计职业道德耦合方式的探讨　　　　　　　陈奕杉　243
课程思政对财会专业教学质量评价的影响　　　　　　刘李福　李鹏云　249
思政元素与"财务管理"教学有机契合探索　　　　　　田世晓　张丽华　263

第二部分　应用实践

"影视剧进课堂"财会课程思政化教学探索
　　——云南财经大学"财务会计"课程思政活动案例分析　陈旭东　倪仁龙　270
不信不立,不诚不行
　　——基于华谊兄弟"梦幻并购"的案例分析　　　　梁　颖　李红琨　276
"中级财务会计"课程思政建设路径探究
　　——以新收入准则为例　　　　　　　　　　　刘　琨　陈秋语　282
基于微信公众号的高校课程学习交流平台探索与实践
　　——"环球烛光财会解说"微信公众号成立两周年纪实　王清玢　陈旭东　290
课程思政案例:揭露舞弊的外衣　净化资产的容颜
　　——以康得新案例分析高质量函证程序的实施
　　　　　　　　　曾　军　朱晟林　李本春　张宝德　宋凌霄　杨紫莹　294
铸牢中华民族共同体意识教育课堂教学典型案例(上)
　　——"云南历史名人"对云南各民族会计发展的影响与贡献　陈旭东　曾　军　301
铸牢中华民族共同体意识教育课堂教学典型案例(下)
　　——中国少数民族财会博物馆参观与现场教学实录　曾　军　鲁啸宇　陈旭东　304

上篇

"中级财务会计"课程思政指南

第一章 "财务会计基本理论"思政指南

一、思政背景

(一) 课程内容

"财务会计基本理论"是"中级财务会计"课程的基础。"财务会计基本理论"部分通过对财务会计基础知识的系统介绍,对"中级财务会计"课程的后续内容起统领作用。

"财务会计基本理论"的主要内容如下:

(1) 对财务会计的基本概念进行阐述。财务会计是一项经济活动,对企业的资金运动进行核算与监督,并为利益相关者提供能够反映企业财务状况、经营成果和现金流量的信息。

(2) 介绍企业财务报告的目标。根据我国《企业会计准则》,企业财务报告的目标,是向财务报告使用者提供与企业财务状况、经营成果和现金流量等有关的会计信息,反映企业管理层受托责任履行情况,有助于财务报告使用者做出经济决策。该目标融合了受托责任观和决策有用观。

(3) 回顾会计基本假设、会计基础。会计基本假设包括会计主体、持续经营、会计分期和货币计量;会计基础包括权责发生制和收付实现制。我国企业会计以权责发生制为基础。行政单位会计采用收付实现制。事业单位会计除了经营业务可以采用权责发生制,其他大部分业务采用收付实现制。

(4) 回顾会计信息质量要求。我国《企业会计准则》规定会计信息质量要求包括可靠性、相关性、可理解性、可比性、实质重于形式、重要性、谨慎性和及时性八项。

(5) 回顾会计要素。会计要素包括资产、负债、所有者权益、收入、费用、利润。资产、负债和所有者权益反映企业的财务状况,三者的关系用会计等式表示为"资产 = 负债 + 所有者权益"。收入、费用和利润反映企业的经营成果,三者的关系用会计等式表示为"收入 - 费用 = 利润"。

(6) 逐层介绍企业会计法规体系。我国企业会计法规体系主要包括《中华人民共和国会计法》《中华人民共和国总会计师条例》《企业财务会计报告条例》《企业会计准则》《小企业会计准则》等。

中华人民共和国财政部官网显示,在"十三五"期间,全国会计专业技术资格考试报考人数和考试合格人数突破历史新高,相比"十二五"期间分别增长130%和173%,其中中级资格考试报名人次高达651万,具备中级资格的会计人员达到了242万人。① 由此可见,全国会计专业技术资格考试的公信力和吸引力不断增强。会计人员的数量与日俱增,会计人才的质量也需相应提高。一方面,财政部会计资格评价中心不断推进会计资格考试改革,衡量会计人员专业知识水平的标准日渐完善。另一方面,从正面来看,高水平的思想政治觉悟能够帮助会计人员提高工作的规范性,进而促进企业健康发展。从反面来看,财务舞弊现象的增加也迫使社会各界和会计人员自身更加注重思想品德修养。高校作为向社会输送会计人才的基地,应当通过课程思政建设实现专业知识与理想信念、品德修为、文化自信等元素的内在融合②,助力会计人才高质量发展。"财务会计基本理论"是"中级财务会计"的课程的基础。在"财务会计基本理论"部分融入思政元素,能够打开培养学生思政意识的大门。这对提高学生学习兴趣至关重要,也为会计专业学生日后从事财务工作奠定健康的思想基础,帮助学生树立正确的价值观。

(二)思政问题

在经济蓬勃发展的时代背景下,我国企业的规模不断扩大,市场竞争也愈发激烈。会计作为信息系统和企业重要的职能部门,也在不断发展、进化、变革。然而当前会计实务工作面临如下问题:

(1)一些企业及其员工违反会计职业道德。例如,一些企业会计人员背离如实反映的准则要求与职业道德,做假账,虚构信息。这不仅与财务报告的目标背道而驰,也让会计信息质量大大降低。

(2)一些企业及其员工违反法律法规。例如,受业绩压力影响,一些会计人员罔顾会计法规体系,对会计利润进行操控和粉饰。

(3)一些企业未能将中华优秀传统文化(如诚实守信、爱岗敬业、遵纪守法等)融入企业文化。

(4)一些会计人员的思想政治素养有待提高。高校、企业等机构需要加强对会计人员的思想政治教育。

在"财务会计基本理论"中融入思政元素,让会计人员在实务案例、名人名言、历史故事和法律法规的学习中增强法律意识、树立诚信理念、培养职业道德感,是本章内容的主旨。

(三)探索思路

本章在"财务会计基本理论"部分融入思政内容的探索思路如下:

(1)回顾会计专业知识。

(2)从会计基本假设、会计信息质量要求、会计要素与会计等式和企业会计法规体系等知识点入手,寻找思政切入点。例如,在会计基本假设中,将会计主体和会计分

---

① 财政部.会计改革与发展"十四五"规划纲要[EB/OL].(2021-11-24)[2022-11-24]. http://kjs.mof.gov.cn/gongzuodongtai/202111/t20211126_3769461.htm.

② 人民网-人民日报.全面推进课程思政建设(有的放矢)[EB/OL].(2021-06-08)[2022-11-24]. http://paper.people.com.cn/rmrb/html/2021-06/08/nbs.D110000renmrb_13.htm.

期与哲学中的"时间与空间",持续经营与哲学中的"客观与主观",货币计量与货币的历史变迁相联系;在会计信息质量要求中,结合毛主席的经典语录理解不同的会计信息质量要求,具体而言,可以结合的例子有可靠性与"实事求是"、可比性与"有比较,才有鉴别"、实质重于形式与"真善美,假丑恶"、重要性与"分清主次,学会弹钢琴";在会计要素与会计等式中,融入中国哲学"能量守恒,物质不灭"的思想和古典文学《易经》的"阴阳平衡"观念;在企业会计法规体系中融入"依法治国"方略和会计职业道德;等等。

(3) 用思政案例、思政语录、历史故事和法律法规等深化学生对会计知识点的理解。

二、思政切入

(一) 会计基本假设

1. 专业教学点

会计基本假设是指企业会计确认、计量和报告的前提,是对会计核算所处时间、空间环境等所做的合理设定。会计基本假设包括会计主体、持续经营、会计分期和货币计量。

会计主体,是指企业会计确认、计量和报告的空间范围。

持续经营,是指在可以预见的将来,企业将会按当前的规模和状态继续经营下去,不会停业,也不会大规模削减业务。

会计分期,是指将一个企业持续的生产经营活动划分为一个个连续的、间隔相同的期间。

货币计量,是指会计主体在会计确认、计量和报告时以货币计量,反映会计主体的生产经营活动。

2. 思政切入点

会计基本假设是人们研究会计问题的基础,也是人们进行会计实务工作的前提。从会计基本假设角度挖掘思政切入点,能够帮助会计人员在学习会计知识之初树立思政意识。本章关于会计四大基本假设思政要素切入点的思考如下。

1) 会计主体和会计分期

对于会计主体和会计分期而言,会计主体对应会计的空间范围,会计分期对应会计的时间范围。对于空间与时间的辩证关系,哲学理论给予了充分的探讨:空间和时间的依存关系表达着事物的演化秩序,空间和时间有各自的测量方法,同时又相互依存,两者共同促进万物发展。从哲学回到会计,时间与空间元素在会计中同样相互影响、不可或缺,会计主体在空间上为持续经营提供了载体,使经营行为得以发生,为会计分期提供划分基础;同时,有了会计分期会计才能及时提供会计主体的信息,帮助利益相关者做出决策,在时间上保护并维持了会计主体的存在。

2) 持续经营

从持续经营假设来看,我们引入马克思历史唯物主义的理论和观点。根据马克思主义哲学,万事万物都有其自身的发展规律。企业也不例外,根据生命周期理论,一个企业未必能够一直繁荣下去。企业的生命周期分为发展、成长、成熟和衰退四个阶段①,时代更迭、新老更替是常见的现象。持续经营假设旨在界定会计核算的时间范围,是服务于会计核算工作的理论,而不是为了固化财务工作。会计人员在实际工作中应该积极调整心态,正确对待企业的鼎盛与衰落。在企业繁荣昌盛时,会计人员应当兢兢业业、戒骄戒躁,做好本职工作;在企业步入低谷时,会计人员无需用粉饰财务报表等不正当手段自欺欺人,而应当积极乐观、辩证地看待企业的发展,寻找行业发展规律,从中挖掘有价值的信息,为企业寻找新的业务突破口。

3)货币计量

从货币计量假设来看,货币是会计的主要计量尺度,货币计量也是会计实务的特征和要求。货币有悠久的发展历史,中国的货币体系也在不断完善。会计从以实物计量为主演变为以货币为主要计量单位,是自然经济发展到商品经济的必然。计量方法与经济环境空间和经济发展时期相伴相生。人类要生存和发展必须进行生产劳动,必须对劳动的过程、结果和分配进行记录。在文字产生以前,会计萌芽于"刻木记事""结绳记数"。随着经济活动的发展和复杂化,实物计量不能满足经济活动内生性发展和管理的需要,不能对经济业务和要素进行全面反映,于是产生了货币计量,并服务于经济、市场和市场参与者。货币的出现给会计计量带来了极大的便捷,随着知识经济时代的到来,数字化浪潮已影响社会生活的各个领域,数字货币的出现也将对货币计量假设产生深刻的影响。但货币作为主要计量基础仍然是不可替代的。只要复式簿记系统存在,货币计量假设就不可缺少,因为没有任何计量单位能够取代货币这种统一的计量尺度来实现复式簿记内在的平衡机制。因此,货币计量一直是财务会计理论研究和实务应用的重点。

会计核算的不同方法能够产生不同的会计信息,但这些信息不是天然就有的,而是会计人员在一系列假设的基础上"生产"出来的。"中级财务会计"课程从会计的基本假设出发,能够更好地帮助学习者了解后续的会计核算方法在为谁服务,其根源出自何处。这其实与德育有着异曲同工之妙,学习者需要根据自己的目标确定自己应该具备哪些知识、能力和素养,这些知识、能力和素养应该与目标的实现有关联性。

(二) 会计信息质量要求

1. 专业教学点

会计信息质量要求是对企业财务报告质量的基本要求,是企业财务报告所提供的会计信息对投资者等使用者决策有用应具备的基本特征,它主要包括可靠性、相关性、可理解性、可比性、实质重于形式、重要性、谨慎性和及时性等。其中,可靠性、相关性、可理解性和可比性是会计信息的首要质量要求,是企业财务报告所提供会计信息应具备的基本质量特征;实质重于形式、重要性、谨慎性和及时性是会计信息的次级质量要

---

① 伊查克·爱迪思,王玥.企业生命周期[J].商学院,2019(7):120.

求,是对可靠性、相关性、可理解性和可比性等首要质量要求的补充和完善。

2. 思政切入点

会计信息承载着会计主体向利益相关者传达的内容,反映企业的财务状况、经营成果以及现金流量。真实可靠的会计信息能够有效地帮助利益相关者做出决策,然而,一些企业出于攫取金钱的目的,或者迫于维持企业名声的压力等,不惜对会计信息进行造假,扰乱市场秩序。从会计信息质量要求中寻找思政切入点,有助于提高会计人员的思想政治觉悟,改善市场环境。

我们发现,会计信息质量要求蕴含的思想道德观念与党的政治理念不谋而合。例如,在《毛主席语录》中,许多理念与会计信息质量要求有异曲同工之妙。

(1) 可靠性体现了"实事求是"的要义。会计信息质量的首要要求是可靠性。可靠性强调会计信息要以实际发生的业务为依据,完整、中立,会计人员不得凭空捏造、歪曲事实。"实事求是"是中国共产党思想路线的核心要义,也是会计人员的行事准则。资本市场上的许多财务舞弊行为本质上都是对"实事求是"的违背。实事求是思想督促会计人员脚踏实地,保持诚实可靠的品质,能够防止不良风气的蔓延。

(2) 可比性体现了"有比较,才有鉴别"的思路。可比性要求企业提供的会计信息相互可比,即投资者既能进行同一企业的纵向比较,也能进行不同企业的横向比较。毛泽东同志在《在中国共产党全国宣传工作会议上的讲话》中提到,"有比较,才有鉴别"。从企业自身来看,比较不同时期的经营状况,能够判断前进的方向是否正确;企业与同行业企业进行比较,能够发现差距,有差距才有奋斗的动力。从利益相关者角度来看,企业的利益相关者在很大程度上依赖会计信息对不同的企业进行比较,鉴别企业盈利质量的高低,从而做出正确的决策。

(3) 实质重于形式的内核是"弘扬真善美,摒弃假丑恶"。实质重于形式强调注重交易或事项的经济实质,而非法律形式。老子云:"天下皆知美为之美,斯恶已;皆知善之为善,斯不善已。"毛主席也多次强调弘扬真善美,摒弃假丑恶。做人真实,才能长久立足于社会;做事真实,才经得住考验。如今,一些人追求表面的虚荣,金玉其外,败絮其中。在会计行业,也不乏此种现象,一些做假账的企业便是反面教材。虚假的账套也许能瞒得过一时,但天网恢恢、疏而不漏,等到大家透过虚假外表看到其内在本质时,造假者往往悔之晚矣。会计人员切莫虚荣,要坚守初心,注重实质和内在。

(4) 重要性要求会计人员"分清主次,学会弹钢琴"。重要性要求会计人员判断会计业务中所有重要交易或事项,并将重要信息进行披露。企业的经济活动复杂多变,会计人员难以将业务中每一件事情记录在册。一些细枝末节对业务本身并不构成影响,所以,会计人员需要分清主次,把重要的事项如实披露,舍弃无足轻重的部分,让账务、报表和报告更加清晰明了。在日常工作中,会计人员需要对业务处理统筹兼顾,学会抓大放小,抓主要矛盾。然而,这并不等同于放弃细节,对于至关重要的细节部分,会计人员也要给予足够重视。

(三) 会计要素与会计等式

1. 专业教学点

企业会计要素可分为两类,即反映财务状况的会计要素和反映经营成果的会计要素。反映财务状况的会计要素有资产、负债和所有者权益三项,资产=负债+所有者权益。反映经营成果的会计要素有收入、费用和利润三项,收入-费用=利润。这两个会计等式之间的关系如下:资产=负债+所有者权益+收入-费用;资产+费用=负债+所有者权益+收入。

2. 思政切入点

会计工作的确认、计量、记录和报告都离不开会计等式。会计要素与会计等式是进行会计工作的依据。教师引导大学生结合思想政治元素深入理解会计等式,有助于为其以后从事会计工作打下坚实的思想道德基础。

我国记账采用复式记账法中的借贷记账法。在借贷记账法下,如果资产增加,那么负债或所有者权益也会增加;利润增加,意味着收入增加或者费用减少。会计等式就好比能量守恒定律。根据会计等式,各种会计要素不会凭空产生或消失,它只会从一种形式转化为另一种形式。因此,会计人员在会计工作中要注意各个会计要素之间的平衡。一如中国古代哲学经典《易经》所言,阴阳平衡是生命保持活力的根本,世间万物均有阴阳两面,阴阳之间变化无穷,但阴阳永远平衡。这既是自然规律,也是会计法则。企业过度负债,则很可能资金链断裂,陷入债务危机;企业非流动资产过多,则变现能力会降低,难以应对需要大量资金的突发状况;企业的费用过多,则很可能表明企业结构复杂、存在浪费现象等。企业应根据业务特点,使不同会计要素在总资产中占据合理的比重,保持平衡。

(四) 企业会计法规体系

1. 专业教学点

从纵向上看,我国企业会计法规体系包括三个层次:第一层是会计法律,主要有《中华人民共和国会计法》;第二层是国务院制定的有关会计工作的行政法规,主要有《中华人民共和国总会计师条例》《企业财务会计报告条例》等;第三层部门规章,主要有《企业会计准则》《小企业会计准则》等。从横向上看,我国企业会计法规体系包括会计核算方面的法规、会计监督方面的法规、会计机构和会计人员方面的法规以及会计工作管理方面的法规。

2. 思政切入点

党的十五大明确把依法治国确立为治理国家的基本方略。在新时代,习近平总书记多次强调建设社会主义法治国家的重要性。在我国,市场经济是法治经济,依法治企,督促企业合法合规经营是法治社会的要求。我国的会计法规体系正在完善的过程中,会计人员应当及时对新法律、新政策、新规定进行学习,在法律的框架内完成工作,知法、懂法、守法,对自己和企业负责。进一步来说,法律只是道德的底线,会计人员在平时的工作应当遵守会计职业道德,尽量用更高的道德标准要求自己。

三、思政案例

会计人员的主要工作之一就是将会计主体的资金运动情况转化成能够被广大利益相关者接受和理解的会计信息。社会经济的有效运行离不开真实的会计信息。如今,我国经济体制不断完善,社会主义市场经济蓬勃发展,越来越多的经济主体与国际接轨,以崭新姿态迎接经济全球化发展。随着经济规模扩大,经济业务日趋复杂,会计信息在宏观调控和微观管理上越来越显示出其突出而重要的作用。

会计信息质量的首要要求就是可靠性。如果会计信息不能反映客观事实,就会扰乱经济运行的节奏。例如,在上市公司年报"暴雷"、企业筹融资困难、国有资产使用效率低下或流失等问题中,会计信息失真都难逃干系。为了净化市场环境,维护经济秩序,中华人民共和国财政部(以下简称"财政部")持续对企事业单位、金融机构和会计师事务所等进行会计信息质量检查。自1999年会计信息质量检查工作正式开展以来,各级财政部门严厉打击企事业单位的会计违法违规问题,对会计造假起到了有效的震慑作用。会计监督工作为保护国家和投资者利益和有效实施财税政策提供了重要保障。

(一) 案例介绍

案例1 长生生物舞弊案例[①]

2017年,长春长生生物科技有限公司(以下简称"长生生物")生产的批号为201605014-01的百白破疫苗效价指标被曝不符合规定。时隔一年,国家药品监督管理局发布公告,长生生物对冻干人用狂犬病疫苗生产记录和产品检查记录实施造假,随意变更工艺参数和设备。

2019年年初,康美药业股份有限公司约300亿元的"会计差错"让人大跌眼镜,财务造假行为被"实锤"。

医药企业的会计信息失真,不仅损害投资者的利益,还危害人民群众的生命安全。与此同时,人民群众长期反映药价虚高,医疗卫生领域民生问题受到中央高度关注。

2019年6月,为完善医疗体系建设,财政部组织机构随机选取77家医药企业进行会计信息质量检查工作。此举一出,影响广泛。一方面,会计工作中虚开发票、虚增成本费用等问题会对计税基础产生影响,企业很可能同时面临税务机关的调查与处罚。另一方面,检查工作不仅局限于抽取的77家医药企业,这些企业的上下游企业、关联方企业在必要时也被纳入检查范围。

2021年,财政部发布《中华人民共和国财政部会计信息质量检查公告(第四十号)》,公告显示,我国医药行业确实存在带金销售、哄抬药价等违规行为,且有19家医药企业在会计工作中存在以下问题:①使用虚假发票、票据套取资金并在"体外使用";

[①] 《中华人民共和国财政部会计信息质量检查公告(第四十号)》[EB/OL].(2021-04-12)[2022-11-14]. http://jdjc.mof.gov.cn/jianchagonggao/202104/t20210412_3684478.htm.

②虚构业务事项或利用医药推广公司套取资金;③虚构会议记录;④账簿设置不规范;⑤其他会计核算问题。

这些行为严重违反了《中华人民共和国会计法》,财政部对违反会计信息质量要求的企业进行了行政处罚。

案例2　瑞幸咖啡财务造假案例①

2020年,瑞幸咖啡(Luckin Coffee Inc.),这个在美国纳斯达克上市不到一年的中概股因为财务造假案件在中美资本市场上引起轩然大波,高达22亿元人民币的虚假交易引起财政部的高度关注。同年5月,财政部对瑞幸咖啡境内2家主要运营主体瑞幸咖啡(中国)有限公司和瑞幸咖啡(北京)有限公司成立以来的会计信息质量开展检查,并延伸检查其关联企业、金融机构23家。检查发现,自2019年4月起至2019年年末,瑞幸咖啡通过虚构商品券业务增加交易额22.46亿元,虚增收入21.19亿元,虚增成本费用12.11亿元,虚增利润9.08亿元。

财务造假是造成中国企业诚信危机的典型问题之一。瑞幸咖啡作为中概股,相比仅在国内经营的公司而言会获取更多国际关注,其财务造假行为严重损害了中国品牌在国内外人民心中的形象。而且,瑞幸咖啡利用无中生有的高业绩进行虚假宣传,违反了《中华人民共和国反不正当竞争法》。对此,国家市场监督管理总局对瑞幸咖啡及为其虚假宣传提供实质性帮助的公司进行了严厉处罚。

案例3　北京润鹏冀能会计师事务所等违规执业

会计师事务所汇集会计专业人才,承接注册会计师业务,为企业提供审计、审阅等鉴证业务以及管理咨询、税务咨询等相关服务。会计师事务所作为独立的第三方,是连接企业与财务报表预期使用者的桥梁。当接受委托对企业进行审计时,会计师事务所扮演"监督人"的角色,既要检查企业的经济活动是否出现纰漏或错误,又要出具审计报告,向委托人和社会公众如实反映企业管理层的经济责任履行情况。

然而,审计工作本应以风险为导向,部分会计师事务所却唯利是图,以收费标准为导向,隐瞒被审计单位的错报,甚至与被审计单位管理层串通舞弊,出具无保留意见的审计报告误导投资者。为了纠正这一不良风气,财政部于2021年发布《中华人民共和国会计信息质量检查公告(第四十一号)》,对1 705家会计师事务所开展执业质量检查。公告将北京润鹏冀能会计师事务等5家会计师事务所的违规情况作为典型案例进行了披露,主要存在如下问题:①未签订审计业务约定书;②未履行必要的审计程序;③未收集充分、适当的审计证据;④未制作审计工作底稿;⑤会计师事务所向报表使用者出具的审计报告与该所留存的审计报告存在明显差异;⑥其他违反法律法规的情况。截至2022年2月28日,各地财政厅(局)已对85家会计师事务所、119名注册

---

①　财政部完成瑞幸咖啡公司境内运营主体会计信息质量检查[EB/OL].(2021-07-31)[2022-11-14].
http://jdjc.mof.gov.cn/gongzuodongtai/202007/t20200731_3560072.htm.

会计师做出不同程度的行政处罚。①

以上3个违反会计信息质量要求的典型案例反映的主要思政问题有：

(1) 道德问题。会计人员违反会计职业道德，未做到诚信、客观公正、勤勉尽责，专业胜任能力不足；违背社会主义核心价值观，未做到爱岗敬业；辜负投资者的信任，侵犯投资者的权益，忽略企业应承担的社会责任，损害消费者利益；等等。

(2) 法律法规问题。企业虚构、篡改会计信息，会计师事务所与被审计单位串通舞弊、出具虚假审计报告等，严重违反《中华人民共和国会计法》《中华人民共和国注册会计师法》等多项法律法规。

会计造假行为带来了一系列不良影响。从道德层面看，企业造假行为和部分会计师事务所的不作为导致企业形象崩塌。如果该企业是行业标杆或者知名度较高，则会引起广大消费者对该行业产品或服务质量的质疑，同时，投资者的信心会随着此类"暴雷"事件而消退，企业乃至行业的诚信危机将进一步加重。从法律层面看，企业对会计信息的大胆操纵和会计师事务所的玩忽职守是对法律法规的亵渎，它们扰乱市场秩序，严重损害利益相关者的合法权益，甚至危及投资者及消费者的生命和财产安全。

究其原因，有以下三点。

(1) 企业经营者的道德素养较低，法律意识淡薄。

(2) 企业管理层面临来自投资者业绩要求、维持上市资格等方面的压力，或者出于获取金钱、声誉等的动机，企图通过会计信息造假的手段营造"虚假繁荣"的现象。

(3) 外部监管力度弱使企业抱有侥幸心理；法律法规存在漏洞，给企业留下钻空子的机会。另外，企业的犯罪成本低，通过造假获取的利益大于受到的处罚，因此，企业并未重视规范自身的经济行为。

会计信息造假可能会给企业带来眼前的一时利益，但真相终究会有水落石出的一天。财政部的会计信息质量检查是一种强有力的财会监督手段，但是企业想要根除会计信息失真问题，还需要从自身出发，培养员工的职业道德，提高员工的法律意识。提高会计人员的思想政治觉悟，任重而道远。

(二) 思政小问题

1. 违反会计信息质量要求的经济后果有哪些？如何提高企业的会计信息质量？
2. 会计职业道德有哪些？是否只有会计人员才需要遵守会计职业道德？

(三) 思政小提示

1. 违反会计信息质量要求的经济后果

从企业角度来看，违反会计信息质量要求的行为向企业内外部传递了虚假信息，企业在虚假繁荣的境况下可能会在歧途上越走越远。该行为被曝光后，有损企业的形象和声誉，消费者认可度的降低以及有关部门的处罚很可能会使企业资金链断裂，甚

---

① 中华人民共和国财政部会计信息质量检查公告(第四十一号)[EB/OL]. (2022-03-16) [2022-09-22]. http://jdjc.mof.gov.cn/jianchagonggao/202203/t20220318_3796141.htm.

至破产、重整等。

从利益相关者角度来看,虚假的会计信息会扰乱市场的经济秩序,使投资者做出错误的决策,损害投资者的合法权益。如果企业销售的产品或服务与民生息息相关(如案例中提到的医药企业),虚假的会计信息有可能对广大消费者的生命和财产安全产生威胁。同时,会计造假行为会引起社会公众的不满情绪,不利于经济社会的稳定发展。从本质上讲,会计造假就是对法律法规权威性的挑战,也从侧面说明我国的法律体系还需进一步完善,监管部门的执法力度有待提高。

2. 提高企业的会计信息质量

提高企业的会计信息质量,可以从以下几个角度考虑。

1)企业内部

(1)构建良好的企业文化。企业文化被称为企业的"灵魂",它奠定了企业运行的基调。企业文化能够在无形之中影响企业员工的言行举止,当诚实守信、爱岗敬业和遵纪守法等正确的价值观融入企业文化后,员工会潜移默化地将这些美好的道德品质作为自己的行为准绳。企业文化从思想到行动上对员工进行约束,构建良好的企业文化,是保障会计人员提供真实有效的会计信息的重要基础。

(2)健全内部控制。内部控制是企业进行自我规划、调整、约束和评价的一种手段。首先,根据企业的实际情况设计合理的内部控制制度是企业健全内控的第一步,内部控制制度好比企业的章法,有了章法,企业才能有条不紊地开始运行。其次,内部控制制度需要得到有效执行才能发挥作用,这就需要企业各部门和每一位员工共同努力,在内部控制制度的框架下完成工作,做到"有法可依"、有迹可循。健全、有效的内部控制是企业进行合法交易、提供正确可靠的会计信息的重要保障。

(3)重视内部审计。内部审计是由企业的内部专职审计人员进行的审计,以改进企业会计工作、完善公司治理和增加企业价值为主要目标。内部审计部门相对于企业其他部门来说,具有一定独立性。内部审计工作能够对会计工作查漏补缺,保证会计人员工作方法和工作结果的合规性,从而提升会计信息质量。目前,我国企业对内部审计的重视仍然不足,考虑到企业规模以及业务量等因素,小微企业很少进行内部审计,往往只有部分大中型企业开展内部审计工作,而且内部审计质量也参差不齐。因此,我国企业对内部审计的重视程度亟待加强。

(4)加大对会计人员的培训力度。企业对会计人员的培训主要体现在两方面:一是对会计人员的专业能力进行培训。例如,在《企业会计准则》发生变化后及时督促会计人员学习,邀请业内专家开设讲座等;二是对会计人员的思想品德进行培训。例如,从会计信息造假案例中吸取教训,组织会计人员观看《经济与法》等视频。具备思想品德优秀、专业素质过硬的会计人员是企业提供高质量会计信息的前提。

2)企业外部

(1)监管机构的监督。中华人民共和国财政部、中国证券监督管理委员会、国家市场监督管理总局以及中国银行保险监督管理委员会等,都在财会监督和经济监督中发挥重要作用。监管机构负责建立有效的监督制度,对违法违规的企业实施惩戒,确保政策得以执行和企业有效披露信息。

(2) 社会监督。社会监督的覆盖面更加广阔,是我国监督体系的重要组成部分。中国经济界著名的"蓝田事件"便是社会监督发挥作用的一个典型案例,学者刘姝威凭借自己的智慧和力量,揭示了蓝田股份提供虚假财务信息的行为,维护了国家和广大投资者的利益。社会监督能够揪出经济社会中的"蛀虫",清除害群之马。

3. 会计职业道德的要求

会计职业道德的基本原则包括诚信、客观公正、专业胜任能力与勤勉尽责、保密以及良好职业行为。

会计职业道德是一般社会公德在会计工作中的具体体现,不仅会计人员需要遵守会计职业道德,每一个坚守在岗位上的人都需要遵守职业道德,把职业道德模范作为工作的标杆。特别是诚信原则,是每一个人在生活中应当坚持的。

(四) 思政小链接

(1)《长生生物因重大违法被强制退市》,网址:http://tv.cctv.com/2019/10/09/VIDEqX87PW1tcPd7FloeOfnc191009.shtml? spm = C53141181395.PDEc4Uuo9ucQ.Ezufm7A0dzE0.114。

(2)《财经探真:康美财务造假案始末》,网址:https://tv.cctv.com/2021/11/18/VIDEml1uqd4DriSBRFXCBUTr211118.shtml。

(3)《瑞幸咖啡造假苦了谁?》,网址:https://tv.cctv.com/2020/09/23/VIDElSuigi24mNTAzl2cp3Eq200923.shtml。

(4)《财政部:10 家会计师事务所被吊销执业许可》,网址:https://tv.cctv.com/2022/03/18/VIDE5hdr0vTSHIfOS9cNgny3220318.shtml。

(5)《财政部印发〈会计师事务所监督检查办法〉》,网址:https://tv.cctv.com/2022/05/13/VIDE29XBqIIbKDMDs3kX5BWBQ220513.shtml。

(6)《焦点访谈》之《财务造假须严惩》,网址:https://tv.cctv.com/2019/08/09/VIDE6gRCzFFHXEQe9H1FohqE190809.shtml。

四、思政语录

(1) 或言禹会诸侯江南,计功而崩,因葬焉,命曰会稽。会稽者,会计也。

——司马迁《史记》

(2) 过程越是按照社会的规模进行,越是失去纯粹个人的性质,作为对过程的控制和观念总结的簿记就越是必要。

——马克思《资本论》

(3) 金银天然不是货币,但货币天然是金银。

——马克思《资本论》

(4) 应该使一切政府工作人员明白,贪污和浪费是极大的犯罪。

——毛泽东

(5) 诚信为本,操守为重,遵守准则,不做假账。

——朱镕基

(6) 会计工作的重要性完全不低于科学技术。

——姚依林

(7) 开拓创新,加速会计工作现代化进程。

——刘仲藜

(8) 立信,乃会计之本。

——潘序伦

五、历史故事

"账"与"帐"的奥妙[①]

身为会计人员,我们常常看见办公室里堆放着厚厚的会计账簿。会计账簿是会计信息的重要组成部分,是编制会计报表等会计工作以及审计工作的依据。追溯"账"的历史,可以发现,"账"里大有奥妙。

有时候,我们会在早期的一些报纸、书刊上看到"帐簿"这样的字眼,其中的"帐"字与我们现在使用的"账"字有所不同。那么,这是否是出版社的疏忽导致的错别字呢?其实不然。在古代,人们一开始并未将"账"或"帐"同会计联系起来,账簿在不同时代有不同的称呼。账簿在商朝被称为"册",在西周被叫作"籍"或者"籍书",在战国时期更名为"簿书",到了西汉又被称为"簿"。会计史学家郭道扬先生在《中国会计史稿》中介绍了"帐"字是被运用到会计领域的两种起源:一是源自官府,古时高官出外巡游时会沿路设住宿用的帏帐,又称"供帐",登记供帐内财务收支的簿书就被称为"簿帐"或"帐",登记供帐内的经济事项被称为"记帐";二是源自民间,古时店铺销售货物,为了保证财务的私密性就会在店内悬挂布帘作为"帐帘",帘前用来卖货,帘后用来登记货物和钱财收支,帘后的地方便被称为"帐房",记录工作便成为"记帐"。

到近代,汉语中最初对关于银钱财物出入的记载使用的就是"帐"字。在1983年中国社会科学院语言研究所词典编辑室编辑的《现代汉语词典》中,"帐"字第2义项即为"关于货币、货物出入的记载","账"字则没有单独的释义。到了1994年,《现代汉语词典》才赋予"账"字含义,即关于货币、货物出入的记载。而"帐"仍然有两层意义,一是多以布、纱或绸子制成的挂在床上或支在地上用来遮蔽的帷幕;二是同"账"字。

不仅"账"字的由来较为复杂,我国的会计结算方法也经历过多次变革。据史料记载,"三柱结算法"是我国较早的一种账目记载方法,产生于西周时期,其基本结算公式

[①] 作者根据如下资料改编:郭道扬:《帐(账)的应用考析》,《会计研究》1998年第11期,第47—49页。

为:入－出＝余(或收－付(支)＝余)。到了唐代中期,四柱结算法逐渐流行,主要的会计元素包括"旧管""新收""开除"和"实在",结算的基本公式为旧管＋新收－开除＝实在,用现代会计语言来说即:期初余额＋本期增加额－本期减少额＝期末余额。用四柱结算法进行结算的会计记录被称为"四柱清册"。

明末清初时,一位名叫"傅山"的商人对"四柱清册"记账方法加以创新,设计出更适用于民间商业的"龙门账"。龙门账的主要会计元素包括进、缴、存、该,即全部收入、全部支出、资产(包括债权)、负债与资本,4个元素的关系为:进－缴＝存－该。民间商业在年终办理结算时,就可以通过"进"与"缴"或"存"与"该"的差额平行反映盈亏,差额为正则为盈,差额为负则为亏。傅山将这种通过双轨计算盈亏,并检查账目平衡关系的会计方法形象地称为"合龙门","龙门账"因此而得名。"龙门账"的诞生标志着我国复式记账的开始,龙门账法是我国会计发展史上具有划时代意义的一种复式记账方法。

六、法律法规

(一) 会计法律法规概览

(1)《中华人民共和国会计法》。
(2)《中华人民共和国注册会计师法》。
(3)《中华人民共和国预算法》。
(4)《中华人民共和国审计法》。
(5)《中华人民共和国公司法》。
(6)《中华人民共和国反不正当竞争法》。
(7)《中华人民共和国总会计师条例》。
(8)《企业财务会计报告条例》。
(9)《企业会计准则》。
(10)《小企业会计准则》。
(11)《事业单位会计准则》。
(12)《政府会计准则——基本准则》。

(二) 政策规定

1.《关于加强会计人员诚信建设的指导意见》(财会〔2018〕9号)

完善会计职业道德规范,加强会计诚信教育,建立严重失信会计人员"黑名单",健全会计人员守信联合激励和失信联合惩戒机制,积极营造"守信光荣、失信可耻"的良好社会氛围。

2.《国务院办公厅关于进一步规范财务审计秩序 促进注册会计师行业健康发展的意见》(国办发〔2021〕30号)

诚信为本,质量为先;从严监管,从严执法;归位尽责,协同发力;综合施策,多措并举;着眼长远,常抓不懈。

3.《会计改革与发展"十四五"规划纲要》

坚持强化会计法治建设;持续推动会计立法、普法、执法工作,建立健全会计法律制度体系,加强会计监督、加大违法惩处力度、加快推进职业道德建设;贯彻新发展理念,不断推进会计管理制度创新,推动会计管理体制机制变革。

参考文献

［1］伊查克·爱迪思,王玥.企业生命周期［J］.商学院,2019(7):120.

［2］中华人民共和国财政部.关于印发《会计改革与发展"十四五"规划纲要》的通知［EB/OL］.(2021-11-26)［2022-08-10］. http://kjs.mof.gov.cn/gongzuodongtai/202111/t20211126_3769461.htm.

［3］孟庆瑜,阴冬胜.全面推进课程思政建设［N/OL］.人民日报,(2021-06-08)［2022-08-10］. http://paper.people.com.cn/rmrb/html/2021-06/08/nbs.D110000renmrb_13.htm.

［4］刘天永.2019年财政部专项检查或将引发医药行业三大连锁反应［EB/OL］.(2019-07-17)［2022-08-10］. http://shuo.news.esnai.com/article/201907/192006.shtml.

［5］郭道扬.中国会计史稿(上册)［M］.北京:中国财政经济出版社,1982.

［6］吴作凤,陈娟,赵长芬.实现专业育人和人才培养质量的双向提升［J］.中国高等教育,2021(12):59-61.

第二章 "货币资金"思政指南

一、思政背景

(一)课程内容

"货币资金"是"中级财务会计"课程的核心内容之一,是学习"中级财务会计"课程的基础。在现实生活中,一些企业通过虚构货币资金的方式来夸大自身经营成果,也存在一些单位负责人或会计人员私设小金库以牟取私利的现象。这些行为会对企业、市场和公众利益造成负面影响。因此,货币资金管理是企业财务管理的重要内容。

(二)思政问题

虚构货币资金一直以来都是资本市场财务造假的重要手段之一。企事业单位负责人或普通会计人员也会发生私设小金库等行为。究其原因,利益相关人员"利欲熏心""道德沦丧"、没有正确的"金钱观"、幻想"不劳而获"是问题的关键。同学们通过学习"货币资金"这一章,可以了解到"现金流"维系着企业的生命,可以明确"现金流"对企业的重要性,树立正确的"金钱观",摒弃"人为财死,鸟为食亡"的观念,理解"君子爱财,取之有道"的古训,了解并掌握内部控制的重要性,从而更好地了解会计工作,为后续学习打下坚实的基础。

(三)探索思路

"中级财务会计"课程是本科会计专业的核心课程之一,在初级和高级财务会计课程之间起桥梁作用。"货币资金"是学生正式学习"中级财务会计"课程具体知识体系的开始,处于此学习阶段的学生,其会计观念尚未成熟,教导学生树立正确的会计观念是一项重要任务。"货币资金"部分课程思政探索的思路主要着眼于职业道德培养和学生的价值观、消费观、金钱观塑造两个层面,具体分为以下几点:①强调社会主义核心价值观中的"诚信""敬业";②强调树立正确的价值观、消费观、金钱观;③强调坚持独立性原则,坚守会计职业道德,诚信做人、诚信做事;④强调培养团队意识、团队精神。

二、思政切入

(一)货币资金概述

1. 专业教学点

货币资金是指可以立即投入流通领域,用于购买商品或劳务,或用于偿还债务的交换媒介,货币资金是资产负债表的一个流动资产项目,体现"库存现金""银行存款"

和"其他货币资金"三个总账账户的期末余额。货币资金按其形态和用途的不同分为库存现金、银行存款和其他货币资金。货币资金是企业中最活跃的资金,流动性强,是企业的重要支付手段。

2. 思政切入点

1) 现金流的重要性

货币资金在企业的资产中占据重要地位,是企业资产中流动性最强的一种。任何企业要进行经营活动都必须拥有一定的货币资金,持有货币资金是企业开展生产经营活动的基本条件。因此,货币资金的核算在企业会计核算中占据重要的地位。企业要加强现金流量管理,根据其不同经营阶段的特点,采取相应有效的现金流量管理措施,才能保证生存和正常经营。例如,历史上最大的零售业破产案——格兰特公司破产案发生的主要原因之一就是格兰特公司未能严格控制现金流量,它盲目扩张导致了现金流断裂,进而导致破产。格兰特公司在倒闭之前,它的年营运净收入将近1 000万美元,其经营活动提供了2 000多万美元的流动资金,而其向美国银行的借款则高达6亿美元。这家公司之所以会倒闭,是因为它在倒闭之前的5年的净现金流一直都是负值。虽然格兰特公司盈利丰厚,但是格兰特公司却无力承担巨额的生产性开支和负债成本,格兰特公司在1975年宣告了"成长破产"。

同学们可以通过此案例了解并明确现金流对企业的重要性。同时,同学们应当牢记:在未来从事会计或出纳工作时,要时刻谨记货币资金的重要性,算好每一份账,数清每一分钱,这既体现了社会主义核心价值观中的"诚信""敬业",同时也是会计或出纳人员实现自我价值、促进企业发展的体现。

2) 有钱是否能使鬼推磨

冯梦龙在《喻世明言》中说:"正是'官无三日紧',又道是有钱能使鬼推磨。""有钱能使鬼推磨"在古时被用来形容金钱是万能的。这源自一个古代小故事:蔡伦在东汉时期制造出了高品质的纸张,这种纸张非常畅销。蔡伦的嫂子慧娘让她老公向蔡伦学习如何造纸,但她老公做得不好,乡亲们因纸的质量不行而不买她家的纸。于是,她就想到了一个方法:自己躺在棺材中假死,让丈夫在棺材旁一边哭,一边烧纸。此时,村里的人都过来帮忙,惠娘就从灵柩中起身站起来,说道:"我才入地府,阎王让我推磨,正巧此时我的丈夫在烧纸,阳间的纸在地府就是通用的货币,几个'地府小鬼'为了拿到我丈夫烧给我的钱,就都争着推磨。我还将我丈夫烧给我的其余纸都给了阎王,阎王就把我从地府里带回了阳间。"村民相信了慧娘的话,争相抢着去买慧娘家的纸,将其烧给过世的家人。这就是俗语"有钱能使鬼推磨"的由来。

"有钱能使鬼推磨"看似是一句玩笑话,却蕴含深意。一方面,其反映了金钱的重要性。金钱是货币的俗称,货币是商品交换的产物,是在商品交换过程中从商品世界分离出来的固定地充当一般等价物的商品,是通货的一种。简而言之,使用货币可以换取同等价位的商品。同学们应该明白货币资金对企业的重要性,它维系着企业的生命,这要求同学们走上工作岗位后贯彻社会主义核心价值观之"敬业",在未来从事会计或出纳工作时,要认真仔细地记录企业的货币资金活动,加强货币资金的管理活动;当企业在货币资金方面出现问题时,要及时反映。另一方面,"有钱能使鬼推磨"这句话也警示同学们,既要明确货币资金对企业的重要意义,同时也要树立正确的价值观、消费观、金钱观,不能"为使鬼推磨",就放弃自我约束,什么钱都要,什么钱都拿。同学们应当践行社会主义核心价值观,弘扬法治精神和敬业精神,严格按照法律要求执行会计工作,坚守会计工作职业道德。同学们要树立正确的金钱观,树立"君子爱财,取之有道"的观念,虽然会计工作是一份与钱打交道的工作,但同学们应该明白我们必须通过合法劳动来获得报酬,而非利用会计工作的便利来侵占企业或单位的货币资金。钱固然很重要,但我们作为有思想、有感情的生物不能被它钳制,因为比钱更重要的是实现我们个人的人生价值。

(二) 货币资金的内部控制

1. 专业教学点

内部控制是在一定的环境下,单位为了提高经营效率、充分有效地获得和使用各种资源,达到既定管理目标,而在单位内部实施的各种旨在实现制约和调节的组织、计划、程序和方法。

货币资金内部控制目标是企业管理者建立、健全内部控制的出发点。货币资金的内部控制目标有以下几个:

(1) 货币资金的安全性。企业应当通过完善的内部控制,确保企业库存现金的安全性,要预防库存现金被盗窃、诈骗和非法挪用。

(2) 货币资金的完整性。企业应当检查经营过程中所收到的货币是否已全部入账,预防相关人员私设"小金库"等侵占企业收入的违法行为。

(3) 货币资金的合法性。企业应当检查货币资金的取得、使用是否符合国家法律法规要求,相关手续是否完整齐全。

(4) 货币资金的效益性。企业应当合理调度货币资金,尽量使其发挥最大的效用。

由于货币资金具有高度的流动性,它也最易为会计或出纳人员挪用与侵占,为了减少差错的发生概率和营私舞弊的机会,企业需要建立一套完整的货币资金内部控制制度。货币资金内部控制的主要内容包括以下几个方面:一是建立、健全货币资金内部牵制制度;二是加强库存现金和银行存款的管理;三是加强票据及有关印章的管理;四是实施内部稽核,加强监督检查。

2. 思政切入点

法律规定企业应当建立、健全内部控制制度。会计人员也应当遵守法律法规,遵守企业内部控制制度,保证货币资金取得和使用的合法性与完整性,确保货币资金的安全性。会计人员应以社会主义核心价值观中的"法治""诚信"为基准,保持独立性原则,坚守会计职业道德,不拿单位或企业的一针一线,要诚信做人、诚信做事,绝不能为了私利选择帮助企业进行财务造假。

2021年10月18日,证监会在其官网公布了行政处罚决定书(宜华生活科技股份有限公司[①]及其19名责任人员),处罚决定书披露:宜华生活及相关财务人员通过不记账、虚假记账、伪造银行单据等方式虚增货币资金。在剔除未达账项因素后,公司2016年年度报告披露2016年12月31日的货币资金余额为3 552 073 045.82元,经查实,虚增银行账户资金2 439 835 376.26元,虚增的金额分别占公司披露的货币资金总额的68.69%、净资产的32.95%和总资产的15.27%;公司2017年年度报告披露2017年12月31日的货币资金余额为4 229 034 586.32元,经查实,虚增银行账户资金1 598 098 123.26元,虚增的金额分别占公司披露的货币资金总额的37.79%、净资产的20.04%和总资产的9.57%;公司2018年年度报告披露2018年12月31日的货币资金余额为3 388 644 465.57元,经查实,虚增银行账户资金2 606 776 694.49元,虚增的金额分别占公司披露的货币资金总额的76.93%、净资产的31.17%和总资产的14.60%;公司2019年半年度报告披露2019年6月30日的货币资金余额为2 767 419 442.80元,经查实,虚增银行账户资金2 014 638 295.61元,虚增的金额分别占公司披露货币资金总额的72.80%、净资产的23.84%和总资产的11.68%。另外,汕头市宏辉木制品有限公司(简称汕头宏辉)和汕头市亮光建材贸易有限公司(简称汕头亮光)均由宜华生活的控股股东宜华集团实际控制,因此,其与宜华生活之间的资金往来应当属于关联交易。2016年1月1日至2019年12月31日,在未经上市公司决策的情况下,宜华生活总裁刘绍香直接指挥财务人员,通过宜华生活名下共6家银行的10个账户向汕头宏辉和汕头亮光名下共2家银行的3个账户进行资金划转,总共划转资金15 710 968 918.60元,回流资金16 420 811 763.60元,然而宜华生活的财务人员对上述与汕头宏辉及汕头亮光的巨额资金往来均未记账。宜华生活及其财务人员都严重违反了相关法律法规,既严重损害了投资者和资本市场的利益,也动摇了证券市场的信任基石。

同学们通过对"货币资金"这一章知识点的学习,结合宜华生活案例,对货币资金相关知识有进一步的认识;在学习货币资金相关知识的同时,同学们更要看到宜华生活的财务人员帮助管理层财务造假的后果,要借助宜华生活案例时时刻刻督促自己,不能突破国家法律法规底线,不得无视会计职业道德的约束,要时刻牢记会计底线,坚守会计准则,做好会计工作。

(三) 库存现金与银行存款

1. 专业教学点

库存现金是指企业为了满足生产经营过程中零星支付需要而保留的现金,包括人民币现金和外币现金。除了库存现金的概念,库存现金的相关知识点还包括库存现金的限额和使用范围、库存现金的管理制度、库存现金的会计核算。

银行存款通常是指企业存放在银行和其他金融机构的货币资金。按照国家现金

---

① 简称宜华生活或公司。

管理和结算制度的规定,每个企业都要在银行开立账户(即结算户),用来办理存款、取款和转账结算。银行存款账户分为基本存款账户、一般存款账户、临时存款账户和专用存款账户。银行转账结算是指不使用现金,通过银行将款项从付款单位(或个人)的银行账户直接划转到收款单位(或个人)的银行账户的货币资金结算方式。国内银行结算方式主要有银行汇票、商业汇票、银行本票、支票、汇兑、委托收款、托收承付、信用卡、信用证等。除了上述有关银行存款概念、分类的基本知识,银行存款相关知识点还包括银行存款的会计核算方法与银行存款余额调节表。

2. 思政切入点

《中华人民共和国会计法》第二十七条规定,记账人员与经济业务事项和会计事项的审批人员、经办人员、财物保管人员的职责权限应当明确,并相互分离、相互制约。不相容岗位分离制度是为了保证各岗位能够独立、有效地履行各自的职责,也是防止企业内部发生舞弊行为的重要举措。在学习这些知识时,同学们既要理解会计与出纳岗位分离的原因、措施与意义,也要理解会计与出纳这两个岗位的关联性,要培养团队意识、团队精神,因为财务部门的正常运转,既不能缺少会计,也不能缺少出纳。同学们应当举一反三,对会计知识的学习不能停留在课本知识层面,而要跳出课本,思考各种会计制度的制定背景和逻辑,在学习与思考中提升自我。

三、思政案例

(一)案例介绍

一名公职人员的堕落[①]

2021年6月,一起司法拍卖引起网络热议。当时,安徽省滁州市中级人民法院拍卖一起贪污案件的涉案财物,其中有一张青眼白龙游戏卡,它是一款网络游戏的纪念品,没有任何实际功能,但因为全球限量发行500张,其市场价为10多万元。没想到开拍才半小时,竞价就被抬到了8732万元,这只是网友抱着凑热闹心态胡乱加价的结果,并无人真的买单,最终流拍。事后这场天价拍卖因"拍品与实际竞价严重不符,可能存在恶意炒作与竞价行为"被叫停,但这一张被拍卖的青眼白龙游戏卡与它曾经的主人"95后"普通基层人员——张雨杰却由此引起了社会的高度关注。

1. 欲罢不能,覆水难收

张雨杰1995年出生于安徽一个工薪家庭。在学生时代,张雨杰成绩普通,2014年,张雨杰高中毕业,但是由于高考成绩一般,他并未考上大学,被滁州市劳务中心派遣到滁州市不动产登记中心工作,在交易管理科担任存量房资金托管一职,他的具体工作是在政务服务中心大厅窗口接待市民,收取买房托管资金、填写托管协议、开具银行存款凭证和资金托管凭证。针对这个每天都进行大额交易的岗位,不动产登记

[①] 本案例主要参考资料:央视纪录片《零容忍》第五集《永远在路上》,网址为 https://tv.cctv.com/2022/01/22/VIDE9YkLEzqBdu1rM0huDEVD220122.shtml。

中心自然也有一套防止内部人员贪污的系统。只要账上出现漏洞，该系统很快就能排查出造成问题账目的人，如此便没人敢挪用公款，张雨杰也不敢，但在不动产登记中心浑浑噩噩地混了两年日子后，一个"小插曲"却彻底改变了他的人生轨迹。

2016年，一个买方带着几万元现金来办理托管业务，但不动产登记中心只接受刷卡支付。由于买方实在着急，张雨杰便提出先帮买方办理业务，现金就暂时存在张雨生卡里，等第二天他再帮买方刷卡，买方听完也同意了。这个手续看似"灵活变通"，其实是在做空账，已经违反了不动产登记中心的规章纪律。事实证明，这种规章纪律是很有必要的。因为到了当天晚上，沉迷网游的张雨杰为了买游戏装备，在贪念的驱使下打起了那笔钱的主意。他起初只花了一点，觉得自己上班前补上就行。但他越花越上头，直到支付界面显示余额不足时，他才后知后觉发现自己闯祸了。张雨杰心里忐忑不安，经过一番思想斗争后，张雨杰最终还是败给了贪念和侥幸心理，决定先瞒着这件事，看看单位会不会发现。很快一个月过去了，张雨杰发现根本没人查到账上的这笔漏洞。这时，他开始动起了歪心思："我再弄一点，应该也没事。"事实证明，张雨杰低估了自己的贪念和虚荣心。

2. 掩耳盗铃，越贪越多

把手伸向公款后，张雨杰开始了一系列报复消费的行为。他专程跑到了上海，在那里租了一套月租38 000元的房子，只为感受国际大都会的灯红酒绿。当时的他并没有辞职，还是在安徽滁州工作。他的通勤工具和其他上班族也有些不同，别人上下班挤公交，他是坐高铁商务座。除了衣食住行，张雨杰的娱乐活动自然也丰富多彩。

沉迷网游的张雨杰也曾"小打小闹"充过一些钱，但是由于家庭不富裕、自己工资又低，他买不起高级甚至顶级的装备。但当他开始把公款装进个人腰包后，立马就经受不住诱惑，在游戏里疯狂购买顶级装备，从而登上了排行榜的榜首，狠狠满足了自己的虚荣心。除了游戏，张雨杰也有别的"爱好"，那就是交女朋友。他玩网游的钱和他给女朋友花的钱相比就是九牛一毛。他先后交了3个女朋友。为了维持跟每一任女朋友的感情，他的方法非常简单粗暴，那就是用钱"砸"。他动不动就给女朋友买包和首饰，吃饭也经常到日料店或西餐馆。到了节假日，他还会带女朋友旅游，住的是绝大多数老百姓住不起的酒店。比如，他去三亚旅游时，就带女朋友住了10万多元一晚的豪华海底套房，且连住了4晚。他的每个女朋友看他花钱大手大脚，都曾好奇他这么多钱究竟是从哪来的。他回答得也很"巧妙"："她们要问的话，我就说是从事房地产方面工作的，也不算说岔了，因为我确实在做房地产方面的工作。"要维持这种奢靡无度的生活，必然需要大量的现金。"一回生两回熟"的张雨杰，逐渐把单位当成了自己的存钱罐，变得越来越肆无忌惮。

3. 大错已成，追悔莫及

2019年，做贼心虚的张雨杰打算"金盆洗手"，带着贪污来的巨款跟女朋友结婚。为了准备婚房，张雨杰又一次利用了自己的职权。他以女朋友的名字办理了一个资金托管手续，一分钱没花就"买"下了一套二手别墅。办完手续后，张雨杰就从单位辞职了。他以为自己跑了之后,单位就算发现账上的"大窟窿"也不会查到他头上,他甚至还妄想单位永远都不会查账。

经过调查,张雨杰在2016年到2019年3年多的时间里,采取收款不入账、伪造收款事实等方式,陆续侵吞公款竟达6 900多万元。

4. 天网恢恢,疏而不漏

2020年3月,滁州市不动产登记中心工作人员在支付一笔钱时,突然发现单位资金池没钱了。经统计,单位发现有约7 000万元待支付漏洞。在经过不到半个小时的对账后,工作人员发现了张雨杰的一系列贪污行径。后来张雨杰自己也说:"这个漏洞说白了很好找,只要你真的想对的话,基本上不用半个小时就对出来了。"很快,张雨杰就被警方带走调查了。检方指出:2016年至2019年4月,张雨杰基于在托管业务中填写托管协议、开具资金托管证明、收取买房托管资金等职务便利,通过直接侵吞托管资金而不入账,伪造收款事实,利用单位账户中公款支付其个人买房费用,虚构买房事实骗取单位公款等方式,多次挪用存量房托管资金计6 993.25万元。检方认为,被告人张雨杰在受国家机关委托从事公务期间,利用职务之便,采取侵吞、骗取等手段非法占有公款6 993.25万元,数额特别巨大,应当以贪污罪追究其刑事责任。被告人张雨杰犯贪污罪,被判处无期徒刑,并没收个人全部财产。

在张雨杰一案中,受罚的不仅是他一个人,还有负有相关责任的19名党员领导干部和公职人员:张雨杰的老上司、交易管理科副科长赵元,被判处有期徒刑3年,缓刑5年;不动产登记中心主任周立凯被撤职和留党察看两年;滁州市住房和城乡建设局局长范恒军受到了党内严重警告处分……之所以罚他们,最主要的原因是,不动产登记中心的账务管理工作具有重大隐患:不光很多账目不齐全,甚至还弄丢了大量凭证与资料。由此可见,他们几乎从来没有审核过账目款项。

(二) 思政小问题

1. 在上述案例中,张雨杰的行为违反了哪些法律?
2. 挪用公款的常用手段有哪些?危害是什么?
3. 请从企事业单位、单位负责人和财务主管、普通财务人员、监管部门等角度出发,探讨如何才能有效防止企事业单位相关人员挪用公款的行为?
4. 挪用公款是典型的公权私用行为,除了挪用公款,还有哪些常见的公权私用行为?请思考相关部门可以采取哪些措施防止公权私用行为从而将权力装进制度的笼子里。

(三) 思政小提示

1. 违法行为提示

在该思政案例中,张雨杰基于在托管业务中填写托管协议、开具资金托管证明、收取买房托管资金等职务便利,通过直接侵吞托管资金而不入账,伪造收款事实,利用单位账户中公款支付其个人买房费用,虚构买房事实骗取单位公款等方式,多次挪用存量房托管资金计6 993.25万元。这些行为构成了贪污罪和挪用公款罪,违反了我国

《刑法》第 382 条和 384 条。

2. 挪用公款提示

挪用公款行为表现如下：

（1）国有公司、企业、事业单位和人民团体工作人员和国有公司、企业、事业单位和人民团体委派到非国有公司、企业、事业单位和人民团体中从事公务的人员，利用职务上的便利，挪用本单位资金归个人使用，进行非法活动；或者挪用本单位资金数额较大，进行营利活动的；或者挪用本单位资金数额较大、超过 3 个月未还的行为。

（2）国有公司、企业或其他国有单位中从事公务的人员和国有公司、企业或其他国有单位委派到非国有公司、企业以及其他单位从事公务的人员，利用职务上的便利，挪用本单位资金归个人使用或者借贷给他人，数额较大，超过 3 个月未还的；或者虽未超过 3 个月，但数额较大、进行营利活动的；或者进行非法活动的行为。

（3）国家工作人员利用职务上的便利，挪用用于救灾、抢险、防汛优抚、扶贫、移民、救济款物归个人使用的行为。

挪用公款对单位的主要影响如下：

（1）很少有人能及时归还挪用的公款，这对企业来说将是一笔不小的经济损失，单位即使提起刑事附带民事诉讼也难以追回。

（2）既然公款被挪用，企业自然就拿不到企业账户中的利息。

（3）对于单位来说，少了一笔资产，这笔资产的去向，在会计上没有反映，会造成账实不符。

3. 制度措施提示

挪用公款等公权私用行为其实就是权力失去制约和监督所导致的权力滥用、以权谋私行为。我国要防止挪用公款等公权私用行为，就应当把权力关进制度的笼子里，把权力运行纳入法治轨道，用制度规范、约束、监督、制衡权力，保证权力正确行使；同时，必须贯彻法治思维，坚持标本兼治，着力用好法治、监督、惩戒、责任和文化五种力量。

（四）思政小链接

1.《年轻干部贪腐行为呈现这两个特点，行为更隐蔽》，网址：https://export.shobserver.com/baijiahao/html/452883.html。

2. 2022 年中央电视台综合频道播出的五集电视专题片《零容忍》第五集《永远在路上》，网址：https://www.bilibili.com/video/BV19b4y1J76z?spm_id_from=333.337.search-card.all.click。

3.《零容忍！95 后工作人员张雨杰，3 年贪污公款竟高达七千万！》，网址：https://baijiahao.baidu.com/s?id=1722642668593831321&wfr=spider&for=pc。

4.《"工作人员"张雨杰贪腐，怎会"如入无人之境"》，网址：http://news.eastday.com/eastday/13news/auto/news/csj/20220121/u7ai10049632.html。

5.《习近平:把权力关进制度的笼子里》,网址:http://fanfu.people.com.cn/n/2013/0122/c64371-20288751.html。

6.《真正"把权力关进制度的笼子里"》,网址:http://military.people.com.cn/n/2015/0513/c172467-26990899.html。

四、思政语录

(一)思政语录与会计学习

红军党内的个人主义的倾向有如下各种表现:1.报复主义。2.小团体主义。3.雇佣思想。4.享乐主义。5.消极怠工。6.离队思想。

——节选自《毛泽东选集第一卷》

上面的思政语录节选自《毛泽东选集第一卷》,该部分是毛泽东同志在中国共产党红军第四军第九次代表大会上写的决议的第一部分。这个决议是完全建立在马克思列宁主义的基础上的,是毛泽东同志对当时中国共产党党内存在的问题进行的总结与对策分析,这个决议使中国共产党肃清了旧时军队的影响,使红军真正成为中国人民的军队。

今天,这段语录依然发人深省。同学们要时常阅读这段语录,了解其传达的精神,并在会计知识的学习过程和未来工作过程中加以运用,本节从财务角度阐释其中几条。

(1)关于小团体主义。财务部门由不同人员组成,会计人员要树立团队合作意识,抛弃小团体主义,除了对自己负责的工作内容认真负责,还要与其他同事积极合作,合力完成财务部门共同的工作。财务部门承担着记录、反映单位生产经营活动的工作。因此,会计人员除了要完成本职工作,还应当积极将生产经营活动中出现的问题向相关业务部门反映,促进企业整体的共同发展。

(2)关于雇佣思想。毛泽东同志指出:"不认识自己是革命的主体,以为自己仅仅对长官个人负责任,不是对革命负责任。这种消极的雇佣革命的思想,也是一种个人主义的表现。"同学们要理解会计工作的本质,不能形成错误的雇佣思想,在未来从事会计工作时仅仅对财务主管负责任,或是仅仅对单位负责人负责任。在上级领导要求财务造假或财务舞弊时为了保住工作岗位或是拿到上级许诺的利益就抛弃法律底线而选择同流合污的行为是绝对错误的。

(3)关于享乐主义。大量的行业、企业都需要会计人员,但现在的大学生们在求职时往往倾向于选择经济发达地区或是互联网行业、金融行业这类的高薪行业。同学们要树立正确的人生观、价值观,从"高薪的工作即好工作"的片面认识中清醒过来。调查显示,当代大学生在求职过程中过份追求薪酬待遇的价值取向明显,视"钱多事少离家近"的工作岗位为最终目标,这与国家引导毕业生去基层就业的政策导向形成了鲜明反差。殊不知在基层就业,天地广阔,大有作为,一味追求"高薪工作"和"舒坦工作",只会让自己错失发展的大好机会。

(4)关于消极怠工。毛泽东同志指出,革命队伍中部分同志稍不遂意,就消极起来,不做工作。会计人员应当引以为戒,杜绝消极怠工行为。会计工作是一份记录和反映企业经营状况信息的工作,具有一定的重复性、反复性、枯燥性,同学们在未来从事会计工作时应当坚持社会主义核心价值观中的"敬业",要坚持爱岗敬业,做好会计工作,在会计工作中实现人生价值。

(二)思政语录分享

(1)对于浪费的人,金钱是圆的;可对于节俭的人,金钱是扁平的,是可以一块块堆积起来的。

——鲁迅

(2)拥有一个好的名声比拥有金钱更显得重要。

——塞勒斯

(3)单者易折,众则难摧。

——崔鸿

(4)独柯不成树,独树不成林。

——郭茂倩

(5)独视不若与众视之明,独听不若与众听之聪。

——韩婴

(6)若有人兮天一方,忠为衣兮信为裳。

——卢照邻

(7)诚实是人生的命脉,是一切价值的根基。

——德莱

(8)唯天下至诚,方能经纶天下之大经,立天下之大本。

——《中庸》

五、法律法规

(一)与货币资金管理相关的法律法规

(1)《企业会计准则——基本准则》。
(2)《中华人民共和国公司法》。
(3)《中华人民共和国会计法》。
(4)《企业内部控制基本规范》。

(二)与思政案例中挪用公款相关的法律法规

1.《中华人民共和国刑法》第382条

国家工作人员利用职务上的便利,侵吞、窃取、骗取或者以其他手段非法占有公共财物的,是贪污罪。

2.《中华人民共和国刑法》第384条

国家工作人员利用职务上的便利,挪用公款归个人使用,进行非法活动的,或者挪用公款数额较大、进行营利活动的,或者挪用公款数额较大、超过三个月未还的,从而构成的犯罪。

参考文献

[1] 田祺.课程思政视域下中级财务会计课程教学改革探索[J].现代职业教育,2022(25):43-45.
[2] 李旭,李青.中级财务会计[M].3版.上海:立信会计出版社,2021.
[3] 刘永泽,陈立军.中级财务会计[M].6版.大连:东北财经大学出版社,2018.

第三章 "存货"思政指南

一、思政背景

(一)课程内容

"存货"是"中级财务会计"课程的基础内容之一,主要介绍存货相关概念以及存货的计量。

企业在日常活动中持有以备出售的产成品或商品、处在生产过程中的在产品、在生产过程或提供劳务过程中耗用的材料和物料等都属于存货。存货在企业的整个生产经营中处于核心位置,是人们了解企业的一把钥匙,其结构、周转、成本都影响企业的经营、成本核算及利润形成。

(二)思政问题

一些上市公司为了"纸面富贵"进行财务造假,频频"暴雷"。一些企业通过存货进行利润操纵,存货管理成为财务信息调节的重灾区。出现上述问题,企业会计人员及相关管理者难辞其咎。孔子曰:"民无信不立。"我国《民法典》也突出和强调诚实守信原则。在存货的确认和计量方面,会计人员除了诚实守信、遵守会计准则,还应保持谨慎性和独立性,真实地记录和反映企业的经营情况。与此同时,企业应注重企业文化的塑造及诚信经营,以保证其可持续发展。

(三)探索思路

本章探讨将思政元素融入"存货"教学中,主要针对存货的确认和初始计量、发出计量和期末计量几部分内容,分别挖掘思政元素,具体体现在以下方面:

(1)存货的确认和初始计量。存货在企业的地位;会计人员的职业道德、职业素养以及社会主义核心价值观中的"诚信""公正"。

(2)存货的发出计量。会计人员应"遵纪守法",遵守《企业会计准则》以及保证会计信息质量的"可靠性"。

(3)存货的期末计量。会计人员应遵守"谨慎性"原则。

(4)培养"道德经济合一"的儒商精神,营造"以儒学的智慧与精神为体,以经商为用"的企业文化。

本章引入两个案例,第一个案例是"广州浪奇存货离奇失踪"案例。在该案例中,我们强调会计人员职业道德以及企业的诚信经营。第二个案例是"獐子岛扇贝'逃跑'与财务造假"案例,对此案例,本章以"工匠精神"为切入点。通过对案例的分析,引导企业家培养"道德经济合一"的儒商精神,营造"以儒学的智慧与精神为体,以经商为用"的企业文化。

二、思政切入点

(一) 存货确认和初始计量

1. 专业教学点

存货是指企业在日常活动中持有以备出售的产成品或商品、处在生产过程中的在产品、在生产过程或提供劳务过程中耗用的材料和物料等。存货的确认必须满足以下两个条件:①与该存货有关的经济利益很可能流入企业。②该存货的成本能够可靠地计量。

2. 思政切入点

1)"万事开头难"——存货的初始计量

在财务造假事件中,虚增资产是最常用的手段之一,而存货又是资产项目中造假的"多发地"。企业常常通过编造各种虚假资料的方法来虚增存货的数量(因为很难对这些伪造的材料进行有效识别)。会计记录的失真会使投资者蒙受巨额损失。这就要求会计人员不忘初心、牢记使命。会计人员严格遵守会计职业道德,做到爱岗敬业、诚实守信,才能保证这种行为不发生。

2)"巧妇难为无米之炊"——存货的地位

存货管理的好坏直接影响企业资金的占用情况,从而影响企业的运作。然而许多企业对存货管理的重要性认识不足。这就导致存货造假成为财务造假的"多发地"。企业要重视存货的管理,避免财务造假行为的发生。对于企业的管理者来说,在企业的经营中要做到以诚为本,杜绝造假,不赚黑心钱。诚信是商业经营与管理的核心,它是企业赖以生存的土壤,能让企业打开市场,扩大经营份额。

(二) 发出存货的计量

1. 专业教学点

存货应当按成本进行初始计量,存货成本包括采购成本、加工成本和其他成本。不同存货的成本构成内容不同。原材料、商品、低值易耗品等通过购买而取得的存货的初始成本由采购成本构成;产成品、在产品、半成品、委托加工物资等需通过进一步加工而取得的存货的初始成本由采购成本、加工成本以及使存货达到目前场所和状态所发生的其他成本构成。

发出存货的计价方法包括:先进先出法、移动加权平均法、月末一次加权平均法、个别计价法。

2. 思政切入点

先进先出法是指以先购入的存货应先发出这样一种存货实物流动假设为前提,对发出存货进行计价的方法。根据《企业会计准则》,企业应当根据企业实际情况,合理选择最优的存货计价方法。存货发出方法一经确定不得随意更改。会计信息质量要求中的可靠性要求企业以实际发生的交易或事项为依据进行会计确认、计量和报告,如实反映符合会计确认和计量要求。同时,会计人员应有法治意识和职业素养,坚决依法办事。

(三) 期末存货计量

1. 专业教学点

存货期末计量原则：资产负债表日，存货应当按照成本与可变现净值孰低计量。即资产负债表日，存货应当按照成本与可变现净值孰低计量。当存货成本低于可变现净值时，存货按成本计量；当存货成本高于其可变现净值时，应当计提存货跌价准备，计入当期损益。

2. 思政切入点

在企业中，员工实施违法违纪行为的很大一部分原因是员工工作满意度低。影响员工工作满意度的因素很多，其中就包括工作本身是否能让员工获得成长并实现自我价值；薪酬福利是否体现按劳分配；员工的付出是否获得了相应的回报；考核及晋升机制是否公平公正等。在众多的影响因素中，企业文化对企业全体员工的影响较大。企业文化的精神意识层面是企业文化的核心和灵魂，企业文化是企业所有员工共同的价值观念和行为规范，员工对企业文化的理解和认同程度直接影响员工对工作的满意度；积极的企业文化有助于提升员工工作满意度。自古至今，"儒"与"商"就有千丝万缕的联系，"儒商"即讲道德、有文化、懂经营、会管理的商人。儒商精神包括诚信精神、进取精神、群体精神、敬业精神与自律精神等。会计信息质量要求中的谨慎性要求企业不高估资产或收益，不低估负债或费用。存货期末按成本与可变现净值孰低计量避免了存货价值的高估，体现了谨慎性的要求。会计人员在资产负债表日对期末存货进行计量时要遵从谨慎性的会计信息质量要求。期末在对存货进行减值判断时，会计人员应保持应有的职业态度。存货有减值迹象时，应及时进行减值测试。一经确定，会计人员应遵守会计职业道德和基本的素养，保证计提的数据真实有效。同时，企业应注重企业文化的培养以提升员工工作满意度，从而有效地预防违法违纪的行为发生。

三、思政案例

案例1 广州浪奇存货离奇失踪案例

资本市场奇葩多，有的公司的扇贝跑了，有的公司的猪饿死了，广州市浪奇实业股份有限公司（简称广州浪奇）的存货不见了！资本市场真是一个魔幻的世界，牛鬼蛇神，无奇不有。

2020年9月27日晚，广州浪奇公告称，公司存储在两个仓库中价值为5.72亿元的存货"失踪"，仓储方否认签署过相关仓合同，也否认保管了公司存储的货物。而且，仓储方还不配合公司进行货物盘点和抽样检测工作。所以，广州浪奇公告认为，该存货涉及风险，未来可能全额计提存货跌价准备。价值近6亿元的存货都能不翼而飞。有人开玩笑说，这些存货可能和獐子岛的扇贝约会去了。值得注意的，广州浪奇在2020年麻烦不断，有关公司的坏消息一个接着一个。一方面，公司连续发布多则公告，分别涉及债务逾期、仲裁和诉讼等；另一方面，公司业绩亏损，资金紧张，并出现债务逾期。

消失的 5.72 亿元存货

广州浪奇是一家日用化工品生产企业，主要从事浪奇、高富力和维可倚等品牌的洗涤用品和磺酸、精甘油等化工原料的开发、生产和销售。

下面是广州浪奇存货丢失案件情况始末：

广州浪奇将货物存储在两家合作公司的仓库里，其中一家叫鸿燊公司，其仓库位于江苏省南通市如东县黄海一路2号的库区，也称为"瑞丽仓"。公司事先与鸿燊公司签订了一份《物流外包仓储合同》。另一家存储货物的公司为辉丰公司，广州浪奇与辉丰公司签订了4份仓储合同，根据该4份仓储合同，公司将货物储存于辉丰公司位于江苏省大丰港二期码头的库区，称之为"辉丰仓"。

截至公告披露日，广州浪奇位于瑞丽仓和辉丰仓的库存货物价值分别为4.53亿元、1.19亿元，总共5.72亿元。

广州浪奇表示，公司相关工作人员之前多次前往瑞丽仓和辉丰仓盘点货物和抽样检测时，都不能正常开展工作，无奈之下，公司在2020年9月7日分别向这两家公司发函，要求对方配合广州浪奇进行货物盘点和抽样检测。令人意外的是，广州浪奇遭到拒绝，并于9月16日收到辉丰公司发来的《回复函》。辉丰公司表示，从未与广州浪奇签订过仓储合同，广州浪奇也没有货物存储在辉丰公司，因此，辉丰公司没有义务配合盘点工作。辉丰公司还表示，从未向广州浪奇出具过"2020年6月辉丰盘点表"，也未加盖过辉丰公司印章，该盘点表上的印章与辉丰公司印章不一致。广州浪奇在公告中称，考虑到辉丰公司的回复情况以及鸿燊公司一直未有任何回应，为核实清楚瑞丽仓、辉丰仓的有关情况，公司立即组建了成员包括外聘律师在内的独立的存货清查小组。存货清查小组还到鸿燊公司和辉丰公司调查了解相关情况，并与这两家公司的法定代表人见面会谈，但两家公司都否认保管有广州浪奇存储的货物。广州浪奇准备发起诉讼或向公安机关报案，以维护公司自身和投资者的合法权益。

截至9月27日收盘，广州浪奇每股报价5.7元，总市值约36亿元。

业绩亏损、资金紧张、债务逾期，除了存货"丢失"外，广州浪奇麻烦不断。

9月24日晚，广州浪奇发布一份公告称，由于资金紧张，最近出现部分债务逾期情况。截至公告披露日，经公司财务部门统计，公司逾期债务合计3.95亿元，占公司最近一期经审计净资产的20.74%。而且公司12个银行账户被冻结，被冻结的资金余额合计256.84万元。为此，公司9月25日下午收到深圳证券交易所发出的关注函，被要求核查并说明被冻结账户是否为公司主要银行账户，银行账户冻结对公司正常生产经营的影响及说明近期公司生产经营情况。

在此之前的两天，也就是9月23日，广州浪奇发布一则涉及仲裁的公告，并称这次仲裁结果的执行可能减少公司本期净利润7 100.38万元，具体影响金额以最终审计结果为准。8月29日，广州浪奇还发布了《关于公司部分存货报废处置的公告》，公告表示，由于公司总部拆迁、地址变更，2020年半年度拟对部分无法继续使用的存货资产进行报废处置。经鉴定,此次报废处置的存货账面金额合计1 412.19万元。

广州浪奇财报显示,公司2020年上半年实现营业总收入38.88亿元,同比下滑43.36%;净利润亏损金额高达1.15亿元,转盈为亏,下降538.66%。2019年同期为2 614.94万元。具体到业务来看,公司化学原料和化学制品制造业务、日用品零售业务等部门上半年营收接近33亿元,营收占比约为85%,比2019年同期大幅下滑约48%;工业产品的营业收入近30亿元,也同比大降50%。

对于收入大幅下滑的原因,广州浪奇表示,2020年上半年疫情使日化产品销售市场衰退,化工行业工厂的暂时停产也导致了公司的原材料生产以及销售业务的停滞。经过调查,真相逐渐浮出水面。

前董事长组织财务造假

证监部门查实,在2018年、2019年,广州浪奇通过虚构大宗商品贸易业务、循环交易乙二醇仓单等方式,虚增营业收入、营业成本和利润。其中,2018年、2019年,分别虚增营业收入62.34亿元、66.51亿元,虚增利润分别为2.10亿元和2.01亿元,是当期利润总额的518.07%和256.57%。除了在收入上做手脚,公司在存货上亦"煞费苦心"。2018年和2019年,公司将部分虚增的预付账款调整为虚增的存货,金额分别为9.56亿元和10.82亿元,分别为当期披露存货金额的75.84%和78.58%。

令外界震惊的是,公司内部管理近乎失控。公司将大量资金以对外采购的名义,频繁提供给时任董事长傅勇国持股34%的广州钿融企业管理有限责任公司及其旗下企业使用,2018—2019年分别发生11.78亿元、24.49亿元。

令人如此触目惊心的造假,靠的是公司高层团队的通力"合作"。广东证监局查实,傅勇国亲自组织、策划上述财务造假,在其担任公司控股股东广州轻工工贸集团副总期间,持续组织广州浪奇通过虚构大宗商品贸易业务等实施财务造假。事发后,公司被罚款450万元,傅勇被罚款300万元。他的团队成员也深陷其中,公司原总经理陈建斌、原董秘王志刚、原副总陈文、原财务总监王英杰、原商务拓展部总监邓煜、子公司广东奇化财务总监黄健彬等被罚款合计655万元。

存货原是"骗局"

广州浪奇财务造假最终尘埃落定,很重要的一个线索是巨额存货突然消失。2020年9月,江苏瑞丽仓、辉丰仓均拒绝配合广州浪奇进行货物盘点和抽样检测,并公开回应未保管且存有公司货物。

当时,负责瑞丽仓的鸿燊公司负责人表示,与广州浪奇的"合作",仅仅是看一下仓库数据,签个字、盖个章。作为辉丰仓的管理方,ST辉丰直接否认子公司辉丰公司与广州浪奇签署过仓储协议,表示广州浪奇未将货物存储在辉丰仓,从未向广州浪奇出具过货物盘点表,也未在盘点表上加盖辉丰公司公章。

公司的巨额存货失踪成为与"獐子岛扇贝跑了"差不多的戏码。这价值近6亿元存货,进一步揭开了公司财务造假的冰山一角。面对深交所的不断询问,公司三次申请延期回复。

这些消失的存货并非浪奇的洗衣粉产品,而是化工原料。公司自2011年已开始从事化工贸易业务,试图打造国内最大网上化工原料现货交易平台。来自化工品贸易的收入最高曾占其总收入的84.84%(2020年上半年数据)。

(一) 思政小问题

1. 存货在资产负债表日如何计量?企业舞弊的动机是什么?常见存货舞弊的方法有哪些?财务造假会带来哪些弊端?

2. 存货期末减值的判断依据是什么?会计人员在进行会计处理时候应注意什么?

3. 频发的造假行为给企业和会计人员带来了什么启示?

(二) 思政提示

1. 存货舞弊的动机与方法

关于存货的期末计量,根据《企业会计准则第1号——存货》第十五条规定,资产负债表日,存货应当按照成本与可变现净值孰低计量。存货成本高于其可变现净值的,企业应当计提存货跌价准备。

从企业管理者层面看,企业存货舞弊的动机通常有以下几种:第一,企业有资金方面的困难;第二,管理者有完成利润的压力;第三,可能存在因合同的限定对供货方面造成的压力;第四,企业可能想取得用存货担保的融资。存在以上情况的企业存在财务舞弊的可能性,也就是说管理者利用存货进行舞弊的可能性就很大了。

常见存货舞弊方法有:

(1) 虚列存货。企业会通过各种方法虚增存货价值。对于外购的存货,常用的手法有伪造订购单、产品装运单、验收部门的验收单以及入库单等;对于自制的存货,常用的手法有伪造成本计算单、各项费用的分配单、工资计算单以及计时计件工资明细表等,从而达到虚增存货价值的目的。广州浪奇就运用了这种方法。

(2) 提前确认收入或虚增收入。《企业会计准则》规定,满足收入确认的条件时,企业方可确认收入。在实际工作中,很多企业出于各种目的,通常在业务发生之前或该业务还不符合收入确认的条件时,就在账上确认营业收入。

(3) 随意变更存货的发出方法。存货的计价方法属于企业会计政策,《企业会计准则》规定,会计政策一经确定不允许随意变更,除非国家的政策、法律法规或《企业会计准则》要求企业变更,或是新的会计政策能够提供更加可靠、更加相关的信息。在实际工作中,企业随意变更发出存货计价方法会做造成会计指标前后口径不一,导致期末存货的价值不能得到真实反映。

(4) 任意计提或是任意转回存货跌价准备。《企业会计准则》规定,在会计期末,存货的价值应按照成本与可变现净值孰低计量,这是一项会计政策。《企业会计准则》也规定,存货跌价准备的计提可以单项计提也可以分类计提,这就涉及人为估计和判断了,也就给了企业舞弊的空间。在计算成本与可变现净值时,也会涉及人为估计售价及估计费用。另外,存货是一项流动资产,流动资产价值回升时,《企业会计准则》允许企业将原先计提的跌价准备予以转回,这给企业带来了很大的利润操纵空间。

财务造假行为会损害投资者利益,最直观的表现是股价的下跌。企业自身也会有直接的经济上和名声上的损失,如案例中的广州浪奇及其前董事长被罚,公司声誉严重受损。

2. 存货减值的判断依据

存货减值的判断依据是企业当期存货的账面价值和可变现净值的大小。当期末存货账面价值小于可变现净值时,没有发生减值,依然按照账面价值计量;当期末存货账面价值大于可变现净值时,就要计提减值准备。此时,存货跌价准备=账面价值－可变现净值。

会计信息具有外部性,会影响投资者的判断。会计人员在处理业务时应更加注重自身的职业素养;会计人员应做到公私分明、不贪不占、遵纪守法、清正廉洁。同时,会计人员应当熟悉国家法律法规和国家统一的会计制度,始终坚持按法律法规和国家统一的会计制度的要求进行会计核算,实施会计监督。根据《企业会计准则》,发出存货的计量方法一经确认不得变更。会计人员在做好本职工作的同时,应努力钻研相关业务,全面熟悉本单位经营活动和业务流程,主动提出合理化建议,协助领导决策,积极参与管理,提高对自身的要求,对外树立一个良好的企业形象。

3. 防备财务造假的措施

案例中广州浪奇的财务造假是由其前董事长授意并组织的,实质上是一种左手倒右手的行为。无论是存货丢失事件还是信息披露存在差异,都在很大程度上表明了其内部管理的混乱,除了直接造成的经济损失,事件的连续发酵对投资者同样造成了一定的影响,对企业自身的影响力、客户信任等问题带来负面影响。为了避免这种行为的发生,企业可以采取如下措施:

(1)在企业层面,增强审计等第三方机构的独立性,做到早发现,早整改。树立正确的导向,培育良好的经营环境,管理者在经营中秉承"诚信"二字。

(2)在会计人员层面,企业一旦出现造假行为,会计人员难辞其咎。会计核心价值观的培育是会计文化建设的目标之一,其焦点是会计诚信问题。某些不诚信的会计行为发生的根源是会计人员价值观出现了问题,一部分会计人员认为会计工作不过是简单的记录工作,以至于在工作中无视法规,在编制凭证时进行虚假记录,达到偷税漏税的目的。会计人员应该养成良好的道德品质。社会主义核心价值观之一的"诚信"不仅是对每个公民的基本道德规范,也是对会计行为、会计主体的约束。

案例2 獐子岛扇贝"逃跑"与财务造假

獐子岛的相关闹剧早在2014年就已经出现,其中著名的就是"扇贝跑路"事件。2014年,獐子岛公告称,因水温波动幅度高于历年平均水平,北黄海冷水团强度减弱等原因,公司 100 多万亩底播虾夷扇贝绝收,合计影响净利润 7.63 亿元,全部计入 2014 年第三季度数据。2014 年,獐子岛巨亏 11.89 亿元。

2018 年 2 月,獐子岛扇贝再出事故,从跑路"升级"为死亡。獐子岛公告称,经海洋牧场研究中心分析判断:降水减少导致扇贝的饵料生物数量下降,养殖规模的大幅扩张加剧了饵料短缺,再加上海水温度的异常,高温期后的扇贝越来越瘦,品质越来越差,长时间处于饥饿状态的扇贝没有得到恢复,最后死亡。受"扇贝被活活饿死"的影响,2017 年,獐子岛亏损 6.76 亿元。

2019 年 4 月,獐子岛宣布"底播虾夷扇贝受灾",2019 年第一季度财报亏损 4 314 万元,被戏称"扇贝又跑了"。2019 年 11 月,獐子岛又上演"扇贝集体死亡"的闹剧。獐子岛公告称,底播扇贝在近期出现大比例死亡,其中部分海域死亡贝壳比例约占 80%以上,死亡时间距抽测采捕时间较近。也就是说,正是在临近抽测采捕之时,扇贝们突然集体死亡。

据中证网消息,2020 年 5 月,在獐子岛的 2019 年底业绩网上说明会上,面对投资者关于扇贝的提问,公司董事长吴厚刚声称,国家组织的专家调研组认为,獐子岛底播虾夷扇贝大量损失,是海水温度变化、海域贝类养殖规模及密度过大、饵料生物缺乏、扇贝苗种退化、海底生态环境破坏、病害滋生等多方面因素综合作用的结果。历时 6 年,獐子岛扇贝 5 次出事故,引来大量质疑。甚至有投资者表示:"骗我可以,请注意次数。"

随着调查的深入,扇贝事件的真相开始浮出水面。2020 年 6 月 25 日,獐子岛发布了关于收到证监会《行政处罚决定书》和《市场禁入决定书》的公告,公告披露了 2016 年和 2017 年獐子岛对业绩的虚报和证监会对公司及其高层的处罚决定。

该份公告中所披露的信息显示,在 2016 年和 2017 年,獐子岛存在业绩造假行为。2016 年,獐子岛虚增 1.3 亿元净利润,2017 年,虚减 2.7 亿元净利润。对此,证监会决定对獐子岛处罚 60 万元,对共计 16 人进行了处罚或警告,其中包括董事长吴厚刚,以及除獐子岛镇大耗村村委会主任金显利以外的所有董事。同时,证监会对吴厚刚、原常务副总裁梁峻采取终身市场禁入措施,对公司原财务总监勾荣、原董事会秘书兼副总裁孙福君分别采取 5 年证券市场禁入措施。在 6 月 24 日晚间,吴厚刚宣布辞职。

(一)思政问题

1. 獐子岛为什么进行财务造假?
2. 企业的利益相关群体有哪些?
3. 利益相关者希望上市公司提供什么样的信息?
4. 如何保障会计信息质量?

(二)思政小提示

1. 上市公司财务造假的原因

上市公司财务造假的原因大致可以分为两个:第一,为了操控股价,即先增加利润造成股价大涨的情况,待股价暴跌之后成功收割韭菜。第二,"保壳"。法律规定,一个公司连续亏损3年就要退市,因此,许多公司会想方设法保证自己不被退市。

獐子岛的这种行为不仅损害了投资者的利益,也损害了企业的名声。管理层违反了法律也违背了"诚信经营"的道德理念。也许其最初的规划是好的,但他们对经营中出现的问题没有进行及时披露,最终酿成重大损失。

2. 企业的利益相关者

企业的利益相关者大致可以分为三类。第一类是内部的利益相关者。一般来说包括企业内部的管理者、员工等,他们参与公司的日常管理和运营。第二类是与企业经营有关联的企业和个人。例如,股东、供应商以及贷款给企业的银行等。第三类是与公司没有直接合作关系的主体,如政府部门。政府部门会出于民生的考虑去帮扶一些企业。企业的纳税是国家财政收入的重要来源。

3. 政府的责任

不同的利益相关者希望上市公司提供的信息有所不同,但他们最重要的要求是上市公司披露的信息要真实可靠。在当今利益相关者与企业的联系日益紧密的趋势下,会计信息对利益相关者越来越重要,利益相关者对会计信息质量的要求也在不断提高,会计信息的披露、信息的真实和可靠程度以及需求者的分析能力,都会极大地影响利益相关者对企业的分析、判断和决策。企业需要完善内部的监督机制,以降低自身的风险、提升会计信息质量以及提供完整的会计信息。

所有的企业会计活动,都在政府的严格监管之下,政府对市场经济秩序进行监管,需要以完善的法律法规为基础。在会计信息失真的时候,利益相关者的利益可能会遭受损失,会计人员要对信息进行合理真实记录来帮助利益相关者做出正确决策。而目前会计信息失真现象屡见不鲜,如案例中的扇贝蹊跷消失、广州浪奇的存货丢失。保障会计信息的真实性,需要企业管理者诚信经营,需要会计人员遵守会计职业道德;同时,企业应加强内控,提升会计人员的法律意识。

4. 企业和会计人员的责任

会计作为一项经济管理活动,其作用就是为会计信息的使用者提供真实有效的会计信息。为了达到保护投资人的利益、促进资本市场发展的目标,我国《企业会计准则——基本准则》要求,企业提供的会计信息应该满足可靠性、相关性、可理解性、可比性、实质重于形式、重要性、谨慎性等要求。

对会计人员而言,作为会计信息的记录者,其一,要加强对会计专业知识的学习,提升自己的观察、分析、判断和归纳能力。其二,也应该提升风险判断能力。其三,应当树立责任感和使命感,把工匠精神和奉献精神融入工作。其四,应做到实事求是、坚持原则、恪尽职守、清正廉洁。

对于企业而言,应当完善内控和奖惩机制,合理披露足够的相关信息,减少信息的不对称性,均衡协调企业管理当局与信息使用者之间的不同利益,从而使有关各方的正当利益得到维护。

(三) 思政小链接

1. 广州浪奇近 6 亿存货失联,深度揭秘其中的供应链金融内幕,网址:http://www.capwhale.com/newsfile/details/20201203/b943b22bd47b4d74ba9337ada6eb4657.shtml。

2. 獐子岛扇贝是怎么回事?——獐子岛扇贝事件回顾,网址:https://www.4hw.com.cn/life/201911/462471.html。

四、思政语录

1. 民无信不立。

——孔子

2. 日省其身,有则改之,无则加勉。

——朱熹

3. 诚信和勤勉,应当成为你永久的伴侣。

——富兰克林

4. 人背信则名不达。

——刘向

5. 诚信为本,操守为重,坚持准则,不做假账。

——朱镕基

五、历史故事

郑承营诚信经营的故事:一诺千金为初心[①]

"诚者,天之道也;思诚者,人之道也。"

郑承营,1963 年 1 月出生,江苏省淮安市金湖县政协常委、金湖县福建商会会长、金湖东泰发展有限公司董事长。

1992 年年底,郑承营从福建省只身来到金湖,肩挑货郎担子,走乡串户卖桂圆,几年下来,他凭着不卖假货的口碑把桂圆卖得风生水起。从桂圆到百货,从卖货郎到总经理,从诚实守信的商业精英到令人尊敬的慈善名流,郑承营的诚信经营体现的不是商品更是人品。

对员工——诚信就是关爱

金湖东泰发展有限公司多次被省、市、县相关部门评为"优秀私营企业""十佳私营企业""诚信单位"等,这是对郑承营长期不懈坚持的肯定。"员工就像家人,对员工都没有诚信,对家人都缺少关爱,何来诚信之说?"郑承营说。

1992 年 1 月,他在金湖卖出的第一批桂圆被人举报为假货,当他满腹委屈之时,

[①] 资料来源:《郑承营诚信经营的故事:一诺千金为初心》,江苏文明网,http://wm.jschina.com.cn/9660/202012/t20201223_6923182.shtml。

金湖县工商部门不仅为他洗清污名,还帮他接洽业务,联系市场,打开销路。在金湖,郑承营不仅找到了谋生创业之门,而且深切感受到水乡人民的善良、包容和关爱,他最终决定在金湖扎根安家,本本分分做生意,尽自己最大的能力回报这一方水土。

1999年,他在县城创办了"桃园超市"。超市开业的头半年是最艰难的日子,但不论盈亏,郑承营始终坚持不拖欠职工的工资。职工因为对企业产生归属感和信赖感而极大提高了劳动的积极性和主动性。桃园超市在金湖火了。老员工张晓香20岁时就被招聘进超市工作,一干就是21年,尽管工资不高,但是她从没有产生过离开超市的念头,而是在心里早已把超市当作自己的家。她对亲戚朋友们说,多年留在超市工作,关键就是看中郑董事长诚信的品德和对待员工的实诚之心。

这些年,超市之间的竞争越来越激烈,不论公司的经营状况好坏,郑承营始终坚持对职工诚信。经营再难,每年逢三八妇女节、端午、中秋、春节都会给职工发放过节物资及福利,让职工充分感受到公司对他们的关心。经营状况一好转,公司就从职工最关心的工资星级制改革、机构改革、人员调整、福利待遇等方面入手,积极为职工解决各项实际问题。郑承营在职工中的威信也得到了更进一步的提高,每一位职工谈到郑总时总会不由自主地流露出感激与爱戴之情。公司成立至今,90%以上的职工还是开业初期的老职工。

对客户——诚信就是品质

几十年秉承"爱心、专心、诚心、热心、贴心",郑承营把"诚信东泰"当作了安家立命的"金字招牌"。

绝不贪小便宜是郑承营质量把控的第一诀。走正规渠道,不走旁门左道,才能正本清源。

一次,南京一位与他有生意往来的老朋友主动来超市找到郑承营,称自己生意失败,从债务人处抵债收回一批高档洋河酒,愿意低价出售。郑承营一口应允,购进40万元酒。但是,凭着自己多年的经商原则,郑承营电话联系本地代理商前来检验,结果证实那批酒是假酒。金湖县和南京两地工商部门联合执法,最终查处了一批造假酒厂和当地数十家商超,既保护了商家,也保护了消费者。

绝不让客户吃亏,这是郑承营赢得市场的第二诀。面对当今商超如此激烈的竞争,桃园超市仍然留住了大部分的顾客,正是靠郑承营的诚信经营和个人魅力,而无条件退货和无条件补差是他面对竞争的"撒手锏"。

绝不做食品安全的罪人,这是郑承营备受支持的第三诀。桃园超市既做商超又做批发。郑承营深知,食品安全是千家万户最关切的问题,也是他严格把控的重点。在金湖星罗棋布的小超市眼里,"桃园超市"四个字就是食品安全的保证。

郑承营的诚信,既在经营之里,也在经营之外。桃园超市拾金不昧的事屡见报端。至于亲睦邻里、日行好事在郑承营身上更是家常便饭——各种荣誉之外,群众的口碑也见证了郑承营的良好品质。

对社会——诚信就是回报

郑承营只读了3年小学,对他而言,失学之痛难以释怀。用教育帮助贫困学生改变命运,这是郑承营回报社会的自我承诺。1994 年,经营刚起步时,他向"希望工程"捐出了第一个 1 万元。他捐出的钱已经超过 200 万元、资助过的学生已有 2 000 多人,演绎了与 1 000 多位特殊儿女的动人故事。

戴楼小学的曾同学,因父母和姐姐都患有重病,她和弟弟在读书,家境贫寒。因为掏不起伙食费,她和弟弟每天中午放学都要步行 5 千米回家。郑承营得知情况后,承担了姐弟俩的全部伙食费和学费。5 年后,曾同学初三毕业,为减轻家庭负担,请求到郑承营的超市上班。有一天,一位员工悄悄告诉郑承营,曾同学经常偷偷哭泣——她还想去上学。当晚郑承营就赶到她家,说服孩子父母,并且提出继续帮助孩子就学。就这样,曾同学顺利读完高中、考上大学。她的弟弟也在郑承营的资助下读完了大学。

郑承营是一个有钱人,但郑承营至今仍居住在一套 67 平方米的二手房中。曾经的贫穷让他习惯了简朴,曾经的贫穷也唤醒了他扶危济困的公益之心。他的足迹遍布金湖的所有敬老院。

郑承营诚信经营、扶贫济困、捐资助学的善举,赢得了社会公众的普遍赞誉。他本人先后多次被省、市有关部门表彰为"爱心大使""光彩之星""关爱员工好老板""青年创业风云人物"等。2007 年,在"亲情淮安,感动淮安"活动中,他被评为"淮安首届十大亲情大使"。2009 年,他被评为"建县 50 年感动金湖人物"。

六、法律法规

(1)《企业会计准则第 1 号——存货》。
(2)《企业会计准则第 5 号——生物资产》。
(3)《企业会计准则第 15 号——建造合同》。
(4)《企业会计准则第 7 号——非货币性资产交换》。
(5)《企业会计准则第 12 号——债务重组》。
(6)《企业会计准则第 20 号——企业合并》。
(7)《企业会计准则第 17 号——借款费用》。

参考文献

[1] 史润昕.企业财务舞弊分析与内部控制策略研究——以"獐子岛事件"为例[J].现代商业,2022(11):3.
[2] 陈晓芳,陈昕,洪荭,等."会计学原理"课程思政建设:价值意蕴与教学实践[J].财会月刊,2022(3):79-87.
[3] 王婧,卢羽桐.广州浪奇身陷贸易"黑洞"[J].财新周刊,2020(46):38-44.
[4] 唐蕾蕾.会计教学中的思想政治教育的意义探讨[J].时代金融,2017(17):2.
[5] 李燕媛,王遂昆.郭道扬著《中国会计史稿》的世界影响[J].会计之友,2013(5):1.
[6] 高振海.支持诚实守信原则 促进经济社会发展[J].上海企业,2008(5):40-42.
[7] 李毕万.谈商业诚信原则[J].商业文化,1996(4):3.

第四章 "固定资产"思政指南

一、思政背景

(一)课程内容

"固定资产"是"中级财务会计"课程的重要内容,主要介绍固定资产的概念、确认及计量、固定资产折旧的核算、固定资产减值的核算等。

固定资产是企业开展经营活动的基础,其包括企业的生产设备、厂房、办公楼等。因此,构建固定资产是企业对内投资的重要活动。固定资产的核算不仅能够帮助企业全面评估资产信息,而且能够为企业精确计算产品成本和制定产品价格提供有力依据。

(二)思政问题

"固定资产"相关的思政问题聚焦于固定资产核算及信息披露方面的舞弊、会计人员职业道德感不强等。与固定资产有关的舞弊手段层出不穷:虚计固定资产价值、随意调整固定资产折旧、随意调整固定资产减值准备、固定资产盘盈或盘亏不作账务处理、隐瞒固定资产有关收入等。这些现象的出现与会计人员职业道德的缺失有着很大的关系。

(三)探索思路

对"固定资产"部分进行课程思政探索大致可以从以下几点展开:①强调"重视风险,谨慎投资";②强调"装备国产化关系国家安全";③强调"环境意识和忧患意识";④强调"科技创新";⑤强调"节约意识"。

二、思政切入

(一)固定资产概述

1. 专业教学点

固定资产是指同时具有下列特征的有形资产:一是为生产商品、提供劳务、出租或经营管理而持有的;二是使用寿命超过一个会计年度。

企业持有固定资产的目的是将它用于生产商品、提供劳务或出租或经营管理,即企业持有的固定资产是企业的劳动工具或手段,而不是用于出售的产品。其中,出租的固定资产,是指企业以经营租赁方式出租的机器设备类固定资产,不包括以经营租赁方式出租的建筑物,后者属于企业的投资性房地产,不属于固定资产。

资产最重要的特征是预期会给企业带来经济利益。企业在确认固定资产时,需要判断与该项资产有关的经济利益是否很可能流入企业。如果与该项资产有关的经济利益很可能流入企业，且该项资产同时满足固定资产确认的其他条件，那么企业应将其确认为固定资产；否则，不应将其确认为固定资产。

成本能够可靠地计量是确认资产的一项基本条件。企业在确定固定资产成本时必须取得确凿证据，但是，企业有时需要根据所获得的最新资料，对固定资产的成本进行合理的估计。比如，企业对于已达到预定可使用状态但尚未办理竣工决算的固定资产，需要根据工程预算、工程造价或者工程实际发生的成本等资料，按估计价值确定其成本，办理竣工决算后，再按照实际成本调整原来的暂估价值。

2. 思政切入点

1）固定资产与"产能"——谨慎投资

固定资产投资作为企业直接投资的一种，既是企业投资的重要形式，又是企业提高产能和扩大经营规模的主要手段。它对企业的发展和壮大具有较大的影响，能够帮助企业有效提升市场竞争能力。但是凡事都有两面性，它的作用越大，包含的风险也越大。

在制定固定资产投资决策过程中，企业由于对投资项目的可行性缺乏周密系统的分析和研究，加之决策所依据的经济信息不全面、不真实以及决策者能力低下的原因，投资决策失误时有发生。决策失误使投资项目不能获得预期的收益，投资无法按期收回，为企业带来巨大的财务风险。因此，在进行固定资产投资之前，企业要实现决策的科学化，对项目的可行性进行系统分析。

2）固定资产与"国产化"——考虑性价比

经过改革开放以来40多年的快速发展，我国建立了完整的工业体系，牢固确立了世界制造大国的地位。以《中华人民共和国国民经济和社会发展第十四个五年规划和2035年远景目标纲要》的发布为标志，我国开启了全面建设社会主义现代化国家新征程的新一个五年规划。我国面临巨大的变化：一是国际关系的变化，对很多国家来说，我们从它们的市场合作伙伴，变成了国际竞争者；二是核心技术买不来了，必须走艰苦的自主创新之路。

我们正面临"百年未有之大变局"。建立自主自立的战略科技体系是"十四五"规划的一项战略任务。未来的装备竞争，将更多地表现为高技术含量、高技术性能、高附加值的价值链高端产品的竞争。

重大技术装备是国之重器。关键核心技术与装备关系到国家产业链安全。因此，企业在采购固定资产时，要综合考虑国内外设备的各方面参数和性价比，不必盲目崇拜洋设备，当两者产能等重要参数差距不大时，可以考虑性价比更高的国产设备，加快推进重大技术装备国产化。

(二) 固定资产取得的核算

1. 专业教学点

固定资产的初始计量是指确定固定资产的取得成本。固定资产取得成本包括企业为购建某项固定资产,在其达到预定可使用状态前所发生的一切合理的、必要的支出。在实务中,企业取得固定资产的方式是多种多样的,包括外购、自行建造、投资者投入以及非货币性资产交换、债务重组、企业合并和租入等,取得的方式不同,其成本的具体构成内容及确定方法也不尽相同。

在实务中,企业可能以一笔款项同时购入多项没有单独标价的资产。如果这些资产均符合固定资产的定义,并满足固定资产的确认条件,则应将各项资产单独确认为固定资产,并按各项固定资产公允价值的比例对总成本进行分配,分别确定各项固定资产的成本。如果以一笔款项购入的多项资产中还包括固定资产以外的其他资产,也应按类似的方法予以处理。

2. 思政切入点

《企业会计准则第4号——固定资产》第十三条规定,企业确定固定资产成本时,应当考虑预计弃置费用因素。该准则的应用指南进一步指出,弃置费用通常是指根据国家法律和行政法规、国际公约等规定,企业承担环境保护和生态恢复等义务所确定的支出,如核电站弃置核设施后恢复环境的支出等。对于弃置费用,企业应当根据《企业会计准则第13号——或有事项》的规定,按照现值计算确定应计入固定资产成本的金额和相应的预计负债。

首先,弃置费用会计政策的应用体现了"绿水青山就是金山银山"的发展理念,并体现了我国对企业社会责任和环境保护的重视。这一规定将使相关行业的固定资产成本的计量更加准确,相应地,相关企业报表所反映的后续各期的经营成果也更准确,有利于报表使用者更客观地评价企业的业绩。其次,提取弃置费用也是对"增强忧患意识、始终居安思危"的深刻践行。在这一理念指导下,企业通过固定资产折旧的形式,逐步积累恢复环境所需要的资金。最后,根据经济利益的流入进度,企业将未来需要支付的费用分别以计提折旧和计入财务费用的形式列入当期损益,可以避免资产报废时产生大量的费用而没有相应的收入与之配比的情况发生。

(三) 固定资产折旧

1. 专业教学点

企业应当对所有的固定资产计提折旧,但是,已提足折旧仍继续使用的固定资产和单独计价入账的土地除外。企业应当根据与固定资产有关的经济利益的预期消耗方式,合理选择折旧方法。可选用的折旧方法包括年限平均法、工作量法、双倍余额递减法和年数总和法等。

企业选用不同的固定资产折旧方法,将影响固定资产使用寿命期间内不同时期的企业折旧费用,因此,固定资产的折旧方法一经确定,不得随意变更。如需变更,应当符合固定资产准则的规定。企业应至少于每年年度终了对固定资产的使用寿命、预计净残值和折旧方法进行复核,按复核的结果进行处理。

2. 思政切入点

新中国成立初期,百废待兴,我国生产了第一辆国产解放牌汽车、第一台"东方红"

拖拉机……一批"共和国长子"创造了无数"全国第一",构建起新中国的基础工业体系,推动我国向工业大国迈进①。我国制造业从无到有,从弱到强,从跟随模仿到独立创新的跨越式发展的背后,离不开固定资产折旧的贡献。

随着科学技术的不断发展,企业间的竞争逐渐转化为科技创新能力的竞争,在这样的形势下,企业产品以及技术的更新换代越来越重要。在外部融资成本高的背景下,企业的技术更新换代可以考虑内源融资,内源融资体现了折旧的影响。折旧是对固定资产在使用过程中逐渐产生的有形损耗和无形损耗价值的一种补偿,固定资产的一部分价值通过逐月计提折旧的方法转移到产品制造成本或期间费用中,最后通过产品的销售来实现。这部分损耗价值在企业的经营收入中得到补偿之后,会引起企业现金的增加。因此,在一定意义上,折旧是把固定资产的一部分损耗价值转化为现金的一种形式。

在固定资产的损耗价值得以补偿的前提下,在固定资产的更新时点到来之前,企业就可以用积累起来的固定资产更新准备金进行技术创新的研发投资,为企业的研发投资注入资金流,以充分发挥这部分资金的效用。

固定资产加速折旧税收优惠政策的出台,能够减轻企业在固定资产投资初期的税收负担,改善企业现金流,调动企业提高设备投资、更新改造和科技创新的积极性。企业对固定资产采用加速折旧的政策计提折旧,不仅可以促进企业设备的更新换代,还可以通过折旧沉淀资金为企业的技术创新活动增加资金来源。因此,不管是税收上的还是会计核算上的固定资产加速折旧政策,都可以影响企业的技术创新活动。一家家企业的创新可以凝聚成中国制造业磅礴的创新动力。

(四) 固定资产的后续支出

1. 专业教学点

固定资产的后续支出是指固定资产使用过程中发生的更新改造支出、修理费用等。后续支出的处理原则为:符合资本化条件的,应当计入固定资产成本或其他相关资产的成本,同时将被替换部分的账面价值扣除;不符合资本化条件的,应当计入当期损益。

2. 思政切入点

固定资产更新的必要性是由生产发展的无限性与固定资产寿命的有限性的矛盾引起的。任何固定资产都有一定的寿命,当其寿命终结时,为了生产的继续进行,企业就必须在价值上对其予以补偿(更新改造、修理),或在实物上将其替换。

固定资产更新期的长短,由固定资产寿命的长短所决定。固定资产的寿命又取决于有形损耗与无形损耗的程度。机器设备耐磨、耐腐蚀,企业注意维护保养,其寿命就长一些;机器设备运转速度快,时间长,负荷强,技术进步快,寿命就短一些。但总的趋势是寿命逐渐缩短,特别是在科学技术突飞猛进,无形损耗增加很快的情况下,固定资

---

① 杨烨.从"白手起家"到迈向"世界一流"[J].企业文化,2021(10):10-12.

产更新周期缩短得很快。马克思在谈到固定资本的更新时说："它们不是以原来的形式,而是以革新的形式进行补偿。"

勤俭节约是中华民族的传统美德,中华儿女必须始终弘扬传承。中华民族历来讲求勤俭持家:"一粥一饭,当思来之不易;半丝半缕,恒念物力维艰。"操持小家需要勤俭节约,对于管理层来说,操持好企业这个大家庭更需要开源节流。以革新的方式更新固定资产,用价值更低、效率更高的机器设备代替过时的旧设备,既可以使设备现代化,又可以提高经济效益。这正是对"新三年,旧三年,缝缝补补又三年"这种节约意识的践行。

(五) 固定资产的处置

1. 专业教学点

固定资产处置,包括固定资产的出售、转让、报废和毁损、对外投资、非货币性资产交换、债务重组等。

当固定资产处于处置状态或固定资产预期通过使用或处置不能产生经济利益,企业应当予以终止确认。处于处置状态的固定资产不再用于生产商品、提供劳务、出租或经营管理,因此,不再符合固定资产的定义,企业应予以终止确认。固定资产的确认条件之一是"与该固定资产有关的经济利益很可能流入企业",如果一项固定资产预期通过使用或处置不能产生经济利益,那么,它就不再符合固定资产的定义和确认条件,应予终止确认。

对于持有待售的固定资产,企业应当对其预计净残值进行调整。企业出售、转让、报废固定资产或发生固定资产毁损,应当将处置收入扣除账面价值和相关税费后的金额计入当期营业外支出。固定资产的账面价值是固定资产成本扣减累计折旧和累计减值准备后的金额。

2. 思政切入点

李商隐有诗云:"历览前贤国与家,成由勤俭破由奢。"勤俭节约是中华民族的传统美德,是中华民族世代相传的精神文化财富。从人人都会传唱的"谁知盘中餐,粒粒皆辛苦"的诗歌到"君子以俭德辟难,不可荣以禄""静以修身,俭以养德"的良训,勤俭节约已成为一种文化传统。大至一个国家,小至个人,要想获得成功,勤俭节约都是必须要践行的原则。对于企业来说也是如此,在一定程度上,"节流"的重要性不低于"开源"。

固定资产使用年限长、价格高昂,是企业的重要资源。在处置固定资产时,企业必须慎之又慎,因为固定资产的不当处置会造成资产的浪费或流失。由于技术进步等原因,某项固定资产对于企业来说,没有了使用价值,此时,企业可以根据市场需求,考虑将这项固定资产用于出售或转让,让其发挥最大价值,收回一部分成本。这就是"节流"在企业生产经营中的实践。正如荀子在《劝学》中所言:"不积跬步,无以至千里;不积小流,无以成江海。"企业的生存与壮大,正是来源于这些细微之处的节约。

三、思政案例

(一) 案例介绍

"国之重器"——盾构机的成功之路[①]

如今我国的交通基础建设正在飞速发展,地铁、铁路连通了人们归家的旅途,西气东输带动了环境和经济的可持续发展,而这背后都离不开一件隧道施工设备——盾构机。

虽然我国研发盾构机的时间比较晚,从开始自主研发到实现全球领先,也就用了15年的时间。之前我国没有自主研发盾构机的能力,挖掘隧道是个难以攻克的难题,仅仅依靠人工费时又费力,如果想使用盾构机进行高效作业,只能去国际市场购买二手盾构机。

1997年,我国在修建秦岭隧道的时候,施工遇到了很多的艰难险阻,决定从德国进口盾构机,结果供应方狮子大开口,两台盾构机要价6.7亿元,而且设备经常出现问题,国内并没有技术能够支持设备运行,后期还要请德国专家和工程师来维修设备,这又是一笔高昂的费用。

制造业技术的落后,让我们完全受制于人,也看到了与世界先进制造工业的差距。盾构机是大国建设中的核心装备,也是基建的实力所在。我们必须研发出自己的盾构机,必须把生产盾构机的先进技术牢牢掌握在自己的手里。

经过多年不懈的努力和探索,我国终于研发出来了属于自己的"国之重器"。我国2008年研发制造了中铁1号,这是我国第一台具有自主知识产权的复合式土压盾构机,实现了零的突破,也让国人欢欣鼓舞、振奋人心,为制造产业的发展带来更大的想象空间。

2009年我国在河南郑州修建了全国最大的盾构机生产基地,拉开了中国盾构机制造的帷幕,随后我国盾构机研发与生产开始加速,并逐渐实现了弯道超车。

郑州的中铁工程装备集团有限公司(简称中铁装备)是生产隧道掘进机、隧道机械化专用设备以及提供地下空间开发、地下工程装备综合服务的企业集团。先后参与了国内外几百个隧道及地下空间开发施工项目。过去的十几年,中铁装备的各种类型盾构机累计订单超过1 000台,出口至法国、意大利、新加坡、丹麦、黎巴嫩等多个国家,占据了全球市场的半壁江山。

我国研制盾构机的速度,让西方人都觉得不可思议。我国高端装备制造业快速进步,开始走向定制化、低碳化、智能化的发展方向。

(二) 思政小问题

1. 固定资产有哪些特征?

---

① 本案例参考资料:《"国之重器"盾构机的成功逆袭之路:从落后百年到世界第一》,网址:https://c.m.163.com/news/a/GPRQE4E30521PPSH.html。

2. 超过正常信用条件购买固定资产时，如何确认购入固定资产的成本？
3. 影响固定资产折旧的因素有哪些？
4. 固定资产折旧方法有哪些？如何选择折旧方法？

(三) 思政小提示

1. 特征提示

从固定资产的定义看，固定资产具有以下三个特征。

1) 为生产商品、提供劳务、出租或经营管理而持有

企业持有固定资产的目的是生产商品、提供劳务、出租或经营管理，即企业持有的固定资产是企业的劳动工具或手段，而不是用于出售的产品。其中，出租的固定资产，是指企业以经营租赁方式出租的机器设备类固定资产，不包括以经营租赁方式出租的建筑物，后者属于企业的投资性房地产，不属于固定资产。

2) 使用寿命超过一个会计年度

固定资产的使用寿命，是指企业使用固定资产的预计期间，或者该固定资产所能生产产品或提供劳务的数量。通常情况下，固定资产的使用寿命是指，企业使用资产的预计期间，如自用房屋建筑物的使用寿命表现为企业对该建筑物的预计使用年限。对于某些机器设备或运输设备等固定资产，其使用寿命表现为该固定资产所能生产产品或提供劳务的数量，如汽车或飞机等，按其预计行驶或飞行里程代表使用寿命。

3) 固定资产是有形资产

固定资产具有实物特征，这一特征将固定资产与无形资产区别开来。有些无形资产可能同时具备固定资产的其他特征，如企业为生产商品、提供劳务而持有，使用寿命超过一个会计年度的无形资产，但是由于其没有实物形态，所以不属于固定资产。

2. 成本提示

企业购买固定资产通常在正常信用条件期限内付款，但也会发生超过正常信用条件购买固定资产的经济业务，如企业采用分期付款方式购买资产，且合同规定的付款期限比较长，超过了正常信用条件。在这种情况下，该项购货合同实质上具有融资性质，购入固定资产的成本不能以各期付款额之和确定，而应以各期付款额的现值之和确定。对于固定资产购买价款的现值，企业应当按照各期支付的价款选择恰当的折现率进行折现后加以确定。折现率是反映当前市场货币时间价值和延期付款债务特定风险的利率。该折现率实质上是供货企业的必要报酬率。各期实际支付的价款之和与其现值之间的差额，在达到预定可使用状态之前符合《企业会计准则第17号——借款费用》规定的资本化条件的，企业应当通过在建工程将其计入固定资产成本，其余部分应当在信用期间内确认为财务费用，计入当期损益。

3. 因素提示

(1) 固定资产原价，指的是固定资产的成本。

(2) 固定资产的使用寿命，指的是企业使用固定资产的预计期间，或者该固定资产所能生产产品或提供劳务的数量。

（3）预计净残值，指的是假定固定资产预计使用寿命已满并处于使用寿命终了时的预期状态，企业从该项资产处置中获得的扣除预计处置费用后的金额。

（4）固定资产减值准备，指的是固定资产已计提的固定资产减值准备累计金额。固定资产计提减值准备后，企业应当在固定资产剩余使用寿命内根据调整后的固定资产账面价值（固定资产账面余额扣减累计折旧和累计减值准备后的金额）和预计净残值重新计算确定折旧率和折旧额。

4. 折旧方法提示

固定资产折旧方法包括年限平均法、工作量法、双倍余额递减法和年数总和法。

年限平均法将固定资产的应计折旧额均衡地分摊到固定资产预计使用寿命内，该方法算出的每期折旧额相等。当固定资产各期负荷程度相同时，各期应分摊相同的折旧费，这时采用年限平均法计算折旧是合理的。工作量法假定固定资产价值的降低不是由于时间的推移，而是由于企业对固定资产的使用。对于在使用期内工作量差异大、提供的经济效益不均衡的固定资产而言，特别是在有形磨损比经济折旧更为重要的情况下，使用工作量法进行折旧是合理的。双倍余额递减法和年数总和法都属于加速折旧法，其特点是在固定资产使用的早期多提折旧、后期少提折旧，其目的是使固定资产成本在估计使用寿命内加快得到补偿，适用于前期消耗较大，后期消耗较少的固定资产。

（四）思政小链接

1.《固定资产折旧如何产生？》，网址：https://www.jianshu.com/p/081d92d69abb。

2.《铁路时代和会计折旧》，网址：https://www.bilibili.com/video/BV19t4y1Y7bd?spm_id_from = 333.337.search-card.all.click。

3.《"国之重器"盾构机的成功逆袭之路：从落后百年到世界第一》，网址：https://baijiahao.baidu.com/s?id = 1717273363354813387&wfr = spider&for = pc。

4.《落后一百多年，中国如何逆袭"世界工程机械之王"？》，网址：https://baijiahao.baidu.com/s?id = 1678200055906613660&wfr = spider&for = pc。

四、思政语录

1. 世上无难事，只要肯登攀。

——毛泽东

2. 实现中国梦必须弘扬中国精神。这就是以爱国主义为核心的民族精神，以改革创新为核心的时代精神。这种精神是凝心聚力的兴国之魂、强国之魄。

——习近平

3. 坚持人与自然和谐共生，坚持绿水青山就是金山银山，坚持良好生态环境是最普惠的民生福祉。

——习近平

4. 安而不忘危，存而不忘亡。

——《易经》

5. 新三年,旧三年,缝缝补补又三年。

——毛泽东

6. 历览前贤国与家,成由勤俭破由奢。

——李商隐

7. 不积跬步,无以至千里;不积小流,无以成江海。

——荀子

五、历史故事

铁路与固定资产折旧[①]

美国第一条横跨大陆的铁路工程在1869年建成,累计投资额高达46亿美元,消耗了美国当年40%的经济产出。铁路公司支付不了这么庞大的费用,但当时正好赶上资本主义革命浪潮席卷欧洲。为了寻求更稳定的投资环境,欧洲投资者开始把视线转向美国。铁路工程正好给他们提供了投资机会。这些欧洲的投资人最关心的是什么呢?铁路公司有没有给他们赚钱。他们就要求铁路公司定期披露"利润"信息。而准确计算成本和费用,是核算利润的前提。

日复一日的货物运输,会导致火车和铁轨出现严重磨损,逐渐失去运输能力,国家需要定期对其进行维修维护。固定资产损耗的部分未来显然是不能继续产生收益的,所以这部分就不再是铁路公司的资产了,而是费用,从当期利润中扣除。如果完全不考虑火车和铁轨的损耗,就会高估铁路公司未来的运力。例如,铁路公司未来实际只有50%的运力,结果财务上没有体现,投资者看到的还是100%的运力,那未来的实际利润肯定会低于投资者预期,铁路公司未来的日子肯定不好过。所以铁路公司的会计师们认为必须想办法在报表中反映这部分损耗。

如何反映铁路的损耗呢?虽然工程师能算出火车和铁轨总共能使用多少年,但问题是,怎么知道运输过程中的损耗是什么时候发生的?这个损耗对应的费用应该这个月扣除呢?还是下个月扣除呢?这时候,会计师们就坚持了"近似的正确好过精确的错误"的思想。他们是这样做的:假设每天的损耗是一样的,预估火车的使用年限,然后用火车的价格除以预计使用天数,得到的就是每天的折旧费用。虽然实际上,火车由于每天搭载的货物不同,行驶的路段路况不同,损耗肯定是不一样的。但是用一个合理方法,能近似正确地估计损耗,比完全不考虑这个问题显然更能反映铁路公司真实的经营情况。

自此,利润表上另外一个重要的会计科目——固定资产折旧就产生了。固定资产折旧是固定资产在使用过程中逐渐产生的实物有形磨损和时间上的无形损耗,固定资产的价值将通过逐月计提折旧的方法转移到产品制造成本中,最后通过产品的销售来实现。固定资产折旧的真正意义是以分期摊销费用的方式抵减利润总额,这样便于企

---

① 本案例参考资料:訾林. 固定资产折旧如何产生?[EB/OL]. (2020-07-01)[2022-11-14]. https://www.jianshu.com/p/081d92d69abb。

业通过销售收入来逐步收回固定资产的投资成本，以便在固定资产报废时有资金更新固定资产。

六、法律法规

（一）会计准则

(1)《企业会计准则第 1 号——存货》。

(2)《企业会计准则第 4 号——固定资产》。

(3)《企业会计准则第 8 号——资产减值》。

(4)《企业会计准则第 13 号——或有事项》。

(5)《企业会计准则第 14 号——收入》。

(6)《企业会计准则第 17 号——借款费用》。

(7)《企业会计准则第 18 号——所得税》。

(8)《企业会计准则第 21 号——租赁》。

(9)《企业会计准则第 27 号——石油天然气开采》。

(10)《企业会计准则第 28 号——会计政策、会计估计变更和差错更正》。

(11)《企业会计准则第 30 号——财务报表列报》。

（二）政策规定

(1)《国务院关于加强固定资产投资项目资本金管理的通知》（国发〔2019〕26 号）。

(2)《国务院批转国家计委、财政部关于改进固定资产更新改造资金管理的报告》（国发〔1978〕12 号）。

(3)《财政部 税务总局关于扩大固定资产加速折旧优惠政策适用范围的公告》（财政部 税务总局公告 2019 年第 66 号）。

参考文献

[1] 姜峰.基于环境会计视角的油气田资产弃置会计研究[D].西安:西安石油大学,2011.

[2] 王琳,原鹏.弃置费用——新会计准则中环境会计理念的体现[J].中国管理信息化,2010,13(2):26-29.

[3] 杨烨.从"白手起家"到迈向"世界一流"[J].企业文化,2021,33(10):10-12.

[4] 张宝华.分期付款购入固定资产和融资租入固定资产的会计处理差异分析[J].中国乡镇企业会计,2012,20(12):62-63.

[5] 张丁予,牟晓伟.铁路运输企业固定资产核算的问题研究[J].经济视角,2019,38(3):38-44.

[6] 赵丹丹.固定资产加速折旧政策对企业技术创新的影响研究[D].青岛:青岛理工大学,2015.

[7] 赵师玥.基于 Fama-French 三因子模型对 A 股轻资产行业和重资产行业的股票收益研究[D].兰州:兰州大学,2020.

[8] 周晓蕾.基于财务视角下的房产企业固定资产更新管理与决策[J].商业经济,2013,32(23):99-100.

第五章 "无形资产"思政指南

一、思政背景

(一) 课程内容

"无形资产"是"中级财务会计"课程的重要部分,主要介绍无形资产的相关概念、外购与自制无形资产的确认、无形资产的摊销与处置等内容。无形资产是企业创新成果在财务报表中的重要体现,它的确认和后续计量都关系到我国的科技发展与经济进步。

2016年5月30日,在全国科技创新大会上,习近平总书记发表了关于"科技兴则民族兴,科技强则国家强"的讲话。习近平总书记指出,我国科技事业发展的目标是,到2020年我国进入创新型国家行列,到2030年我国进入创新型国家前列,到新中国成立100周年我国成为世界科技强国。实施创新驱动发展战略,是提高核心竞争力的必要条件,是保持我国经济持续健康发展的必然选择。企业是联系科技和经济的纽带,是技术创新决策、研发投入、成果转化的主体。我国要实现科技的大力发展,需要"科技创新与制度创新同时发挥作用",制定鼓励企业技术创新的各项政策,如健全知识产权保护体系等,加强对企业技术创新的支持。同时,要弘扬创新精神,培养能够创新的人才队伍。

企业是我国科技事业发展的重要力量,它的创新成果通过"无形资产"项目体现在财务报表上,从无形资产的确认到后续计量,会计人员都应该对它进行真实、公允反映,同时谨记科技强国,将自身的职业发展与国家的创新驱动发展战略相融合。

(二) 思政问题

"科技兴则民族兴,科技强则国家强"。企业作为联系科技和经济的纽带,正确选择和运用与无形资产相关的会计政策是至关重要的。企业取得无形资产有两种途径:一是通过外购的方式,二是通过自制的方式。企业在外购无形资产的过程中要有知识产权保护意识,对相关无形资产的确认要做到真实、公允。国家制定了一系列政策鼓励企业自主研发,在自制无形资产的过程中,要合理区分研究开发阶段,正确处理研发支出的费用化与资本化。在取得无形资产后,企业可以自用无形资产或者将其出售、出租等。无形资产作为一项资产,在使用的过程中,其价值会逐渐损耗,企业需要对无形资产的账面原值在收益期内进行摊销处理。会计人员应该采用直线法,并依据相关合同与法律法规的摊销年限要求对无形资产进行摊销处理,客观反映使用知识产权等的代价。

(三) 探索思路

将思政元素融入"无形资产"的教学中，主要针对无形资产概述、确认、后续计量、处置，分别挖掘思政元素。具体体现在：针对无形资产概述，强调"品牌创新""自主知识产权""核心竞争力"；针对无形资产的确认，强调"培养知识产权意识""关注创新者的情感"这两点；针对内部研发支出，强调"知识产权的代价"；针对无形资产的出售和出租，强调"人尽其才，物尽其用"。

二、思政切入点

(一) 无形资产的概述

1. 专业教学点

专业教学点包括无形资产定义、特点及范围。无形资产是指，企业拥有或控制的没有实物形态的可辨认非货币性资产。无形资产不具备实物形态，具有可辨认性，是非货币性长期资产。无形资产的类型主要包括外购无形资产、自行研发无形资产两类。无形资产具体包括专利权、非专利技术、著作权、商标权、土地使用权、特许权等。

2. 思政切入点

1) 品牌创新

品牌是一个企业的无形资产，如果企业要在复杂多变的经营环境中做到长盛不衰，就需要不断进行创新。品牌创新可以分为技术创新、企业文化创新、质量创新和商业模式创新四大类。

为了响应国家的号召，同时也为了增强自身的市场竞争力，企业应该积极进行技术创新，这样既可以给国家带来新的技术，也可以给消费者带来新的消费体验，在助力国家技术进步的同时助力自身的成长。除了技术创新，企业也可以对企业文化进行创新。

企业文化是企业的灵魂，推动着企业不断前进。企业文化的核心是价值观，它决定了职工行为的方向。如果一个企业的价值观是以利益至上为主，则企业偏离社会主义的方向，产生短视行为，这不仅会损害企业自身，不利于其长远发展，同时也会损害国家和人民的利益。因此，企业需要进行企业文化创新，使其契合我国的社会主义核心价值观；员工需要有爱岗敬业和爱国的精神，能助力企业长远的发展。例如，大庆油田"有条件上，没有条件创造条件也要上"的文化，展现了中国工人阶级自力更生、艰苦创业的强大力量。

2) 自主知识产权

随着经济全球化的推进，各个国家在创新能力和市场垄断能力方面的竞争愈发明显，这两者都与自主知识产权密不可分。我国要在世界竞争的格局中占据优势，需要源源不断的自主知识产权，而企业在自主知识产权的创造中扮演了一个重要的角色。自主知识产权不仅有利于国家增强创新能力，也有利于企业自身发展。企业通过自主知识产权提升企业形象、提高市场竞争力，也能获得一定的市场定价权。

3）核心竞争力

核心竞争力能够让企业在激烈的竞争环境中保持竞争优势，而无形资产是企业持有的区别于其他企业的核心资产要素，它的特殊性决定了无形资产在企业核心竞争力中的地位。一个企业的核心竞争力可以用无形资产的数量和质量来衡量，重点体现在智力资本、品牌、技术性无形资产方面。企业应该注重这三方面的质量与数量，注重人才引进、培养具有创新能力的人才，随着环境的变化调整品牌创新策略，加大对技术性无形资产的研发投入。国家的科技发展离不开技术、创新、人才，企业在提高自身竞争力的同时，也在提高国家的竞争力。

（二）无形资产的确认

1. 专业教学点

无形资产取得的方式有外购、非货币性资产交换、债务重组、投资者投入、企业合并、政府补助六种。无形资产的初始计量原则是按照实际成本进行，企业需依据不同的取得方式具体计算无形资产的取得成本。对于外购的无形资产，无形资产的成本包括买价、相关税费、使该项资产达到预定用途的其他支出。通过非货币性资产交换与债务重组取得的无形资产应分别按照对应的会计准则规定进行处理。投资者投入的无形资产按照合同约定的价格计量。对于企业合并取得的无形资产，若为同一控制下企业合并，则按照被合并方的账面价值作为合并基础；若为非同一控制下企业合并，则按照公允价值计量。通过政府补助取得的无形资产，优先按照公允价值计量，若公允价值无法取得则按名义金额计量。

2. 思政切入点

我国的发展需要创新，而企业作为创新的主体，承担了巨大的责任。激励企业创新需要为知识产权提供一定的保障，为企业自主创新营造良好的法律环境。每个企业都应该从自身做起，遵守知识产权保护的相关法律法规。企业从外部取得无形资产时，应客观、公允地反映在财务报表上，并进行正确核算。这样的行为才是符合社会主义核心价值观中的"诚信""法治"。企业有了产权意识，才能避免在国际贸易中陷入产权纠纷，也可以提高国家在世界贸易中的竞争力。

此外，国家要激励企业创新，除了重视营造良好的法律环境，还需要关注创新者的情感。创新资源包括物质资源和情感资源，情感资源是一项不直接在财务报表上确认的"无形"资产，当创新者的知识资源和物质资源不足时，情感资源的投入就成为一种重要的创业承诺。激活积极情感状态有助于创新者克服知识资源和物质资源不足的创新困境，是个体创造力的重要源泉。重视创新者的情绪特质和心理资源对企业创新行为有明显的内在激励效应，对企业提高创新水平、增强创业持续性及促进企业的良好发展有重要的影响。

（三）内部研发支出的确认

1. 专业教学点

内部研发支出通过"研发支出"科目归集。企业一般设置两个二级科目来归集资本化与费用化的支出。合理区分无形资产的研究与开发阶段，研究阶段的支出全部作费用化处理，记入"研发支出——费用化支出"科目；而开发阶段的支出只有符合条件的才能资本化，记入"研发支出——资本化支出"科目。会计期末，企业将费用化支出结转到"管理费用"科目中；若开发项目未达到预定用途，则资本化支出继续留在原科目中，在资产负债表上体现在"开发支出"项目，若达到预定用途，则转入"无形资产"科目中。

2. 思政切入点

针对国家提出的五大发展理念中的"创新"，企业应该积极响应，搞好研究开发，提升企业的核心竞争力。例如，我国科技巨头华为的研发投入在"2021民营企业研发投入500家"中位居榜首，在欧洲专利厅发布的《2021专利指数》中也位居榜首。同时，华为生产的手机在全球手机市场的份额也名列前茅。

内部研发支出确认的关键点在于区分研究阶段与开发阶段，企业要依据相关的会计准则与法律法规，合理确定研究阶段与开发阶段。不能利用研发支出进行盈余管理，这样不仅会使资产被高估、费用被低估，也会损害投资者的利益。只有正确区分研究阶段与开发阶段，才能做到遵守社会主义核心价值观——法治、爱国、诚信。

（四）无形资产的处置

1. 专业教学点

无形资产的处置分为出售、出租、报废三类情况。对于无形资产的出售，企业应该将取得的价款与账面价值及相关税费的差额记入"资产处置损益"科目。在出租情况下，企业应按照收入原则确认相应的"其他业务收入"，同时将相关费用记入"其他业务成本"科目。在报废情况下，企业应将账面价值转入"营业外支出"科目。

2. 思政切入点

对于拥有或控制的无形资产，企业除了通过自用获取它带来的经济利益，也可以通过出售或出租的形式直接从交易方获得经济利益的流入。对于企业而言，某些无形资产自用带来的收益或许比出售或出租带来的低，然而对于购买或者承租方而言，却能获得更大的收益。也就是说，无形资产的多种处置方式，不仅能给交易双方带来更大的收益，也能使无形资产实现"物尽其用"。

三、思政案例

（一）案例介绍

浙江海正药业股份有限公司研发支出过度资本化与盈余管理案例①

浙江海正药业股份有限公司（以下简称海正）于2000年在上海证券交易所上市，

---

① 本案例参考资料：
东方财富网报道，《海正药业研发费用资本化 激进路径惹争议》，网址：https://finance.eastmoney.com/a2/20160528628284970.html。
天眼查《海正药业（600267）上市公告 _海正药业关于近五年被监管部门采取监管措施或处罚及整改情况的公告》网址：https://piliu.tianyancha.com/announcement/c595887c9317db884c93b880c8a278d9。

属于医药制造行业,主要从事化学原料、制剂、生物医药制品的研发、生产与销售,是一家综合性制药企业。

从图1和图2可以看出,海正的净利润在2015年相对于2014年有大幅下跌,与此同时,它的研发支出资本化率提升了近一倍。2015年以后,它的净利润相较前期一直处于一个相对较低的水平,而研发支出资本化率却一直保持在相对较高的水平。

将与海正规模相近的7家公司的研发支出资本化率与海正的研发支出资本化率进行对比可以发现,海正2015—2019年的研发支出资本化率一直处于最高水平。

依据海正的研发支出资本化率与净利润之间的反向变动关系,以及与同行的对比分析,我们可以推测海正有利用研发支出进行盈余管理的嫌疑。

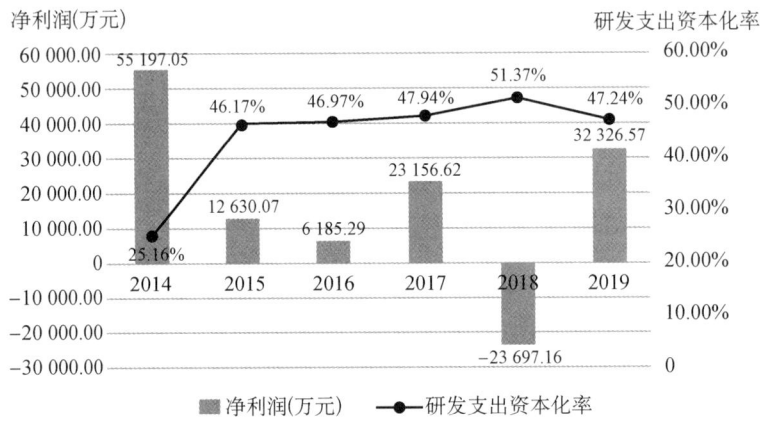

图1 2014—2019年海正净利润与研发支出资本化率

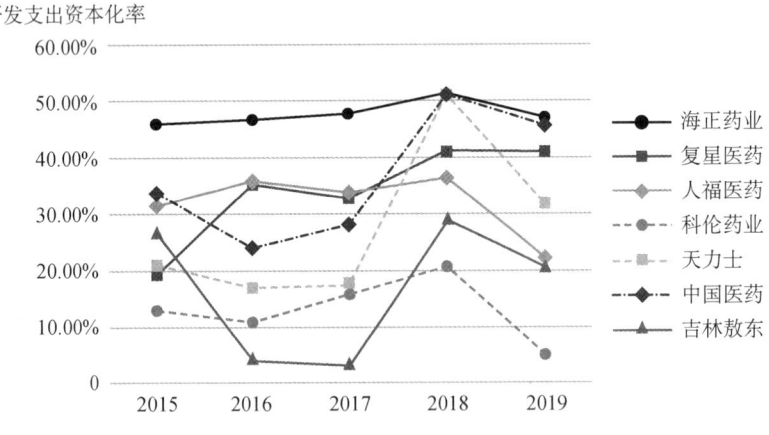

图2 2015—2019年医药企业的研发支出资本化率

从2015年开始,海正的研发支出金额和研发支出资本化率随其净利润的降低出现大幅增加。2015年9月10日,海正因违反《企业会计准则》,会计信息质量检查不合格,被财政部要求整改。2016年,上海证券交易所发布上证公函,要求其对2015年年报中的主要变动包括研发支出情况进行详细说明。2016年,公司经营业绩依旧处于下滑阶段,海正的研发支出资本化率依旧保持较高的水平。2017年1月25日,海正发布业绩预盈公告,称当年业绩预增260%~300%,而其于3月25日将业绩更正为-9400万元,并因此收到上海证券交易所的问询函,问询函再次提及研发支出,要求企业提供详细信息。海正也于2017年2月10日和4月25日分别接到浙江证监局的《行政监管措施决定书》和警示函。2018年4月,企业披露的2017年年报再次受到问询,由于主业连续3年出现亏损,财务费用、开发支出大幅增长和资本化率水平高等问题,上海证券交易所要求其进行详细解释。2019年,上海证券交易所再次就研发支出问题向海正发布问询函,海正于回函中提到部分项目在2019年以前就出现了研究停滞等问题,前任管理层估计可以继续进行,因此,将此前发生的支出依旧计入开发支出,在公司2019年上半年进行多项测试后,现任管理层对现阶段研发进度落后、研发投入大但后续市场容量小、市场竞争激烈、经济性差的项目进行中止并将原计入研发支出资本化的金额调整至费用中。公司聘请相关评测机构对研发支出以及当期同时计提的大额减值准备进行了评估,但是披露中未显示开发支出具体内容。2019年12月12日,新世纪评级发布对海正大额转回研发支出和计提资产减值的关注公告。

(二)思政小问题

1. 基于伦理道德分析企业盈余管理的动机。
2. 海正对无形资产的处理对伦理道德产生了哪些冲击?
3. 海正研发支出过度资本化给利益相关者带来了哪些负面影响?
4. 为了防范企业的盈余管理行为,如何针对企业和会计人员构建伦理约束体系?

(三)思政小提示

1. 盈余管理的动机

1)维护债务契约的动机

企业往往通过借债的方式获得融资,对于债权人而言,为了保障能收回本金和利息,往往会选择贷款给信用评级高的公司,而信用评级往往是以企业的财务数据为基础的。此外,当企业获得贷款后,如果它们的偿债能力降低到债权人不能接受的水平,债权人会要求企业立刻还本付息,企业将面临资金链断裂的情况。基于上述原因以及债权人和债务人之间的信息不对称,企业有动机通过会计政策的选择进行盈余管理。企业这样做在主观上是不诚信的。

2)吸引投资的动机

企业要长远地发展就需要吸引投资者来投资,但是由于信息不对称,大多数中小投资者通常只能用公开的财务数据等判断一家企业是否可以投资。企业出于融资需求就会通过盈余管理来调整财务数据,使企业的财务状况、经营状况看上去是好的。但是这并不能持续,企业一旦暴雷就会损害广大投资者的利益。

儒家思想中的核心"信",指的是待人处世的诚实不欺,"信"是"仁"的重要体现,贤能者必备诚信。企业如果不坚持"公允原则",不树立"诚信为本"的理念,夸大和缩小事实,就不能真实反映企业的盈利和风险。

2. 对伦理道德的冲击

1) 无形资产的确认

对于内部研发形成的无形资产,会计人员需要对研发支出应该资本化还是费用化运用职业判断,选择费用化还是资本化,对当期损益的影响不同。当企业的盈利状况没有达到预期时,会计人员可能会将此情况考虑在内,从而不合理地将研发支出资本化,以达到提高利润的目的;当企业需要少交税的时候,会计人员可能通过不合理的费用化达到降低利润、少交税的效果。

通过将海正 2015 年前后几年的研发支出资本化率与同行对比,可以发现它的这一指标是远高于同行水平的,然而,会计人员对研发支出是否满足资本化确认的相关条件,并没有在财务报表附注中进行披露。针对以上情况,相关会计人员没有按照会计准则进行会计处理,是否存在职业道德的缺失?

2) 无形资产的减值

儒家的"中庸思想"中提到的"致中和",指的是人的道德修养达到不偏不倚,不走极端,十分和谐的境界,也就是符合"中庸"的标准。把"致中和"运用到研发支出的资本化与费用化判断中,就是要使两者适合、适宜,不要走极端,过度资本化或费用化。企业在选择研发支出费用化或资本化时,要依据一定的标准,而不能为了实现自身的某些目的,过度资本化和费用化。

3. 给利益相关者带来的负面影响

1) 投资者

为避免被暂停上市,海正以提高研发支出资本化率的手段,使其归母净利润 2015 年为微利,2016 年为巨亏,而 2017 年又实现微利。如果用医药行业平均研发支出资本化率代替海正 2015 年的资本化率,则其 2015 年的归母净利润为负,它将面临被暂停上市的风险。

如果执行正常的研发支出资本化率,海正可能被暂停上市,无法面向公众利益实体继续进行融资。而事实是,它通过盈余管理的手段对财务报表进行粉饰,对于公众利益实体而言这是一种欺骗行为。对于原有的股东而言,若东窗事发,他们可能会面临股价崩盘的风险;对于潜在投资者而言,他们因为看了经过粉饰的财务报表而对海正这一支原本可能被 ST 的股票进行投资。

2) 债权人

通过上述分析可知,企业为维护债务契约有进行盈余管理的动机,即想要借到超过自己还款能力的借款,或者虽面临财务风险但是不想让债权人即刻要求还本付息。若债权人误信了债务人经过粉饰的财务报表,不能结合真实信息充分考虑债务人还本付息的能力,从而向债务人借出超过其还款能力的借款,将使自身面临极大的无法收本收息的风险。此外,债权人原本可以随时通过企业提供的真实的财务报表判断其还款能力,在自身利益可能受到损害时立即退出,但由于财务报表无法真实反映企业偿债能力，债权人不能有效利用有效信息保护自己。

4. 建立伦理约束体系

1）企业层面

企业重视伦理规范，可以给员工营造一个好的伦理环境。企业可以围绕社会主义核心价值观或中国优秀的传统伦理道德等建立企业伦理规范，重点强调企业的自我约束、积极履行社会责任、正向的企业文化。企业可以设置负责伦理工作的部门，主要负责宣传企业的伦理规范、展开伦理培训、监督员工遵守伦理规范的情况、对不符合伦理的行为进行惩罚或纠正；企业还可以建立奖惩制度，对严格遵守伦理规范的员工进行奖励，对违背伦理规范的员工依据情节严重性及造成的后果进行不同力度的处罚。企业重视伦理规范，并采取实际的行动，才能给员工带来正向的影响。

当企业通过积极的企业文化营造良好的工作氛围时，有利于企业履行社会责任，从而降低创新风险。企业通过承担社会责任构筑自身社会关系网络，可以降低创新中的交易风险。

2）会计人员层面

会计人员除了要参照会计准则和相关法律法规开展会计工作外，还需要作出许多主观性的职业判断，作出正确的职业判断要求会计人员具备专业知识、遵守职业道德。因此，加强会计人员的伦理教育是至关重要的。具体做法包括：定期举行伦理规范培训、举办伦理知识竞赛、开展伦理案例分析讨论等，从整个行业层面提高会计人员的职业道德水平。

（四）思政小链接

1.《疫苗战事——新冠疫苗研发实录》，网址：https://open.163.com/newview/movie/free?mid=XF6JRUT38&pid=WF6JRUT2S。

2.《华为超级计算机问世，每秒高达1 300万亿次，或将迎来巅峰时刻》，网址：https://3g.163.com/v/video/VZQP9NAKI.html。

3.《"蓝田股份"神话终结的前前后后》，网址：http://www.stcn.com/zbsc30/gscq/zwzs/202011/t20201113_2531610.html。

四、思政语录

1. 生产力中也包括科学。

——马克思

2. 通过实践创造对象世界，即改造无机界，人证明自己是有意识的类存在物，也就是这样一种存在物，它把类看作自己的本质，或者说把自身看作类存在物。

——马克思

3. 马克思说过，科学技术是生产力，事实证明这话讲得很对。依我看，科学技术是第一生产力。

——邓小平

4. 科技创新越来越成为当今社会生产力解放和发展的重要基础与标志,越来越决定着一个国家、一个民族的发展进程。如果不能创新,一个民族就难以兴盛,难以屹立于世界民族之林。

——江泽民

5. 创新是引领发展的第一动力,保护知识产权就是保护创新。

——习近平

6. 知识产权保护工作关系国家治理体系和治理能力现代化,关系高质量发展,关系人民生活幸福,关系国家对外开放大局,关系国家安全。全面建设社会主义现代化国家,必须从国家战略高度和进入新发展阶段要求出发,全面加强知识产权保护工作,促进建设现代化经济体系,激发全社会创新活力,推动构建新发展格局。

——习近平

7. 当前,从全球范围看,科学技术越来越成为推动经济社会发展的主要力量,创新驱动是大势所趋。新一轮科技革命和产业变革正在孕育兴起,一些重要科学问题和关键核心技术已经呈现出革命性突破的先兆。物质构造、意识本质、宇宙演化等基础科学领域取得重大进展,信息、生物、能源、材料和海洋、空间等应用科学领域不断发展,带动了关键技术交叉融合、群体跃进,变革突破的能量正在不断积累。国际金融危机发生以来,世界主要国家抓紧制定新的科技发展战略,抢占科技和产业制高点。这一动向值得我们高度关注。

——《习近平关于科技创新论述摘编》

五、历史故事

两弹一星:自主创新创造惊世奇迹[①]

在苏联毁约停援 5 年后,1964 年 10 月 16 日,我国第一颗原子弹在大漠深处爆炸。两年零八个月后,我国第一颗氢弹爆炸成功。1966 年 10 月 27 日,我国第一颗装有核弹头的地地导弹飞行爆炸成功。

中国核武器的冲击波震撼着世界,对西方国家来说,中国以惊人的速度,研制出包括原子弹在内的"两弹一星",是一个科学奇迹,更是一个不解之谜。

关键核心技术是要不来、买不来、讨不来的。"两弹一星"的成功研制,让新中国抢占了科技制高点,为国防安全铸造了核盾牌。这离不开的是自力更生、艰苦创业的精神支撑。

"因陋就简"实现"自力更生"

如果说"两弹一星"是一曲改变新中国命运的交响乐,那么原子弹的研制就是这首交响乐的第一乐章。

---

① 资料来源:《"两弹一星"精神:自主创新的惊世奇迹》,科技日报,https://my.mbd.baidu.com/r/16s8eJu50CQ? f=cp&u=4d955d1c1399aa20

1961年年底，从苏联莫斯科钢铁学院毕业的安纯祥被任命为包头二〇二厂六分室主任，负责原子弹核部件的成型锻造及热处理等科研攻关。

接到任务的安纯祥立即从厂里选人，并寻找合适的场地。为了争时间、抢速度，他们因陋就简，先将一个木板搭的工棚作为锻造试验用地，又把627仓库作为研究试制的临时试验场地。

当时核部件试验是需要特殊保密的，因此，科研人员每天都在夜间进行锻造。为了达到高质量的试验要求，安纯祥和同事们就吃在现场，睡在现场，几乎每天要干12个小时。

"当时大家就只有一个信念，苏联不提供技术我们自己摸索，没有专家靠大家，一定要依靠自己的力量过技术关，宁可掉几斤肉，也要早日试制出'争气弹'。"安纯祥回忆说。

正是靠一股自力更生的干劲，安纯祥与同事们在一个简陋的仓库里硬拼无数个日日夜夜，为我国第一颗原子弹的爆炸试验成功提供了核部件。

后来成长为中国科学院院士的王方定带领小组，为我国第一颗原子弹研制点火中子源，同样把"因陋就简，土法上马"精神应用得淋漓尽致。

王方定和小组成员接受任务时，条件十分困难，不仅没有仪器设备，连起码的实验室也没有。他们花了一个多月功夫，盖起一个以沥青油毡作顶棚、芦苇秆抹灰当墙的工棚作为实验室，拣了别人不用的旧手套箱，加工一些简单器具，便开始了实验工作。夏天室温高达三十六七度，还要穿上3层防护工作服，戴上两层橡皮手套。每次实验后，汗水会浸透他们的工作服。严冬季节，有时自来水管被冻裂了，他们仍然坚持做实验。

在这个简陋的实验室里，他们成功捕捉到实验变化的宝贵瞬间，为原子弹点火装置研制出理想燃料，并在后来的原子弹中子爆轰试验中被进一步验证，1963年年底，我国第一颗原子弹使用的点火中子源研制成功。

从1964年起，用了不到3年时间我国相继完成原子弹、氢弹、"两弹结合"的爆炸试验，我们走出了一条不同于美苏的尖端事业发展新路子。从采矿、冶炼、加工直到最复杂的科学研究工作，都采用了各种因陋就简的办法，我国尖端事业在简陋条件下以较短时间取得举世瞩目的成就。

"突破原理、物理设计、核地质、核材料、冷试验（17号工地）、热试验、武器化……"中国工程院院士杜祥琬曾说，自力更生贯穿我国核弹研制始终。

时代发展，精神的力量赓续传承

1970年4月24日，历经艰难攻关，我国首颗人造卫星"东方红一号"被送上了天。

"东方红一号"成功发射的意义远远超出了一颗卫星本身。它打破了西方大国对航天技术的垄断，大大提高了中国在世界上的威望，为国人树立起民族自尊心和自信心。

起初，中国人在西北大漠里竖起第一座发射架时，西方一些发达国家认为，那是开玩笑。中国人用运行速度只有每秒几十万次的老式计算机编制地球同步卫星轨道程序时，洋专家又断言：不可能！但是，"两弹一星"事业的成功有力地证明，中国人就是将"不可能"变成了"可能"。

接受记者采访时，"两弹一星功勋奖章"获得者于敏指着报道说："重要的是'自力更生'，我国在核武器研制方面一开始定的方针就是'自力更生，艰苦奋斗'。"

"无论是在研制原子弹、氢弹的年代还是现在，'两弹一星'精神是我们走有中国特色的科研道路，发展高科技的精神支柱。"核武器工程专家胡思得院士曾说。

从"东方红一号"到载人航天，中国人探索太空的脚步迈得更稳更远，"两弹一星"的精神力量也在赓续传承、不断发展，激励着我们奋勇向前。今天，我国企业要发扬"两弹一星"精神，提升企业自主创新能力。

企业是我国科技发展的重要力量，它的创新成果通过无形资产项目体现在财务报表上。自主创新是企业发展的灵魂，是企业做大做强，实现可持续发展的重要保障。当今世界面临前所未有之大变局，我国正处于中华民族伟大复兴的关键时期，发扬"两弹一星"精神，提升企业自主创新能力，对于统筹国内国际两个大局，加快构建新发展格局，实现更高质量、更有效率、更加公平、更可持续、更为安全的发展，具有十分重要的意义。企业应加强自主创新意识，提高自主创新能力。企业要实现有效自主创新，应从以下几个方面努力：

（1）完善优秀人才引进及培养机制。优秀人才是企业实现自主创新的重要支撑。一方面，企业要加强对内部人才的挖掘和培养，建立健全奖励机制，使优秀人才脱颖而出。另一方面，企业应积极引进外部高层次专业人才，使其与企业现有团队相互补充，提升企业在重大领域的攻坚能力。

（2）牢固树立知识产权保护意识。知识产权作为企业及国家核心竞争力的主要来源之一，是重要战略资源。品牌、技术等企业的无形资产要实现逐步增值，有赖于对知识产权的合理保护。企业要加强内部管理，防止商业秘密泄露，对于新产品、新技术要及时申请发明专利，将知识产权牢牢掌握在自己手中。

（3）自主研发与开放合作相结合。企业要加强研发投入，发挥自主研发和合作研发双轨并进的优势，在提升自主研发实力的同时，积极与外部科研院所、高校等开展深入的产学研合作，取长补短，实现内外部联动，提高研发效率，加速促进技术向生产力转化，提升市场竞争力。

六、法律法规

（1）《企业会计准则第6号——无形资产》。
（2）《企业会计准则第7号——非货币性资产交换》。
（3）《企业会计准则第12号——债务重组》。
（4）《企业会计准则第16号——政府补助》。

(5)《企业会计准则第20号——企业合并》。

(6)《企业会计准则第8号——资产减值》。

(7)《中华人民共和国公司法》。

参考文献

[1] 孙卓.基于社会主义核心价值观的中级财务会计课程思政教学实践研究[J].商业会计,2020(11):110-112.

[2] 章雁.关于本科"中级财务会计"实施课程思政教学的思考[J].商业会计,2020(7):103-105.

[3] 刘维华,刘丽梅,刘布天.思政与专业教育有机融合的中级财务会计课程教学改革[J].湖南工业职业技术学院学报,2021,21(6):66-69.

[4] 郑磊.课程思政背景下高校会计人才培养模式创新发展研究[J].中国农业会计,2021(12):26-27.

第六章 "投资性房地产"思政指南

一、思政背景

（一）课程内容

"投资性房地产"是"中级财务会计"课程的重要内容，主要介绍投资性房地产的特征与范围，投资性房地产的确认、初始计量和后续计量及投资性房地产的转换与处置三个部分。本章重点针对上市公司投资性房地产业务的会计处理进行课程思政的探索。

长期以来，很多非房地产企业进行房地产投资，以赚取回报。有的企业干脆将投资房地产作为主要业务，希望通过投资房地产赚快钱，远离实体经济；有的企业则是兼营房地产投资业务；还有的企业投资房地产则是为了资产保值，抵御通货膨胀风险。2006年以前的旧会计准则未能区分投资性房地产和固定资产，导致投资性房地产折旧、期末计价等方面的核算不能如实反映投资性房地产的真实价值，影响会计信息披露质量。投资性房地产与固定资产不同，为了规范投资性房地产的确认、计量和相关信息的披露，我国财政部于2006年2月颁布了《企业会计准则第3号——投资性房地产》，规定自2007年1月1日起在上市公司范围内施行，鼓励其他企业执行。新准则将投资性房地产作为区别于固定资产和无形资产的一项资产单独进行反映，这一举措保证了会计信息质量的真实性、完整性、可靠性，同时区分企业的投资性房地产和企业自用房地产，真实地反映企业价值。

（二）思政问题

本章的思政问题主要涉及道德层面和法律层面。

1. 道德层面

在投资性房地产的会计计量中，由于公允价值的理论体系和可操作的具体方案欠缺，公允价值计量模式下信息披露不规范、不充分的问题频发，所以我们应以社会主义核心价值观中的"公正""法治""诚信"为准则，以会计职业道德为准绳，以国家法律法规和会计政策为依据，秉持"客观公正"和"诚信"的基本理念，对企业价值进行公允评估，此外，企业还应有社会责任承担意识，坚守道德底线。

2. 法律层面

一些企业通过转让或出租增值后的投资性房地产而获利。这些企业多为具有扭亏动机的企业，这种行为违背我国会计准则的初衷，并且有违反法律法规之嫌。管理学大师德鲁克曾说过："企业的唯一目的就是创造顾客。"如果公司不再有能力创造顾客,而是靠偏门手段赚钱,这样的公司就不值得被尊重。因此,本章会计思政教学的重点是使学生熟悉相关的法律法规和政策文件,对道德与法律充满敬畏之心,坚守法律底线。

(三) 探索思路

"投资性房地产"课程思政探索大致可以从以下几个方面展开:

(1)"不忘初心意识——立德树人"。
(2)"会计诚信意识——不做假账"。
(3)"文化自信意识——中国准则"。
(4)"信息质量意识——质量文化"。
(5)"自主学习意识——不断成长"。
(6)"职业判断意识——错报风险"。

本章将结合"中级财务会计"课程的特点,挖掘投资性房地产内容中所蕴含的课程思政元素及其内涵,并将其融入课程,构建课程思政创新教学体系,阐述应用该体系实现思政教育与专业教育融合的具体流程,培养学生的市场观念,加强学生对国家宏观政策和会计准则的认识。

二、思政切入

(一) 投资性房地产的特征与范围

1. 专业教学点

1) 投资性房地产的基本属性

投资性房地产,是指企业为赚取租金或资本增值或者两者兼有而持有的房地产。新会计准则颁布以前,我国会计制度没有单独划分投资性房地产,而新会计准则将企业对外出租的房产、对外出租的土地使用权以及持有并准备增值后转让的土地使用权统一划分为投资性房地产,在"投资性房地产"科目进行核算。

2) 投资性房地产的范围

本章根据《企业会计准则》整理了投资性房地产的核算范围并与非投资性房地产作了比较,具体如表1所示。

表1 投资性房地产与非投资性房地产的核算范围

投资性房地产	非投资性房地产
1. 已出租的土地使用权 2. 持有以备增值后出售的土地使用权 3. 已出租的建筑物	1. 持有并准备增值后转让的建筑物 2. 企业计划出租但尚未出租的土地使用权 3. 国家认定的闲置土地
4. 董事会或类似机构做出书面决议明确表示将其用于经营出租且持有意图短期内不再发生变化的(即使尚未签订租赁协议)	4. 以经营租赁方式租入再转租给其他单位的土地使用权 5. 自用单资产 6. 房地产企业作为存货的房地产

2. 思政切入点

从"职业判断意识——错报风险"方面来看,投资性房地产业务核算过程涉及大量定义的判定,这就需要会计职业判断。会计职业判断是从事会计工作的人员基于专业素养和职业经验、依据会计法律法规、《企业会计准则》对企业发生的具有不确定性的经济交易或事项作出分析、会计政策选择、会计处理和披露方式选择的判断过程。因此,培养会计专业学生职业判断能力尤为重要。

从"文化自信意识——中国准则"的视角来看,投资性房地产准则的补充和完善,表明我国的会计准则与国际会计准则进一步趋同,将公允价值计量模式引入我国投资性房地会计核算也是我国提升会计信息"相关性"的重要举措。同时,我国的《企业会计准则》改革也体现了"文化自信意识——中国准则"的理念。习近平总书记强调,文化是一个国家、一个民族的灵魂。坚定中国特色社会主义道路自信、理论自信、制度自信说到底就是要坚定文化自信。

(二)投资性房地产的计量

1. 专业教学点

1) 投资性房地产的计量模式

新准则规定投资性房地产有两种后续计量办法,即企业可根据实际情况从"成本模式"和"公允价值模式"中选择适合的后续计量模式。在成本模式下,企业应当参照固定资产或者无形资产的相关规定对投资性房地产进行后续计量,并需要参照资产减值准则相关规定在期末对其进行减值测试和相应处理。在公允价值模式下,企业需要注意采取该模式的特定条件是有确凿证据表明投资性房地产的公允价值能够持续可靠取得,其中,投资性房地产的公允价值指的是市场参与者在计量日的有序交易中出售该房地产所能收到的交易对价。

虽然公允价值模式有利于提高会计信息的相关性,但是,由于我国市场规则不够完善,市场效率有待提升,故我国《企业会计准则》是适度引入公允价值,这也是在综合考虑投资性房地产特性和我国市场和制度背景基础上所做出的重要突破。

2) 投资性房地产后续计量模式的变更

企业的投资性房地产后续计量模式一经确定不得随意变更。投资性房地产后续计量的成本模式如需转为公允价值模式,应当作为一项会计政策变更。企业需根据计量模式变更时公允价值与账面价值的差额调整期初留存收益,而已采用公允价值模式计量的投资性房地产不得从公允价值模式转为成本模式。以上规定体现了我国《企业会计准则》的稳健主义原则。

2. 思政切入点

从"信息质量意识——质量文化"方面来看,随着我国市场经济的发展,运用公允价值计量模式的条件逐渐成熟。公允价值计量模式的应用既能提高投资性房地产会计信息,又能提高会计信息的相关性。选择公允价值计量模式依赖于市场信息。在房地产交易市场越活跃的地区,对投资性房地产公允价值的确认要求应该越严格。会计人员需要对企业发生的、与投资性房地产相关的业务进行正确、客观核算，并进行有力的监督，要将会计信息质量意识贯穿于企业经营及管理过程中，保证会计信息质量，共同推动中国会计质量文化建设。

从"自主学习意识——不断成长"方面来看，财务会计是一份需要终身学习的职业。相关人员要不断提升自己的专业能力，更新自己的知识体系，认真学习与时俱进的《企业会计准则》，从而在工作中运用自己的专业知识来保证投资性房地产相关会计信息的真实可靠，对企业管理者和利益相关者真正地负起责来。

目前投资性房地产公允价值计量模式的应用并不广泛，主要原因在于：增加了企业的评估成本，评估结果具有主观性，利润容易受市场影响。这无疑对企业相关人员个人素质有更高的要求。以评估环节为例，选择评估方法需考虑的因素较多，不同的评估人员有不一样的考量，除了良好的专业能力，研究显示，个人的受教育环境、心理健康状态、认知能力和精神状态均会影响其选择的决策方式，进而影响评估结果。一个具有良好企业文化的组织，能够通过继续教育、员工心理援助等措施有效地保证其员工维持良好的工作状态，真正做到"以人为本"的管理。

(三) 投资性房地产后续计量模式的转换和处置

1. 专业教学点

1）投资性房地产后续计量模式的转换

投资性房地产与非投资性房地产之间能够相互转换，即企业原自用投资房地产、具备存货性质的房地产在满足《企业会计准则》要求的时候可以转换为投资性房地产。

在成本模式下，投资性房地产转换后的入账价值以其转换前的账面价值确定。

在公允价值模式下，投资性房地产转换为自用房地产或存货需要以转换日公允价值作为自用房地产或存货的账面价值，转换日公允价值与投资性房地产原账面价值之间的差额计入当期损益（公允价值变动损益）。自用房地产或存货转换为投资性房地产，转换日公允价值小于原账面价值差额计入当期损益（公允价值变动损益）；转换日公允价值大于原账面价值的差额，在已计提的减值准备或跌价准备的范围内，计入当期损益，剩余部分计入其他综合收益。

2）投资性房地产的处置

当投资性房地产被处置或者永久退出使用且预计不能从其处置中取得经济利益时，企业应当终止确认该项投资性房地产。

企业出售、转让、报废投资性房地产或者发生投资性房地产毁损时，应当将处置收入扣除其账面价值和相关税费后的金额计入当期损益（将实际收到的处置收入计入其他业务收入，所处置投资性房地产的账面价值计入其他业务成本）。

2. 思政切入点

从"会计诚信意识——不做假账"方面来看，对于投资性房地产转换日公允价值大于原账面价值的情况，会计人员需要诚实地将差额记入"其他综合收益"科目，而不能违背《企业会计准则》将转换差额计入当期损益来粉饰会计利润。因此，本章思政要点是将会计诚信意识融入"投资性房地产"会计学习过程中,引导学生如实对经济业务或事项进行确认、计量、记录和披露,引导学生树立"诚信为本、操守为重、坚持原则、不做假账"的正确价值观。

从"不忘初心——立德树人"方面来看,"不忘初心"的意义在于将"投资性房地产"的会计处理与社会主义核心价值观结合起来,潜移默化,使学生在掌握专业知识的同时成为有德之人。

三、思政案例

(一)案例介绍

"顺势而为"的昆百大①

昆明百货大楼(集团)股份有限公司(以下简称"公司")主营业务为商业及房地产。公司将所持有的少数产业出租之后得到租金,此部分产业表现出投资性质,而成本模式无法反映公司资产的真实价值,故公司董事会认为,公允价值这一计量方法反映的会计信息更能在财务报表中体现企业真实的资产状况,让投资者看到更相关的信息。

基于上述内容,公司第五届董事会第四十五次会议审议通过了《昆百大关于对投资性房地产后续计量由成本计量模式变更为公允价值计量模式的议案》,确定不再采用成本模式计量,挑选可以全面反映企业所持投资性房地产实际价值的公允价值模式。

1. 本次会计政策变更情况概述

表2列示了昆百大2008年投资性房地相关情况。从表2数据可看出,2008年,公司投资性房地产账面价值合计16 833.49万元,占公司2007年度经审计资产总额的8.87%,为公司2007年度经审计归属于母公司所有者权益的193.93%。这说明公司将主要资金用于投资房地产,而非用于主营业务的拓展。

表2 2008年公司用于出租的投资性房地产项目

项目名称	账面净值(万元)	资产持有单位
百大新天地	12 775.40	母公司
昆明走廊	3 099.51	控股子公司
新纪元广场B座	604.19	母公司
百大国际花园幼儿园	354.39	控股子公司
总计	16 833.49	

数据来源:昆百大关于投资性房地产明细的公告。

由于公司所持投资性房地产主要为成熟商业区的商业物业,物业价值增值较快,

---

① 本案例参考资料:《昆百大A:关于对投资性房地产后续计量由成本计量模式变更为公允价值计量模式的公告》,网址:https://q.stock.sohu.com/cn/gg/000560/449046081.shtml。

升值潜力较大且预计将会持续，因此，在成本模式下，这些房地产的账面净值随折旧和摊销而不断减少，投资性房地产的增值部分无法体现，低估了公司价值，不利于投资者了解公司的真实情况。同时，《企业会计准则第3号——投资性房地产》准许企业对投资性房地产的后续计量选择公允价值模式，由成本模式转为公允价值模式的，作为会计政策变更处理。

采用公允价值模式计量有利于增强公司会计信息的真实性和可靠性，能够及时反映公司经营状况的变化，便于公司管理层及投资者及时了解公司真实财务状况及经营成果，为其决策提供更有用的信息，符合全体股东的利益。

本次会计政策变更前公司的会计政策为采用成本模式对投资性房地产进行后续计量，且按年限平均法计提折旧。根据相关信息，预计使用年限为35年、预计净残值率为5%。

本次会计政策变更后公司采用的会计政策：对投资性房地产采用公允价值模式进行后续计量，不对其计提折旧或进行摊销，并以资产负债表日投资性房地产的公允价值为基础调整其账面价值。公允价值与原账面价值之间的差额计入当期损益。

投资性房地产公允价值的取得：根据《昆明百货大楼（集团）股份有限公司投资性房地产公允价值计价内部控制制度》，公司聘请昆明田野房地产咨询有限公司对相关市场交易情况进行调查，并提供《高新区住宅与一环以内商业物业销售状况调查报告》。由中和正信会计师事务所有限公司对公司2008年3月31日、2007年12月31日、2006年12月31日的投资性房地产公允价值涉及的相关资产提供价值咨询意见，并出具《价值咨询意见书》，以其价值咨询意见确定的相关投资性房地产的市场价值作为投资性房地产的公允价值。

公司自2008年6月1日起对投资性房地产采用公允价值模式进行后续计量，并根据中和正信会计师事务所有限公司出具的《价值咨询意见书》所提供的相关投资性房地产的市场价值，对2007年度及2008年1～3月可比报表进行追溯调整。

根据中和正信会计师事务所有限公司出具的《价值咨询意见书》相关价值咨询结论，公司相关投资性房地产项目咨询价值及各项目总体公允价值如表3所示。

表3 投资性房地产各项目公允价值情况表

序号	房地产名称	咨询价值（元）
1	新纪元广场地下附一层一地上附五层间的商铺	46 920 000
2	百大金地商业中心地下二层至地上九层的商铺	572 956 000
3	昆明走廊的已出租商铺	45 673 000
4	百大国际花园幼儿园	5 029 000
	总计	670 578 000

数据来源：中和正信会计师事务所《价值咨询意见书》。

2. 本次会计政策变更对公司的影响

表4列示了本次会计政策变更对公司2007年资产负债表日合并所有者权益的影响情况。由此可见,会计政策变更对其未分配利润有较大的负面影响。

表4 本次会计政策变更对公司2007年12月31日合并所有者权益的影响

项目	2007年12月31日			
	变更前金额(元)	变更后金额(元)	影响金额(元)	影响比例
股本	134 400 000.00	134 400 000.00	0	0
资本公积	1 748 116.46	28 493 594.53	26 745 478.07	1 529.96%
盈余公积	10 481 236.58	37 321 388.02	26 840 151.44	256.08%
未分配利润	−59 828 064.90	256 063 598.77	315 891 633.67	−528.00%
归属于母公司所有者权益合计	86 801 288.14	456 278 581.32	369 477 293.18	425.66%
少数股东权益	119 977 654.92	120 293 262.82	315 607.90	0.26%
所有者权益	206 778 943.06	576 571 844.14	369 792 901.08	178.83%

数据来源:昆明百货大楼(集团)股份有限公司2007年12月31日合并所有者权益表。

表5列示了2007年合并净利润的受影响情况,由此可见,变更对净利润和归母净利润的影响为正。

表5 本次会计政策变更对公司2007年合并净利润的影响

项目	2007年12月31日			
	变更前金额(元)	变更后金额(元)	影响金额(元)	影响比例
净利润	96 953 799.24	439 002 930.22	342 049 130.98	352.80%
归属于母公司所有者的净利润	74 929 838.11	416 975 215.77	342 045 377.66	456.49%
少数股东损益	22 023 961.13	22 027 714.45	3 753.32	0.02%

数据来源:昆明百货大楼(集团)股份有限公司2007年1~12月合并利润表。

2007年公司期初投资性房地产账面价值为1 358.55万元,公允价值为4 623.30万元,公允价值与账面价值的差额为3 264.75万元,相应调整增加递延所得税负债1 077.37万元、资本公积2 113.24万元、未分配利润68.64万元、少数股东权益5.50万元。

2007年12月31日,公司投资性房地产账面价值为15 669.08万元,公允价值为64 974.80万元,公允价值与账面价值的差额为49 305.72万元,相应调整增加递延所得税负债12 326.43万元、资本公积2 674.55万元、盈余公积2 684.01万元、未分配利润31 589.17万元、少数股东权益31.56万元。该项会计政策变更对公司2007年度报告的损益影响为增加归母净利润 34 204.54 万元、增加少数股东损益 0.38 万元。

3. 对公司 2008 年中期报告的影响

该项会计政策变更对公司 2008 年中期报告中归母所有者权益及 2008 年 1～6 月归母净利润的影响：经测算，本次会计政策变更对公司 2008 年中期报告归母所有者权益的影响比例约为 350%以上；公司 2008 年 1～6 月归母净利润与会计政策变更前相比，增加约 170 万元。根据《深圳证券交易所上市公司信息披露工作指引第 7 号——会计政策及会计估计变更》的规定，本次会计政策变更在董事会审议批准后，需报经股东大会审议批准。

经测算，公司自 2008 年 6 月 1 日起采用公允价值计量投资性房地产后，对投资性房地产不再计提折旧或摊销，并需对 1～5 月已提折旧及摊销进行相应调整。上述变更约增加 2008 年 1～6 月归母净利润 170 万元。

由此可见，在昆百大的案例中，将历史成本模式转换成公允价值模式，一方面，可以减少因使用历史成本计量而产生的折旧费用；另一方面，还可以使公司因为资产的增值而获益，从而使企业财务报表更能体现公司实际资产状况，也更能反映市场的变动情况。

（二）思政小问题

1. 采用成本模式计量投资性房地产与采用公允价值模式计量投资性房地产，对企业财务报表有何不同影响？
2. 为何绝大多数具有投资性房地产业务的上市公司选择成本模式而非公允价值模式进行后续计量？
3. 昆百大变更投资性房地产的后续计量模式，这一会计政策变更是否符合我国会计准则的规定？
4. 既然绝大多数上市公司选择成本模式计量投资性房地产，为何昆百大将成本模式变更为公允价值模式？
5. 昆百大变更投资性房地产后续计量模式的财务动机及经济后果如何？
6. 采用公允价值模式计量的投资性房地产，其公允价值如何取得？

（三）思政小提示

1. 公允价值计量模式尚未处于主导地位

问题：尽管《企业会计准则》允许采用公允价值模式对投资性房地产进行后续计量，但公允价值模式较成本模式尚未处于主导地位，其深层次的原因在于，《企业会计准则》规定已采用公允价值模式计量的投资性房地产不能转为成本模式。

建议：提升公允价值模式的地位。从计量属性上来看，公允价值计量代表了国际财务会计的发展趋势。因此，不管是政策制定部门还是房地产监管部门，都应引导和鼓励有条件的企业采用公允价值模式对投资性房地产实施后续计量，从而在实际执行过程中不断地发现问题并解决问题，从而不断修订和完善我国的会计准则和相应法律法规。

2. 公允价值的理论体系和可操作的具体方案尚不完善

问题:一方面,理论界和实务界尚未形成关于公允价值的理论体系,如由于确定价格的方法不统一,价格信息的获取难度很大;另一方面,对于确定公允价值的具体操作,《企业会计准则》缺乏统一的规定,特定个体对于与特定资产相关的未来现金流量和风险的估算和预计通常各异,难免导致计量方法不明确,从而公允价值在实务操作中的应用困难加大。由此可见,在实际运用中,缺乏必要的理论支持和切实可行的操作方案,阻碍了公允价值的普及应用。

建议:制定和完善具备可操作性的公允价值行业规则。公允价值模式的广泛推广,需要准则制定机构制定和完善投资性房地产公允价值评估的具体指南,细化公允价值规范,使公允价值计量等相关问题具备可操作性和可验证性。例如,必须以公开的交易信息为基本依据;建立一套严格的资产评估制度,加强对评估工作的监督;制定同类或者类似资产的可比系数,使企业可按照该系数获取持有资产的公允价值。

3. 信息披露不规范、不充分

问题:就目前投资性房地产信息披露程度来看,以实际交易为基础的历史成本具有客观和可验证的特点,而即便公允价值在财务报表中可以提供一些更为相关的资料和数据,但是由于其特有的不确定性和易变性,公允价值通常无法满足信息可靠性的要求。例如,财务报表的阅读者无法了解投资性房地产的具体位置和面积大小信息,或者房产市场价格等资讯,从而很难判断企业采用的计量方法是否合适。

建议:由于投资性房地产准则较少涉及公允价值计量披露的条款,而公允价值信息的披露与否和披露多少及详细程度都由企业决定,这要求《企业会计准则》明确公允价值的确定方法、证据来源、估计假设等相关问题,防止公司在重大会计政策披露中照搬准则的原则性条款,使其披露更加规范,更加科学,更有利于保护相关者的利益。

4. 财会人员素质差异较大

问题:投资性房地产引入公允价值计量模式,鉴于公允价值信息获取的难度和获取结果难以量化和验证,如公允价值确定方法和具体参数的选择,这对会计人员的专业技能和职业判断能力提出了更高的要求。目前,我国会计人员的素质参差不齐,职业判断意识薄弱,这阻碍了许多公司采用公允价值模式计量。

建议:企业加强培训力度,采用多种途径培养复合型人才;加强会计专业知识的培训,提升企业会计人员的理论素质和知识技能;提高财会人员对交易和事项的确认、计量和报告进行科学判断和处理的能力,以便减少公允价值判断的偏差;加强公司内部控制和内部审计,特别是要强化企业内部审计的职能的落实。

(四)思政小链接

1. 投资性房地产的定义,网址:https://www.kuaiji.com/zhuanyewenda/

220131866. html。

2.《公司关于2021年度投资性房地产公允价值的公告》,网址:http://www.cninfo.com.cn/new/disclosure/detail?stockCode=000402&announcementId=1212750948&orgId=gssz0000402&announcementTime=2022-03-31。

3.《昆百大A确定投资性房地产公允价值项目资产评估报告书摘要》,网址:https://www.cfi.net.cn/p20090410000919.html。

4.《史上最大财务造假,600亿骗局-安然丑闻》,网址:https://www.bilibili.com/video/BV1k44y1y7ko?spm_id_from=333.337.search-card.all.click。

四、思政语录

1. 把学问过于用作装饰是虚假;完全依学问上的规则而断事是书生的怪癖。

——培根

2. 善言古者必有节于今,善言天者必有证于人。

——《荀子·性恶》

3. 古人学问无遗力,少壮工夫老始成。纸上得来终觉浅,绝知此事要躬行。

——陆游

4. 祸莫大于不知足,咎莫大于欲得。

——老子《道德经》

5. 不受虚言,不听浮术,不采华名,不兴伪事。

——荀悦《申鉴·俗嫌》

6. 天下难事,必作于易;天下大事,必作于细。

——老子《道德经》

五、历史故事

毛泽东是如何"小钱大用"的①

毛泽东率领一支不拿军饷的人民军队,在经费严重短缺的常态下,用"小米加步枪"打下了一个新中国。毛泽东具有系统的支撑人民战争的经济思想,其硬核内容就是"小钱大用"。

当秋收起义的部队撤到三湾后,毛泽东面临的最大问题就是要彻底改变旧军队的常态,但又发不起军饷,还得保证部队有饭吃,并要实现官兵民主和经济平等。如何系统地解决这些难题?毛泽东在把"支部"建在连上的同时,也创造性地把旧军队藏污纳垢的伙食账,改造成具有分配功能的公开账——"伙食尾子账",对涉及每一位官兵利益的伙食费进行严格的记账管理:每月按人头核定伙食费。从买菜开始,监督伙食支出,连里有个采买,有一个副采买,一般由班长或副班长担任正采买,由一个战士当副

---

① 资料来源:葛长银:《毛泽东的账簿:计家计国计天下》,中国大学生网公众号,2019年11月15日。

采买。这种"不兼容岗位"设计,让采买的人互相监督,严防支出过程中的"跑冒滴漏"。菜买来后由士兵委员会的人过秤记数,月底进行账目清理。"过秤记数"又是一道防控措施,可有效控制住采买支出的"缺斤短两"。月底结账后公布账目,节余下来的伙食尾子,按人平均分配,每个月发零用钱,从军长到战士,每人五角,一律五角。这种公开、公平、公正的分配机制,在当时一并解决了部队吃饭、军饷(零用钱)以及经济平等、官兵民主等系列难题。

毛泽东的这个做法现在看起来好像很简单,那是因为这个做法已经被毛泽东发现并运用了,而发现"未知"的难度是可想而知的。黄克诚在《怎样认识毛泽东》一文曾谈到,"毛主席确实要高明好多倍""毛主席当时在政治上、军事上创造了一套路线、方针和政策,现在看来似乎很简单,但那时大家都没有经验,能搞出这么一套正确的东西就非常困难呀!毛主席提出军队不能发饷了,要搞供给制。我当时想:这个办法行得通吗?对于有觉悟的共产党员来说,这样做不成问题,但很多战士不发饷怎么行呢?当兵的发饷、当官的发薪,是一切旧军队的惯例。北伐时的国民革命军也是这样,当个少校每月就有一百几十块大洋。现在一下子变过来,部队能带下去吗?我有些怀疑,可是后来,这个办法居然行通了。只要干部带头,官兵一致,就行得通"。

如果说三湾改编的党支部制度和士兵委员会制度,是借鉴苏俄红军和黄埔军校的做法,那创建"伙食尾子账"则是毛泽东的一大创举,它既是新型人民军队经济建设的基石,也是毛泽东"小钱大用"经济思想的最早试验田,还是艰苦朴素光荣传统的发源地。

从这个试验田可以看出,要做到"小钱大用",就必须进行严格管理,并要借助"精打细算"的账簿达到目的。毛泽东也一直运用账簿这个管理工具,践行他"小钱大用"的经济思想。

延安时期,限于当地的经济条件、国民党的封锁以及自然灾害等原因,经济更为困难,毛泽东在领导根据地军民开展生产自救的同时,也更加注重精打细算。在原版《经济问题与财政问题》一文中,毛泽东表扬了仓库粮食管理先进工作者:"蟠龙仓库主任何纯高同志……记账也清楚,学习会计上新采用的簿册很认真。一九四一年给仓库分发每月报告表,有些仓库主任费了三天时间还说不清楚,他听过一次之后就能提问题,提意见:这一格填什么?那一格这样填行不行?以后他就可以按期填寄每月报告表。他在工作上表现出的优点:沉着细心——收公粮从容写收据,每晚上结账。支粮时,算盘总打两遍,刻苦负责——对仓库很关心。"由此看出,毛泽东十分赞赏何纯高同志在会计核算方面的工作,评价也很专业,这就是对困境中的根据地军民在经济和财政上精打细算的具体指引。

经济基础决定上层建筑,务实的毛泽东深知经济与战争之间的关系。延安当时的合作社多是"小本买卖",也是维系战时经济的生命线,所以备受毛泽东的重视。据当时在国民经济部担任管理科科长的吴吉清回忆:"一有机会,主席就来指导我们的工作。他常常同社里的工作人员交谈,从中了解营业情况,并在每次临走之前,都要给我一些指示,帮助我们有计划地改进工作。特别是有一次,当我向主席汇报了有的服务员不安心工作时,主席就亲切地鼓励同志们说,经济工作是革命工作的一个重要组成部分,一定要搞好经济工作……谁也不能轻视一架算盘,一本流水账。要知道,现在国家和人民的钱,是经你们的手周转。难道还有比这更重要的吗?"

从小处着手,更要往大处着想。为了从战略层面管理中央的重要经费问题,1941年9月,"毛主席在主持一次中央书记处会议上决定设立中央书记处特别会计科"。中央的一些特别经费从此都由特别会计科管理。

打仗其实就是打钱,尽管人民军队不拿军饷,但没有基本的费用保障是无法进行革命战争的。如何把小钱当作大钱用,这就需要依靠账簿管理的"锱铢必较"了。也正是得益于这种"锱铢必较"的经济数据管理思想,在革命胜利来临之际,毛泽东为全党总结了《党委会的工作方法》,其中第七条就是胸中有"数"——当然这里的数,远远大于经济上的数,但经济数据无疑是其中的重要组成部分。

思想产生于时代及实践,也影响实践及时代的走向,其影响力取决于思想的正确性——这也是真理的特质。可以认定,在中国革命的艰难进程中,毛泽东"小钱大用"的经济思想和锱铢必较的账簿监管方法发挥了至关重要的作用。

六、法律法规

(1)《企业会计准则第3号——投资性房地产》。
(2)《企业会计准则第4号——固定资产》。
(3)《企业会计准则第6号——无形资产》。
(4)《企业会计准则第15号——建造合同》。
(5)《企业会计准则第21号——租赁》。
(6)《企业会计准则第28号——会计政策、会计估计变更和差错更正》。
(7)《企业会计准则第39号——公允价值计量》。
(8)《中华人民共和国企业所得税法实施条例》。

参考文献

[1] 白千斌.从会计学角度看房地产——解读《企业会计准则第3号——投资性房地产》[J].科技创新导报,2010(11):201.

[2] 陈兆芳.公允价值运用的障碍及对策研究[J].财会月刊,2008(3):16-18.

[3] 窦亚芹,郑其明.投资性房地产准则对房地产行业会计处理的影响[J].商业时代,2010(15):76-77.

[4] 李翠玉,孙玉芹.交易性金融资产与公允价值模式下投资性房地产核算的差异性分析[J].会计师,2009(6):24-25.

[5] 刘永泽,马妍.投资性房地产公允价值计量模式的应用困境与对策[J].当代财经,2011(8):102-109.

[6] 汪祥耀.投资性房地产:一种新颖投资方式及其会计准则的国际比较[J].经济经纬,2001(3):80-83.

[7] 姚振飞.公允价值在投资性房地产中的应用[J].中国乡镇企业会计,2010(7):16-17.

[8] 郑儒彬.投资性房地产后续计量模式选择的影响因素分析[J].中国乡镇企业会计,2009(3):187-188.

[9] 朱莲美,李高波.投资性房地产后续计量模式差异及影响分析[J].财会通讯(综合版),2007(6):64.

第七章 "长期股权投资与金融资产"思政指南

一、思政背景

(一) 课程内容

"投资"是"中级财务会计"课程的核心内容之一,主要内容包括"金融资产"和"长期股权投资"两大部分。本章重在对资本市场上主要投资的会计处理方式进行解读。

投资是企业为了获得收益或实现资本增值向被投资单位投放资金的经济行为。本章涉及的"投资"指对外投资。本章内容包括投资的概念、分类,重点介绍金融资产、长期股权投资等。

(二) 思政问题

2021年,我国国内生产总值(GDP)达114.37万亿元,比2020年增长8.1%,不仅打破了2020年呈现出的下行趋势,而且扭转了从2012年以来的增长率低于8%的下行趋势。投资缓中趋稳,发展韧性较强。

新形势下我国经济面临着较大的压力:①疫情影响下的经济增长压力;②市场投资需求下降压力;③杠杆率合理优化压力等。为了能够有效缓解压力,国家出台了一系列相应政策,其中包括"创新投融资思路,多渠道多元化融资""优化资源配置与投资收益平衡""增强投融资主体的融资能力"等多项投资政策,并有针对性地对各企业,尤其是国有企业的发展提出了新的要求。

在此过程中,企业为了能够维持营业收入等关键性指标,在发展受阻的情况下,往往作出一系列的"无奈之举":

(1) 企业违反有关规定,进行一系列的财务造假行为,如提供虚假财务报告等。

(2) 企业盲目投资,缺乏合理分析。在此过程中可能利用投资政策的漏洞进行潜在利益输送。

(3) 企业为了维持现有市场竞争优势过度扩张,只关注收益而忘却了风险,从而陷入财务困境甚至面临破产。

(4) 由于经济发展降速,资源配置不足,为了能满足投资发展需要,企业过度开发资源,可能忽视社会责任。此外,在资源争夺过程中可能做出损害其他企业利益的事情,忘却了"合作共赢"的理念。

(三) 探索思路

本章的课程思政探索从制度背景角度展开。

自2012年中国共产党第十八次全国代表大会以来,在以习近平总书记为中心的党中央领导下,中国经济快速发展。如图1所示,2012—2020年中国财政收入、税收收入与企业所得税收入呈现稳步上升的趋势。

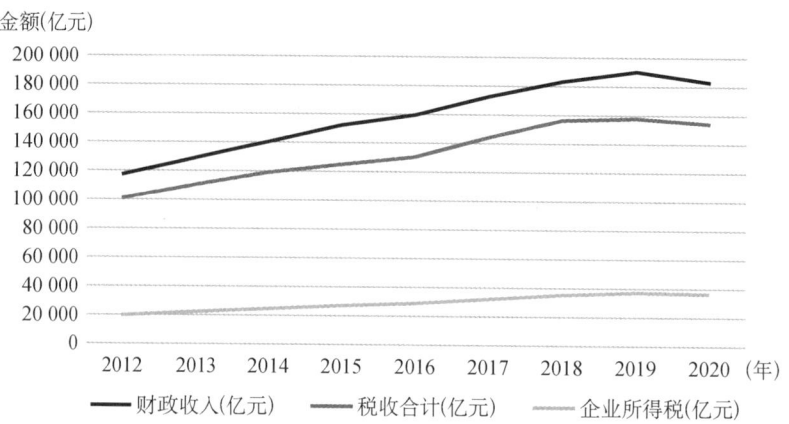

图1 2012—2020年中国财政收入、税收收入与企业所得税收入变动图

自党的十八大以来,企业所得税在税收总额以及财政收入总额中的比例也呈持续上升的态势(图2),这表明企业为中国经济发展做出了越来越大的贡献。

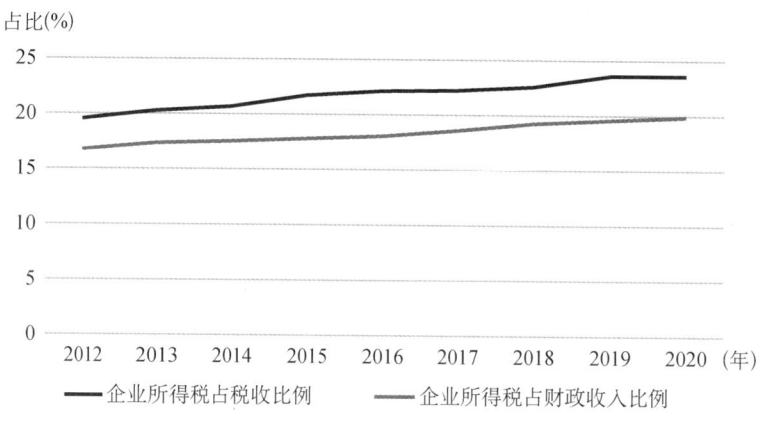

图2 2012—2020年企业所得税在税收总额及财政收入总额中的比例

我国经济处于持续上升的阶段,总体上,企业发展态势较好,资金宽裕。在这种情况下,企业出于战略性考量及多元化发展的综合考虑,往往会选择通过并购或投资来合并其他企业。由此,"长期股权投资"就成为会计人员需要认真关注的重要科目。

此外,目前,我国已取得全面脱贫攻坚的重要成果,我国民众的物质生活水平大幅提升。人民的需求已从满足基本生活需要转变为对美好生活的向往。因此,大家开始着眼于进行投资活动。企业也不例外,在自由现金流宽裕的条件下,愿意购入金融资产获取增值回报,因此,"金融资产"也成为会计核算的重要科目。

在企业资金流向资本市场的现实背景下,防范企业"脱实向虚"是监管关注的重点。作为为企业培养高素质财会人才的高校,在中级财务会计课程的投资章节加入课程思政内容是现实的必然要求。

综上，本章课程思政的内容大体上可以表现为以下几点：第一，强调"大众创业，万众创新"；第二，强调"收益与风险并存"；第三，强调社会主义核心价值观中的"富强""平等""公正""法治""爱国""诚信"；第四，强调以"诚信为主的会计职业道德"；第五，强调"企业及会计法律法规遵守"；第六，强调"企业社会责任承担"；第七，强调"企业可持续发展"；第八，强调"合作共赢"。

二、思政切入

（一）金融资产

1. 金融资产概述

1）专业教学点

金融资产是指企业持有的现金、其他方的权益工具以及符合以下条件之一的资产：

（1）从其他方收取现金或其他金融资产的合同权利。

（2）在潜在有利条件下与其他方交换金融资产或金融负债的合同权利。

（3）将来须用或可用企业自身权益工具进行结算的非衍生工具合同且企业根据该合同将收到可变数量的自身权益工具。

（4）将来须用或可用企业自身权益工具进行结算的衍生工具合同，但以固定数量的自身权益工具交换固定金额的现金或其他金融资产的衍生工具合同除外。

2）思政切入点

金融资产是一切金融市场上的金融工具，包括基金、债券、保险、贵金属、外汇、理财、存款、期货和期权等。我们可以看到金融资产在资本市场上通常体现为一种投资性的行为。因此，我们应注意到投资行为的"风险与收益并存"。

长期以来，在投资风险的教学中，关于数理思维和量化分析的内容较多，包括大量的数理推导和模型构建，这是其科学性的体现。然而该特征很多时候又会将学生带入一个思维误区，即"风险管理"的主要内容是数学知识不存在情感倾向和价值判断。

行为经济学中前景理论可以合理分析经济人的投资行为。任何一个人都不是绝对的理性经济人，教师们只有了解个体的经济行为是如何受其情感倾向和价值判断影响的，才能够更好地调整思政教学内容和教学方向。

行为经济学强调，人都是迷恋小概率事件的个体。比如，买彩票是赌自己会走运，买保险是赌自己会倒霉。这就揭示了一个奇特现象，即人类具有强调小概率事件的倾向。基于经济人具有这样的特点，在实际金融资产的管理中，我们可以更多强调"确定效应"，即"见好就收"，其实经济人总是在确定的好处收益和"赌一把"之间优先选择确定的好处，将看得到的、确定的收益及时、有效地呈现给投资人，能够有效地防止投资人进行非理性的投资行为。

因此,我们应该强调风险意识,从实际出发,不论是最常见的股票投资还是基金投资。由于市场为非完全有效市场,无法完全对被投资方未来价值进行预测,所以,投资者必须有风险意识,能对未来损失有一定的接受能力,保持理性,合理合法地进行投资。

2. 金融资产的分类

1) 专业教学点

根据目前的《企业会计准则》,金融资产可以分为如下三类:

第一类为"以摊余成本计量的金融资产",主要包括银行存款、贷款、应收账款、债权投资等。企业将金融资产划分为此类时要求金融资产同时满足以下两个条件:第一,企业管理该金融资产的业务模式是以收取现金流量为目标;第二,该金融资产的合同规定,在特定日期产生的现金流量仅为对本金和以未偿付本金金额为基础的利息的支付。

第二类为"以公允价值计量且其变动计入其他综合收益的金融资产",主要包括其他债权投资等。企业将金融资产划分为此类时要求金融资产同时满足以下两个条件:第一,企业管理该金融资产的业务模式既以收取合同现金流量为目标又以出售该金融资产为目标;第二,该金融资产的合同规定,在特定日期产生的现金流量仅为对本金和未偿付本金金额为基础的利息的支付。

第三类为"以公允价值计量且其变动计入当期损益的金融资产",主要包括交易性金融资产。除了第一类和第二类以外的金融资产全部纳入第三类。

2) 思政切入点

金融资产的分类虽然有较为明确的规定,但是由于金融工具的复杂性、分类标准的局限性以及分类过程的主观性,容易出现分类错误的情况。例如,第二类金融资产和第三类金融资产如果分类不清晰,会造成日后会计信息呈报有误。所以,在进行金融资产分类的过程中,管理层应以社会主义核心价值观中的"公正""法治""诚信"为基准,保持客观性原则,严格按照持有意图进行分类,且确认后不得随意更改。

3. 金融负债与权益工具的区分

1) 专业教学点

区分金融负债与权益工具主要根据如下条件判断:第一,是否存在无条件地避免交付现金或其他金融资产的合同义务,如果不能无条件避免则为金融负债,如果能无条件避免则为权益工具;第二,是否通过交付固定数量的自身权益工具结算。

2) 思政切入点

金融负债与权益工具的区分,同样具有一定的主观性,因此,企业管理层应以社会主义核心价值观中的"公正""法治""诚信"为基准,不高估权益,不低估负债,客观对其进行确认。"会计诚信"是"诚信"在会计领域的具体反映,两者是个别与一般的关系。"会计诚信"具有"诚信"的普遍涵义与一般特征。市场经济环境之下的会计诚信具有明显的社会属性特征,简言之,会计诚信表达了会计行业对社会的一种职业承诺,即客观公正、不偏不倚地对经济活动的过程及结果作出如实反映与及时监督,从而有助于会计信息使用者和利益相关者进行各项决策。

(二) 长期股权投资

1. 长期股权投资初始计量

1) 专业教学点

长期股权投资是指通过投资取得被投资单位的股份,包括投资方对被投资单位实施控制(企业合并形成的长期股权投资、对子公司投资)、重大影响的权益性投资,以及对其合营企业的权益性投资。在对联营企业和合营企业进行投资时,初始成本等于公允价值与初始直接费用之和,对子公司的投资(企业合并)分为同一控制下的企业合并与非同一控制下的企业合并两种,同一控制下的企业合并中,长期股权投资的初始成本为取得被合并方所有者权益在最终控制方合并财务表中的账面价值的份额加上最终控制方收购被合并方时形成的商誉,而非同一控制下的企业合并中,长期股权投资的初始成本为公允价值。

2) 思政切入点

同一控制下企业合并中不产生新的资产和负债也不产生新的商誉,但是非同一控制下企业合并会产生新的资产和负债,也会产生新的商誉。在确认长期股权投资的初始成本时,非同一控制下的企业合并是以公允价值为基准进行初始计量,公允价值大于账面价值的部分确认为商誉,而公允价值的评估受业绩承诺、人为判断等多方面的影响,具有较强的主观性。因此,资本市场往往出现利用企业合并进行利益输送的行为,比如,2015 年 10 月,华谊兄弟以 7.56 亿元收购东阳浩瀚 70%的股权,当时东阳浩瀚净资产仅为 1 000 万元,华谊兄弟为何愿意以高溢价进行并购呢?其主要目标在于获得东阳浩瀚旗下的"跑男团成员"(李晨、陈赫、杨颖等),通过高估值高溢价对相关成员进行利益输送,达到双方的共同目的。通过不合理的高估值进行利益输送的行为显然打乱了企业合并的应有规律,违背了相关的会计准则与企业法规,严重扰乱资本市场的正常运转。因此,企业会计人员对长期股权投资的初始计量应以社会主义核心价值观中的"公正""法治""诚信"为准则,遵守会计职业道德,以企业法规与会计政策为依据,秉持"客观公正"和"诚信"的基本理念,对企业价值进行公允评估。此外,企业应有承担社会责任的意识,从企业可持续发展角度出发,以相关政策制度为准绳,杜绝利益输送等不合规现象的发生。

从我国 2006 年引入公允价值计量以来,学者们围绕公允价值计量展开了深入的研究。公允价值计量方式对企业报告的生成、报表使用者的心理和利益相关者的决策都会造成影响。长期以来,对于企业投资行为的研究大部分是基于"理性决策",即企业管理者和投资者都是追求效用最大化的理性决策者。但事实并非如此,受自身的认知能力、视野、心理以及外部因素的影响,决策主体所做出的决策也往往是非理性的。研究显示,公允价值变动为正时,企业管理者容易出现过度乐观的情绪,并且公允价值变动增加净利润的程度越大,管理者出现过度乐观情绪的概率越大;相反,公允价值变动为负时,企业管理者容易出现过度悲观的情绪,并且公允价值变动减少净利润的程度越大,企业管理者出现过度悲观情绪的概率越大。同时,公允价值变动增加企业净利润的程度越大,管理者出现过度乐观情绪的概率越大,在两者交互作用下企业出现投资过度的可能性越大;公允价值变动减少净利润的程度越大,管理者出现过度悲观情绪概率越大,在两者交互作用下,企业出现投资不足的可能性越大。

3. 长期股权投资后续计量

1) 专业教学点

长期股权投资的后续计量主要有成本法与权益法。投资方能够对被投资单位实施控制的长期股权投资应采用成本法计量,按成本进行计价。权益法是指投资以初始投资成本计量后在投资持有期间根据投资企业享有被投资单位所有者权益份额的变动对长期股权投资账面价值进行调整的方法,适用于合营企业与联营企业。

2) 思政切入点

成本法适用于控制条件下的长期股权投资,无论是减值损失的计提还是现金股利的发放,都具有客观性,不过多以人的意志为转移,因此,成本法与"客观可靠"的会计职业道德规范紧密联系。权益法通常适用于共同控制条件下的合营企业以及重大影响条件下的联营企业,投资方按照所持有被投资方的股份按比例共担成本、共享收益,通过对权益法的理解可深入体会社会主义体制下"有福同享,有难同当"的良好中华美德,并且投资方只需根据所持股份对企业承担有限责任,能有效防范风险。

此外,针对非同一控制下企业合并后商誉的后续计量,资本市场上通常以对赌协议进行高估值并进而形成高商誉,当业绩无法完成时只能计提巨额商誉减值,导致股价下跌,损害投资者利益,并且企业很可能利用商誉减值进行盈余管理,比如业绩表现较差的上市公司为了防止退市,在第一、第二年进行大额的商誉减值,在第三年不计提减值甚至完成部分业绩承诺后对商誉进行冲回,达到盈余管理的目的,这样的行为归因于商誉减值测试的主观性,任意计减值导致了盈余管理的巨大空间,极大地加剧了股价的波动性,提高了股价崩盘的风险,极有可能损害投资者利益。因此,针对商誉减值测试改善现有的摊销方式成为关键。从法律法规制定者角度来看,应以社会主义核心价值观中的"富强""平等""公正""法治"为基础,制定能促进国家富强、保护投资者利益并能维护资本市场稳定的平等、公正的相关会计政策,降低摊销的主观性与随意性;从会计角度来看,应以社会主义核心价值观中的"公正""法治""诚信"为准则,坚持"诚实守信"的会计职业道德,公允做账,客观反映商誉的真实情况;从投资者角度来看,应树立风险意识,认识到"收益与风险并存",理性看待企业股价的波动,对商誉的大额波动保持应有的警惕,不高估企业价值,不低估企业风险。

4. 合营安排

1) 专业教学点

合营安排是指一项由两个或两个以上的参与方共同控制的安排,具有以下两个特征:第一,各参与方均受到该安排的约束,第二,两个或两个以上的参与方对该安排实施共同控制,共同控制是指按照相关约定对某项安排所共有的控制,并且该安排的相关活动必须经过分享控制权的参与方一致同意后才能决策,要求所有参与方或一组参与方必须一致行动才能决定某项安排,此时才能将该投资视为合营安排。此外,合营安排可分为共同经营与合营企业,共同经营是指合营方享有该安排相关资产且承担该安排相关负债的合营安排,合营企业是指合营方仅对该安排的净资产享有权利的合营安排。

2) 思政切入点

合营安排强调两个或两个以上的参与方对企业实施共同控制,无论是共同经营还是合营企业,均强调多方主体在企业经营中发挥的共同作用,因此,应意识到无论是企业之间的合作,还是投资性主体间的合作,抑或是个人与个人之间的合作,都要强调"合作精神",只有相互配合、相互帮助,才能实现多方利益的最大化,通过资源共享与合作协调实现"共赢"。

三、思政案例

(一) 案例介绍

"扑朔迷离"的乐视财报[①]

乐视网信息技术(北京)股份有限公司(简称"乐视网")成立于北京中关村高科技园区,于2008年在我国创业板上市,是当时我国唯一一家在A股上市的视频服务类企业。公司以提供视频业务为主,包括但不限于短视频制作、电影电视制作开发、终端服务、电子商务等业务,乐视网在大规模扩张背景下,在国内一度拥有超过70%的影视剧独家版权。乐视网自成立以来,志在打造"平台+内容+终端+应用"的覆盖整个产业链的完整生态系统,随着生态系统的日趋完善,资本市场对乐视网的估值持续上涨。2014年12月,创始人贾跃亭启动"SEE计划",重在打造超级汽车以及汽车互联网生态系统;2015年4月,乐视网向手机行业发展,重在打造手机产业链的上游平台,业务转型与多元化发展似乎向市场宣示着乐视网对市场的进一步垄断。2014年乐视网营业收入超过100亿元并逐年上升,在营业收入不断上涨的业绩支持以及在一个个"故事"的加持下,乐视网被逐渐推向"神坛"。

2015年6月,中央财经大学教授刘姝威指出乐视网财报存在一定的漏洞。其呼吁证监会加强监管并提示社会公众提高警惕,但并未引起公众关注。此后,刘姝威教授发表《乐视网分析报告:烧钱模式难持续》,报告指出乐视网在业务构造、盈利能力、资本结构、生态系统等多个方面存在隐患,指出乐视网是一家"讲故事"的虚假企业,并对其未来可持续发展产生严厉的质疑。那么,刘姝威作为中央财经大学的教授,作为

[①] 本案例参考资料:

乐视网年度财务报告,来源于巨潮咨询网。

中国证监会行政处罚书《(乐视网、贾跃亭等15名责任主体),〔2021〕16号》。

东方财富网(乐视退)财务资料。

最早发现蓝田股份财务造假的专家,其对乐视网的质疑是否合理呢?为了能够对其观点进行验证,投资者需要从财务报表端对乐视网真实状况进行详细分析。

从企业规模及盈利水平来看,2014—2016年乐视网资产总额、营业收入处于不断上升的趋势(图3),营业总收入从2014年的681 893.86万元上涨到2016年的2 195 095.14万元,资产总额从2014年的885 102.32万元上升到2016年的3 223 382.6万元,上升趋势明显,上升幅度大,说明从财务报表所展示的数据看,公司的发展形势较为乐观,但是这并不代表财务报表的真实性。

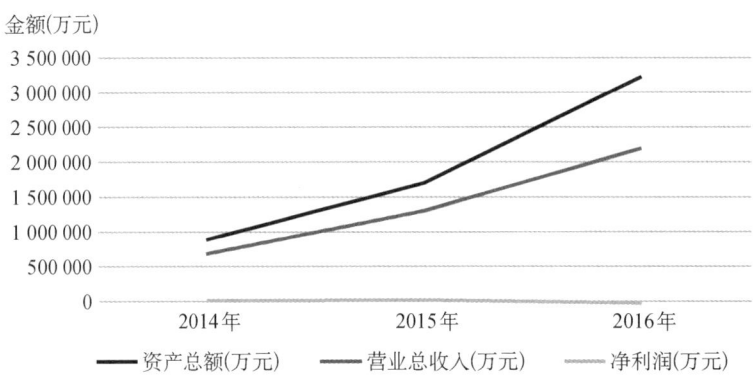

图3　2014—2016年乐视网财务绩效变动图

乐视网优良业绩的背后存在诸多的不合理现象:一方面,企业是否真的拥有良好的财务表现?另一方面,企业存在财务舞弊的可能性。

首先,对其财务风险进行分析,虽然企业有着较为不错的业绩表现,但是财务报表也展示了企业面临的一定风险。由表1可知,乐视网2014—2016年企业的流动比率、速动比率与现金比率虽然处于一个不断上升的趋势,但是作为行业的绝对龙头企业,其数值远低于同行业的平均水平。尤其是最能反映企业资金流动性的现金比率,其数值远低于1的临界值,说明乐视网的现金及其等价物在流动资产中的占比过小,乐视网面临着较为严峻的财务风险。

表1　乐视网2014—2016年流动性指标情况

项目	2014年	2015年	2016年
流动比率	0.9	1.22	1.27
行业平均流动比率	2.38	2.67	3.11
速动比率	0.71	1.07	1.20
行业平均速动比率	2.49	2.47	3.04
现金比率	0.12	0.37	0.29
行业平均现金比率	1.22	1.36	1.65

其次,虽然乐视网存在一定的财务风险,但是这并不是企业崩溃的关键,乐视网财

务报表背后隐藏的舞弊行为更值得关注。

从表2中的数据不难发现,净利润与归属于母公司所有者的净利润高度不匹配,主要原因在于少数股东损益为巨额负值,那么是什么原因导致了其高度不匹配呢?可能的原因是关联方交易。

表2　乐视网2014—2016年合并利润表　　　　　　　　　　单位:元

项目	2014年	2015年	2016年
营业利润	47 886 453.36	69 422 832.97	-337 499 261.08
利润总额	72 899 104.84	74 169 222.09	-328 708 520.87
净利润	128 796 560.88	217 116 825.56	-221 892 631.71
归属于母公司所有者的净利润	364 029 509.12	573 027 173.33	554 759 227.43
少数股东损益	-235 232 948.24	-355 910 347.77	-776 651 859.14

表3和表4列示了乐视网关联方及其交易的相关情况。

表3　乐视网关联企业构成及股权分布情况

关联企业类型	占股比例	数量
全资子公司	100%	14
非全资子公司	80.22%	6
合营及联营企业	20%	2
其他关联企业	直接或间接属于贾跃亭	68

表4　关联企业的关联往来情况

企业	期末余额(元)	账龄	占其他应收款期末余额比例	坏账准备期末余额
天津乐视	1 589 829 653.00	0～2年	60.39%	0
乐视致新	387 895 055.05	1年内	14.73%	0
乐视信息	343 790 176.00	1年内	13.06%	0
乐视云计算	274 330 035.78	1年内	10.42%	0
乐视控股	10 841 367.97	1年内	0.41%	325 241.04
合计	2 606 686 287.80		99.01%	325 241.04

表5列示了关联企业2015年详细的关联交易情况。从表中数据可知,乐视网的关联交易总额达到97.69亿元。

乐视网的关联方众多且关联交易重大,将关联交易与少数股东损益的巨亏相联系就不难发现其中的原因。结合相关数据分析,我们有充分的理由怀疑,乐视网母子公司通过关联方交易实现子公司对母公司的利益输送。

表5 2015年关联企业的关联交易情况

关联交易类型	金额	关联方	代表关联方	关联交易及发生额
采购商品/接受劳务	27.1亿元	11个	乐视手机电子商务有限公司	货物采购17.72亿元
			乐视移动智能信息技术有限公司	会员分成3.46亿元
			乐视体育文化产业发展有限公司	广告分成2.9亿元
销售商品/提供劳务	16.39亿元	12个	乐视移动智能信息技术有限公司	技术使用费9.7亿元
			乐视体育文化产业发展有限公司	技术服务费2.79亿元
			北京智骥信息技术有限责任公司	销售货物1.6亿元
关联租赁	0.15亿元	3个	乐视体育文化产业发展有限公司	设备租赁0.02亿元
			北京宏城鑫泰置业有限公司	房屋租赁0.13亿元
关联担保	19.35亿元	21个	贾跃亭	担保5.9亿元
			贾跃亭、乐视网信息技术有限公司	担保5.45亿元
关联方资金拆借	34.72亿元	2个	贾跃亭	拆入20.71亿元
			贾跃亭	拆入14.01亿元

此外,归属于母公司所有者与归属于少数股东的利润差距如此之大的原因还在于乐视网利用合并报表的编制过程侵吞子公司的部分资产,尤其是以递延所得税资产为主的资产侵占,如表6所示,递延所得税资产的增加可使得所得税费用为负数,当递延所得税费用为负且大于当期所得税费用时,会引起合并利润的大幅上升。对于此部分亏损,母公司只需要按所占份额承担,相当一部分的亏损却转嫁给了少数股东。

表6 乐视网2014—2016年所得税相关项目

项目	2014年	2015年	2016年
所得税费用	-55 897 456.04	-142 947 603.47	-106 815 899.16
递延所得税资产	196 218 582.19	507 251 454.37	763 343 422.11

最后,乐视网对无形资产的确认也不一定可靠,乐视网作为一家通过购买影视、电影版权的互联网视频企业,将影视剧的制作全部确认为无形资产,这与相关的法律法规并不匹配。按照财政部印发的《电影企业会计核算办法》的规定,对于电影电视剧等的制作一般按两种方法进行:一种方法是将其作为存货处理,另一种方法是将其作为无形资产处理,并按规定计价、摊销、计提减值准备。乐视网将电视剧电影制作全部列为无形资产的行为有待商榷。

2016年11月,乐视网的资金链困境在网络传开,11月6日,乐视网实际控制人贾跃亭公开承认公司面临较高的债务风险,2017年1月,融创中国以60.4亿元收购乐视网8.61%的股权,同时收购乐视影业15%及乐视致新33.5%的股权,同年7月,贾跃亭卸任,公司大量裁员,公司股价半年内暴跌30.79%,2017年4月17日,乐视网正式停牌。至2017年年末,乐视网归属于母公司所有者的净利润为 -138.88亿元。随着资金链断裂,乐视网的庞大生态系统瞬间崩塌,股价迅速下跌,投资者遭受巨大损失。乐视退市后,贾跃亭仍是实际控制人,公司仅2020年就亏损25亿元,净资产为 -168亿元。此外,公司仍面临着遗留问题的影响,公司5 000多万元资金被冻结,并需要按时偿还证监会的2.4亿元罚款。乐视网神话恐怕再也无法重来。

(二) 思政小问题

1. 财务风险通常包括哪些?如何有效识别企业面临的财务风险?
2. 企业财务造假的常用手段有哪些?危害有哪些?从企业、会计师事务所、投资者及监管部门四个角度出发,论述如何有效防范企业的舞弊风险?
3. 如何辩证看待收益与风险的关系?
4. 如何看待企业财务造假的行为?这给会计人员带来怎样的启示作用?

(三) 思政小提示

1. 财务风险及其识别

企业的财务风险从整体上看包括筹资风险与投资风险两大类。筹资风险是指企业在筹资过程中面临的风险,主要包括股权融资风险与债务融资风险两种。股权融资风险与自有资金有关,而债务融资风险与借入资金相关。投资风险分为对内投资风险与对外投资风险两种,对内投资风险主要是指流动资产、固定资产、无形资产等资产投入风险,而对外投资风险主要就聚焦于长期股权投资风险或金融资产投资风险。对外投资的影响因素较多,总体上包括系统性风险与非系统性风险两种。系统性风险包括市场波动、通货膨胀等,而非系统性风险包括企业并购中的业绩承诺,这些均会严重影响企业的财务风险。投资者需要提高警惕以识别和应对企业的财务风险。识别财务风险的方法主要包括财务风险结构性质识别矩阵和四阶段症状分析法等定性方法及单变量模型判定法、多元线性判别法、多元线性回归模型等定量识别方法。以乐视网为例,利用财务风险结构性质识别矩阵将乐视网财务风险对企业造成的影响分为零、较小、中、较大、很大五个等级,将风险发生的概率分为可能性为零、较小、中、较大、很大五个层次,以此判断风险的严重程度,在定性分析的基础上进一步利用单变量模型判定法对各个财务比率进行分析,主要财务比率包括资产负债率、净资产收益率、流动比率、应收账款周转率等,通过定性加定量的分析方法可以有效识别财务风险。当识别出财务风险后,投资者应在充分考虑风险与收益的关系后谨慎考虑是否投资。

2. 财务造假的手段、危害及防范

财务造假手段较为丰富,如虚构交易、虚增收入和利润、虚减费用和损失,在财务报表上常表现为存贷双高、收入与利润不匹配、收入利润与现金流量不匹配等等。最常见的手段如以真实交易为前提,在过程中虚构销售合同、虚构相关凭证等伪造交易。以"长期股权投资"为例,企业往往在企业合并时或者合并后通过一系列手段进行财务操纵。由于资产评估与以业绩承诺为主的估值方式具有较大主观性,企业合并经常出现高估值高溢价的现象,高溢价又会导致高商誉,导致企业价值虚高,因此,企业合并过程中常伴随着以高估值为手段的利益输送行为。在确认高商誉以后,若业绩承诺无法完成,企业需要对商誉进行减值,在减值确认上又具有较强的主观性,比如,业绩表现较差的上市公司为了防止退市,在第一、第二年进行大量的商誉减值,在第三年不计提减值,甚至完成部分业绩承诺后对商誉进行冲回,达到盈余管理的目的。

财务舞弊会产生严重的危害:第一,扰乱社会经济秩序,会计信息作为重要的社会资源,对国家宏观经济及资本市场的稳定尤为重要,财务造假势必会造成会计信息失真,导致投资者利益受损,导致社会公众对市场信心下降。比如,2021年年底公布处罚结果的康美药业造假案,康美药业的财务造假行为严重地扰乱社会的正常经济秩序并导致社会出现信任危机。

第二,从可持续发展角度出发,财务造假关注短期利益而忽视了企业的长远发展,企业行为偏离正常的经营目标,并不能从根本上解决实际问题,还会加剧企业风险,长此以往,企业管理会失衡,无法实现可持续发展。

第三,财务造假危害会计行业安全,会计人员作为会计信息的编制者,如果不能做到诚实守信,那整个行业的风气都会受此影响,与会计职业道德背道而驰。

为了有效解决财务造假行为,国家可以从几个方面着手:

第一,从监管层面来说,应以社会主义核心价值观中的"富强""公正""法治"为基准,从我国市场经济发展实际状况出发,加强会计法律法规建设。此外,以社会主义核心价值观"诚信"为基准,在全国范围内开展会计从业人员的诚信教育。

第二,从内外部监督层面看,企业应完善治理体系,强化内部控制;在企业外部,强化注册会计师的审计行为,不对外部审计实施干预。

第三,加强处罚力度,市场应建立一套科学规范的市场监督体系,加大对财务造假的处罚力度,随时将造假企业纳入失信名单,严肃惩治不正之风。

3. 风险与收益

上市公司披露的财务报表信息在市场经济中发挥着举足轻重的重要作用,能够对市场投资者投资提供重要的公司基本面信息,提升投资者的投资有效性。但在信息不对称理论下,极容易产生三类代理问题,其中最为主要的是股东与管理层及大股东与小股东之间的代理问题。为了缓解代理冲突,信息披露质量就成为降低代理成本的关键。因此,从监管层角度出发,应以社会主义核心价值观中的"富强""公正""法治"为准则,加大对企业的监管力度,对舞弊行为处以最严厉的处罚,制定完备且严格的制度,确保任何损害资本市场稳定的行为都会受到相应的处罚;从企业管理层角度出发,应以社会主义核心价值观中的"公正""法治""诚信"为准则,秉持客观公正和诚信的基本理念,公允地反映企业的真实情况;从企业角度出发,在财务风险识别及应对上,企业应在多元化发展的同时看到存在的经营风险及财务风险,以企业可持续发展为目标,尽量使用合理的财务杠杆,降低企业资金断链的风险。在舞弊风险的识别和应对上,企业应以社会主义核心价值观中的"公正""法治""爱国""敬业""诚信"为准则,积极承担企业社会责任,以企业可持续发展为目标,做有利于企业长远发展、有利于保护投资者利益的行为,积极配合监管部门的监督,保障投资者利益,而不应以短期收益为目标,做舞弊等损害投资者利益也不利于企业长远发展的行为;从投资者角度出发,应秉持风险与收益并存的理念,意识到任何投资都可能伴随着风险,增强风险意识,促进投资理性化。

4. 启示

大户垄断、操纵市场等行为使广大投资者蒙受了巨大损失,严重扭曲了价格,阻碍了市场的正常运行。抑制过度投机和防范风险对于资本市场的稳定至关重要,在措施上,首先,交易所需要加强的风险管控,加强监督部门监管力度;其次,对于公司来说,必须严格自律、规范运作,除了关注局部利益,更应注重长远发展;最后,对于我们财务、金融工作者,不能试图利用已学的财务金融知识操作市场,要时刻以崇高的职业道德要求自身。

(四) 思政小链接

1.《回顾乐视财务造假始末》,网址:https://baijiahao.baidu.com/s?id=1708401150806892880&wfr=spider&for=pc。

2.《连续财务造假10年,乐视网如何做到的?》,网址:https://zhuanlan.zhihu.com/p/441396505。

3.《2000名投资人索赔超45亿,乐视网造假案余波未了,3家券商3家会计师事务所牵扯其中,案件迎来关键进展》,网址:https://baijiahao.baidu.com/s?id=1722281205503990404&wfr=spider&for=pc。

4.《商誉减值背后的利益输送不容忽视》,网址:https://baijiahao.baidu.com/s?id=1658536552294963227&wfr=spider&for=pc。

四、思政语录

1. 一旦有适当的利润,资本就胆大起来。如果有10%的利润,它就保证到处被使用;有20%的利润,它就活跃起来;有50%利润,他就铤而走险;为了100%的利润,它就敢践踏一切人间法律;有了300%的利润,它就敢犯任何罪行,甚至冒绞首的危险。如果动乱和纷争能带来利润,它就会鼓励动乱和纷争,走私和贩卖奴隶就是明证。

——《资本论》

2. 资本主义私有制是少数掠夺者剥夺人民群众,而社会主义公有制是人民群众剥夺少数掠夺者。

——《资本论》

3. 在资本主义生产方式废止以后,但社会化的生产依然存在的情况下,价值决定仍会在下述意义上起支配作用劳动时间的调节和社会劳动在各类不同生产之间的支配,最后,与此有关的簿记,将比以前任何时候都更重要。

——《资本论》

4. 节省每一个铜板为着战争和革命事业,为着我们的经济建设,是我们的会计制度的原则

——《毛泽东选集》

5. 现在居首要地位的,是在资本家已被剥夺的那些企业和其余一切企业中组织计算和监督。

——《列宁选集》

6. 有计划地积累资财,并且按国民经济各部门合理地加以分配。我们不患资本主义的不治之症。这就是我们和资本主义不同的地方,这就是我们优越于资本主义的有决定意义灼地方。

——《列宁主义问题》

7. 一个工厂内,行政工作,党支部工作与职工会工作,必须统一于共同目标之下,这个共同目标,就是以尽可能节省的成本原料、工具及其他开支,制造尽可能多与尽可能好的产品,并在尽可能快与尽可能有利的条件下推销出去。

——《经济问题与财政问题》

五、历史故事

投资者保护——长沙文化书社的会计创新①

1920年7月,毛泽东在返回湖南经过湖北时,与利群书社创始人恽代英共同探讨在湖南长沙开设书社的相关事宜。1920年7月底,长沙《大公报》第2版刊发了毛泽东发表的《发起文化书社》一文。1920年8月初,毛泽东等人在长沙正式启动书社的筹备活动,吸纳股东30余名,以类似于现代有限责任公司的形式设立。1920年9月9日,长沙文化书社正式成立,湘军总司令谭延闿为其剪裁并题写牌匾。

在《毛泽东早期文摘》中,易礼容证实在长沙文化书社中毛泽东处于绝对的领导地位,类似于当前企业的"董事长",易礼容任书店经理,类似于当前企业中的"总经理"。此外,易礼容证实了毛泽东在书社中主要负责交涉工作,而自己在其手下任职。长沙文化书社的组织架构、管理措施、核算制度等均有毛泽东的参与,也可看出毛泽东在长沙文化书社中的重要地位。

据《毛泽东年谱》记载,毛泽东从1902年就开始学习珠算与记账技巧,在其父亲毛顺生的严厉教导下,毛泽东拥有常人没有的细心与勤快,并能"仔细记账",这对毛泽东的会计能力提升有重大的作用。

《文化书社组织大纲》是毛泽东为长沙文化书社拟订的类似于现代公司章程的总结性文件,其中第四条规定:"经理每日、每月均须分别清结账目一次,每半年总清结一次,报告于议事会。议事会每半年开会一次,审查由经理报告营业状况并商榷进行。"这与现在公司中会计每天做账,年中披露半年报,年底披露年报类似。当时我国的会

---

① 根据如下资料改编:葛长银:《毛泽东早期的会计实践》,《百年潮》2021年第7期,第37—41页。

计尚且处于民国会计时期,结账方式有"日结""月结""年结"三种,而长沙文化书社管理制度中"半年结"的提出在当时会计制度的改革上属于一项重大创新。

长沙文化书社按时向外界披露经营情况,《文化书社组织大纲》第七条规定书社的所有经营业务全部对外公开。《青年毛泽东》也详细地介绍了毛泽东为书社所制定的一套对外公开经营状况与财务成果的管理制度,这与现在企业当中的半年报与年报的披露制度类似。

长沙文化书社与现在的有限责任公司相类似,是多方股东进行投资后的经营性实体,在管理机制与会计制度上长沙文化书社创新性地提出"半年结",并要求将所有经营或财务状况按时向外界披露。毛泽东对企业会计体制的革新做出了巨大的贡献,极大地保护了投资者利益。

六、法律法规

(一) 会计准则

(1)《企业会计准则第 2 号——长期股权投资》。
(2)《企业会计准则第 22 号——金融工具确认和计量》。
(3)《企业会计准则第 33 号——金融资产转移》。
(4)《企业会计准则第 37 号——金融工具列报》。
(5)《企业会计准则第 40 号——合营安排》。

(二) 政策规定

(1)《上市公司收购管理办法》(证监会第 108 号令)与《上市公司重大资产重组管理办法》(证监会第 109 号令)。
(2)《第 3 号国际财务报告准则》(IFRS3)以及《第 36 号国际会计准则》(IAS36)。
(3)《中华人民共和国资产评估法》。
(4)《公开发行证券的公司信息披露编制规则第 15 号:财务报告的一般规定》。

参考文献

[1] 马克思.马克思语录[J].郑州大学学报(哲学社会科学版),2019,52(5):2.
[2] 杜兴强,杜颖洁,周泽将.商誉的内涵及其确认问题探讨[J].会计研究,2011(1):11-16,95.
[3] 卢煜,曲晓辉.商誉减值的盈余管理动机——基于中国 A 股上市公司的经验证据[J].山西财经大学学报,2016,38(7):87-99.
[4] 李增泉,余谦,王晓坤.掏空、支持与并购重组——来自我国上市公司的经验证据[J].经济研究,2005(1):95-105.
[5] 李涛,王健俊.基于"舞弊双三角"理论的关联方交易舞弊审计研究——以乐视网为例[J].财会月刊,2018(17):92-100.
[6] 马广奇,张芹,邢战雷.乐视资金链断裂:企业财务危机的案例分析[J].经济与管理,2017,31(5):88-92.

第八章 "资产减值"思政指南

一、思政背景

(一) 课程内容

资产减值会计对企业的利润有着重要的影响,是会计实务中十分重要的一个环节。我国探索资产减值会计的历史沿革如下:

1998年颁布的《股份有限公司会计制度》允许上市公司"计提四项准备",即计提坏账准备、短期投资跌价准备、存货跌价准备、长期投资减值准备。

1999年发布的《股份有限公司会计制度有关会计处理问题补充规定》将四项减值准备的使用范围扩大到所有股份有限公司。

从2001年起,在股份有限公司范围内执行的《企业会计制度》把"四项准备"扩大到"八项准备",增加了固定资产减值准备、无形资产减值准备、在建工程减值准备、委托贷款减值准备。《企业会计制度》规定:从2001年1月1日起,企业应当定期或者至少每年年度终了,对各项资产进行全面检查,并根据谨慎性原则的要求,合理地预计可能发生的损失,对可能发生的各项资产损失计提减值准备。

长期以来,由于众多因素的影响,高估资产价值在我国企业中是普遍存在的现象,因此,企业每年都需要计提资产减值准备。资产减值准备在一定程度上能保证企业财务资料的真实,资产减值准备规定不仅说明谨慎性原则的重要性,也避免资产的虚增导致企业利润的虚增。企业通过确认资产价值,不仅可以消化长期积累的不良资产,还可以提高资产的质量,使资产能够真实地反映企业未获取经济利益的实力。因此,资产减值是会计实务中不可轻视的一个环节。

(二) 思政问题

在我国资本市场中,资产减值的重灾区就是"商誉减值"。此外"无形资产减值"也是资产减值的一大雷点。资本市场中大量的重大资产重组事件中高估值现象频发,企业随之也确认巨额的商誉、无形资产,但通常被确认的资产在未来不一定能带来预期中的经济流入,在此情况下,企业就需要计提大量的资产减值准备。

根据 Wind 数据库统计,2018 年整个 A 股市场商誉余额大于 5 亿元的企业计提的商誉减值超 850 亿元,计提减值的企业为 290 家,平均每家达到 2.93 亿元的商誉减值金额;2019 年则共计提商誉减值 879 亿元,计提减值的企业为 104 家,平均每家达到 8.46 亿元的商誉减值金额。由此可见,资产减值的问题在我国的资本市场中是比较突出的。

此背景不免引起思考,如此突出的资产减值问题从何而来?资产减值是否违背了会计的"谨慎性""稳健性"原则?企业计提的资产减值损失准备是否存在虚报浮夸?该章课程思政聚焦上述问题。

(三)探索思路

资产减值思政内容的探索思路如下:

(1)回顾该章相关会计专业知识点;

(2)从相关会计专业知识点入手,以思政的角度引入会计的思政元素,如会计的信息质量要求、会计职业道德、社会主义核心价值观以及相关法律法规等思政元素。

二、思政切入

(一)可收回金额

1. 专业教学点

可收回金额是指资产的公允价值减去处置费用后的净额与资产预计未来现金流量的现值中的较高者。《企业会计制度》将其解释为:"资产的销售净价与预期从该资产的持续使用和使用寿命结束时的处置中形成的预计未来现金流量的现值两者之中的较高者"。

2. 思政切入点

在了解可收回金额的计量方法以后,能引发我们思考的就是在其计量过程中,会计人员是否能够保持客观与公正。确定可收回金额的"孰高原则"比较的是公允价值减去处置费用后的净额与资产预计未来现金流量的现值,其中资产预计未来现金流量的测算是具有可操纵性的,并且企业可以通过夸大或缩小资产预计未来现金流量来控制可收回金额。因此,在计量可收回金额的过程中,会计人员需要保持客观公正,以保证财务数据的"可靠性"。

同时,在企业中过度自信的财务人员极易高估资产、低估和忽略存在的风险和不确定性,这是十分危险的。如何能够帮助财务人员更好地做到客观、公正?在中国传统文化礼仪中也许可以找到答案,传统文化礼仪的精神内核是"谦""慎""敬""戒"。谦,就是谦逊、自谦,在工作生活中谦虚平和,可谓是"满招损、谦受益";慎,就是谨慎、谨慎,要慎言又要慎行,在完成任务的每一个流程中都谨慎细心,不逾矩,不妄语;敬,就是恭顺、敬畏,一个人有敬畏之心,胸中才会有方向、行为准则和规范,才能自觉拘束自己,不做出格越轨之事;戒,就是克己、自律。

(二)资产减值损失

1. 专业教学点

企业在对资产进行减值测试后,可收回金额的计量结果表明资产的可收回金额低于其账面价值的,企业应当将资产的账面价值减记至可收回金额,减记的金额确认为资产减值损失,计入当期损益,同时,计提相应的资产减值准备。资产的账面价值是指资产成本扣减累计折旧(或累计摊销)和累计减值准备后的金额。资产减值损失确认后,减值资产的折旧或者摊销费用应当在未来期间作相应调整,以在资产剩余使用寿命内系统地分摊调整后的资产账面价值(扣除预计净残值)。

资产减值准则中规范的资产,其减值损失一经确认,在以后会计期间不得转回。但是,遇到资产处置、出售、对外投资、以非货币性资产交换方式换出、在债务重组中抵偿债务等情况,同时符合资产终止确认条件的,企业应当将相关资产减值准备予以转销。表1列示了我国《企业会计准则》对不同资产的减值准备是否能够转回的相关规定。

表1 《企业会计准则》对不同资产减值准备是否可转回的规定

资产	计提减值比较基础	减值准备是否可以转回
存货	成本与可变现净值孰低	可以
固定资产	账面价值与可收回金额孰低	不可以
在建工程	账面价值与可收回金额孰低	不可以
投资性房地产(成本模式)	账面价值与可收回金额孰低	不可以
长期股权投资	账面价值与可收回金额孰低	不可以
无形资产	账面价值与可收回金额孰低	不可以
开发支出	账面价值与可收回金额孰低	不可以
商誉	账面价值与可收回金额孰低	不可以
金融工具(以公允价值计量且其变动计入当期损益的金融资产和以公允价值计量且其变动计入其他综合收益的金融资产中的权益工具投资不计提减值准备)	以预期信用损失为基础	可以

2. 思政切入点

与可收回金额的确认不同,资产减值损失的确认采用的是"孰低原则",并且计提的资产减值损失大多也不能转回,这两项准则规定都是基于会计稳健性原则。但不少企业也会通过计提资产减值准备来做盈余管理,即虽然当前年度资产的可收回金额是可以覆盖其账面价值的,但企业预计下一年将不能再覆盖,且业绩呈现停滞状态时,便会通过在当前年度计提资产减值准备来让下一年度的财务报表显得更加出色。因此,企业计提的资产减值的真实性是需要仔细斟酌的,资产减值损失一经确认后,在以后会计期间就不得转回,所以资产减值准备的计提是"反映真实"还是"紧急避险",反映了会计人员的职业操守。

(三) 资产组

1. 专业教学点

资产组是指企业可以认定的最小资产组合,其产生的现金流入应当基本上独立于其他资产或者资产组,资产组应当由创造现金流入的相关资产组成。以前的会计准则要求企业以单项资产为基础计提减值准备,确认相应的减值损失。但在实务中,有时单项资产的可收回金额难以确定,所以新准则引入了资产组的概念,规定企业难以对单项资产的可收回金额进行估计的,应当以该资产所属的资产组为基础确定资产组的可收回金额。

2. 思政切入点

资产组其实就是难以确定可收回金额的多个单项资产的"抱团取暖",分摊损失则可以看成是"有难同当"。我国的会计准则在专业适用之余也体现了中华民族的古老智慧。

(四) 商誉减值测试与处理

1. 专业教学点

企业对企业合并所形成的商誉,至少应当在每年年度终了进行减值测试。商誉难以独立产生现金流量,因此,商誉应当结合与其相关的资产组或者资产组组合进行减值测试。为了资产减值测试,对于因企业合并形成的商誉的账面价值,应当自购买日起按照合理的方法分摊至相关的资产组;难以分摊至相关的资产组的,应当将其分摊至相关的资产组组合。

首先,对不包含商誉的资产组或者资产组组合进行减值测试,计算可收回金额,并与相关账面价值相比较,确认相应的减值损失。

其次,对包含商誉的资产组或者资产组组合进行减值测试,比较这些相关资产组或者资产组组合的账面价值(包括所分摊的商誉的账面价值部分)与其可收回金额,如相关资产组或者资产组组合的可收回金额低于其账面价值,应当确认商誉的减值损失。

减值损失金额应当先抵减分摊至资产组或者资产组组合中商誉的账面价值,再根据资产组或资产组组合中除商誉之外的其他各项资产的账面价值所占比重,按比例抵减其他各项资产的账面价值。相关减值损失的处理顺序和方法与资产组减值损失的处理顺序相同。

2. 思政切入点

对商誉计提减值,其实是会计谨慎性原则的最好体现。商誉是购买企业投资成本超过被合并企业净资产公允价值的部分,企业将来需要有足够的经济利益流入来维持企业资产负债表的平衡才能维持商誉,若是经济利益流入难以覆盖商誉,这就意味着商誉是虚高的,需要计提减值。这不仅仅是对会计信息质量要求的谨慎性的遵守,更是会计人员对"实事求是""不务空名"的践行。

三、思政案例

(一) 案例介绍①

华谊兄弟传媒股份有限公司,是国内知名的综合性娱乐企业,1994 年创立后凭借着《风声》《蜗居》《大腕》等作品,在影视界坐稳了头把交椅,旗下不仅聚集了众多知名

---

① 本案例参考资料:《上游新闻"华谊兄弟实控人被警示:连亏 4 年市值蒸发 9 成,票房不佳投资亏损成主因"》,网址:https://finance.sina.com.cn/chanjing/gsnews/2022-06-07/doc-imizirau7079540.shtml。

导演、演员,也拥有诸多社会资源。

2009年,华谊兄弟在深圳证券交易所上市,成为中国影视行业首家上市公司,被称为"中国影视娱乐第一股"。上市后的华谊兄弟也并未让股民失望,华谊兄弟公开的财报信息显示,从2006年到2017年,其营业收入从1.24亿元一路增长到2017年的39.46亿元,净利润从2006年的2 356万元迅速增加至2017年的9.87亿元。2015年,还创下了净利润12.18亿元的最高值。

但2018年后,华谊兄弟的净利润大幅下跌。如图1所示,2018年,公司净利润为-11.69亿元,这也是华谊兄弟自有公开可追溯的财务记录以来出现的首次亏损。在这一年,其商誉减值损失一项就高达近10亿元,成为造成华谊兄弟当年巨额亏损的直接原因。

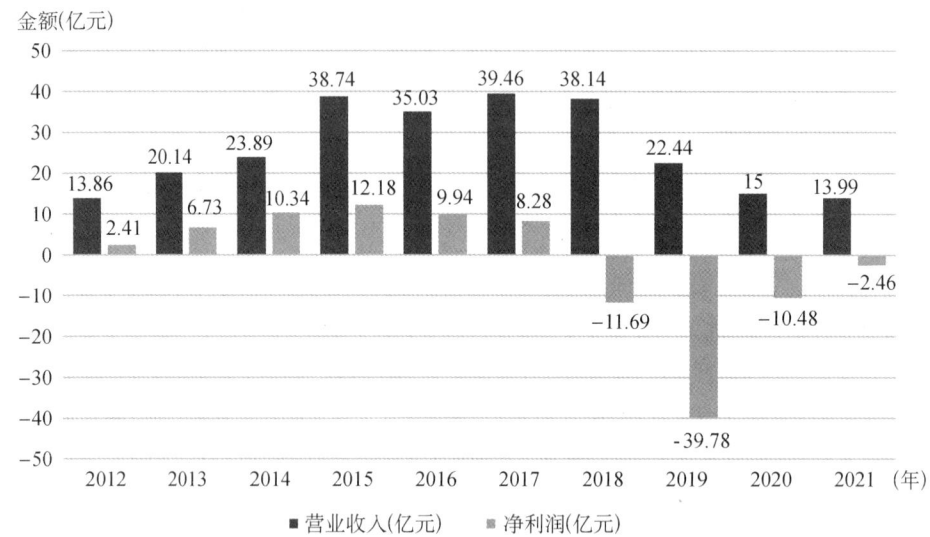

图1 华谊兄弟2012—2021年营业收入和净利润统计

数据来源:巨潮资讯网。

华谊兄弟的利润亏损问题,与其此前的一系列高溢价并购不无关系。2013年,华谊兄弟以溢价高达36倍的2.52亿元收购浙江常升,该公司由张国立实际控制;2015年,又相继以7.56亿元收购东阳浩瀚、10.5亿元收购负资产的东阳美拉,前者成立仅一天,后者则由冯小刚实际控制。

高溢价收购,形成了巨额的商誉。据证券时报2021年报道,至2015年年底,华谊兄弟商誉达35.70亿元,其中,收购银汉科技、浙江常升、东阳浩瀚、东阳美拉形成的商誉分别为5.36亿元、2.45亿元、7.49亿元、10.47亿元。

而标的公司频频"爽约",也给华谊兄弟带来了巨额的资产减值。以东阳美拉为例,按照其对华谊兄弟的业绩承诺,其应在2020年实现不低于1.75亿元的净利润,但其实际净利润仅为552.38万元。由于未完成业绩承诺,华谊兄弟在2020年对东阳美拉的商誉计提了1.86亿元的商誉减值准备。华谊兄弟并购形成的商誉以及商誉减值如表2所示。

表 2 华谊兄弟并购形成的商誉及商誉减值情况

年度	商誉（亿元）	商誉减值（亿元）	商誉减值占净资产比例	净利润（亿元）	商誉减值占净利润比例
2016	35.70	—		8.08	—
2017	30.47	—		8.28	—
2018	20.96	-9.73	-10.23%	-11.69	83.27%
2019	5.96	-5.99	-12.15%	-39.78	15.05%
2020	4.09	-1.86	-5.13%	-10.48	17.77%
2021	2.93	-0.41	-1.59%	-2.46	16.51%

数据来源：巨潮资讯网。

可见，华谊兄弟在 2018 年时的商誉减值几乎快要覆盖其净利润，因此，商誉减值给华谊兄弟造成了很大一部分的损失。此后，虽然计提的商誉减值占净利润的比例有所下降，但也还是给华谊兄弟的收益带来不小的影响。除去商誉减值之外，华谊兄弟其他资产减值部分也不容小觑。

据华谊兄弟 2021 年年报，2021 年，公司处置了华谊兄弟（天津）实景娱乐有限公司部分股权、华谊影城（苏州）有限公司股权、华谊腾讯娱乐有限公司部分股权及 Brothers International LLC、Tencent Music Entertainment Group、Maoyan Entertainment、Guru Online（Holdings）Limited 等股权，导致其投资收益增长 283.09%，入账 6.1 亿元。

不过，这并不能掩盖华谊兄弟的资金压力。截至 2021 年年末，公司短期借款为 5.26 亿元，一年内到期的非流动负债为 6.09 亿元，两项合计 11.35 亿元，而华谊兄弟的货币资金仅有 6.21 亿元，偿债压力较大。同时，2021 年华谊兄弟共计提了 4.7 亿元的资产减值准备，具体计提范围及金额如表 3 所示。

表 3 华谊兄弟 2021 年计提资产减值准备情况

项目	计提减值损失金额（单位：元）	占 2021 年度经审计归属于上市公司股东净利润绝对值的比例
应收账款坏账损失	1 849 414.88	0.75%
其他应收款坏账损失	7 530 935.36	3.06%
存货跌价损失	86 124 696.20	34.98%
长期股权投资减值损失	156 931 815.56	63.73%
固定资产减值损失	23 778 800.00	9.66%
使用权资产减值损失	25 741 200.00	10.45%
商誉减值损失	40 642 531.36	16.51%

(续表)

项目	计提减值损失金额（单位：元）	占2021年度经审计归属于上市公司股东净利润绝对值的比例
其他	127 549 809.52	51.80%
总计	470 149 202.88	190.94%

数据来源：巨潮资讯网。

从表3可以看出，华谊兄弟2021年计提的资产减值准备已经达到了净利润的1.9倍之多，在此情况下公司面临的必然是亏损的局面。从2018年到2021年，华谊兄弟连续4年亏损总额超64亿元，到2022年第一季度，公司总市值仅为74亿元，与2015年巅峰时近900亿元的总市值相比，跌幅超9成。

连续亏损引起了深交所的关注，2021年2月8日，华谊兄弟在《关于对深圳证券交易所关注函回复的公告》中解释，近年来，影视娱乐行业经历了一系列规范、调整和优化，2020年新冠疫情对影视与文旅行业造成了重大的影响，尽管公司积极采取应对措施，但影视剧项目开发进程、收益情况及资金状况均受到了很大程度的影响。

同年4月27日，华谊兄弟又在《关于未弥补亏损达到实收股本总额三分之一的公告》中披露，2019年后公司影视娱乐板块上映的部分影片票房未达预期；受市场环境的影响，品牌授权及实景娱乐板块各项目推进进度存在时间性差异，导致收款进度在各年之间有所差异，收入有所下降。

华谊兄弟影视业务掉队，源于其"去电影单一化"的战略。在此策略下，华谊兄弟开始一心扑在实景娱乐和投资项目上，甚至提出要做"中国迪士尼"。最终，"去电影单一化"的华谊兄弟没能成功，非但没把周边业务做起来，还在2014年，失去了民营电影公司头把交椅。据中国新闻周刊2019年报道，2014年，华谊兄弟电影总票房21.6亿元，而光线传媒电影总票房31亿元。

仔细回顾华谊兄弟的发展历程，其实不难发现华谊兄弟最大的问题在于过去的快速扩张，导致现金流吃紧，并且新扩张项目无法成长为主营业务，严重压缩了公司成长空间，最终导致业绩大幅下滑。如今，华谊兄弟正逐步退出与主营业务整合度较低的投资项目，完善轻资产运营模式，用回流的资金补充公司流动资金，更好地支持主营业务发展。

（二）思政小问题

1. 导致华谊兄弟亏损的原因中是否存在背离会计稳健性原则的因素？
2. 华谊兄弟对资产的估值是否存在不客观的情况？
3. 如何看待企业大规模的资产减值问题？这对财务人员的工作有何启示？

（三）思政小提示

1. 风险提示

1）虚假承诺风险

资产减值的根本问题在于企业合并或投资时形成的高于资产净现值的部分，这通常是由于企业过度看好所投资标的未来能创造的经济价值,这同时也要求被投资标的在将来能够履行业绩承诺。但对标的未来所能创造的经济价值的过分高估,造成了业绩承诺的虚高,被投资标的在将来很难达到业绩要求,从而会引发业绩承诺不达标、业绩承诺期后变脸、业绩补偿难以兑现等一系列的问题,这对投资双方都是不利的。作为财务人员,在对标的进行投资前应谨慎、合理评估标的未来能够产生的经济价值,严守客观、诚信的职业道德,避免出现虚假业绩承诺的情况。

2) 资产减值风险

通常经历了重大资产重组的企业易形成高额的商誉或是无形资产等具有减值风险的资产项目,后续经营当中资产的可收回金额无法维持资产负债表中的账面平衡时,企业就需要计提资产减值准备。资产减值是企业经营中必然会发生的情况,但高额的商誉减值、无形资产减值等情况是可以规避的,高额的资产减值的产生在一定程度上来说是违背了会计的稳健性原则的。我们可以思考哪些资产减值的风险是可以避免的,或者尽可能减小风险带来的损害。

3) 财务亏损风险

合理的资产减值不会给企业带来过大的影响,但特殊的资产减值也会造成企业的大幅亏损。例如,上述华谊兄弟案例中因资产减值导致的财务亏损不在少数。目前的资本市场中还有很多企业因为商誉爆雷而导致当年亏损,亏损也会使投资者对企业失去信心,减少投资,这也会给企业带来资金流转的难题。所以在资产减值的问题上,如果企业不提前进行风险预防,资产减值的风险将难以控制的。

2. 谨慎提示

会计工作最考验会计人员的谨慎、仔细程度。在庞大的金额面前,每一个金额单位的错误都可能造成严重的后果。在评估投资的资产需要财务数据作支撑时,更需要我们谨慎考量,所有评估都应基于实际,不应过度放大对标的的预期,保持会计的谨慎性。谨慎既是对会计职业道德的遵守,也是企业在创造财富路上脚踏实地的体现。资本市场存在许多诱惑,切忌急于求成,在众多诱惑前保持专业、客观、理性、谨慎的判断,才能够帮助企业及自身走得更加长远。

3. 管理提示

1) 投资者角度

投资者在进行投资时应合理评估标的资产未来可能创造的收益,留意被投资方的过往业绩情况,并考虑投资存在的资产减值风险对企业的损害,同时还应避免利益输送等行为,保持谨慎、诚信、负责的态度,不因一己私利或好高骛远让企业蒙受损失。

2) 被投资者角度

被投资者在进行交易前,应正确评估自身预期发展能力,对于投资方给出的业绩要求应仔细测算是否在自身能力范围之内,应坚持公开、透明、严谨的交易过程,让投资方充分了解自身的整体能力,给予投资方合理的预期收益,不过分抬高自身的价值。

3) 监管层角度

监管机构应加强对标的估值过高的交易的监管力度,对于不合理的重组交易应及时驳回。监管层应规范中介机构的评估机制,强化交易双方的信息披露。另外,还可形成一个商誉减值测试的规范和指导意见,推动相关准则制度的完善,创造一个严谨监管宽松交易的市场环境。

(四) 思政小链接

1.《业绩"变脸"! 华谊兄弟四年巨亏 64 亿,"中国迪士尼"梦终破碎》,网址:https://baijiahao.baidu.com/s?id=1731357344593525112&wfr=spider&for=pc。

2.《华谊兄弟实控人被警示:连亏 4 年市值蒸发 9 成,票房不佳投资亏损成主因》,网址:https://baijiahao.baidu.com/s?id=1734979555514270795&wfr=spider&for=pc。

3.《348 家上市公司预计资产减值年报风险如何规避?》,网址:https://baijiahao.baidu.com/s?id=1724365262367294208&wfr=spider&for=pc。

4.《计提资产减值是利好吗? 企业为什么要计提资产减值?》,网址:http://www.yjcf360.com/licaijj/740161.htm。

四、思政语录

1. 天下为公、担当道义,是广大知识分子应有的情怀。我国知识分子历来有浓厚的家国情怀,有强烈的社会责任感。"修身齐家治国平天下""为天地立心、为生民立命、为往圣继绝学、为万世开太平""先天下之忧而忧,后天下之乐而乐",这些思想为一代又一代知识分子所尊崇。

——习近平

2. 规律既然是客观存在着的,那么,人们就无法任意改变它,只能认识了它之后,很好地掌握住它,才能做好一切要做的事情,才能达到预期的目的。

——沈尹默

3. 凡事都不可小看。你要知道:一个铁钉可以毁了一个马蹄子,一个马蹄子可以毁了一匹马,一匹马可以断送一次战役,一次战役可以灭掉一个伟大的国家。

——松苏内吉

4. 理解会计报表的基本组成是一种自卫的方式:当经理们想要向你解释清企业的实际情况时,可以通过会计报表的规定来进行。但不幸的是,当他们想要耍花招时(起码在部分行业)同样也能通过会计报表的规定来进行。如果你不能识别出其中的区别,你就不必在资产选择行业做下去了。

——巴菲特

5. 使思想和实际相符合,使主观和客观相符合,就是实事求是。

——邓小平

6. 真正的虚心,是自己毫无成见,思想完全解放,不受任何束缚,对一切采取实事求是的态度,具体分析情况,对于任何方面反映的意见,都要加以考虑,不要听不进去。

——邓拓

五、历史故事

浮夸中没落的皇朝①

说到浮夸,一般人只认为是那些为了向上爬而不择手段的庸官俗吏的把戏,却不知有些皇帝也热衷此道。

以荒淫奢侈著称的隋炀帝杨广"先生",是一位善搞浮夸的皇帝。杨广"先生"早年曾随他爹杨坚先生南征北战,史书称他:"南平吴、会,北却匈奴,昆弟之中,独著声绩。"(《隋书·炀帝纪》)也许正因为如此,他当皇帝之后,认为自己英明伟大,无与伦比,连秦皇汉武跟他比也稍逊风骚。他大兴土木以满足自己的奢欲,四处巡幸以扩大自己的声威,劳师征讨以炫耀自己的武功,此外,他还有一大爱好,那就是不失时机地大搞浮夸,以显示隋朝的"富强"。

据《资治通鉴·隋纪》载,大业二年十二月,突厥国的首领启明可汗将来东京(今洛阳)朝见,杨广"先生"为了向这位番邦首领夸耀隋朝的富乐,诏令全国最好的舞乐、百戏全部集中于东京,来一次规模空前的大会演,并且亲自到芳华苑积翠池畔检阅百戏。那次会演,不仅节目丰富多彩、千变万化,令人目不暇接,而且那成千上万的艺人都身穿锦缎绣绸的服装,腰里系着叮当作响的佩环,衣帽上缀着五彩缤纷的羽饰。由于从全国调集的艺人太多,朝廷分派京兆、河南两郡制作演出服装,长安、洛阳的锦缎绣绸被搜刮一空。第二年,杨广"先生"北巡时,为了向邻邦小国炫耀他的天子气派,命令大臣宇文恺为他特制了一个能容纳几千人的大帐,在帐中设宴招待启明可汗等番邦首领。他见启明等人对大帐十分好奇,又命令宇文恺制作了"观风行殿"和"行城",行殿下面装有轮轴,靠风力推动,可容纳几百个卫兵;行城周长2 000步,用涂满丹青的厚布包裹,亭台楼阁应有尽有。这两个亘古未有的大制作推出后,番邦的百姓见了无不惊叹,于十里之外就屈膝下跪,将他敬为天神。

杨广"先生"继承他爹登上皇帝宝座时,隋朝还是国强民富,向邻邦夸耀夸耀,倒也罢了。但数年之后,当他爹好不容易挣下的大家当已经被他糟蹋得差不多时,他仍不顾国库空虚,人民贫困,硬是打肿脸充胖子。据《资治通鉴·隋纪》载,大业六年春,番邦首领齐集东京,杨广诏令在端门街为他们举行歌舞盛会,戏场周长5 000步,管弦乐队达18 000人,演出通宵达旦,灯火照耀天地,丝竹管弦之声数十里外可闻。这次演出持续了一月之久,耗资无数。当胡商提出要进入丰都市场做生意时,杨广又诏令将街道装修一新,要求店铺的房檐整齐划一,街边要多设帷帐,店内要摆满珍奇货物,街上的市民要衣着华丽,连卖菜的小贩屁股下也铺着龙须草编成的席垫。他还做出一个"英明"决定:外宾从酒店饭馆门前经过,店老板需邀其就座,免费吃喝,并骗他们说:

---

① 本历史故事来源:公众号"好文大字看"——"桑榆说史:原来皇帝也浮夸"。

"中国富足,喝酒吃饭概不收钱。"外宾无不为之惊叹。不过有位聪明的老外见街上的树木以丝帛缠绕,觉得其中有假,便故意置疑曰:"我看中国也有衣不蔽体的穷人,何不把这些丝帛送给他们,却用来缠树何用?"这一问,令市民惭愧得无言以对。

那些庸官俗吏为了向上爬而搞浮夸,只是为害一方,而皇帝一旦浮夸起来,却往往使一国的百姓遭殃。杨广"先生"靠浮夸而制造出来的虚假繁荣,只能唬人于一时。在他创造"吃饭不要钱"的奇迹之后仅三年,国家便民不聊生,战乱迭起,几年后便江山易主,而他本人也不幸落了个身死国灭的下场。

六、法律法规

(一) 会计准则

(1)《企业会计准则第 2 号——长期股权投资》。

(2)《企业会计准则第 3 号——投资性房地产》。

(3)《企业会计准则第 4 号——固定资产》。

(4)《企业会计准则第 5 号——生物资产》。

(5)《企业会计准则第 6 号——无形资产》。

(6)《企业会计准则第 8 号——资产减值》。

(7)《企业会计准则第 20 号——企业合并》。

(二) 政策规定

(1)《关于加强中央企业商誉管理的通知》(国资发财评规〔2022〕41 号)。

(2)《关于修改〈上市公司重大资产重组管理办法〉的决定》(中国证券监督管理委员会令第 127 号)。

参考文献

[1] 赵春光.资产减值与盈余管理——论《资产减值》准则的政策涵义[J].会计研究,2006(3):11-17,96.

[2] 戴德明,毛新述,邓璠.中国亏损上市公司资产减值准备计提行为研究[J].财经研究,2005(7):71-82.

[3] 周忠惠,罗世全.上市公司资产减值会计研究[J].会计研究,2000(9):23-30.

[4] 张乃军.莫让商誉成为"皇帝的新衣"——关于商誉处理的理性分析[J].会计之友,2018(18):2-5.

[5] 刘明辉,庞永悦.华谊兄弟系列收购的影响研究——基于业绩承诺的视角[J].中国资产评估,2018(12):47-56.

第九章 "负债"思政指南

一、思政背景

(一)课程内容

"负债"是会计六大要素之一,"负债"自然也是"中级财务会计"课程的重点内容之一,包括"流动负债"和"长期负债"两大板块。教学内容包括:负债的基本特征;可确定性流动负债的分类与计价,应付账款、短期应付票据、应交税费、应付工资、应付股利、预提费用以及一年以内到期的长期负债等的核算;或有负债及其会计处理;长期负债的特点与分类;应付公司债券的发行、种类、发行价格的确定、溢折价发行的摊销方法;长期应付票据的核算;债务重组等。

(二)思政问题

负债是企业承担的现时义务,这是负债的基本特征。这里所指的义务可以是法定义务,也可以是推定义务。其中,法定义务是指具有约束力的合同或者法律法规规定的义务,通常在法律意义上需要强制执行;推定义务是指根据企业多年的习惯做法、公开的承诺或者公开宣布的政策,企业将承担的责任,这些责任也使有关各方形成了企业将履行义务、解除责任的合理预期。

负债的法定义务性质决定了企业必须在负债到期前偿还负债,否则将承担法律后果,这意味着,树立法治价值观的重要性;负债的推定义务性质说明,有些负债的偿还需要企业有责任意识和契约精神,因此,树立诚信价值观具有重要意义。

本章涉及的思政问题包括以下几方面:

(1)偷税漏税违反诚信。近些年来偷税漏税等新闻总是让大家震惊,有些人偷税漏税的金额以亿为单位来计量。诚信是中华民族的传统美德,偷税漏税的企业和个人违背诚信,最终必将自食其果。

(2)消费主义盛行,无视节俭的优良传统。随着科技和网络的发展,大学生的消费形式也发生了巨大的变化。先是有网络直播带货,著名网络带货主播李佳琦一晚上的带货金额高达6.1亿元,网民们在主播的一声声"买它"的呼唤中,陷入跟风消费。还有的大学生贷款消费,大学生网络借贷上当受骗的案子层出不穷,一些大学生做不到量入为出,提前过度消费,陷入消费主义的泥潭。那么,应如何让学生养成勤俭习惯,控制费用呢?以上是本章思政内容需要解决的问题。

(三)探索思路

本章遵循以下三方面的思路进行探索。

（1）作为财务人员，仅掌握会计账务处理是不够的，还需要掌握财务管理内容，对于编制出的财务报表能够进行分析，为单位管理层提供有效的信息，同时还要掌握税法知识，做到依法纳税、诚信纳税；还需了解审计知识，能够做好知法守法，实现自我监督等。

（2）消费税的征税税目主要是为了引导大家合理消费。倡导大家树立环保意识、生态意识、尊重自然和爱护自然；对奢侈品征税体现了社会主义核心价值观，即平等、公正。

（3）随着网络信贷的风险在社会不断浮现，尤其是对于在校的大学生而言，校园贷申请便利，表面利率具有吸引力，校园贷很快渗透了大学校园。同时，危害也不断浮现。早在2017年6月28日，银监会、教育部、人社部联合下发《关于进一步加强校园贷规范管理工作的通知》，要求暂停网贷机构的校园贷业务。

当无法偿还借款时，借款对于无收入的大学生来说无疑是一种很大的经济负担，又或者把经济压力转移到家庭，因此要引导学生重视自己的消费支出、适度消费、养成节俭美德。

很多大学生还因为网贷还款问题而退学，还有些网贷的大学生整天活在恐惧之中，网络贷款透支着大学生的未来。因此，在课堂上教师应该让学生了解网络信贷的隐藏风险。教师在讲解"信用"这部分内容的过程中，如果能够自然地融入和信用相关的思政元素，能够在学生学习新知识的同时，引导其规避未来的人生风险。

二、思政切入

（一）短期借款

1. 短期借款的取得与偿还

1）专业教学点

短期借款是指企业向银行或其他金融机构等借入的期限在1年以下（含1年）的各种借款，通常是为了满足正常生产经营的需要。无论借入款项的来源如何，企业均需要向债权人按期偿还借款的本金及利息。在会计核算上，企业要及时、如实地反映短期借款的借入、利息的发生和本金及利息的偿还情况。

2）思政切入点

党的十九届四中全会强调，完善诚信建设长效机制，健全覆盖全社会的征信体系，加强失信惩戒。国家发改委、人民银行于2020年9月发布《关于进一步规范公共信用信息纳入范围、失信惩戒和信用修复构建诚信建设长效机制的指导意见（征求意见稿）》，旨在进一步推动社会信用的规范化发展。贷款申请需要调查企业征信记录，诚信对企业融资有着重要作用。社会信用体系建设是一项庞大工程，只有规范化和法治化，才能使建设中的难点和痛点迎刃而解，实现良法善治。

2. 借款利息的偿还

1）专业教学点

应付利息是指企业按照合同约定应支付的利息。

2）思政切入点

借款利息是筹资成本，企业在债务决策时应提前做好预判，精确计算债务的资金成本，明确企业的偿债风险及应对方式。教师可通过相关知识点的讲授提升学生的信用风险意识。

（二）应付账款

1）专业教学点

企业应通过"应付账款"科目，核算应付账款的发生、偿还、转销等情况。该科目贷方登记企业购买材料、商品和接受劳务等而发生的店应付账款；借方登记偿还的应付账款，或开出商业汇票抵付应付账款的款项，或已冲销的无法支付的应付账款；余额一般在贷方，表示企业尚未支付的应付账款余额。该科目一般应按照债权人设置明细科目进行明细核算。

2）思政切入点

故意拖欠不还的应付账款会给企业带来信用风险。原因在于，部分企业高层、中层等管理人员对应付账款的认识仍较为传统，认为延长供应商的账期是企业营运能力强的体现。因此，部分企业认为应付账款的额度越大越好，账期越长越好，所以，能拖就拖。长此以往，供应商对企业失去信心，也许谈好的赊销模式，最终会变成严格的预付款模式，或者带款提货模式，从而加大企业资金压力，给企业带来更多的财务风险。

针对以上情况，企业应高度重视信用管理，改变过去的传统理念，视供应商为长期战略合作伙伴，活用经营思维。一切按照合同，按时支付欠款。如果因特殊原因，无法及时支付，需要事先主动告知对方，是何种原因不能支付和告知能支付的准确时间。从而形成良好的企业信用基础，为供应商给企业提供更好的付款条件做好良性铺垫。

另外，如果信用管理失败，那国家针对这样一些"老赖"企业又有着怎样的惩罚措施？"老赖"企业最后会有怎样的结局？教师可通过现实案例和故事，从而以点带面，引导学生认识诚信行为将有益于自己今后的成长和事业发展。

（三）应交税费

1）专业教学点

企业根据税法规定需要缴纳的各种税费包括增值税、消费税、所得税、城市维护建设税、资源税、土地增值税、房产税、车船税、城镇土地使用税、教育费附加、印花税、耕地占用税等。企业应通过"应交税费"科目总括反映各种税费的缴纳情况，并按照应交税费项目进行明细核算。该科目贷方登记应缴纳的各种税费等，借方登记实际缴纳的税费；期末余额一般在贷方，反映企业尚未缴纳的税费，期末余额如在借方，反映企业多交或尚未抵扣的税费。

2）思政切入点

每个自然人、法人都有依法纳税的义务。在税收流失中，纳税人扮演了重要的角色，偷税行为是偷税心理、外界情境和各种刺激诱发的，教师授课时可以分析纳税人的偷税心理。

偷税心理主要包括：

(1) 利益最大化心理。税收是国家强制地、无偿地占有纳税人的社会财富，是对纳税人所得的一种"强制性剥夺"，会导致纳税人经济利益的减少，这与理性经济人的内在目标相违背，所以他们千方百计企图通过减轻税收负担来实现其税后利润最大化。

(2) 不平衡心理。如果纳税环境即税收法律和行政执法不公会造成纳税人税负不平等，一些纳税人由此产生不平衡心理状态，形成偷税逃税收"益"，诚实纳税吃"亏"的错误观念。

(3) 盲目侥幸心理。一些纳税人对偷税行为将要承受的处罚以及处罚的严重程度盲目不知或心存侥幸，认为即使偷税被抓，所承担罚款数也远小于偷税金额有时甚至还可采取非正常手段免于处罚，偷税成本远远小于偷税收益。从自然人角度出发，教师在授课中可引入明星偷税漏税案例，介绍税收筹划的本质内容，从而强化学生依法纳税、诚信纳税的意识。

规避税收风险可以令企业在合理合法的前提下减轻纳税负担、降低企业经营成本、最大限度增加企业价值；从法人角度出发，通过案例、视频介绍新冠疫情期间出台的各项税收优惠政策、减税降费等政策以及实施效果，有效激发学生的爱国热情和社会责任感。在引导学生树立责任意识的同时，也加强心理疏导与教育，帮助学生建立健康的归因倾向，归因即个体对他人和自己行为结果的原因进行的推断和分析，积极的归因机制能够有效地化解人的心理不平衡，预防偷税漏税行为的发生。

另外，应交税费下的消费税的征收范围是随着社会发展而不断更新。比如，对木制一次性筷子和实木地板等征税体现了我国倡导的环保意识、生态意识、尊重自然和爱护自然的绿色价值观念；对高尔夫球及球具、高档手表和高档化妆品等征税等体现了社会主义核心价值观，即平等、公正。再从消费税税率角度来看，不同的消费品的消费税税率是不同的，范围为4%～56%，特别是对于卷烟和白酒采用复合计税，主要是为了限制消费，过度消费这两样会对人身健康、社会秩序产生危害。

(四) 长期借款

1) 专业教学点

长期借款利息费用应当在资产负债表日按照实际利率法计算确定，实际利率与合同利率差异较小的，也可以采用合同利率计算确定。长期借款利息费用，应当按以下原则计入有关成本、费用：属于筹建期间的，计入管理费用；属于生产经营期间的，计入财务费用。如果长期借款用于购建固定资产的，在固定资产尚未达到预定可使用状态前，所发生的应当资本化的利息支出，计入在建工程成本。固定资产达到预定可使用状态后发生的利息支出，以及按规定不予资本化的利息支出，计入财务费用。长期借款按合同利率计算确定的应付未付利息，记入"应付利息"科目，即借记"在建工程""制造费用""财务费用""研发支出"等科目，贷记"应付利息"科目。

2) 思政切入点

会计信息质量特征中的可靠性要求企业以实际发生的交易或事项为依据进行确

认、计量和报告,如实反映符合确认和计量要求的各项会计要素及其他相关信息。对于长期借款的利息到底应该费用化还是应该资本化,企业应按照其用途予以处理。公司对交易进行会计确认、计量和报告时要保持应有的谨慎,保证长期借款利息会计信息的真实、可靠、完整。

三、思政案例

(一) 案例介绍

"负债累累"——蓝光债券危机①

蓝光发展之前身系迪康药业。迪康药业2015年采用非公开发行股票的方式获得了蓝光集团控股子公司四川蓝光和骏实业有限公司(简称蓝光和骏)的全部股权。蓝光和骏借此完成了借壳上市。之后,迪康药业更名为蓝光发展。蓝光发展本身是一家起步于成都、以住宅开发为主业的房地产公司,在进行全国化布局以前,其主要项目均在四川。为了扩大发展蓝图,2019年9月,蓝光发展在上海成立运营总部,形成"成都+上海"的双总部格局。与此同时,近年来蓝光发展迅猛发展,销售额实现迅速增长,从2015年的不到200亿元快速扩张至2020年的1 035.36亿元,突破千亿元大关,成为千亿级房企。鉴于此,2020年3月,公司主体长期信用等级获评AAA,评级展望维持稳定。2021年,蓝光发展第15次荣获中国房地产百强企业,也是其连续14次获得这一称号,在房地产百强企业中名列第21位,位列百强房企成长性第4位。

公司业务范围广泛,主要涉及房地产开发、物业管理、医药和3D生物打印等,其核心业务仍为房地产业务,房地产业务收入占总营收的比重一直维持在90%以上。2015年至2018年,公司顶层战略设计为"人居蓝光+生命蓝光"双轮驱动战略,即以房地产开发运营为主业,同时延伸产业链,积极推动3D生物打印、现代服务业等高增加值产业的发展;2019—2020年,公司将企业顶层发展战略转变为"人居蓝光+生活蓝光"的双引擎业务模式,其中"生活蓝光"领域主要聚焦于物业管理服务,力图成为住宅、物业服务一体化的现代化企业。

2021年7月12日,蓝光发展发布公告称,"19蓝光MTN001"不能按期足额偿还本息,确实已构成实质性违约。其实,自2020年下半年起,蓝光发展资金流动性明显紧张,公司多次进行股权转让以获取流动性,然而,公司的一系列自救行为未能避免其债券违约。蓝光发展2020年以来发生的重要事件如下:

2020年7月,蓝光发展计划以9亿元转让迪康药业100%股权;

2020年10月,蓝光发展逾期10天归还中国平安10亿元融资,中国平安内部对其融资进行限制。

2021年1月,蓝光发展境外美元债出现较大异常波动;紧接着2021年2月,蓝光发展以48.5亿元出售蓝光嘉宝64.62%股份;多次进行控股股东股权质押。

---

① 该章案例参考资料:唐小芮. 蓝光发展债券违约案例分析[D].石家庄:河北金融学院,2022.

2021年5月,蓝光发展三笔信托产品延期兑付;转让和骏房产53.17%股权给了常州万科旗下旭程企管;标普、穆迪也主动下调其主体评级;控股股东蓝光集团以其持有的公司股票作为担保品的股票质押交易及融资融券业务也根据协议约定将被相关金融机构进行强制处置;境内境外债券全面下跌。

2021年6月,国内信用评级机构接连下调其主体评级;杨铿辞任董事长职务,杨武正接任;全资子公司和骏实业股权被司法冻结,被冻结金额合计17.87亿元。

2021年7月,因合同纠纷蓝光发展再被冻结2.35亿股无限售流通股,累计被冻结3.9亿股;公司及下属子公司到期未能偿还债务涉及本息金额24.84亿元;证实19蓝光MTNO01发生实质性违约。

截至2022年3月,蓝光发展累计到期未偿还债务本息金额达到313.43亿元(包括信托贷款、银行贷款、债务融资等债务形式),名下共有13支债券实质违约,违约债券余额共计99.3亿元;其中4支债券触发交叉保护条款,违约债券余额40亿元。

蓝光发展的债务以流动负债为主要形式,非流动负债整体变化一直较为平稳。公司流动负债规模逐年递增,2021年上半年流动负债规模超过2020年全年平均水平,达到1 969.02亿元,主要是应付账款、合同负债(预收款项)、一年内到期的非流动负债、长期借款显著增加所致。

高财务杠杆经营是房地产企业普遍采用的经营方式之一,在支付购地资金、开发费用时房地产企业通常使用大量债务融资。蓝光发展亦是如此,在前期的项目扩张过程中,通过银行贷款、信托贷款、债券等方式筹集了大量长期债务资金。从2019年开始,这些长期债务开始陆续进入偿还期,导致公司短期偿债压力陡增。以"短期借款+一年内到期的长期借款+一年内到期的应付债券"为统计口径,测算蓝光发展2017年至2021年6月末的短期债务金额,公司整体短期债务规模逐年上升。2017年至2018年公司短期债务主要以一年内到期的长期借款和应付债券为主,2019年至2021年公司一年内到期的长期借款和应付债券规模大幅增长。截至2021年6月末,公司短期债务规模达到353.55亿元,仅2021年上半年短期负债规模就超过2020年全年的短期债务规模。债务集中到期容易引发流动性风险,公司短期偿债压力很大。

蓝光发展债务结构不合理。截至2020年年末,公司银行借款、债券融资和非标融资占比分别为36.69%、33.9%和29.41%,非标占比较高,对应的综合融资成本达8.2%,公司的非标融资规模约为236亿元。2017年以来,蓝光发展非标融资占比一直维持在30%附近,从非标融资的期限结构看,大多在一年内到期。

同时,蓝光发展还存在信托基金、永续债、少数股东的明股实债等一定规模的表外负债。公司年报显示,截至2020年年末,公司信托计划保障基金为2.59亿元,同比增长245.33%;按照融资类信托中融资人缴纳1%的认购资金来计算,公司表外的融资类信托余额可能约259亿元。此外,公司2017年至2019年永续债规模基本在40亿元左右。截至2020年年底,蓝光发展存续永续债规模达到21.51亿元,与前两年相比,规模有所下降,但是仍然属于表外负债规模较大的房企,这部分主要是集合信托和部分永续中票,一旦蓝光发展违约金额超过1亿元,也需要强制兑付,其资金流动性将枯竭。

债券市场上存在的信息不对称,而信用评级存在的作用就是减少债券市场上的信息不对称性,为投资者提供一个科学客观的风险判断指标,从而降低市场交易成本,提高市场效率。因此,相关债券评级机构所做出的债券评级至关重要。2021年6月1日前,多家评级机构对蓝光发展的债券评级维持在AAA以上,但在2021年7月出现债券实质性违约后,蓝光发展的信用评级开始下调。

因为公司主体及发行债券信用评级双双下调,再加之债券发生实质性违约,截至2022年3月15日收盘,蓝光发展股价已经跌至2元以下,以每股1.65元计算,总市值缩水69.67亿元。公司违约后,蓝光发展面临的诉讼事件不断,北方国际信托、太平洋投资、交银信托等金融机构纷纷对蓝光发展提起诉讼,蓝光发展核心子公司蓝光和骏股权被司法冻结,一系列的诉讼容易引发债权人的进一步挤兑,使公司疲于应付。公司资金遭到冻结,流动性紧张,对公司经营和再融资产生较大影响,这一违约事件不仅损害了银行、保险、信托机构、建筑商、自然人债主等利益,而且对房地产行业和债券市场产生了不良影响。另外,由于房企项目分布在不同区域,涉及众多的购房者以及施工承包方,一旦资金链断裂引发项目烂尾,意味着企业需要应付购房者一轮轮过激的维权手段,这会对社会稳定造成影响。

债券违约事件发生以来,蓝光发展积极筹措资金缓解债务压力。2021年12月,蓝光发展采用承债式收购向重庆悦宁山企业管理有限公司出让重庆炀玖商贸公司100%股权,在出售资产的同时降低公司负债约91.91亿元;2022年3月,蓝光发展再次变卖优质资产,向华神科技转让蓝光矿泉水100%股权。同时,蓝光发展与金融机构、政府部门积极协调沟通,通过释放抵押资源、缩短放款周期等措施,增加经营性回款,保障现有项目的开发与交付,尽可能避免债券违约所带来的潜在经营风险。蓝光发展已经成立了专门处理债券违约的工作组以此来化解债务危机,由公司董事长牵头,加快对公司债券违约项目的处理,组建了包括地方贷款人在内的债权人委员会,该委员会的组建主要是受到了四川省人民政府、证监会四川监管局、银保监会的指导,而下一步,公司还打算在秉承自愿性原则的前提下加快对债委会的扩容,组建全国性债委会。在债券持有人会议等沟通协调机制下,就风险化解整体方案进行协商沟通,制定短中长期综合化解方案,在地方政府和金融监管机构的指导下细化方案,目前已完成资产和负债底数摸排,形成风险化解方案雏形。

(二) 思政小问题

1. 结合蓝光发展案例,你认为这次实质性违约对蓝光发展的企业诚信意味着什么?
2. 你如何理解主体的长期信用等级?
3. 到期未兑付的债券对企业产生了信用影响,企业如何统筹规划呢?

(三) 思政小提示

1. 信用风险

计量负债考虑信用风险是毋庸置疑的。近年来,房地产行业债券违约率逐年上升,房企必须引起重视,建立企业债券违约预警机制有利于企业提早注意到信用风险变化,从而及时预防债券违约危机的产生。首先,企业要尽可能全面及时地收集到相关信息,将零星、分散的财务信息整合转化为系统、准确的信息资源,这是风险预警机制的核心。在此基础上,设置一套完备的风险评估系统,对债券违约风险来源进行梳理并分类。对影响债券违约风险的因素要考虑全面,不仅要考虑宏观经济状况、行业政策变化、未来发展趋势等外部因素,还要考虑公司发展战略、管理层变动等内部非财务因素和盈利状况、现金流情况等内部财务因素,并针对不同风险来源排列优先等级,更好地管理各种风险源。

合理有效地防范与控制信用风险,应作为企业一项管理工作,也应受到企业经营者的重视与关注。企业经营者应当建立全新的营销观念,加强信用风险管理,明确有关部门和人员职责,加强监督,确保内控制度的有效实施执行,把企业风险降到最低程度,可以通过相应的措施来防范与降低信用风险。

2. 完善信息披露制度,打造公开平等交易市场

完善信息披露制度对于解决金融机构、发债主体、投资者之间的信息不对称问题至关重要。虽然目前我国已经统一了公司信用债券的信息披露标准,但更多的是原则性要求,具体细则还有待完善。在实践层面,银行间市场和交易所市场的信息披露规则仍有所差异,在披露内容、格式规范和时间等方面未形成统一。同时,现阶段我国债券市场对于债券违约处置的信息披露不够充分,且时间上具有一定的滞后性,这将大大影响市场投资者对债券预期损失率的评估。

因此,监管机构要进一步完善信息披露细则,制定统一的披露标准,在此基础上,搭建统一的信息披露平台,及时、全面、准确披露相关债券信息,使市场参与者能够通过公共平台查询债券信息,实现信息共享,减少信息不对称所带来的利益损失。同时,在法律法规方面,出台更严格的处罚条例,相关市场监督管理部门要对违规披露的发债主体进行严厉打击,加大对违约主体的处置力度。

3. 财务风险

企业债务规模与财务风险成正比。当企业的债务规模增加时,偿债将成为企业的负担。因此,企业债务规模越大,潜在财务风险也随之增加。对于企业来说,过度负债会严重阻碍企业的发展,当企业负债和企业的实际经营发展无法平衡时,企业可能没有足够的利润来支付偿还负债所需的本金和利息,当企业连利息都无法按时偿还时,其生存将会面临严重危机。

有效管理债务资金是规避财务风险的主要措施。企业根据需求借入资金,有效管理借入资金才能发挥借入资金的作用。如超出需求过度借款,容易出现借入资金长期闲置,造成资源的浪费。企业应选择投资少、见效快项目,提高借贷回报率,这样才能加快资金周转速度,提高借入资金的使用效率。

4. 管理提示

债券违约往往涉及多方主体利益,其中存在多方博弈,各方诉求和利益的不一致性加大了债券违约的处置难度,拉长了地产债券的处置周期。危机爆发以来,蓝光发展屡次出现资产被查封冻结、被起诉等情况,加之公司大规模的资产受限,资金流动性进一步枯竭,容易引发债权人挤兑,从而干扰公司正常经营。

蓝光发展应积极保障公司业务正常经营。首先,可以采取以项目为单元的封闭式管理,针对目前存续项目,与地方政府展开积极沟通,保证项目按计划正常运营,项目回款除了用于支付工人工资、项目工程款等必要支出外,还有一部分能够流回到公司,用以维持公司日常经营。其次是进行司法集中管辖。公司违约后,诉讼事件接连不断,这容易导致更多的债权人采用诉讼保全的方法维护自身权益,使公司疲于应付各类诉讼。通过司法集中管辖,可以一定程度避免债权人的挤兑行为,缓解司法压力,保障项目的自我造血能力。

蓝光发展应积极推动公司债券违约处置方案落地。地产债一般属于信用类债券,其处置方式主要是破产诉讼和债务重组。目前蓝光发展在保持公司正常运营的基础上,全力解决债券违约问题。对于已经到期的债券,首先通过资金偿还,若偿还出现困难,则与债权人协商,考虑采用债转股的形式进行偿还。同时,对于即将到期的债券,根据债券到期时间和自身资金回流情况,对债券进行一至两年的展期。此外,除了内部解决意外,蓝光发展要积极寻求外部支持,引入地方政府或战略投资者,共同组建新平台,对公司业务进行重组,将住宅业务和产业业务分开运营,进一步加大去库存力度。

(四)思政小链接

1.《恒大负债高达 1.95 万亿,目前资不抵债,要用多少钱才能救恒大?》,网址:https://baijiahao.baidu.com/s?id=1710913158475701199&wfr=spider&for=pc。

2.《央视剖析邓伦偷逃税原因,从业人员不懂法、被忽悠都有可能》,网址:https://new.qq.com/omn/20220321/20220321A056ZC00.html。

四、思政语录

1. 贪污浪费是极大的犯罪。

——《毛泽东语录》

2. 人之所助,信也。

——《周易》

3. 被名利迷住了心窍的人,理性是无法加以约束的。于是他一头栽进不可抗拒的欲念,召唤他去的地方,他的职业已不再是他自己选择的,而是由偶然机会和假象去决定的了。

——《马克思经典语录》

5. 静以修身,俭以养德。

——诸葛亮

6. 奢侈和淫靡只是一种社会腐化的现象,决不是原因。

——鲁迅

7. 有借有还,再借不难,借了不还,再借万难。

五、历史故事

听党员张同辉讲党和国家共命运的会计故事①

张同辉同志在其中学解散之后,在家里待了一段时间,其间还担任了青年抗日先锋队的队长。

1945年,敌人开始撤退,冀中行署招收经济训练班学员,张同辉同志便离开家,前往河北文安参加训练班。这个训练班是银行训练班,训练3个月后就到冀中分行(晋察冀边区银行冀中分行,后改称华北出入口银行第一分行,以商号的名义专向北京、天津办理进出口业务,输出法币和土特产品,购进军需民用的必需品),由分行分配工作。张同辉同志等三人被分配到白洋淀,工作内容主要是做货币斗争,跟着工商局打击伪钞。因为那个时候出入口银行靠着天津和北京,进了外币要打入敌占区,让外国公司帮忙给解放区买东西。

但没几个月张同辉又被调回支行当会计。支行当时在现在的天津附近。1946年由于国民党进攻,支行又往南撤到白洋淀边上的郑州,一直到冀中分行前方的办事处。随后张同辉调到冀中分行。没几个月,华北第一出入口分行成立,张同辉同志又跟着搬到了河北沧州。

张同辉同志第一次做会计,什么都不懂,只能靠他自己慢慢地摸索。张同辉同志上过中学,在那时候文化程度还算高。1948年,华北第一出入口分行搬到沧州以后没几个月解放军就开始进攻了,把济南打下来之后钞票都运到华北第一出入口分行去,再把这些东西"打"到天津去。华北第一出入口分行单位后来都在天津,张同辉同志是做留守,做总会计,每天来负责收集信息,做收尾工作。1949年4月,张同辉去了北京。在北京,张同辉和一个副行长一起向总行汇报。

张同辉同志在总行开始做会计以后,主要负责资金调拨,那时候物价飞涨、粮食欠缺,每天要了解上海、天津的情况,比如了解每天上海黄金出入多少、库存多少,再向总行汇报,还要每天向行长南汉宸汇报。

六、法律法规

(一) 会计准则

(1)《企业会计准则第9号——职工薪酬》。

---

① 参考资料:网址 https://sghexport.shobserver.com/html/baijiahao/2021/04/07/401455.html。

(2)《企业会计准则第17号——借款费用》。

(3)《企业会计准则第18号——所得税》。

(二) 法律规定

(1)《中华人民共和国消费税法》。

(2)《中华人民共和国增值税法》。

参考文献

[1] 朱珍琪,曾晓霞."十四五"背景下高校《中级财务会计》课程教学重构与改革[J].商业会计,2022(13):124-126.

[2] 周志刚.公司信用类债券违约风险度量与影响因素研究[D].杭州:浙江大学,2021.

[3] 刘千,周艳琴.刚性兑付打破后我国公司债信用风险测度研究[J].现代营销(经营版),2022(02):34-36.

[4] 宋小保,燕波.正式负债与非正式负债的公司治理效应差异分析[J].汕头大学学报(自然科学版),2021,36(03):27-45.

[5] 丁启军,姜利.基于我校"中级财务会计"课程思政教学实践探讨[C]//.《新课改教育理论探究》第四辑.2021:56-57.

[6] 邱娟."课程思政"视角下"税费计算与申报"课程改革探析[J].国际商务财会,2020(9):49-51,84.

[7] 章雁.关于本科"中级财务会计"实施课程思政教学的思考[J].商业会计,2020(7):103-105.

[8] 张得心.《中级财务会计》课程建设之实践教学设计[J].宁波广播电视大学学报,2014,12(3):112-115.

[9] 张光宇.加强会计职业环境建设 杜绝会计造假行为[J].现代经济信息,2010(22):193,196.

第十章 "职工薪酬"思政指南

一、思政背景

(一) 课程内容

"职工薪酬"涉及企业职工薪酬的范围及核算,包括如下内容。

1. "职工"的概念

职工是指与企业订立劳动合同的所有人员,含全职、兼职和临时职工,也包括虽未与企业订立劳动合同但由企业正式任命的人员。具体包括以下人员:

一是与企业订立劳动合同的所有人员,含全职、兼职和临时职工。按照劳动法和劳动合同法的规定,企业作为用人单位与劳动者应当订立劳动合同,职工首先包括这部分人员,即与企业订立了固定期限、无固定期限和以完成一定的工作作为条件的劳动合同的所有人员。

二是未与企业订立劳动合同但由企业正式任命的人员,如董事会成员、监事会成员等。企业设立董事会和监事会的,对董事会成员和董事会成员支付的津贴、补贴等报酬在性质上属于职工薪酬。

三是在企业的计划和控制下,虽未与企业订立劳动合同或未由其正式任命,但向企业所提供服务与职工所提供服务类似的人员,也属于职工的范畴,包括通过企业与劳务中介公司签订用工合同而向企业提供服务的人员。如果企业不使用这些劳务用工人员,也需要雇用职工订立劳动合同提供类似服务,因而,这些劳务用工人员属于本章所称的职工。

2. "职工薪酬"的概念及分类

职工薪酬是指企业为获得职工提供的服务或终止劳动合同关系而给予职工的各种形式的报酬。企业提供给职工配偶、子女、受赡养人、已故员工遗属及其他受益人等的福利,也属于职工薪酬。职工薪酬主要包括短期薪酬、离职后福利、辞退福利和其他长期职工福利。

1) 短期薪酬

短期薪酬,是指企业在职工提供相关服务的年度报告期间结束后 12 个月内需要全部予以支付的职工薪酬,因解除与职工的劳动关系给予的补偿除外。

2) 离职后福利

离职后福利,是指企业为获得职工提供的服务而在职工退休或与企业解除劳动关系后,提供的各种形式的报酬和福利,短期薪酬和辞退福利除外。企业应当将离职后福利计划分类为设定提存计划和设定受益计划。

3）辞退福利

辞退福利，是指企业在职工劳动合同到期之前解除与职工的劳动关系，或者为鼓励职工自愿接受裁减而给予职工的补偿。

4）其他长期职工福利

其他长期职工福利，是指除短期薪酬、离职后福利、辞退福利之外所有的职工薪酬，包括长期带薪缺勤、长期残疾福利、长期利润分享计划等。

（二）思政问题

本章的思政问题主要从企业实施虚列工资的违法行为及培养员工爱岗敬业精神两个角度展开。如今，个人所得税申报信息已经实现全国集成，随着个人所得税年度汇算工作的推进，个别企业冒用自然人身份信息、编造虚假计税依据等事项可以被轻易查到。根据《中华人民共和国税收征收管理法》，虚列工资属于"多列支出"，为偷税行为。企业一旦实施虚列工资的违法行为，不但会被追缴所得税，还会被处以最高5倍的罚款，并影响信用，情节严重的还构成刑事犯罪。

随着"90后""00后"涌入职场，成为创造组织价值的主力军，越来越多的管理者及学者开始对员工敬业度进行研究。我们从网络上的一系列职场热词中，可以看出新生代们的工作态度是更加自由、开放的。他们更看重工作生活平衡、职业的发展前景、工作的可持续性等很多金钱之外的附加因素。一些个性化的需求与表达也会影响他们对一份"满意的工作"的认知。这种劳动力类型的转变除了对企业在薪酬激励制度、文化建设等方面提出了更高的要求外，对高校在学生爱岗敬业精神的培养方式、思政建设模式等方面提出了更多的要求。

（三）探索思路

首先，纳税是每个企业应尽的义务，而企业想要尽可能地获得节税的税收利益也是无可厚非的，但想达到这一目的，其更应做好提前的纳税筹划，对经营、投资、理财等活动进行合理的事先准备和安排，而非通过虚报人员工资、提高用工成本等方式来降低税负。这就需要财务人员掌握税法知识的同时，明确了解偷税漏税的后果，依法纳税，并懂得对涉税风险点进行自查。

其次，党的十九大报告明确知识型、创新型及技能型人才已经成为目前中国劳动市场上最核心的力量，社会要坚持发扬的，更是无私奉献的劳模精神和精益求精的工匠精神，再一次将敬业的社会风尚推向热潮。这一方面要求企业管理者构建出合理的薪酬激励机制，另一方面也需要高校从教育入手，培养学生爱岗敬业的精神。

最后，薪资关乎国计民生，薪资核算的准确性、薪资发放的及时性将在一定程度上影响社会的稳定、和谐。因此，高校也应从社会角度要求学生树立高度的社会责任意识，从个人角度教育学生懂得依法纳税，使其将"责任"二字根植在心。学生们在学习中可以结合全国脱贫攻坚楷模、国家各项荣誉的获得者事迹的学习，进一步了解作为一名工作者如何以实际行动践行爱岗敬业、认真负责。

二、思政切入

(一) 短期薪酬

1. 专业教学点

1)"短期薪酬"的核算范围

《企业会计准则》规定,短期薪酬是指企业在职工提供相关服务的年度报告期间结束后12个月内需要全部予以支付的职工薪酬,因解除与职工的劳动关系给予的补偿除外。具体包括:职工工资、奖金、津贴及补贴、职工福利费、医疗保险费、工伤保险费和生育保险费等社会保险费;住房公积金、工会经费和职工教育经费,短期带薪缺勤,短期利润分享计划,非货币性福利和其他短期薪酬。不包括养老保险费及失业保险费。

2)"短期薪酬"的会计核算方法

(1)工资及五险一金、工会经费及职工教育费。企业应在职工正常为企业提供服务的期间,按实际发生的短期薪酬确认应付职工薪酬,计入当期损益,其他会计准则要求或允许计到资产成本的除外。

(2)短期带薪缺勤。企业应当在职工提供服务从而增加了其未来享有的带薪缺勤权利时,确认与累积带薪缺勤相关的职工薪酬,并以累积未行使权利而增加的预期支付金额计量,并在职工实际发生缺勤的期间确认与非累积带薪缺勤相关的应付职工薪酬。

(3)短期利润分享计划。此项按照过去惯例为企业确定推定义务金额具有明显证据时,应确认相关的应付职工薪酬。虽是根据净利润的相应比例确定的奖金但仍是因为职工提供服务产生的而不是企业与其所有者之间的交易产生的,不能视为净利润的分配。

(4)非货币性福利。它是指职工福利费,应按照公允价值计量。

2. 思政切入点

如果我们从短期薪酬的核算出发,审视企业会计在这方面的会计处理工作,会发现许多企业存在工资薪金所得税务处理不符合规定、员工从两处以上取得工资薪金所得导致扣税项目不符合规定、年终奖处理不恰当等行为。财务人员应严格根据工资薪金范围的具体规定进行会计处理,定期对公司有关工资薪金的安排进行自查,提醒员工及时办理个人所得税汇算清缴,不得以减少或逃避税款为目的做出不当行为。

同时,在该部分的专业知识教学中,教师可结合社会主义的按劳分配原则,引导学生树立多劳多得、不劳不得的理念,从会计人员的角度讲解如何配合企业薪酬调查和信息发布制度的完善,促进企业健全工资标准调整机制。另外,一个会计工作者必须坚持实事求是、有一说一、忠于职守,不弄虚作假,要把"诚实守信"融入职业道德的具体要求,使其成为职业道德的"立足点"。

（二）离职后福利

1. 专业教学点

1）"离职后福利"的核算范围

《企业会计准则》规定的离职后福利，指企业为获得职工提供的服务而在职工退休或与企业解除劳动关系以后提供的各种形式的报酬与福利。短期薪酬和辞退福利除外，离职后福利包括养老保险费和失业保险费。

2）"离职后福利"的会计核算方法

（1）设定提存计划。企业在其员工能够正常为企业服务的期间根据设定提存计划计算的应缴存金额确认为负债，计入当期损益或相关成本。根据设定提存计划，预期不能在职工为企业服务的年度报告期结束后12个月内支付完的，应参照新准则的折现率，将所有应缴存金额折现为折现后的金额计入应付职工薪酬。

（2）设定受益计划。它指的是企业担心在将来职工离退休后没有资金支付此部分离职后的福利，现在拿出一块资产作为设定受益计划资产的计划。企业将设定受益计划产生的福利义务归属于职工为企业服务的期间，并计入当期损益或相关资产成本。

2. 思政切入点

在离职后福利这一方面，企业可能存在的涉税风险点在于未及时删除离职人员信息，存在已离职员工仍申报个人所得税现象，建议财务人员检查工资表上的人员是否为公司真实现有人员，重点检查企业是否存在已离职、甚至已死亡人员仍然申报个人所得税的现象。

另外，虽然离职、跳槽等现象在当今社会已屡见不鲜，但学生应明白，恪尽职守、爱岗敬业是每一个工作者义不容辞的责任，只有将企业当作自己的家，与其他成员和谐相处，为之付出，无论在任何岗位都将自己当作"局内人"，才能促进和谐的劳动关系的形成，促进和谐企业及和谐社会的发展。因此，在学习本部分的专业知识时，学生应明确懂得，离职只是未来工作中的选择之一，我们在积极争取自身福利的同时，一定要先与企业共患难、共同进步，提高企业凝聚力，使企业健康地发展壮大。

（三）辞退福利

1. 专业教学点

1）"辞退福利"的核算范围

《企业会计准则》规定的辞退福利是指企业在劳动合同到期前解除与职工之间的劳动关系，或鼓励职工自愿接受裁减而给职工的补偿。

2）"辞退福利"的会计核算方法

《企业会计准则》规定了企业辞退员工后的辞退福利的计算方法。企业需要比较的是：不能单方面撤回因解除劳动关系计划或裁减建议所提供的辞退福利的日期、企业确认与关系到支付辞退福利的重组相关联的成本费用日期，按照两者之中较早者确定辞退福利，计入当期损益。预期在年度报告期结束后12个月以内不能支付完整的，应将符合设定提存计划条件的,按照关于设定提存计划的相关规定处理,除此外都按照设定受益计划的相关规定处理。

2. 思政切入点

"与人为善"是中华文明价值体系中为人处世的重要理念。国家在保护劳动者合法权益方面设立了许多法律保护措施,学生也应懂得在被辞退时依法争取自己合法权益。同时,善意地理解别人,与人为善,更能体现出一种仁者的情怀与修养。同时,当一个人任劳任怨,不计较个人得失,甚至不惜献出自己的生命从事于某种事业时,其关注的其实是这一事业对人类、对社会的意义,体现的是一种对事业的全身心投入。

(四) 其他长期应付职工福利

1. 专业教学点

(1) 其他长期应付职工福利的核算范围。《企业会计准则》规定的其他长期应付职工福利是指除前面所提及的短期薪酬、离职后福利、辞退福利以外的与职工薪酬相关的福利,包括长期带薪缺勤、长期残疾福利、长期利润分享计划等。

(2) 长期应付职工福利的会计核算方法。《企业会计准则》规定企业向其员工提供其他长期职工福利时,符合设定提存计划条件的,按照《企业会计准则》有关设定提存计划的相关规定予以处理。此外,按《企业会计准则》中关于设定受益计划的相关规定予以处理。总之,企业在发生与职工薪酬相关的义务时,应根据《企业会计准则》的有关要求,将义务按类别分为短期薪酬、离职后福利、辞退福利和其他长期职工福利等,并根据《企业会计准则》规定的每种薪酬的会计处理方法对其进行合理的核算。

2. 思政切入点

随着经济社会高质量发展,生产力水平不断提高,员工的个性化需求呈现出多样性和复杂性特点,薪酬激励的局限性日益显现。薪酬的激励能力减弱,使一些非薪酬激励手段得到重视和运用,对吸引人才、留住人才、用好人才发挥了不容小觑的积极作用。

(1) 情感激励。将社会主义核心价值观与非薪酬激励模式相结合是一个极具生命力的人本管理模式,实现了动力与压力并存、激励与约束兼顾,能够充分激发员工的积极性、创造性,强化其责任感。

这要求管理层能够积极践行社会主义核心价值观,尊重员工,以高尚品格、宽阔胸怀、公平态度对待员工,抛开个人喜好,贴近员工内心,真诚关爱、赞美和鼓励,真正替员工着想,实现平等沟通,让员工获得心理认同和价值认同,感受到自己受到尊重与重视,进而以主人翁的姿态实现自我管理。

(2) 荣誉激励。荣誉象征贡献,通过荣誉表彰增强员工的荣誉感和获得感,让业绩突出、表现优秀、具有代表性的先进员工受尊重,获得认可,产生强烈的归属感,感受到自己的价值和力量,从而进一步激发其自信心和干事激情。

(3) 重视个体内在动力,采用职业培训激励。适时为员工提供各种进修、技能培训的机会,通过内部培训、外部培训、自我培训等,帮助员工更新知识体系,挖掘自身潜力,提高能力,展示才华,进而实现人生理想。这种激励方法实则比高薪更具吸引力。

(4) 始终贯彻社会主义核心价值观,活用负激励。与正向激励同等重要的是负激励。企业根据实际情况开展批评和思想教育,相当必要。企业既可以通过集中讲评解决共性问题,又可以通过个别谈心谈话、批评与自我批评,帮助员工分析存在的问题、原因、后果,研究改正的措施,并积极鼓励其克服缺点,引导其规范自身行为。

三、思政案例

(一) 案例介绍

海尔的"人单合一"管理模式

"我们这儿不定薪酬,你创造的用户价值有多少,你就可以拿多少薪酬。如果你没有创造用户价值,你就必须离开,这与现在大多数的模式是完全不一样的。"这是海尔集团董事局主席、首席执行官张瑞敏所说的话。

海尔独创"人单合一"的管理模式:"人"就是员工,"单"不是狭义的订单,而是用户的需求,把员工和用户的需求融合在一起。融合的方法就是员工通过创造用户价值,体现自身价值。

创立于1984年、崛起于改革大潮之中的海尔集团,是在引进德国利勃海尔电冰箱生产技术成立的青岛电冰箱总厂基础上发展起来的,它从一个濒临倒闭的集体小厂发展壮大成为在国内外享有盛誉的跨国企业。海尔产品依靠成熟的技术和雄厚的实力在东南亚、欧洲等地设厂,实现了成套家电技术向欧洲发达国家出口的历史性突破。海尔价值观的核心是创新。以观念创新为先导、以战略创新为基础、以组织创新为保障、以技术创新为手段、以市场创新为目标,伴随着海尔从无到有、从小到大、从大到强,从中国走向世界。海尔的薪酬体系也是随着整体战略的创新而不断创新的。

海尔集团的发展可以概括为三个阶段:

第一阶段:名牌战略阶段(1984—1991年)。本阶段,海尔用7年的时间,通过专心致志实施名牌战略,建立了全面质量管理体系。

第二阶段:多元化阶段(1992—1998年)。本阶段,海尔用7年的时间,通过企业文化的延伸及"东方亮了再亮西方"的理念,成功地实现了多元化的扩张。

第三,国际化战略阶段(1998年以后)。本阶段,海尔以创国际名牌为导向的国际化战略,以国际市场作为发展空间。

在名牌战略阶段,海尔推行了全面质量管理,也成功塑造了"海尔"优质品牌的形象。海尔把重点放在产品与服务质量上,因此,其薪酬管理制度也就以工作质量为基础。以质量为主的薪酬管理制度改变了员工的质量观念。薪酬制度特点是把工资考核制度的重点放在质量考核上。当时海尔建立了"质量价值券"考核制度,要求员工不但要干出一台产品,而且要干好一台产品。海尔把以往生产过程中出现过的所有问题,整理、分析汇编成质量手册,针对每一个缺陷,明确规定了自检、互检、专检三个环节应负的责任,质检员检查发现缺陷后,当场撕掉价值券,由责任人签收,每个缺陷扣多少分全都印在质量手册上。操作工互检发现的缺陷,经质检人员确认后,当场给予操作工奖励,同时对漏检操作工和质检员进行罚款。质量价值券分红券和黄券,红券用于奖励,而黄券则用于处罚。在海尔曾经有过这样一个小故事:

  1992年11月23日,一位总装质检员在检查冰箱装配质量时发现一台冰箱温控器螺丝没有固定到位,就按缺陷性质和责任价值撕了价值券,引起被查的工人对质检员出言不逊,并拒签价值券,当质检员要按拒签处罚时,被这位工人打了一拳。最终厂方对这位工人通报批评并将其降为临时工。制度就这样被坚持下来了。后来工人们发现,虽然每天出现问题马上要受到处罚,并要立刻整改,但到月底一算,在质量方面的收入反而比以往增加了,因为使质量指标提高了。质量价值券在生产过程中的实行,使海尔上下工序建立起严格的质量监督机制,每个工人都把下道工序当作用户,质量指标日益提高。考核重点还有遵章守法情况,企业的规章制度不是摆样子。建立一项制度就执行一项、考核一项、兑现一项。所以,当时的薪酬分配制度主要同质量挂钩,谁出质量问题,就按考核规定扣掉谁的工资。

  多元化阶段的薪酬制度是分层、分类的多种薪酬制度和灵活的分配形式,设有13种薪酬模式。科技人员实行科研承包制,营销人员实行年薪制和提成工资制,生产人员实行计件工资制,辅助人员则实行薪点工资制。海尔工资分档次发放,岗位工资标准不超过青岛市职工平均工资的3倍。岗位工资+国家补贴=工资总额。每月无奖金,年终奖金不超过两个月的工资。科研和销售人员实行工效挂钩,科研人员按市场效益和科研成果进行奖励,销售人员的收入和推销的成果挂钩。对于一线员工,在质量价值券的基础上,推行计点到位,绩效联酬的全额计点工资制。这里的"点"是指员工在劳动过程中的体力和脑力消耗的基本计量单元。海尔本着"工资总额增长低于企业利税增长、平均工资增长低于劳动生产率增长"的"两低于"原则,确定员工的工资总额与增长幅度,然后根据预计的点数总和来确定点值。岗位点数根据工作的操作复杂程度、岗位体力要求、工作危险程度确定的。岗位点数工资单价=点数×点值,岗位计件工资额=岗位工资单价×产量±各种奖罚。

  在海尔的日常管理中,一线员工的工资是运用上述公式算出的,员工可以根据劳动成果自己算出工资数额。例如,海尔电冰箱将生产过程分解为160个工序,涉及540项责任,可以具体落实到每一个员工。这种计酬方式使一线员工的收入与其劳动数量与质量直接挂钩,激发了员工的工作热情,也减少了管理的难度,避免了互相扯皮等现象的发生。在工资分配政策的制定和执行上,海尔一直坚持"公开、公平、公正"的原则,对每一个岗位、每个动作进行了科学的测评,计点到位,绩效联酬。每位员工都有一张3E卡(3E:每人——Everyone,每天——Everyday,每件事——Everything),劳动一天,员工就可根据当天的产量、质量、物耗、工艺等指标的执行情况计算出当日的工资,即所谓"员工自己能报价"。管理人员则根据目标分解"年度目标-月度目标-日清"计算出当月的应得工资。员工的工资都公开透明,只按工作成果,不论资历,由同岗同酬观念转变为同效同酬观念。在海尔,高素质、高技能人才获得高报酬,人才的价值在工资分配中得到了真正的体现,极大地调动了员工的生产积极性。

对于销售及科研人员的工资,海尔一直坚持向市场要报酬的做法,并较早地实行了年薪制。"主副联酬"是海尔对销售人员采取的特有的工资奖惩制度。即将业绩分为主项(如卖货量)和副项(如产品均衡率),将两者联系起来综合考查具体的工作业绩。通过严格的量化指标,真正实现了有市场才有效益;对于研发人员,其薪酬的多少并不是以进行了多少项改造创新为衡量标准,而是取决于其科研成果的市场转化率和市场效益。

在激励的方法上,海尔更多地采用"即时激励"的方式。为鼓励员工搞技术发明,海尔还颁布了《职工发明奖酬办法》,设立了"海尔奖""海尔希望奖""合理化建议奖"等,根据员工对企业创造的经济效益和社会效益,分别授奖。

到了国际化战略阶段,在海尔内部,"下道工序就是用户",每个人都有自己的市场,都有一个需要对自己的市场负责的主体。每个人既代表用户,也代表市场。每位员工不是主要对自己的上级负责,更重要的是对自己的市场负责。

海尔的市场链管理模式,简单地说,就是把外部市场效益内部化。不仅让整个企业面对市场,而且让企业里的每一个员工都去面对市场,把市场机制成功地导入企业的内部管理,把员工相互之间的同事和上下级关系变为市场关系,形成内部的市场链机制。市场链旨在增强职工的市场竞争观念,并在工资分配中加以体现。

(二) 思政小问题

1. 海尔薪酬制度的设计逻辑是如何体现"爱岗敬业""按劳分配"的?

2. 海尔的经营战略与薪酬体系之间是如何适应的?其薪酬与人力资源其他活动之间又是如何适应的?

3. 从海尔的薪酬制度案例中,可以看出员工应具有怎样的职业意识与职业精神才能获得高收入、高报酬?

(三) 思政小提示

从管理学角度,海尔薪酬管理的经验证明,任何企业的薪酬管理不能以不变应万变,而是必须适应环境的变化和企业战略的变化。适当的薪酬激励制度不仅能最大限度地调动企业人力资源,提高企业竞争力,也有助于员工实现自身的职业理想,树立正确的职业观念。

海尔薪酬管理的艺术就体现在战略性地调整薪酬体系,把薪酬体系和经营战略联系起来。在20世纪80年代,理论界和实务界普遍认为企业应该以企业产品品质作为企业经营的主题,"全面质量管理(TQM)"在世界范围内风行。在名牌战略阶段,海尔刚刚起步不久,属于开创市场、打造品牌的时期,其产品和服务的质量是经营的重中之重,其战略重点理所应当放在产品和服务的质量上面,也相应建立了全面质量管理体系。因此,在薪酬管理制度方面,海尔也以质量为主要内容,将质量管理放在第一位,利用质量价值券等手段,使考核、薪酬与质量紧密、直接挂钩。根据奖罚情况,每个人对当天的收入都心中有数,有效地调动了员工的积极性和创造性,在工作中形成了互相监督、共同进步的良好局面。这种做法为海尔保证优良的产品与服务质量打下了坚实的基础,也无形中加强了员工的责任意识及竞争意识,促进了员工爱岗敬业、奉献社会。

海尔在电冰箱这样的单项业务发展已经比较成熟的基础上,转向多元化发展。一是这可以规避单业竞争带来的风险,可以使销售网络和产品形成互补。从冰箱到空调、冷柜、洗衣机、彩色电视机,海尔每一到两年做好一种产品,在7年里完善了重要家电产品线。在新产品领域的拓展中,研发工作起关键性作用。对研发人员,海尔采用以科研成果的市场化率和市场效益为衡量标准的奖酬制度,一方面给科研人员以很大的工作压力,迫使他们不断创新,不断产出新成果;另一方面,鼓励他们进行卓有成效的研发,减少无效劳动和资金浪费。同时,多劳多得的切实利益也给他们无穷的动力,使他们有了很高的工作热情和研发积极性。海尔采用市场链的模式,通过这种内部模拟市场进行分配的形式,促进了企业的管理,使人与人之间的责任环环相扣,增强了员工的岗位责任感,也提高了企业的市场竞争力,为全面进军国际市场打下了基础。在薪酬管理方面,海尔不断在原来的基础上进行改进和完善,使薪酬制度与经营战略相匹配,对员工做到了最有效的"与时俱进"的管理和激励。海尔的管理模式是值得学习和借鉴的。

(四) 思政小链接

奋斗的人生最幸福,网址:https://tv.cctv.com/lm/rwgs/。

四、思政语录

1. 我们大家要学习他毫无自私自利之心的精神。从这点出发,就可以变为大有利于人民的人。一个人能力有大小,但只要有着点精神,就是一个高尚的人,一个纯粹的人,一个有道德的人,一个脱离了低级趣味的人,一个有益于人民的人。

——《毛泽东语录》

2. 不但要团结和自己意见相同的人,而且要善于团结那些和自己意见不同的人,还要善于团结那些反对自己并且已被实践证明是犯了错误的人。

——《毛泽东语录》

3. 敬事而信。

——《论语》

4. 凡事都要脚踏实地去做,不驰于空想,不骛于虚声,而惟以求真的态度做踏实的工夫。以此态度求学,则真理可明,以此态度做事,则功业可就。

——李大钊

5. 凡做一件事,便忠于一件事,将全副精力集中到这事上头,一点不旁骛。

——梁启超

五、历史故事

57年完整村账见证中国农村变迁①

河北省临漳县杜村乡东营村是北方一个普通村庄,这里因保存了从1948年到2005年一套完整的村账而备受关注。

这批村账记录着该村不同时期的经济发展状况,反映出每个历史阶段农民收益分配、村干部工资、农村土地经营、集体资产增值、社会公益事业发展的状况。

国家税务总局、原农业部曾多次派人到该村调研。原农业部农村改革试验区办公室副研究员朱守银评价:东营村村账对研究我国农村政策沿革极具价值,对当前解决好"三农"问题具有特殊重要意义。

2004年7月,东营村因为这套村账被农业部农村改革试验区定为观察点。

57年间,东营村经历过水灾、地震,也经历了"文化大革命",但该村记录30万笔来往账目的200余册账簿和其他档案却完好无损地保存了下来。其中,悉心守护村账42年的会计李太华功不可没。

1955年,24岁的李太华当上了村里的"大管家",之后虽世事无常,村干部也换了一茬又一茬,但是李太华却成了村里的"铁算盘",直到1997年退休。

1955年秋,李太华从临漳县中学毕业,被武安市师范学校录取。由于他的家乡东营村缺一位会计,在村支书劝说下,李太华放弃了学业,走马上任。这位还透着学生气的"大管家"不负众望,他不仅把东营村1948年至1955年的会计账文书归档,还建起了新的会计账。他每月记完账,就把单据装订成册,每到年底,还把有保存价值的财务会计资料分类归档立卷。

20世纪60年代初期,临漳县搞"四清"运动,李太华被抽到县里帮忙,看到一些村的村账被毁坏,十分惋惜。李太华发现,建立村账不容易,保管村账更不容易。此后,他把账本当作自己的宝贝照看起来。

东营村生产大队的房子是土改时留下的土坯房。1963年夏,冀南地区突降暴雨,平地积水深达1米,村民们都忙着保护自家房屋,抢救粮食,可李太华却往大队部跑。他看到账本已被淋湿,就用自家的被单将账本包好往家背,一连背了4趟。最后,他将家中仅有的一个衣柜打开,扔出衣物,将账本小心翼翼地放了进去。

1966年,河北省邢台市发生大地震,李太华怕房屋倒塌埋没账本,就在大队部门口搭了一个简易防震棚,将所有的账本搬了进去。白天他在简易棚办公,晚上就在棚里守护账本,一住就是一个多月。

李太华守护村账的举动逐渐得到村民的理解。在他任职期间,共建立档案90余卷,保存会计账本120本,保存单据400多册,保存各类合同120余份。从1958年至

---

① 资料来源:《57年完整村账见证中国农村变迁》,中国青年报,http://zqb.cyol.com/content/2005-05/24/content_1120387.htm

1985年,临漳县经过5次清财清账,东营村的财务管理都是账册齐全、账表相符、账款相符、账据相符,没有一点差错。

1997年,66岁的李太华得了一场大病,住进医院,此后不久退休。他说:"这些村账,我守了40多年,就是石头也有感情了。"

六、法律法规

(一) 会计准则

(1)《企业会计准则第9号——职工薪酬》。

(2)《企业会计准则第18号——所得税》。

(二) 法律规定

(1)《中华人民共和国劳动合同法》。

(2)《中华人民共和国个人所得税法》。

(3)《中华人民共和国企业所得税法》。

参考文献

[1] 陆云芝,俞峰.基于人本视角的管理会计价值创造研究——以海尔集团人单合一管理为例[J].财会通讯,2012(28):12-13.

[2] 左特.医疗企业职工薪酬的会计核算与个税筹划探讨[J].当代会计,2021(11):145-147.

[3] 陈龙泉.如何增强职工"以厂为家"的意识[J].黑龙江科技信息,2013(29):273.

第十一章 "收入、费用和利润"思政指南

一、思政背景

(一)课程内容

"收入、费用和利润"是"中级财务会计课程"的重点内容,主要内容包括收入、费用、利润以及所得税的核算。具体内容包括收入的确认和计量(五步法模型的适用)、费用的核算(营业成本和期间费用)、利润(构成、形成以及分配)和所得税(核算的一般程序、计税基础与暂时性差异、递延所得税资产和递延所得税负债以及所得税费用与应交所得税)。

(二)思政问题

近年来,许多上市公司被爆出通过虚构业务、关联交易等方式虚增利润以实现业绩目标或是吸引投资等目的。同时,随着人均收入的增加,消费主义逐渐兴起,潜移默化地影响人们的消费决策。因此,各种小额信贷公司和软件层出不穷,诱惑人们进行透支性消费。甚至出现了针对大学生的校园贷,这些校园贷引导尚未形成完善消费观的大学生通过借贷的方式购买消费能力范围外的商品,并造成了许多恶性事件。

本章课程思政着眼于职业道德和学生的价值观、消费观塑造两方面。在会计职业道德层面,教师可以教育学生诚实守信、杜绝一切的弄虚作假行为,严格按照要求对企业的收入和费用进行确认和计量,按时准确缴纳企业所得税款。在学生个人层面,引导学生形成正确的消费观,引导学生培养静以修身、俭以养德的品质和量入为出的观念,避免在日常生活中铺张浪费和盲目攀比。

(三)探索思路

中级财务会计课程是本科会计专业的核心课程之一,在初级和高级财务会计课程之间承担过渡的作用。而不同于初级财务会计课程主要为学生建立初步财会知识结构,中级财务会计课程帮助学生建立完整的会计知识体系,使其明确资产、负债、所有者权益、收入、费用和利润六要素的概念及相关的会计核算方法。处于此阶段的学生的会计观念处于初步建立有待完善阶段,教导学生树立正确的会计观念是教师除了传授学生理论知识外的一项重要任务。

从职业道德与操守的角度出发,学校会开设会计职业道德与法律法规等相关课程,引导学生重视职业道德,走上工作岗位后形成良好的会计职业道德,让学生明白会计这一职业的客观中立的责任以及内含风险。

习近平总书记在2016年全国高校思想政治工作会议上提出以"立德树人"作为高校思想政治工作的中心环节并贯穿教学全过程。只有先"立德"才能有后续的"树人"。结合本章具体内容,教师可通过收入与费用的确认计量的教学,引导学生正确的价值观、消费观,培养脚踏实地、勤俭节约的品质。

二、思政切入

(一) 收入的确认与计量

1. 专业教学点

收入是指企业在日常活动中形成的、会导致所有者权益增加的、与所有者投入资本无关的经济利益的总流入。基于《企业会计准则第14号——收入》的规定,企业应当基于合同义务的履行来确认收入,即向客户出售商品(或提供服务),在客户取得了相关商品的控制权时确认收入。具体分为五个步骤:

(1) 识别与客户订立的合同。

(2) 识别并明确合同中的履约义务。

(3) 确定合同商品的交易价格。

(4) 将交易价格分摊至各项履约义务中。

(5) 按照各项履约义务,在履约后确认收入。

2. 思政切入点

本章的思政切入点为结合诚信教育,倡导学生严格按照准则要求确认收入。收入的确认过程按照准则要求分为五步,每一步执行是否准确合理都关系到最终收入的准确性。在收入教学过程中,教师可以合同为切入点,强调履约义务的概念,培养学生正确的契约观念,为学生树立良好的会计职业道德观念,教导学生形成做事严谨、依规办事的职业观,做到心中有诚意、行为有规范。教师可通过在课堂教学中以模拟收入确认流程或是上市公司收入确认造假受处罚的反面案例进行思政教学,以沙盘模拟等形式进行收入确认实践教学、让学生在实际确认过程中了解收入确认的每一步骤,对收入造假的潜在风险环节有所认识,加强防范意识。

(二) 费用的核算

1. 专业教学点

费用是指企业在日常生活中发生的、会导致所有者权益减少的、与向所有者分配利润无关的经济利益的总流出。企业的费用主要包括主营业务成本、其他业务成本、税金及附加、销售费用、管理费用和财务费用等。

2. 思政切入点

费用涉及的会计科目较多但确认时并没有收入那么复杂,业务成本主要跟随业务收入的确认而确认,其余运营费用会在日常经营中确认。思政切入可强调业务成本及费用的合理性和严谨性。另外,在教学背景方面可以结合中华民族的传统美德,以"开源节流"为切入点,以国家限制公务员、事业单位的业务招待费用为例,从个人、企业和国家三个层面叙述勤俭节约的必要性,培养学生的节约意识,弘扬艰苦奋斗精神。通过鼓励学生参与勤工俭学、结合学校定期举办的跳蚤交易市场,可以让学生以经营者的视角亲身体验收入和费用之间的联系以及学会如何保证将费用控制在合理的区间以实现预期利润。

(三) 利润的核算

1. 专业教学点

利润是指企业在一定会计期间的经营成果。利润包括收入减去费用后的净额、直接计入当期利润的利得和损失等。教学内容包括营业利润、利润总额、净利润和本年利润的计算方法,营业外收入和支出的核算等。

2. 思政切入点

利润作为企业的核心会计指标,是衡量企业经营结果的重要指标。企业的相关方无论是债权人、投资人还是公司管理人员都非常关心企业的盈利能力。

教师可结合资本的两面性与利润的联系,引导学生树立正确的人生观和价值观。资本对于经济发展的作用是巨大的,但也需要时刻警惕资本的贪婪。正如马克思在《资本论》中所说:只要有20%利润,资本就会蠢蠢欲动;如果有50%的利润,资本就会积极的冒险;如果有100%的利润,就会使人不怕犯罪,甚至不怕绞首的危险;如果有300%,资本就会践踏世间一切的法律。教导学生不能唯利是图,结合"君子爱财,取之有道"等中华传统美德教育学生从自身做起,洁身自好,避免被金钱所迷惑。同时,可以以爱国教育和党对于资本的态度为切入点,明确我国是社会主义国家,在看待国外资本的时候需要保持警惕,培养学生客观、辩证的思维。

(四) 所得税的核算

1. 专业教学点

所得税是就企业的应税所得额而征收的一种税款,包含境内和境外所得税两种。计算企业所得税通常涉及会计利润、纳税调整项目、递延所得税费用、利润分配等内容。

2. 思政切入点

近年来,明星或网红主播频频被曝出偷税漏税丑闻,其偷税方式通常是注册多家皮包公司,利用国家对于小微型企业的税收减免政策将明星个人的收入转换为公司的收入,进而实现偷税漏税的目的。教师可以此为思政切入点,通过薇娅、范冰冰等人偷税漏税被罚的反面案例对学生进行诚信和普法教育,使其认识到税收的重要性,更要让学生了解偷税漏税的严重性。此外,可结合目前在校园中发生的针对大学生的形式各异的刷单诈骗活动,通过视频、案例介绍等方式向学生强调任何形式的刷单、代转账等帮助企业转移、虚增收入的行为都是违法行为,告诫学生对此类的诈骗以及刷单行为提高警惕,发现后要及时向公安机关反映。

三、思政案例

(一) 案例介绍

康得新"不翼而飞"的122亿元①

康得新复合材料股份有限公司(以下简称康得新)于2001年8月成立,主要生产光电和预涂材料,2010年在深圳中小板上市。2017年在《福布斯》全球最具创新力百强企业中排名第47位,是全球唯一上榜的高分子材料企业。上市以来,康得新采取了较为激进的发展策略,不断投资并购新兴行业。2016年,其旗下业务形成以新材料生产为主,智能应用平台、智能显示和新能源汽车并行的综合业务经营模式。

2014年,康得新与北京银行西单支行签署《现金管理合作协议》,协议规定:康得新及其下属子公司的资金将实时向上集中至集团虚拟资金池,并只有康得新的实际控股公司康得集团和北京银行西单支行才能查询到账户的实际余额。

2016年至2017年,康得新频繁与子公司签订存单质押合同,最高时关联资金占用余额达到货币现金的1/3。基于此,2017年8月,康得新第一次收到深交所关于关联方资金非法占用以及企业的各项交易费用金额是否真实的问询函。9月,康得新在公告中表明,将与康德集团、荣成国资合作,出资130亿元进行"康德碳股"项目建设,但本该由康德集团出资的大部分项目资金却一直未支付。

2018年5月,深交所再次发出问询函,除继续追问第一次问询的相关问题,追加问询了关于公司资金真实的存放地点、隐瞒前几大供应商和主要客户的原因、日常投资现金有无异常流出等总计19个涉及企业资金流动的问题,并要求负责审计康得新年报的第三方审计机构重新出具专项解释报告。同年12月,康得新发布公告称受国内融资环境等多方因素影响,康德集团对于"康德碳股"项目的资金投入将延迟,预计在2019年6月30日前。

2019年1月15日,康得新10亿元融资债券因到期后未按时偿付本息构成了债券违约。18日,康得新承认公司内部存在大股东违规占用资金的行为。21日,第二期5亿元债券违约,康得新股票被深交所标记为"ST康得新"。22日,康得新管理人员表明企业150亿元资金被大股东挪用,证监会和公安部门同时介入。2019年4月,康得新公布2018年年度报告,公司独立董事对康得新存放在北京银行西单支行的122.1亿元银行存款数额提出质疑。负责对2018年年报进行审计的瑞华会计师事务所出具了"无法表示意见"的审计报告。同时,社会各界也针对康得新账面上显示150亿元现金却无法偿还150亿元债券的行为表示质疑,怀疑康得新涉嫌财务造假。

2019年5月,苏州市公安局对康德集团董事长、康得新实际控制人钟玉实施强制管控措施。2020年9月9日,公安部门对康得新财务造假等行为侦查终结,针对康得

---

① 和讯网报道,《深夜重磅!13万股东被闷杀,被称为中国的3M,4年虚增利润115亿》,网址:https://baijiahao.baidu.com/s?id=1670790011722173292&wfr=spider&for=pc。

新违规披露、不披露重要信息等行为提起诉讼。9月22日,证监会对康得新集团及其相关人员做出顶格处罚,禁止主要人员进入证券市场并处以90万元的罚款,对一般人员处以30万元到69万元不等的罚款。责令涉事公司限期改正并对2015年至2018年的财务报表进行追溯调整。

2021年2月28日,康得新披露追溯调整后的财务报表,报表显示公司实际从2015年开始就处于连续亏损状态,净利润连续为负数已经触发强制退市的情形。具体情况如表1所示。

表1 2015—2018年康得新虚增利润情况表

年份	虚增利润(亿元)	虚增利润占实际披露利润比例
2015	23.81	144.65%
2016	30.89	134.19%
2017	39.74	136.47%
2018	24.77	722.16%

数据来源:康得新业绩追溯调整公告。

3月12日,证监会召开发布会披露康得新信息披露违法的调查结果。结果显示,康得新自2015年开始存在虚假记载的情况,通过虚构销售业务的方式虚构营业收入,并通过生产采购等各项费用虚增营业成本及费用对年报中披露的银行存款存在虚假记载。根据调查,康得新虚构业务进行财务造假的主要手段是通过虚构对外出口销售光学膜、3D膜和ITO膜等商品。根据康得新描述,总计15家国外客户购买上述商品,但实际上康得新除少量ITO膜曾售往中国台湾外,其余商品的外销比率几乎为零。调查人员通过检查康得新对外报关报检清单、销售合同等资料发现,所谓的外销合同都是企业自己制作、签订的,外销客户签名也是由企业内部人员冒充签字。实际上根本没有国外客户向康得新采购上述商品。相较于以往财务造假行为仅对单一环节造假,康得新联同第三方银行对整个业务销售流程进行虚构造假,使监管机构和审计人员更难发现问题,影响也更加恶劣。

此外,康得新的虚假销售业务还存在于关联方交易之中。康得新通过虚构大量和关联方之间的销售业务产生大量的应收账款,进而虚增收入。为避免大量关联交易引起怀疑,康得新从2012年开始就不再对外公开供应商的详细名单,包括前五大客户和供应商名单,为财务造假操作提供空间。表2列示了2014年至2018年康得新关联方交易的情况。

表2 2014—2018年康得新与康得集团关联交易金额及占比表

年份	与康得集团交易额(亿元)	占最近一期经审计资产比例
2014	65.23	171.75%
2015	58.37	120.92%

(续表)

年份	与康得集团交易额(亿元)	占最近一期经审计资产比例
2016	76.72	83.26%
2017	171.50	109.92%
2018	159.31	88.36%

数据来源:证监会对康得新等做出的处罚及禁入告知书。

3月16日,深交所启动*ST康德终止上市程序。4月13日,*ST康德发布公告,公司股票将于4月14日进入退市整理期,30个交易日后公司股票将被摘牌。

自财务造假和信息披露违法被爆出后,康得新的信誉严重受损甚至影响到企业的正常经营。康得新面临的问题不仅是资金账户被银行冻结,大量企业资产也面临着被查封的危险。投资者、供应商和债权人因财务造假丑闻害怕自身权益受损,纷纷要求企业尽快偿还资金,使康得新面临资金紧张甚至无钱可还的局面。同时,由于债券违约以及财务造假,截至2019年4月16日,康得新涉及的被诉案件共有一百余起,被诉赔偿总额高达5亿元,占公司净资产近三成。

(二) 思政小问题

1. 企业虚增收入和费用的常用手段有哪些?
2. 从企业监管和外部监管、投资者的角度看应该如何预防企业对日常经营业务造假?
3. 康得新财务造假事件对个人有什么启示?

(三) 思政小提示

1. 识别收入造假方式严防财务舞弊

收入是利润的源头,收入造假是上市公司调节利润的主要方法。目前常见的收入造假主要有虚增收入、借助一次性行为夸大收入和提前确认收入三种。

(1) 虚增收入。企业虚增收入主要是为了实现上市融资、避免被摘牌和获取银行信用评级等目的。主要手段为伪造客户公章、编造虚假销售合同、销售发票、伪造银行单据、出入库单等,通常情况下企业会进行一系列连续的造假程序,让虚增的收入看起来更加合理,甚至会到税务部门为虚增收入部分缴纳税款。

(2) 借助一次性行为夸大收入。常见手段是将出售业务部门或是资产所得转化为营业收入或是将收购支出转化为营业收入等。该方法通常是上市公司将业务部门或是资产低价出售,然后由卖家将成交价与公允价值之间的差额用于购买上市公司的产品或是服务,以增加上市公司当期的营业收入;或是相反地,上市公司高价收购其他公司的业务部门或是资产,然后卖家将溢价收购的部分用于采购上市公司的产品以实现增加营业收入的目的。

(3) 提前确认收入。提前确认收入反映的是企业对收入确认的条件的主观估计,不能完全算作造假。正因如此,提前确认收入成为上市公司调节利润的主要方式之一。通常情况下企业会在合同履约义务尚未履行的情况下,将尚未开始提供商品或服务的收入确认为当年收入。除此以外,有些公司经营业务同时涉及销售商品和后续维护时,将销售商品和售后服务进行捆绑销售,然后将较大比例的收入分配至销售项目,将很小比例的收入分配到后续维护项目,大幅增加当期营业收入。

2. 多方联动加强有效监管

从企业监管层面,每个企业都需要通过有效的内部控制机制进行正常的经营活动。企业内部控制制度是否健全会直接影响财务报告信息质量,更在一定程度上决定了企业的经营效率。康得新财务造假事件中,企业造假由公司实际控制人钟玉一手组织策划,反映出康得新在资金方面的内部控制制度尤其是涉及与金融机构资金往来方面存在缺陷。资金集中管理模式本来是为了集团资金能够更高效地周转而实施的,但大股东的资金侵占行为导致资金池亏空,降低了集团旗下公司的抗风险能力。因此,为了预防此类事件再次发生,加强企业内部控制,建立健全有效的监督、评价和反馈机制显得尤为重要。

从外部监管层面来看,负责审计康得新年度报告的瑞华会计师事务所也存在过错,瑞华会计师事务所作为与康得新合作十多年的第三方审计机构,每年向康得新收取高额的审计费用却一直出具无保留意见的审计报告。面对康得新连续5年财务报告造假的行为,很难说瑞华会计师事务所是业务能力不足以发现造假还是故意包庇康得新瓜分好处。其实不仅仅是康得新和瑞华会计师事务所,近年来,上市公司财务造假导致第三方审计机构审计失败的案件层出不穷。从监管机制来看,第一,第三方审计机构本应该扮演好独立的外部监督角色,替广大投资者监管好上市公司的财务情况,但事实上很多会计师事务所并未很好地履行义务,反倒是与被审计公司同流合污,损害中小股东利益。第二,证监会和相关监管部门应该在日常工作中落实好关于会计师事务所和会计从业人员的监管任务,如结合行业准入规则和信用评级机制加强管理,对未达标的事务所责令其及时整改,并对存在过错的事务所和上市公司增加民事赔偿力度。

从投资者和社会公众层面来看,个人投资者在面对上市公司时本身就存在着一定程度的信息不对称,加之大多数投资者自身投资知识匮乏、危机分辨能力较弱,无法及时了解上市公司的财务状况,很容易让控股大股东利用控制权掏空公司,进而造成投资者的损失。同时,投资者应当妥善利用社会公众的力量,发挥群体监督的优势,通过一些主流媒体或是影响较大的自媒体对上市公司进行更加严格的外部监督。

3. 康得新案例启示

康得新案例是近几年比较有代表性的反面案例,其财务造假金额巨大,造假手段也十分隐蔽,这次事件可以很好地警示后来者无论造假手段多么隐蔽逃不过都被拆穿的结局。从此次事件中,我们应该学到,诚信是经营企业最为基础和重要的条件,只有脚踏实地地守信经营,不动弄虚作假,企业才能长久持续地发展壮大。而对于个人来说,每个人都应该对自身的收入或支出有良好的规划,将有限的资源用在最合适的地方,正确认识到自己的消费能力,合理规划日常支出,不进行盲目的消费和攀比。

(四) 思政小链接

宋夏云,陈丽慧,况玉书.康得新财务造假案例分析,网址:https://kns.cnki.net/kcms/detail/detail.aspx?dbcode=CJFD&dbname=CJFDLAST2020&filename=CWGL201902011&uniplatform=NZKPT&v=-kb_AeWrqU8F1He_ybROak0Cs8x_3-PP2Scnye56jqK1g1s6zRh0DxOHwMbfbsz0。

四、思政语录

1. 拥有一个好的名声比拥有金钱更显得重要。

——塞勒斯

2. 对于浪费的人,金钱是圆的;可对于节俭的人,金钱是扁平的,是可以一块块堆积起来的。

——鲁迅

3. 凡事都要脚踏实地地去工作,不驰于空想,不骛于虚声,惟以求真的态度作踏实的工夫。以此态度求学,则真理可明,以此态度做事,则功业可就。

——李大钊

4. 财有限,费用无穷,当量入为出。

——《颜氏家训》

5. 俭则约,约则百善俱兴;侈则肆,肆则百恶俱纵。

——《格言联璧·持躬》

6. 取之有度,用之有节,则常足。

——《资治通鉴》

7. 节约每一个铜板为着战争和革命事业,为着我们的经济建设,是我们会计制度的原则。

——《毛泽东选集》

五、历史故事

量入为出、勤俭节约的会计观念及管理制度①

勤俭节约是我们党的优良传统和作风。在烽火连天的革命岁月,为应对财经困难和巩固红色政权,中国共产党领导的根据地积极贯彻厉行节约方针,为革命胜利提供了坚强保障。党领导的革命根据地财政经济极端困难,为了争取最广大人民群众对革命的支持,保证供给革命战争的需要,根据地财政坚持生产和节约两手抓。在发展生产以供自给的前提下,始终把厉行节约作为财经工作的基本方针。

---

① 资料来源:上观网,《党史丨革命时期如何过紧日子》,网址:https://export.shobserver.com/baijiahao/html/332489.html。

土地革命战争时期,国民党对苏区接连不断展开"围剿",苏区的资源日渐枯竭,党领导的红色政权面临生死存亡危机。为节省经费开支,集中财力保障军需,苏区开展了节省运动,在红军和党政人员中废除薪饷制,实行维持最低生活标准的供给制。井冈山根据地最初每人每月可发3元,后来逐渐减至1元甚至5角,最后实行了供给制。

1934年1月,毛泽东强调,财政的支出,应该根据节省的方针。节省每一个铜板为着战争和革命事业,为着我们的经济建设,是我们会计制度的原则。3月,人民委员会提出在9个月内节省80万元的号召,各级党组织掀起节省行政经费、节省粮食、自带伙食等运动。

进入全面抗战时期,为尽量减轻人民的税收负担,争取广大群众参加抗战,党创造性地采取了大生产运动这样的取之于己的办法,同时施行节约政策。陕甘宁边区政府1942年12月颁布《陕甘宁边区简政实施纲要》,要求实行节省民力、物力和财力的节约政策:不急之务不举,不急之钱不用,且须在急务和急用上,力求合理经济。

而到了解放战争时期,为了应对消耗巨大的战争,党在解放区仍然坚持贯彻厉行节约方针。1946年7月,毛泽东在为党中央起草的党内指示中指出,必须作持久打算,十分节省地使用人力资源和物质资源,力戒浪费。1947年,在元旦的指示中再次指出,必须一面发展生产,一面用大力量整理财政,节省一切非必要的开支,降低干部生活水平,发扬艰苦奋斗的作风,严禁铺张浪费、贪污腐化。山东省和苏皖边区从1947年起供应标准都有所降低。比如,山东省地方部队的菜金自己解决一半,地方机关则完全自己解决。单衣除主力部队发两套外,其他一切后方机关人员皆改发一套,鞋子减少一双,衬衣取消。据计算,半年即可节约粮食6 000万斤。

精兵简政是勤俭节约的经典做法。革命根据地的精兵简政主要集中在全面抗战时期。1941年到1942年,陕甘宁边区和各抗日根据地进入抗战最艰苦阶段,外有日军的侵略,内有国民党停发军饷和军事经济封锁,根据地财政遇到空前困难。此时根据地面积不断缩小,财政收入减少,但脱产人员却从1938年的1.6万人增至1941年的7.3万人,矛盾非常突出,不仅行政效率下降,还大大加重了百姓供养负担。

1941年11月,在陕甘宁边区第二届参议会上,民主人士李鼎铭等提出精兵简政的提案,得到党中央和毛泽东的认可。12月,党中央发出精兵简政的指示,要求切实整顿党政军各级组织机构,节约人力物力。毛泽东多次致电华北、华中各革命根据地,要求其实行彻底的精兵简政,避免民困军愁、坐以待毙。1942年9月,他为延安《解放日报》撰写社论,指出精兵简政是克服物质困难的一个极其重要的政策。针对一些同志对这一政策不理解的情况,他运用比喻的手法说,我们八路军新四军是孙行者和小老虎,目前我们须得变一变,把我们的身体变得小些,但是变得更加扎实些,我们就会变成无敌的了。精兵简政的重点是严控负担人口与军政人员的比例,缩减军政脱产人员。各根据地按照中央指示精神,根据"少而精"原则,紧缩编制,因职设人,取消空头机关,编余人员主要用来强基层,转入生产战线,或自愿解甲归田。晋冀鲁豫边区规定,脱产的党政机关工作人员不能超过全区人员的1%,从1942年年初到1943年,边区实行了三次简政,仅太行区就缩减6万人,冀南区减少了一半军政人员。边区经过三次简政,共减少人员51%,边区政府由原来548人的编制减少到仅100人。陕甘宁边区1942年进行了第一次精简,共裁减合并机构百余处,各级政府工作人员减少了24%。此后又经过第二次精简,缩减边区一级机关和人员,逐步实行合署办公制度。精兵简政大大减轻了人民负担,政府运行也更为高效。

实施厉行节约政策,党政领导干部起了很好的模范带头作用。在节省运动中,上层部门和党政领导干部起了模范带头作用。毛泽东率先垂范,主动要求放弃点两根灯芯的待遇,坚持只点一根灯芯,《中国的红色政权为什么能够存在?》《井冈山的斗争》等光辉著作,就是在一根灯芯的油灯下写出来的。红军高级指战员带头执行维持最低生活标准的供给制。

过紧日子,一方面是节省不必要的开支,另一方面则是反对奢靡浪费。这是一个问题的两面。土地革命时期,毛泽东反复强调"贪污和浪费是极大的犯罪"。他曾发布中华苏维埃共和国中央执行委员会训令,规定政府中一切可以节省的开支都必须尽量减少,对苏维埃中贪污腐化的分子,各级政府一经查出,必须给以严厉的纪律上的制裁。

全面抗战时期,根据地的机关学校个别干部贪图物质享受,出现贪污浪费赌博现象,毛泽东对此指示:"必须严申纪律,轻者批评,重者处罚,决不可对他们纵容,反而美其名曰'宽大政策'。这就是经济工作中的整顿三风,我们必须毫不犹豫地执行。"针对部分地区恃富而奢的行为,他批评道,自恃富足,不肯节省,将来一定会要吃亏的,决不可只顾一时,滥用浪费。《陕甘宁边区简政实施纲要》也专门规定了一条:坚持廉洁节约作风,严厉反对贪污腐化现象。

六、政策规定

(1)《企业会计准则第14号——收入》。

(2)《企业会计准则第17号——借款费用》。

(3)《企业会计准则第18号——所得税》。

(4)《收入准则应用案例——基于客户销售额的可变对价》。

(5)《收入准则应用案例——合同变更和可变对价的判断》。

(6)《收入准则应用案例——主要责任人和代理人的判断》。

(7)《收入准则应用案例——保荐服务的收入确认》。

(8)《收入准则应用案例——药品实验服务的收入确认》。

(9)《收入准则应用案例——定制软件开发服务的收入确认》。

(10)《收入准则应用案例——亏损合同案例》。

(11)《收入准则应用案例——合同负债(涉及不同增值税率的储值卡)》。

(12)《收入准则应用案例——合同负债(电商平台预售购物卡)》。

参考文献

[1] 宋夏云,陈丽慧,况玉书.康得新财务造假案例分析[J].财务管理研究,2019(2):62-67.

[2] 韦玮,洪范,朱大鹏.上市公司财务造假、审计师职业怀疑与审计失败——以康得新为例[J].财会研究,2020(7):64-67.

[3] 何佳明.浅谈财务造假识别与防范——以康得新为例[J].现代营销(经营版),2019(10):77.

第十二章 "所有者权益"思政指南

一、思政背景

(一) 思政背景

"所有者权益"是"中级财务会计"课程的核心内容之一。传统公司治理理论关注的主要问题一直集中在股权结构相对分散时内部管理者与外部股东之间的代理问题。进入21世纪以后,随着资本市场的发展,公司治理相关研究中的热点问题逐渐转移到大股东与中小股东间的利益冲突上,公司中的大股东为了自身利益的最大化,会通过各种合法或者不合法的途径将公司的资产或者利润转移到自己的手中,或者有选择性地进行信息披露来影响市场对公司价值的判断,从而达到对中小股东进行利益侵占的目的。我国上市公司的大股东普遍通过金字塔股权结构实现高度股权集,从而对上市公司实施控制,侵占中小股东利益的途径通常有资金占用、违规担保等。

我国资本市场在股权分置改革完成后开始进入了全流通时代,公司控制权市场得以真正形成,但是资本市场规模的扩大,并没有改变长久以来中小股东的弱势地位,大股东控制的现象仍然普遍存在。大股东为了增强对上市公司的控制往往通过大股东兼任高管、交叉持股、金字塔结构和同股不同权四种途径。以往研究多从交叉持股和金字塔股权结构方面来探讨大股东与中小股东之间的利益冲突问题,而对大股东兼任高管这一角度出发的研究较少。我国大股东兼任高管的现象十分广泛,大股东兼任高管的现象普遍存在。虽然近年来相关监管部门通过各种手段对此问题进行约束,但大股东通过兼任高管增加大对上市公司控制的这一现象并没有得到缓解,反而有愈演愈烈之势。

当上市公司中的股权制衡度随着大股东持股比例的增大而相应降低时,大股东兼任高管的可能性也随之升高,一旦大股东兼任高管,大股东也就更加容易获得控制权私有收益。由于我国股权保护意识较薄弱、相关法律法规的不完善,民营企业的大股东相较于国有企业而言更倾向于通过兼任高管来直接参与上市公司的运营,通过加强对上市公司的控制来帮助自己获得更多的控制权私有收益。

(二) 思政问题

思政问题可以从道德和法律两个层面进行探讨,道德层面的问题主要包括以下方面。

(1) 上市公司借高送转之机、拉抬股价、趁机恶意减持或者增发,在一定程度上损害了部分投资者的权益的问题。

(2) 两权分离使所有者与经营者目标不一致,导致公司利益最大化和个人利益最大之间存在利益冲突的问题。

(3) 大股东侵占中小股东利益的问题。

(4) 非法交易损害投资者利益的问题。

(5) 会计人员的角色认同的问题,即监督与核算企业经济活动,遵守职业道德的问题。

法律层面的问题主要包括短线交易与处罚问题,内幕交易等违法行为问题。这些都是该章思政元素所需要解决的问题。

(三) 探索思路

所有者权益是所有者对企业资产的剩余索取权,它是企业的资产扣除债权人权益后应由所有者享有的部分,既可反映所有者投入资本的保值增值情况,又体现了保护债权人权益的理念。基于对所有者性质和外延的不同认识和界定,形成了不同的所有者权益理论,而不同的所有者权益理论又影响着资本和利润概念的界定,进而导致了会计工作侧重点的差异。

对所有者权益的理解与对所有者性质和外延的界定有关,取决于我们如何看待股东、债权人、企业员工、政府部门等诸多利益相关者的权益性质。特别是上市公司,如何考虑利益相关者的权益性质具有十分重要的意义,此时,建立"平等价值观"和"和谐价值观"就显得十分重要。

所有者权益课程思政探索的思路,大体上可以分为以下几点:

(1) 强调"课程显性知识与思政隐性知识的关联"。

(2) 强调"保障"和"监督"两方面的作用以及"资本保值增值责任"。

(3) 强调社会主义核心价值观中的"公正""廉洁""法制""诚信"。

(4) 强调"财会人员职业道德素养和职业素养"。

(5) 强调"企业可持续发展"与"诚信发展"。

(6) 强调"培养对学生国家和企业的责任感,树立正确的价值观"。

(7) 强调"公平合理"。

在以上七个方面中,"课程显性知识与思政隐性知识的关联"主要强调将专业知识与职业操守、敬业精神、爱国情怀相联系,将专业技能、理论基础与人生观、世界观、价值观相融。

二、思政切入

(一) 实收资本

1. 专业教学点

1)"实收资本"的确认

"实收资本"是指投资者作为资本投入企业的各种财产,是企业注册登记的法定资本总额的来源,它表明所有者对企业的基本产权关系,其确认包括以下内容。

(1) 对于以货币投资的,企业主要根据收款凭证加以确认与验证。对于外方投资者的外汇投资,企业应取得来源地外汇管理局的证明。

(2) 对于以房屋建筑物、机器设备、材料物资等实物资产作价出资的,企业应以各项有关凭证为依据进行确认,并应进行实物清点、实地勘察以核实有关投资。房屋建筑物应具备产权证明。

(3) 对于以专利权、专有技术、商标权、土地使用权等无形资产作价出资的,企业应以各项有关凭证及文件资料作为确认与验证的依据。外方合营者出资的工业产权与专有技术,必须符合规定的条件。

2)"实收资本"的核算

"实收资本"是指企业收到的投资者实际投入企业的资本,如果企业一次筹集的资本等于注册资本,那么实收资本就是企业的资本金;反之,如果企业分期筹集资本,那么在最后一次缴入之前,实收资本都少于注册资本。

以一般企业为例,企业的实收资本核算的是企业投资人投入企业的资本以及用盈余公积或资本公积转增资本的金额。除股份有限公司外,一般企业在设立时接受投资,收到资产的价值与计入实收资本的入账金额通常是一致的。但如果企业经营一定时期以后,企业在注册资本以外有了资本公积和留存收益后,再有新的投资者介入,新介入的投资者缴纳的出资额一般应大于其在注册资本中所占的份额。因此,新投资者投资后可按在注册资本金中的比例享有企业的资本公积和留存收益。

2. 思政切入点

"实收资本"需要按照资金账簿税目缴纳万分之五的印花税,在收到股东投资次月一次性申报缴纳时,会计人员应当有效发挥"保障"和"监督"两方面的作用,确保没有偷税漏税。

"实收资本"按投资主体分类可分为国家资本、集体资本、法人资本、个人资本、港澳台资本、外商资本。其中,国家资本指有权代表国家投资的政府部门或机构以国有资产投入企业形成的资本。不论企业的资本是哪个政府部门或机构投入的,只要是以国家资本进行投资,均作为国家资本。虽然该行为属于风险与收益并存的投资行为,但应注意"国家资本保值增值责任",所以对相应的资本进行预测时,应具有保值或增值的责任。

"实收资本"的核算虽然有明确的科目和规定,但企业有可能实施假验资虚列实收资本、注册完毕抽逃资本、虚假评估虚列实收资本等行为。会计人员需要严格遵守国家的法律法规,认真履行职业操守,养成良好的职业习惯,摆正自己的工作位置,做到讲诚信、讲质量、讲原则,提高会计职业的信誉,维护和提升会计职业的良好社会形象,增强会计职业的生命力;也就是遵守社会主义核心价值观中的"公正""廉洁""法制""诚信"。

(二) 资本公积

1. 专业教学点

1)"资本公积"的来源

"资本公积"是企业在正常的生产经营之外,由资本、资产本身以及其他原因形成的所有者权益。其来源主要为资本溢价或股本溢价、企业接受现金捐赠、拨款转入、外币资本折算差额和其他资本公积，以及接受捐赠非现金资产准备和股权投资准备等形成的资本公积。其中，资本溢价或股本溢价是企业收到的投资者超出其在企业注册资本或股本中所占份额的投资。资本溢价或股本溢价的形成主要为溢价发行股票、投资者超额缴纳资本等形成的。股份公司为股本溢价，超出股票面值的溢价收入记入"资本公积"科目。企业接受现金捐赠是企业接受现金捐赠而增加的资本公积。拨款转入是企业收到国家专门拨入的专门用于技术改造、技术研究等的拨款，项目完成后按规定转入资本公积。外汇资本折算差额是企业接受外币投资，由于外汇汇率的不同而产生的资本折算差额。接受非现金资产捐赠会增加资本公积。企业对被投资单位的长期股权投资采用权益法核算时，被投资单位因接受捐赠等原因也会增加资本公积。

2)"资本公积"的用途

按照公司法等相关法律的规定，"资本公积"的用途主要是转增资本，即增加实收资本或股本，但不是全部的资本公积都可以转增资本，可以转增资本的资本公积包括资本溢价或股本溢价、接受现金捐赠、拨款转入、外币资本折算差额和其他资本公积等形成的资本公积可以转增资本；企业接受捐赠非现金资产准备和股权投资准备形成的资本公积是不可以转增资本的。

资本公积转增资本是不能导致所有者权益总额的变化（增加或减少），但资本公积转增资本既可以改变企业的资本结构，同时对上市公司而言可以降低公司股票的价格，增加公司股票的流动性。

3)"资本公积转增资本"的涉税处理和会计处理

被投资企业将资本或股本溢价所形成的资本公积转为股本的，不作为投资方企业的股息、利息和红利所得，即法人企业不需要缴纳所得税。自然人股东将资本或股本溢价形成的资本公积转为股本的，自然人股东为股份有限公司的，其转增股本为个人取得的数额，不作为应税所得征收个人所得税；而非股份有限公司的自然人股东取得的转增股本的数额，需要按照股息、利息和红利所得缴纳个人所得税。

企业按照股东大会或股东会决议，用资本公积转增资本时，应冲减资本公积，同时按照转增前的实收资本或股本的结构或比例，将转增的金额计入实收资本或股本各权益所有者的明细分类账。即，借记"资本公积"科目，贷记"实收资本"或"股本"科目。

2. 思政切入点

由于"资本公积"的可操作性很强，如计算汇率差额时、接受现金捐赠时等，所以人员素养就显得格外重要。在进行资本公积确认时，会计人员不仅需要有过硬的专业能力，也需要具有良好的职业道德，公允做账，客观反映真实情况，使资本公积的来源真实、无误地列报在财务报表中。

同时"资本公积"中的"资本溢价转增股本"，属于法人财产向个人财产的转化，但是转化为个人的财产极可能是股息红利所得，也可能是投资人投资成本的取回，具有可税性，这就需要区分具体的属性来进一步观察是否应该实际征税，需要会计从业人员具有良好的职业道德素养和职业素养。

"资本公积"是所有者权益的组成部分,它的增加会直接导致企业净资产的增加。因此,资本公积的信息对于投资者、债权人等会计信息使用者的决策十分重要。在"企业可持续发展"与"诚信发展"的背景下,通过审阅"资本公积"账户和有关会计分录,监管人员可以查明企业有无将资本公积挪作他用甚至用来营私舞弊的问题;监管人员可以审查企业以资本公积转增资本金时,是否经主管部门或股东大会批准,手续是否完备,转增的资本金与批准的数额是否一致等。这就需要培养会计人员对国家和企业的责任感,树立正确的价值观,遵守法律法规,不逃税漏税,做一个合规合法的会计人。

(三) 留存收益

1. 专业教学点

1) 留存收益的确认

留存收益是指企业从历年实现的利润中提取或形成的留存于企业的内部积累,包括盈余公积和未分配利润两类。

盈余公积是指企业按照有关规定从净利润中提取的积累资金。公司制企业的盈余公积包括法定盈余公积和任意盈余公积。法定盈余公积是指企业按照规定的比例从净利润中提取的盈余公积。任意盈余公积是指企业按照股东会或股东大会决议提取的盈余公积。企业提取的盈余公积经批准可用于弥补亏损、转增资本或发放现金股利或利润等。

未分配利润是指企业实现的净利润经过弥补亏损、提取盈余公积和向投资者分配利润后留存在企业的,历年结存的利润。相对于所有者权益的其他部分来说,企业对于未分配利润的使用有较大的自主权。

2) 留存收益的核算

留存收益的核算是指企业留存净收益的核算。投资者向企业投入资金,实现的超出原有投资的价值即盈利。企业盈利中除按国家规定上交的税金和特种基金的部分,一般称为净利润。对于净利润,企业可以按照协议、合同、公司章程或有关规定,在企业所有者间进行分配,作为企业所有者投资所得。也可以为了扩充企业实力用于追加投资;或出于以盈抵亏,预作准备的考虑,或出于某些特殊目的,如集体福利设施的准备等,将其中一部分留下不作分配,这里留下净利润与企业所有者投入的资金属性一致,均为所有者权益,在会计上可称为留存收益。在会计制度中,核算留存收益的会计科目有两个,即"盈余公积"和"利润分配——未分配利润"科目。

2. 思政切入点

君子爱财,取之有道。由于留存收益涉及利益分配问题,且企业具有较大的自主权,这会使一部分人被利益冲昏头脑,"公平合理"就显得极为重要。"公平合理"强调企业所有者之间权利与责任的明确,避免大股东侵占中小股东的利益以及通过非法交易让投资者吃亏。企业应懂得向投资者负责,保证利益的公平合理分配,共商企业发展决策。

三、思政案例

（一）案例介绍

汉马科技——害群之马①

2022年5月16日,汉马科技集团股份有限公司(汉马科技)发布公告表示,近日收到了公司股东吴吉林先生转来其收到的中国证券监督管理委员会安徽监管局《行政处罚决定书》。

根据公告,因汉马科技股东吴吉林短线交易汉马科技股票,上交所于2021年3月22日下发对其予以监管关注的决定书。

根据公告资料,截至2020年7月22日,吴吉林持有汉马科技约2 679.22万股股份,占公司总股本的4.82%。7月23日,吴吉林净买入125.72万股公司股份,持股比例达到5.05%。7月24日,吴吉林继续买入1.91万股公司股份,当日又卖出11.45万股。

上交所表示,吴吉林在持有公司已发行股份累计达到5%时,未及时停止买卖并履行权益变动披露义务,直至持股达到5.03%时才披露权益变动报告书,且在成为公司持股5%以上股东后,继续交易公司股票,构成短线交易。而根据《证券法》第四十四条第一款规定,上市公司、股票在国务院批准的其他全国性证券交易场所交易的公司持有百分之五以上股份的股东、董事、监事、高级管理人员,将其持有的该公司的股票或者其他具有股权性质的证券在买入后六个月内卖出,或者在卖出后六个月内又买入,由此所得收益归该公司所有,公司董事会应当收回其所得收益。

根据证监会安徽监管局的《行政处罚决定书》,2020年7月23日,吴吉林成为汉马科技持股5%的股东,但2020年7月24日,吴吉林多次卖买汉马科技股票,累计卖出17.45万股,涉及金额152.05万元,买入26.32万股,涉及金额231.84万元。

证监会安徽监管局认定,吴吉林的上述行为违反了《证券法》第四十四条第一款的规定,构成短线交易。根据当事人违法行为的事实、性质、情节与社会危害程度,依据《证券法》第一百八十九条规定,决定对吴吉林给予警告,并处10万元罚款。

同时,中国证券报记者梳理发现,2020年7月以后,吴吉林大举减持汉马科技的股票,持股数量已大幅减少。

数据显示,2021年6月,汉马科技股价大幅上涨,单月涨幅超70%,最高上涨至

---

① 本案例参考资料:

汉马科技集团股份有限公司关于股东吴吉林先生收到中国证监会安徽监管局行政处罚决定书的公告[EB/OL]. (2022-05-17)[2022-11-20]. http://static.sse.com.cn/disclosure/listedinfo/announcement/c/new/2022-05-17/600375_20220517_1_gymGQquG.pdf.

牛散受罚!持股"越线"后短线交易,证监局开出罚单[EB/OL]. (2022-05-16),[2022-11-20]. https://baijiahao.baidu.com/s?id=1732988940894698482&wfr=spider&for=pc.

中国证券监督管理委员会安徽监管局行政处罚决定书[2022]2号[EB/OL]. (2022-05-13)[2022-11-20]. http://www.csrc.gov.cn/anhui/c103988/c2563437/content.shtml.

11.97元,创下2015年7月2日以来最高。2021年第三季度,吴吉林共减持466.63万股汉马科技股票,持股比例从5.03%逐步降至3.56%,持股数量减少至2 328.77万股。与此对应,汉马科技也走出了一波持续下跌行情。

2021年第四季度,吴吉林一度小幅加仓,再度买入12.18万股。但2022年一季度,吴吉林再度大举减持,共减持356.52万股,持股比例降至3.03%。与此同时,位列十大股东第三位的马鞍山富华投资管理有限公司也在第一季度减持220万股股票。

Wind数据显示,截至2022年第一季度末,吴吉林共持有汉马科技1 984.42万股股票,持股比例3.03%,位列十大股东第二位;持股仅次于占比为28.01%的第一大股东浙江吉利新能源商用车集团有限公司。

(二) 思政小问题

1. 你如何看待股东的短线交易?其目的是什么?你认为这种行为合乎道德吗?
2. 短线交易与内幕交易有哪些不同点?你如何评价内幕交易?
3. 从论证的角度讨论为何要惩罚"短线交易"?
4. 近年来,短线交易频频发生,你认为短线交易为何屡罚不止?

(三) 思政小提示

1. "短线交易"提示

(1) 方案选择。案例中的吴吉林先生以及生活中因短线交易被罚的人不是只有短期交易股票这一种选择,他们还有其他的选择,如合规合法地交易股票。可是,他们偏偏选择了错误的一种,因为这样能降低他们风险,同时充分提高资金的利用效率从而使他们自身的利润最大化。这也可以简单地形容为"损公肥私"——为了自身或是身边小部分人的利益而损害企业大部分人的利益。从道德的层面来说,为了一己私欲而损害他人是错误的价值观。

(2) 经济后果。捐资者应该用正确的价值观做出决策,而不是只考虑"利益"两个字,全然忽略"义务"以及"道德"。不然不仅会丢掉利,也成了违法乱纪的人。

(3) 中小股东利益保护。上市公司董监高及大股东有信息优势,可能利用其内幕信息获得收益,从而损害其他股东的利益,所以需要防范短线交易这种行为。立法的目的在于事前防范,因此,不管短线交易人员在实际的交易中是否利用了内幕信息,都需要返还其收益。这也就是所谓的"短线交易归入权"。

"短线交易归入权"主要由董事会和股东行使。上市公司董事、监事、高级管理人员及大股东发生短线交易行为后,董事会应当回收其所得利益。但由于短线交易主体可能与董事会存在密切的联系,董事会可能会为保护部分个人利益而不去行使归入权,这体现出了"道德、权利以及义务"与"情感"的冲突,此时就需要有其他的主体代其行使这项权利。而股东行使归入权就是对董事会行使归入权的补充。若公司董事会没有依法积极行使归入权,股东即有权提醒董事会在30天内行使该权利,如果公司董事会在30天内仍然没有执行该权利,股东就享有了以自己的名义直接向人民法院起诉的权利,使公司收回短线交易所得,通过保护公司的利益来保护股东利益。这些都是在部分董事会成员违背道德以及他们的义务时,法律对中小股东的保护措施。

(4)"短线交易"中个人利益与企业利益的权衡。短线交易收益归上市公司所有主要是为了防止和避免任何证券所有者、公司董事或高管人员不公平地利用其与发行人的特殊关系获得信息、滥用信息,从而从中获利,影响证券市场的公平、公正和公开。在一定程度上有效避免了个人利益最大化者为了中饱私囊而损害企业利益。

个人利益与公民权利义务的拉扯:2022年截至6月13日,证监会和证监会地方监管局年内对重要股东违规交易开出86张罚单,包括6张行政处罚决定书和80份有关行政处罚监管措施的罚单。从处罚原因来看,短线交易罚单接近一半。由此可见,很多人会因为"利"字当头,而全然不顾自身的"道德""公民义务"与"法律"。企业会计人员应该坚定遵守职业道德,明确自身的权利与义务,不透漏企业内部的信息。

(5)完善短线交易相关法律的必要性。党的十八届四中全会指出,法律是治国之重器,良法是善治之前提。建设中国特色社会主义法治体系,必须坚持立法先行,发挥立法的引领和推动作用,因此,进一步完善证券立法尤为必要。

2."管理"提示

(1)监管层角度。监管层应以社会主义核心价值观的"法制"为准则,结合党的十八届四中全会指出的"法律是治国之重器",证监会和证券交易所可以加大对短线交易的监管,确保违法行为都受到相应的惩罚。

(2)企业角度。公司应对短线交易行为高度重视。可以督促相关股东及全体董事、监事、高级管理人员引以为戒,进一步加强对《证券法》《上海证券交易所股票上市规则》《上市公司股东、董监高减持股份的若干规定》《上海证券交易所上市公司股东及董事、监事、高级管理人员减持股份实施细则》等相关法律、法规及规范性文件的学习,严格遵守中国证监会及上海证券交易所相关规定,规范证券交易行为,提高规范运作意识,避免此类事件的再次发生。

(3)财务角度。会计人员对企业的财务情况最为了解,因为应该守住自己的底线,不应为了利益,出现利用内幕信息交易公司股票谋求利益的情形。也不应该把财务信息告诉他人,应遵守会计职业道德,做老实人、办老实事。

(四)思政小链接

1.《汉马科技集团股份有限公司关于股东吴吉林先生收到中国证监会安徽监管局行政处罚决定书的公告》,网址:http://static.sse.com.cn/disclosure/listedinfo/announcement/c/new/2022-05-17/600375_20220517_1_gymGQquG.pdf。

2.《牛散受罚!持股"越线"后短线交易,证监局开出罚单》,网址:https://baijiahao.baidu.com/s?id=1732988940894698482&wfr=spider&for=pc。

3.《因短线交易涉及380余万元汉马科技第一大自然人股东被罚》,网址:https://mbd.baidu.com/newspage/data/landingsuper? context=%7B%22nid%22%3A%22news_10062484874095992984%22%7D&n_type=1&p_from=4。

4.《涉嫌短线交易,汉马科技股东吴吉林遭安徽证监局给予警告并罚款10万元》,网址:https://baijiahao.baidu.com/s?id=1732992525910851421&wfr=spider&for=pc。

5. 中国证券监督管理委员会安徽监管局,中国证券监督管理委员会安徽监管局行政处罚决定书〔2022〕2号. http://www.csrc.gov.cn/anhui/c103988/c2563437/content.shtml。

6.《盯盘太久,做不长久,为何我不做短线交易?》,网址:https://www.bilibili.com/video/BV1fj411f7TD?spm_id_from=333.337.search-card.all.click&vd_source=e315ca8ddf7bed52cb2fe62dce42b019。

四、思政语录

1. 财富是交换劳动的权力。交换倾向出于自利的动机,并且引发了分工。在竞争中,个人的野心往往会促进公共利益。

——《国富论》

2. 每个人都在不断努力为自己所能支配的资本找到最有利的用途。

——《国富论》

3. 只要不违反公正的法律,那么人人都有完全的自由以自己的方式追求自己的利益。

——《国富论》

4. 股票期权以公司股票的当前价格作为支点,以未来的价格作为杠杆,来撬动员工努力工作的潜能,将公司发展与个人利益密切挂钩。

——《货币战争》

5. 因天下之力,以生天下之财;取天下之财,以供天下之费。

——王安石

6. 为国者,取之民而藏之官,出之官而散之天下。

——邱浚

7. 心不动于微利之诱,目不眩于五色之惑。

——《佛祖历代通载》

8. 英雄不问出处,富贵当思原由。

——杨基

五、历史故事

徽商:曾经富可敌国,兴盛了两个朝代,足迹遍布大江南北①

在中国商道中有一个颇有传奇色彩的商团,它曾经富可敌国,而且兴盛了两个朝

---

① 资料来源:《徽商:曾经富可敌国,兴盛了两个朝代,足迹遍布大江南北》,汇商传媒:https://baijiahao.baidu.com/s?id=1720990150517932889&wfr=spider&for=pc,2022-01-04。

代,足迹遍布大江南北,这个商团就是徽商。

徽商,是指在明清两代时,徽州府下辖六县的商人社团,又称"徽帮"。徽商雄霸中国商界将近400年,与潮商、晋商,合称为中国"三大商帮"。人们说"天下十分宝,徽商藏三分"。在明代,徽商的资本已经累积超过了一百万两白银,比荷兰东印度公司最大船东还要富有。一百万两白银是个什么概念呢?一两银子大概相当于现在的人民币660元,一百万两白银,那就是人民币6.6亿。到了清朝乾隆年间,单是在扬州经营盐业的徽商,就坐拥了四五千万两白银的资本,而当时国库里的存银才不过七千万两白银,所以,真正称得上是富可敌国。

古话讲,英雄不问出处,富贵当思原由。徽商就是如此。徽商,来自安徽南部的徽州府,徽州是一个非常贫困的地区,但是,从这些穷乡僻壤中走出来的徽州商人却在激烈的商业竞争中不但发展壮大,还能雄踞商界、富甲一方,那么,徽商有什么特别之处呢?

在勤奋、节俭、吃苦耐劳之外,徽商最大的特点,就是"贾而好儒",以儒道经商。在徽商的经营中,儒家的"仁义礼智信"思想贯穿始终,徽商做生意时,有几个坚持,那就是坚持"以诚待人""以信处事""以义取利""以德为基""以善为本"。这些信条,为徽商赢得了极高的商业声誉,也是他们成功的关键原因。这也是我们现在所崇尚的道德水平。

以诚待人

对徽商来说,诚信是经营的基础。徽商深知,商人和顾客是互惠互利的两极,商人只有诚实不欺,才能赢得顾客的信任。因此,在经营中,他们宁可因诚信而亏本,也不用欺诈的手段来赚钱。

清朝时,婺源的商人朱文炽,在广东珠江经营茶叶贸易,每当出售的新茶过期时,朱文炽一定会在与人交易的契约上注明"陈茶"两字,绝不欺瞒,朱文炽在珠江经营茶叶20多年,虽然因此亏了几万两的本钱,但是却没有丝毫的动摇后悔。

即使不是自己的生意,徽商在与他人合伙经营,或者是受雇于人、帮人经营时,也遵循一个"诚"字,徽商詹谷的故事便是典型。

詹谷,也是婺源人,在陈老板的上海茶叶铺里当伙计,他十分勤勉能干,深受陈老板的信任。一天,陈老板家里有事,就把铺子交给詹谷,自己回老家去了,当时正赶上战乱,再加上路途非常遥远,交通不便,陈老板就一直没有回茶叶店。在战乱中,詹谷一个人艰苦经营着茶叶店,不过,茶叶店经营得很好,营利丰厚。10年后,陈老板的儿子回到了茶叶铺,詹谷把历年的账本交给了这位少主,上面每笔账都记得非常清楚。

在詹谷要返乡时,少主除了给他薪水,又加赠了400两银子,不过,詹谷推辞不收,而且走之前,还仔细交代了茶业铺的业务,才告辞还乡。詹谷的行为,称得上道德君子了。

以信处事

另外,徽商很重承诺、守信用。凡是答应过别人的事,徽商大多都会守信不渝。

婺源的商人江恭埙和浙江湖州的陈万年,两人合伙经商,几年下来,赚了不少银子,不料陈万年却突然生了病,而且一年后就离世了。作为生意伙伴的江恭埙,根据历年账本算出了陈万年应得的本金和利息一共有1 800多两银子,并且亲自送还给陈万年的妻子。陈妻非常感动,要拿出一部分银两表示感谢,但被江恭壎谢绝了。

以义取利

可以看到,徽商在经营中不但有信义,还非常仁义,而在"义"和"利"面前,徽商大多主张"以义取利",就是说赚钱也要讲究"义",不符合"义"的昧心钱是不能赚的。

休宁的商人刘淮是一位大粮商,长期在嘉湖附近收购粮食。有一年,那里发生严重的天灾,百姓颗粒无收。有人就劝说刘淮,让他把以前囤积的粮食高价卖出,不过,刘淮拒绝了这个建议,他认为,让饥饿的百姓能够顺利度过灾荒才是最为重要的事儿。于是,他不但没有趁机抬高物价,而且把自己的粮食以低于市场的价格出售。他还开设粥棚,帮助那些没有钱买粮的灾民。刘淮的义举,百姓自然也看在眼里,正是善有善报,所以,在灾难过去后,刘淮的生意更加红火了。

而当"义"和"利"不可兼得时,不少徽州商人甚至会舍利取义。清代休宁商人吴鹏翔,曾经做胡椒生意,在和人签约后买进了800石的胡椒,钱还没有付,后来发现胡椒有毒,在卖主愿意全部收回胡椒的情况下,吴鹏翔仍然照价买下了胡椒,然后一把火烧了这些胡椒。他之所以这样做,是因为考虑到如果退了胡椒,卖主可能会再转卖给别人,所以就宁可自己蒙受损失。这种非义不取的精神,实在是难能可贵。

清朝道光时,一位名叫舒遵刚的徽商,就曾经这样说,一个生意人,只有"以义为利"才能开辟财源,并且源源不断。这种思想,在徽商中非常有代表性。

以质取胜

徽商,还非常重视商业信誉,因此,他们对商品的质量要求很高。清朝末年,徽州最负盛名的胡开文墨业的第二代传人胡余德,曾经创制过一种新墨,这种墨,能在水中泡很久也不散。一位慕名而来的客户买了一袋这样的墨,结果在回去的路上不小心把它掉进水里了,捞起后发现墨锭已经开始溶化,于是又立即回去找胡余德。

胡余德当即赠送了一袋价格昂贵的知名墨锭,同时下令各分店立即停止销售新墨,并且把这些不合格的产品全部销毁,他甚至还把那些已经卖出去的墨锭再用高价收回。这么处理,虽然让他蒙受了经济损失,但是却保住了他的商业信誉。而正是这样的经商之道才让他们的生意经久不衰。

以德为基

徽商注重德行,而且不只是自己修德,在选择人才时也是以德取人。当然,徽商也非常重视"才",特别是在一些需要技术的行业,为了在竞争中获胜,徽商往往不惜重金,将一些能工巧匠请到自己的麾下。

比如,前文刚才提到的胡开文墨业,它的创始人胡天注,在刚继承岳父的生意时,虽然店铺已经濒临倒闭,但他并没有急于扩大生产规模,而是把资金用在了聘请能工巧匠和购买上等原料上。

此后,胡天注和后来的继承者们,也都把招贤纳才这件事摆在经营的第一位。当时徽州几位著名的墨模雕刻家,还有制墨的工匠,都曾经在胡开文的墨庄里效力。而且,这些能工巧匠们制作的墨,还拿到了1915年的巴拿马万国博览会的金质奖章,这让"胡开文墨庄"声名远播。

徽商不仅遵照"儒术"选人、用人,而且在待人方面也恪守儒家的思想,遵循"宽厚"二字。为了让雇佣者能够尽心效力,徽商对待员工也是推心置腹,关怀有加。

比如,徽商程君,他对待手下非常宽厚。如果经营中出现了亏损,他不会责罚员工,而是帮助其找出问题、吸取教训,在后续经营中设法弥补;对那些在经营时赚到钱的员工,程君就分配丰厚的红利,鼓励员工积极经营。这样宽厚的老板,自然是打工人喜欢的,结果就是,有很多人都争着去程君那里应聘。

正因为徽商待人诚挚宽厚,人才们也愿意加盟,这让徽商团体形成了一股合力,不断地推动着商业的发展壮大。

以善为本

壮大后的徽商,并没有高高在上、失了地气,因为受到儒家的"敬畏天命"和"兼济天下"的思想影响,绝大多数的徽商,有钱后都乐善好施、热衷公益,遇到各地修路架桥、赈灾济荒、育婴办学等,徽商们也都愿意慷慨解囊。这样的公益故事,也是比比皆是。

比如,明朝万历年间,米商詹景瑞到饶州时,见到当地的粮食歉收,饥荒严重,就把所营销的4 200石大米全部捐出,救活了无数的灾民。还有清朝初年,徽州歙县的大盐商江演先后捐出了白银几万两,帮助家乡建设交通,还捐出巨资疏通了扬州河。

儒家认为,要想齐家、治国、平天下,首先要修身,也就是先学会做人,而做人以德为重。古语讲,厚德载物。在一些有道之人看来,德是福分和财富的根本,福分和财富都是从德转化而来的,人要想财源广进,就要广积厚"德"。关于这一点,至少从徽商的身上,从一个个流传下来的故事中,我们看到了一场场真实生动的演绎。

小　结

纵观社会经济发展的历史进程,只有在良好的社会环境下,企业和个人的财产才能得到保护,社会资本才能有效地积累,人们才能从广泛的交流和合作中获利,从而使经济繁荣、社会稳定。

市场是广阔的,但市场又是残酷的,企业如违背市场经济规律、违背道德、不遵守法律法规,必将受到无情的惩罚。在企业经营国际化、国际经济一体化、国际竞争白热化的今天,会计人员为了企业和自身以后更好的发展,应该以诚待人、以信处事、以义取利、以德为基、以善为本,遵守道德。

六、法律法规

(一) 会计准则

(1)《企业会计准则第11号——股份支付》。

(2)《企业会计准则第18号——所得税》。

(3)《企业会计准则第 30 号——财务报表列报》。

(4)《企业会计准则第 34 号——每股收益》。

(二) 政策规定

1. 《中国企业法人登记管理条例》规定,除国家另有规定外,企业的实收资本应当与注册资本一致。企业实收资本比原注册资本数额增减超 20% 时,应持资金使用证明或验资证明,向原登记主管机关申请变更登记。

2. 《公司法》第一百六十八条规定,公司的公积金用于弥补公司的亏损、扩大公司生产经营或者转为增加公司资本。但是,资本公积金不得用于弥补公司的亏损。

3. 《证券法》第四十四条第一款规定,上市公司、股票在国务院批准的其他全国性证券交易场所交易的公司持有百分之五以上股份的股东、董事、监事、高级管理人员,将其持有的该公司的股票或者其他具有股权性质的证券在买入后六个月内卖出,或者在卖出后六个月内又买入,由此所得收益归该公司所有,公司董事会应当收回其所得收益。

参考文献

[1] 邢萌.年内 245 家上市公司公告违规短线交易董监高亲属是多发人群[N].证券日报,2021-11-29(A02).

[2] 石承正.基于大数据互联网金融短线交易行为分析[C].2020 年第三届智慧教育与人工智能发展国际学术会议论文集(第二卷)2020,28-29.

[3] 乔阳.立德树人理念下《财务会计》课程思政在线教学总结与反思[EB/OL].(2020-10-06)[2022-11-14].https://kcsz.jmsu.edu.cn/info/1020/1843.htm。

[4] 孔令辉.《中级财务会计学(下)》课程教学大纲[EB/OL].(2021-01-18)[2022-11-20].https://jwc.gdufe.edu.cn/2021/0118/c5858a126016/page.htm。

[5] 王文婷.上市公司违规短线交易行为分析[J].中国证券期货,2012(12):50-51.

[6] 曾亚敏,张俊生.上市公司高管违规短线交易行为研究[J].金融研究,2009(11):143-157.

[7] 汇商传媒.徽商:曾经富可敌国,兴盛了两个朝代,足迹遍布大江南北[EB/OL].(2022-01-04)[2022-11-14].https://baijiahao.baidu.com/s?id=17209901505179328889。

第十三章 "财务报告"思政指南

一、思政背景

(一) 课程内容

在"中级财务会计"课程中,财务报告相关内容主要介绍财务报告体系,包括资产负债表、利润表、现金流量表、所有者权益变动表及附注(简称"四表一注")的内容以及其他应当在报告中披露的信息和资料。

早期的财务报告形成于企业记录业务活动的需要,格式多样并不统一。后来随着市场经济的发展,为增强企业会计信息的可比性和可信度,财政部开始探索会计信息呈报的规范之路,故会计信息披露开始向标准化演进进而形成了今天的"四表一注"。我国《企业会计准则》规定企业应当编制财务会计报告,反映企业管理层受托责任履行情况,有助于财务会计报告使用者作出经济决策①。遵循"一切从实际出发,理论联系实际"的方针和指南,我国坚持在会计实务工作中根据企业应用会计准则的实际情况对企业编制财务报告的要求进行更新。例如,针对2019年实施的新租赁准则,为解决企业在财务报告编制中的实际问题,财政部对企业财务报表的格式进行了相应的修订②。

财务报告作为企业向外界利益相关者传递的重要信号,能够表征企业经营质量。不同的报表在反映的内容上各有侧重,是财报使用者分析企业情况并做出决策的重要依据。同时,这些决策反过来会重新作用于企业的经营、投资和筹资活动。然而,某些企业出于各种私利,试图通过粉饰报表来掩盖真实状况,进行违规披露。表1列示了2011年至2021年我国官方机构和上市公司发布的信息披露违规情况。从表中数据可看出,公司违规披露呈现逐年上升趋势,加强监管势在必行。

表1 2011—2021年发布的信息披露违规次数

发布主体	2011年	2012年	2013年	2014年	2015年	2016年	2017年	2018年	2019年	2020年	2021年	总计
中国证监会	26	35	37	57	27	49	58	58	58	99	90	594

---

① 中华人民共和国财政部.中华人民共和国财政部令第76号——财政部关于修改《企业会计准则——基本准则》的决定[EB/OL]. (2014-07-23)[2022-11-14]. http://tfs.mof.gov.cn/caizhengbuling/201407/t20140729_1119494.htm.

② 《关于修订印发2019年度一般企业财务报表格式的通知》(财会〔2019〕6号),《关于修订印发合并财务报表格式(2019版)的通知》(财会〔2019〕16号)。

(续表)

发布主体	2011年	2012年	2013年	2014年	2015年	2016年	2017年	2018年	2019年	2020年	2021年	总计
上海证券交易所	7	9	17	42	204	148	123	164	228	252	290	1 484
深圳证券交易所	34	40	51	44	67	419	433	618	675	585	662	3 628
上市公司	110	298	341	369	549	435	435	497	626	687	675	5 044
总计	177	382	446	512	847	1 051	1 049	1 337	1 587	1 623	1 717	10 750

数据来源：CSMAR数据库。

虚假的财务信息将损害会计信息质量，影响报告使用者的分析判断，也有悖于会计职业道德，不利于市场经济高质量发展。对于企业管理者和投资者来说，为了分析企业经营状况或判断财务报告真实性，进而做出恰当的经济决策，掌握财务报表基本逻辑，分析报表数据和信息就成为必要。

(二) 思政问题

会计信息是投资者决策的依据，财务报告作为企业会计信息披露的载体，在企业经营管理和投资者决策中发挥着重要作用。在经济市场中，企业暴雷事件频繁出现，在证监会每年发布的证监稽查20起典型违法案例中，财务造假屡见不鲜，如康得新、康美药业、獐子岛等的财务造假事件。企业财务造假严重损害了会计信息质量，管理人员道德缺失导致会计信息失真，危害投资者利益，引发企业诚信问题，扰乱市场经济秩序，打击投资者信心。

为了解决企业财务造假问题，一方面，国家要加强企业监管和处罚力度，完善法治建设，规范企业管理行为，如我国2020年3月施行的新证券法提升了违法成本和投资者保护力度，引入了代表人诉讼制度。另一方面，国家要加强企业诚信建设和会计职业道德教育，保障会计信息质量，坚持实事求是和客观公正的原则，如实反映企业状况，做到账实相符、账证相符、账账相符和账表相符。

不忘初心，牢记使命，会计人员要不断强调专业能力和个人素质的重要性，突出诚信原则、法治观念和社会责任意识。报告分析能力是会计人员的重要技能，遵守会计职业道德是会计人员的成长基石，只有这样会计人员才能为推动国家经济高质量发展助力。同时，财务报表的基本逻辑也可以应用到个人的生活和工作中，帮助我们了解个人或家庭的财务状况及资金流动情况。还可以成为我们探索人生观和价值观的助推器。

(三) 探索思路

财务报告课程思政探索的思路可以从以下几点展开：

(1) 强调专业能力和分析思维。

(2) 强调会计职业道德和遵纪守法。

(3) 强调自觉践行社会主义核心价值观中的"公正"和"诚信"。
(4) 强调可持续发展和新发展理念。
(5) 强调在财务报告的学习中思考人生观和价值观。

二、思政切入

(一) 资产负债表

1. 专业教学点

资产负债表作为财务报表的核心，用于反映企业在某一时点的财务状况，是依据"资产＝负债＋所有者权益"编制的静态表。资产负债表分为左右两栏，左边为企业所拥有的资产，右边为企业需承担的负债以及投资者所拥有的权益，可以反映出企业的资产结构及其来源，帮助我们从整体上了解企业的家底有多少。图1列示了资产负债表的总体结构。

资产	负债和所有者权益
流动资产	流动负债
非流动资产	非流动负债
	所有者权益

图 1　资产负债表结构

资产讲述了企业资源的规模和结构，可以看到企业所拥有的资产，在排序上一般流动性越强就越靠前。其中，流动资产和非流动资产的划分并不绝对，会根据实际情况进行分类。右边负债和所有者权益讲述了资源是从哪里来的，是属于债权人还是所有者。与资产相同的是，负债也按流动性进行排序。而所有者权益主要说明投资者投入了多少、利润积累了多少和其他综合收益带来的增值。

2. 思政切入点

我国当前的会计准则体系以资产负债表观为基础，重视资产和负债项目的确认和计量，既反映受托责任，又强调决策有用。从马克思主义辩证法的对立统一规律来看，资产与负债是既对立又统一的。前者表示经济利益的流入，后者表示经济利益的流出，但"资产＝负债＋所有者权益"，有借必有贷，借贷必相等，也就是说资产的增减和负债或权益的增减变动是一致的，如"贷款创造存款"。基于资产负债表的基本关系及项目间的内在联系，人们可以分析企业的资源结构（资产）及来源（负债和所有者权益），还可以从企业战略的角度进行解读，分析企业发展的战略结构、关系和方向，实现报表的决策有用性。

过去经济的粗放式发展在一定程度上破坏了自然资源，我国对生态环境保护愈发重视。1997年，党的十五大将可持续发展战略作为我国经济发展的战略之一。2003年，胡锦涛同志提出了科学发展观。2007年，党的十七大将科学发展观写进党章。2012年，党的十八大提出了全面推进"经济建设、政治建设、文化建设、社会建设、生态文明建设"的"五位一体"总体布局。2015年,党的十八届五中全会提出了创新、协调、绿色、开放、共享的新发展理念。

为推进国家决策部署,2013年,党的十八届三中全会提出探索编制自然资源资产负债表。2015年,《国务院办公厅关于印发编制自然资源资产负债表试点方案的通知》将自然资源资产负债表编制纳入生态文明制度体系,开展编制试点工作,旨在编制反映主要自然资源实物存量及变动情况的资产负债表①。马克思主义自然观认为人靠自然界生活。因为人是自然界的一部分。经济发展要与自然资源协调,实现发展的可持续性。自然资源资产负债表的编制将为经济建设和生态文明建设提供决策有用的信息,落实新发展理念,加强对自然资源的核算和管制,为国家发展提供保障。此外,资产负债表可以应用到个人财富的管理,通过记录资产和负债并定期更新,个人可以像分析企业一样分析个人的资产结构、负债情况和偿债能力等。比如,通过资产负债率衡量个人负债水平,如果过高说明财务风险较大,要及时调整,过低说明利用外部资金理财的能力可以提升。不积跬步,无以至千里;不积小流,无以成江河,学会合理规划收入和支出,才能实现个人经济的可持续发展。

(二) 利润表

1. 专业教学点

利润表用于反映企业在一定会计期间的经营成果,是依据"收入－费用＝利润"基本关系编制的动态表,说明了企业在某一时期的各种收入实现、费用消耗和支出项目等。我国利润表采用多步式,按照营业收入、营业利润、利润总额和净利润等多个层次来分步计算,以详细地揭示企业利润或亏损的形成过程。利润表各项目金额一般是根据有关账户的本期发生额来填制的,核心在于收入和利润。利润表体现了企业的效益,报表使用者可以通过分析利润的结构和质量,判断企业发展的可持续性。

2. 思政切入点

马克思主义政治经济学认为,资本主义制度下的利润是剩余价值的转化形式或现象形态,表现为商品价值超过成本价格的余额。中国现代政治经济学理论认为,社会主义制度下的利润,是企业劳动者为社会创造的剩余产品的价值表现形式。在社会主义制度下,利润用于扩大再生产和改善人民的生活状况。因此,一些企业并不完全追求利润。

利润是评价企业经济活动的重要指标,有利润才能促进再生产,创造价值。因此,利润表代表着企业的门面,也成为企业财务造假的重要战场。资产负债表是企业的底子,利润表是企业的面子,我们需要运用辩证的思维看待底子与面子。企业管理者要遵守社会主义核心价值观"诚信",高质量的利润才能保证企业的可持续发展,打好"底

---

① 中国政府网.国务院办公厅关于印发编制自然资源资产负债表试点方案的通知[EB/OL].(2015-11-17).http://www.gov.cn/zhengce/content/2015-11/17/content_10313.htm.

子"才能护好"面子"。同时,会计人员要谨记会计职业道德,投资者要科学投资,掌握基本的财报分析能力。比如,利用收入与成本的配比原则,即企业取得的收入应与为取得该收入所发生的费用、成本相匹配,可以计算企业的收入和成本是否处于一个比较合理的比例水平。

(三) 现金流量表

1. 专业教学点

现金流量表用于反映企业在一定期间现金及现金等价物的流入和流出情况,按照经营活动、投资活动和筹资活动对现金流量进行划分。它呈现各个项目对现金流的影响,可用于评价公司的短期生存能力,包括企业获取现金能力、偿债能力和支付能力等。现金流量表补充了资产负债表的动态信息,直观地说明现金从哪里来、到哪里去。

2. 思政切入点

市场上不乏因现金流出现问题而陷入经营危机的企业,现金流如同企业的血液,现金流断了,企业就无法运行。现金流就像"绿水青山",利润就像"金山银山","绿水青山就是金山银山"。马克思的资本和循环理论指出,资本的循环,只有不停顿地从一个阶段转入另一个阶段,才能正常进行。现金要流动起来才能产生更多的收益。同时,只有健康的现金流才能支撑企业盈利和长期发展。因此,现金流量表采用收付实现制,满足报表使用者了解企业资金变动及其原因的需要。对企业来说,通过现金流量表可以分析企业经营、投资和筹资活动所形成的现金流结构是否健康,判断企业资金的稳定性,以提高资金使用效率,防范现金流风险,保障企业发展的稳健性和可持续性。对个人来说,现金流也是个人长期生活和发展的"血液",在理财时保持现金流稳定健康,把风险控制在可承受的范围,才是安全可靠的发展之路。

(四) 所有者权益变动表

1. 专业教学点

所有者权益变动表用于反映企业在一定期间所有者权益各组成部分的变动情况。我国《企业会计准则》要求上市公司披露"所有者权益变动表",即第四张财务报表。所有者权益变动表直接展示出权益项目的上年年末余额、本年年初余额、本年增减变动金额和本年年末余额四项信息,为报表使用者提供所有者权益总量增减变动的结构性信息,可以帮助其理解所有者权益增减变动的原因。

2. 思政切入点

可以说,所有者权益是企业的本钱。所有者权益变动表包括投资者投入的实收资本和资本公积,以及企业创造的盈余公积、未分配利润和其他综合收益,其解释了股东权益是如何变化的,可用于分析所有者权益是否受到保护。

(五) 财务报表附注

1. 专业教学点

财务报表附注用于补充资产负债表、利润表、现金流量表和所有者权益变动表的有关内容和说明解释,是帮助预期使用者深入了解财务报表的文字描述或明细资料,以及对未能在这些报表中列示项目的说明等。

2. 思政切入点

信息披露制度是证券市场规范运行的有效保证,但一些上市公司因报表附注说明不充分或者信息披露不实而误导投资者的事件屡有发生。信息披露可以缓解企业和投资者之间的信息不对称,提升市场效率与公平,因此,信息披露需充分可信,言务清,言务尽。近年来,ESG信息披露越发受到关注,ESG是结合环境、社会和治理的可持续发展理念,用于衡量企业履行社会责任的情况,主要在报表附注中说明。构建具有中国特色的ESG信息披露制度有助于我国落实新发展理念,协调自然、社会与经济的关系。

三、思政案例

(一)案例介绍

会计差错和财务造假[①]

如果浏览上市公司的公告,我们不难发现关于会计差错更正的说明。同时,在财务造假事件中也曾出现会计差错的身影,什么是会计差错呢?会计差错是指会计人员在会计核算时,在确认、计量、记录等方面出现的错误[②]。从定义来看,会计差错是会计日常工作中正常的不当操作,那财务造假事件中为什么会出现会计差错?《中国注册会计师审计准则第1141号》提到,财务报表的错报可能由于舞弊或错误所致,而舞弊和错误的区别在于,导致财务报表发生错报的行为是故意行为还是非故意行为[③]。会计差错常是会计人员的疏忽或者理解错误所导致的,当会计人员发现会计差错时,为了纠正相关错误,可能需要调整前期数据。一些企业正是利用追溯调整这一点,通过恶意的会计差错更正来遮掩财务造假行为,给会计差错带来了"负面形象"。

会计差错不论是主观错误还是客观失误,都可能产生严重后果。一方面,重大的会计差错可能导致财务报表重要信息失真,影响管理层和投资者对企业财务状况、经营成果和现金流量等做出正确判断;另一方面,如果企业利用会计差错更正进行财务造假严重扰乱资本市场,将损害投资者利益和信心。康美药业重大财务造假案例是近期资本市场的一起重大财务造假案例,持续受到各界关注。2019年4月30日,在

---

① 本案例参考资料:
《中国证监会行政处罚决定书(康美药业股份有限公司、马兴田、许冬瑾等22名责任人员)》。
《中国证监会行政处罚决定书(广东正中珠江会计师事务所、杨文蔚、张静璃、刘清、苏创升)》。
《广东省广州市中级人民法院民事判决书(2020)粤01民初2171号》。
《康美药业股份有限公司关于前期会计差错更正的公告》。
微信公众号"初善投资"文章《康美药业究竟有没有谎言》。

② 中华人民共和国财政部.企业会计制度[EB/OL].(2005-03-14)[2022-12-21]. http://kjs.mof.gov.cn/kuaijifagui/200806/t20080618_46254.htm.

③ 中国注册会计师协会.中国注册会计师审计准则第1141号——财务报表审计中与舞弊相关的责任(2019年2月20日修订)[EB/OL].(2021-05-07)[2022-12-21]. https://www.cicpa.org.cn/ztzl1/Professional_standards/xxzztx/zyzz/sjzz/202105/P020210507610882948545.pdf.

2018年年报公布截止时点,康美药业发布了一份关于前期会计差错更正的公告,表明因会计处理错误,2017年财务报表账实不符。具体如表2所示,其中最令人震惊的是货币资金差错,多达299.44亿元。

表2 康美药业2017年财务报告会计差错

错误类型	报表项目	会计差错金额
采购付款、工程款支付以及确认业务款项时的会计处理存在错误	应收账款	少计641 073 222.34元
	存货	少计19 546 349 940.99元
	在建工程	少计631 600 108.35元
核算账户资金时存在错误	货币资金	多计29 944 309 821.45元
确认营业收入和营业成本时存在错误	营业收入	多计8 898 352 337.51元
	营业成本	多计7 662 129 445.53元
核算销售费用和财务费用存在错误	销售费用	少计497 164 407.18元
	财务费用	少计228 239 962.83元
采购付款、工程款支付以及确认业务款项时的会计处理存在错误	销售商品、提供劳务收到的现金项目	多计10 299 860 158.51元
	收到其他与经营活动有关的现金项目	少计137 667 804.27元
	购买商品、接受劳务支付的现金项目	多计7 301 340 657.76元
	支付其他与经营活动有关的现金项目	少计3 821 995 147.82元
	购建固定资产、无形资产和其他长期资产支付的现金项目	少计352 392 491.73元
	收到其他与筹资活动有关的现金项目	多计360 457 000.00元

数据来源:康美药业公告。

此公告一出,康美药业股价发生暴跌,如此大的会计差错是否是财务造假?康美药业受到了质疑,随着事件发酵,在2020年5月,证监会发布的行政处罚决定书①中阐述了康美药业在2016年至2018年财务报告中存在虚假记载,虚增营业收入、利息收入及营业利润;虚增货币资金;虚增固定资产、在建工程、投资性房地产;未按规定披露控股股东及其关联方非经营性占用资金的关联交易情况的违法事实。

显然,康美药业企图把会计差错作为财务造假的"背锅侠"。而此次事件中,受损最为严重的是广大中小投资者。康美药业的股价在2017年保持缓慢增长,在2018年5月达到了最高点,一度是投资者眼中的"白马股"。然而2018年10月,网上质疑康美药业财报真实性的文章②受到广泛关注,同年12月,康美药业因涉嫌信息披露违法

---

① 中国证监会行政处罚决定书(康美药业股份有限公司、马兴田、许冬瑾等22名责任人员)[2020]24号。
② 根据广东省广州市中级人民法院民事判决书所述,当时有多篇媒体文章对此事进行报道。例如,微信公众号"初善投资"发布的《康美药业究竟有没有谎言》、微信公众号"市值相对论"发布的《千亿康美药业闪崩!大存大贷大现金大质押哪个是坑?》等,本部分主要参考这些资料。

违规,被证监会立案调查,其股价一路暴跌。此后虽然有所回升,但2019年4月的《关于前期会计差错更正》的公告一出,康美药业的股价就一跌不复返,次月证监会发布的调查进展证实了康美药业的财务造假行为。

康美药业股价至2022年7月4日仅有2.39元/股。康美药业市值大缩水,而2018年年末康美药业共有22万普通股股东,后果严重且影响恶劣,就投资者而言,长期的财务造假是否是一点迹象都没有?回顾事件可知中能兴业联合《证券市场周刊》在2012年12月发布了《康美谎言》,并在2013年3月发布了《康美谎言第2季》,两篇文章质疑康美药业涉嫌虚增资产,但相关调查只造成了一个小水花,在短暂的影响后就归于平静。康美药业快速发展的步伐没有停止。直到2018年,网上多篇文章指出康美药业货币资金高、存货双高、大股东股票质押比例高等问题,才带来了质疑的爆发,而这次康美药业的解释没有止住汹涌的水花。

由此可见,康美药业财务造假的漏洞在其财务报表中是有所体现的,在事发之前一些媒体就对投资者发出了警示。根据证监会的公告,康美药业在2016年就开始财报造假。为何直到2018年才引起广大投资者的关注?一方面是因为企业财务造假水平提升,隐蔽性强,影响了投资者对公司会计信息的判断;另一方面是因为部分投资者财务报告分析能力或风险管理的不足。现在我们重新整理康美药业的年报,以其前期差错更正所影响的2017年财务报表项目作为入手点,尝试发现其间的异常。

从康美药业的货币资金出发。从表3年报数据可以看到,在报表更正前,康美药业的货币资金呈快速上升的趋势,从2014年到2017年,增幅达到242%,且占总资产的比重非常高,货币资金的增长是否正常呢?

表3 康美药业货币资金及总资产

项目	2014年	2015年	2016年	2017年(更正前)	2017年(更正后)
货币资金(亿元)	99.85	158.18	273.25	341.51	42.07
总资产(亿元)	278.79	381.05	548.24	687.22	652.93
货币资金占总资产比重	35.82%	41.51%	49.84%	49.70%	6.44%

数据来源:康美药业年度财务报告。

从康美药业的现金流量表得到图3,可以发现,其投资活动现金流较差,现金流量净额主要产生于筹资活动。

同时,根据康美药业年报项目注释,其货币资金绝大部分为银行存款,也就是说会产生利息收入,而借贷会产生利息支出。从表4中可以看到,一是康美药业利息收入占银行存款比重在0.6%至1.1%,而同期银行7天通知存款年利率在1.35%左右,康美药业利息收入所对应的年利率低于7天通知存款年利率;二是康美药业的利息支出远大于利息收入,且逐年递增。

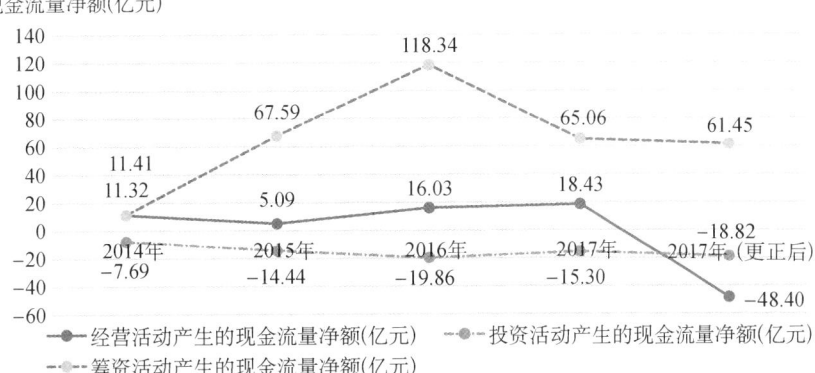

图 2　康美药业现金流量净额

数据来源:CSMAR 数据库。

表 4　康美药业银行存款和利息收支

科目	时间				
	2014 年	2015 年	2016 年	2017 年（更正前）	2017 年（更正后）
银行存款(亿元)	99.55	157.69	272.28	340.45	41.00
利息收入(亿元)	0.63	1.65	1.81	2.69	0.41
利息收入占银行存款比重	0.63%	1.05%	0.67%	0.79%	1.01%
利息支出(亿元)	4.88	5.85	8.67	12.16	12.16

数据来源:康美药业年度财务报告。

我们通过计算有息负债,得到图4,可以发现,康美药业存贷双高,即有着大量货币资金的同时有着非常高的借贷,这种现象对大多数企业来说是非常奇怪的。康美药业的资金管理让人不解,其商业模式不会产生存贷双高现象,且货币资金集中于母公司,也并不存在大量受限资金,综合来看,其货币资金的真实性不得不受到质疑。

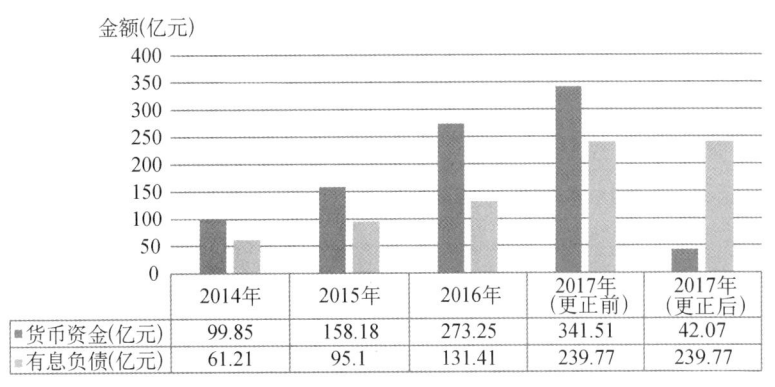

图 3　康美药业货币资金和有息负债

数据来源:康美药业年度财务报告。

2018年,有媒体文章质疑康美药业中药材贸易毛利率和股权质押比例高等问题,虽然康美药业的财务造假手段非常隐蔽,但各种异常之处给投资者敲响了警钟。

事件最终,证监会决定对康美药业给予警告并处以60万元的罚款,对相关人员给予警告和10万元至90万元不等的罚款,部分责任人被施加市场禁入措施等;对负责康美药业审计的正中珠江会计师事务所责令改正,没收业务收入1 425万元,并处以4 275万元罚款,同时对相关人员给予警告并罚款3万元和10万元不等。

值得关注的是,作为我国A股首例特别代表人诉讼(集体诉讼),广州市中级人民法院在一审判决中就符合裁定的52 037名投资者,判决康美药业赔偿24.59亿元,相关高管和审计承担连带赔偿责任。此次案件判决是对新证券法的有力落实,大幅提升了违法成本,对保护投资者权益意义重大,严厉打击了财务造假行为。世上没有后悔药,"君子爱财,取之有道",企业应敬畏法治、诚信经营,管理层应尽职尽责、坚守道德底线,审计师应学好专业技能、谨遵职业道德。

财务报告是一套逻辑体系,从中识别造假就是发现逻辑矛盾的地方,以辅助判断和决策。理性的投资者应当具备财务思维,能够独立思考,掌握财务报告分析的方法,不能只知其然不知其所以然。对于会计人员来说,一方面,在日常工作中要保持细心认真,避免出现差错;另一方面,要谨遵会计职业道德,不能把差错更正当作财务造假的工具,要保证会计信息的真实性。

(二) 思政小问题

1. 基于信息不对称理论和委托代理理论,分析为什么企业要对外提供虚假信息,隐瞒或推迟披露重要事实?这对企业和投资者有什么影响?
2. 会计差错不是财务造假的"背锅侠",对于保护投资者合法权益,你有什么看法?
3. 什么是集体诉讼?康美药业集体诉讼案对证券市场有什么重要意义?

(三) 思政小提示

1. 信息不对称

在市场经济活动中,各类人员对有关信息的了解是有差异的;掌握信息比较充分的人员,往往处于比较有利的地位,而信息贫乏的人员,则处于比较不利的地位。根据委托代理理论,第一类代理问题由企业所有权与控制权分离产生,指的是股东与管理层之间的委托代理问题;第二类代理问题是大股东不能被中小股东完全监督而做出有损中小股东利益行为的问题。

我国大部分企业的股权结构是集中的,当控股股东拥有足够的权力后,就可能利用其控制权和影响力来谋取私利,也就形成了第二类代理问题。而信息不对称是企业财务造假的基本条件,处于信息优势的大股东和管理层为获取更多私人利益可能刻意向信息劣势方的中小股东提供虚假信息,隐瞒或推迟披露重要事实,从而导致会计信息失真。近年来,企业财务造假接连暴雷,屡禁不止,损人不利己。上市公司财务造假是违法行为,其既损害了广大投资者的利益,影响了企业形象,又违背了道德要求,破坏了市场诚信基础。

2. 会计差错

财务造假是企业主观上故意的行为,而会计差错常常是财务人员的选择不当或者粗心大意导致的错误。一般来说,会计差错对投资者的危害小,作出调整即可;而财务造假往往性质严重,会给投资者造成巨大损失。

在我国上市公司的公告中,会计差错更正的身影常常出现,体现了会计人员素质不够或企业道德缺失。要消除这种影响:会计人员应加强自身专业能力,坚守会计职业道德,保持细心认真的工作态度,避免粗心大意;企业应诚信经营,严守道德底线,不能欺骗大众,做假账;投资者应该理性投资,重视财务报表分析在决策的应用,具备必要的财务思维。

3. 中国特色的证券集体诉讼制度

2019年12月28日,《证券法》第九十五条规定:"投资者提起虚假陈述等证券民事赔偿诉讼时,诉讼标的是同一种类,且当事人一方人数众多的,可以依法推选代表人进行诉讼。"2020年7月31日,最高人民法院发布的《关于证券纠纷代表人诉讼若干问题的规定》讲述了普通代表人诉讼和特别代表人诉讼,进一步完善证券集体诉讼制度,降低投资者维权成本,维护资本市场健康稳定发展。我国的集体诉讼可以理解为代表人诉讼,即诉讼时如果原告无法全体参加,可以由一人或多人作为代表参与诉讼。

康美药业诉讼案作为我国首例证券集体诉讼案,原告人数众多,赔偿金额巨大,可谓是证券市场上的标志性案件。在财务造假事件过往的讨论中不乏处罚力度不够的观点,认为造假违规成本低,与违规收益不匹配。而康美药业作为影响恶劣的财务造假事件,严重损害了投资者利益,此次案件的判决将中国特色的证券集体诉讼制度落实,为证券市场提供了有力的司法保障,对中小投资者维权具有示范作用,有助于推动我国经济高质量发展。

(四) 思政小链接

1.《中国证监会行政处罚决定书(康美药业股份有限公司、马兴田、许冬瑾等22名责任人员)》〔2020〕24号,网址:http://www.csrc.gov.cn/csrc/c101928/c1042341/content.shtml。

2.《中国证监会行政处罚决定书(广东正中珠江会计师事务所、杨文蔚、张静璃、刘清、苏创升)》〔2021〕11号,网址:http://www.csrc.gov.cn/csrc/c101928/c9a654df415374f6aa6a1a5e46e4e8221/content.shtml。

3.《广东省广州市中级人民法院民事判决书(2020)粤01民初2171号》,网址:http://www.cninfo.com.cn/new/disclosure/detail?stockCode=600518&announcementId=1211575212&orgId=gssh0600518&announcementTime=2021-11-13。

4.《康美药业究竟有没有谎言》,网址:https://mp.weixin.qq.com/s/Q-xhEH9EHD7FavXsGDbK6g。

5.《中华人民共和国证券法》(2019年12月28日修订),网址:http://www.gov.

cn/xinwen/2019-12/29/content_5464866.htm。

6.《关于证券纠纷代表人诉讼若干问题的规定》法释〔2020〕5号,网址:https://www.court.gov.cn/zixun-xiangqing-245501.html。

7.《财富与梦想:中国股市 1990—2010》全 5 集,网址:http://jishi.cntv.cn/2015/04/29/VIDA1430289913087387.shtml。

8.《唤醒》,网址:https://v.qq.com/x/page/d054876eaf7.html。

四、思政语录

1. 诚信者,天下之结也。

——《管子·枢言》

2. 言无常信,行无常贞,惟利所在,无所不倾,若是则可谓小人矣。

——《荀子·不苟》

3. 善治财者,养其所自来,而收其所有余,故用之不竭,而上下交足也。

——《论财利疏》

4. 量入以为出。

——《礼记·王制》

5. 君子爱财,取之有道。

——《增广贤文》

6. 俭则伤事,侈则伤货。

——《管子·乘马》

7. 立信,乃会计之本;没有信用,也就没有会计。

——潘序伦

8. 诚信为本,操守为重,坚持准则,不做假账。

——朱镕基

9. 经济基础决定上层建筑。

——马克思

10. 过程越是按社会的规模进行,越是失去纯粹个人的性质,作为对过程的控制和观念总结的簿记就越是必要;因此,簿记对资本主义生产,比对手工业和农民的分散生产更为必要,对公有生产,比对资本主义生产更为必要。

——马克思

11. 我阅读我所关注的公司年报,同时我也阅读它的竞争对手的年报,这些是我最主要的阅读材料。

——巴菲特

12. 学习如何分析财务报表,你才能够独立地选择投资目标。

——巴菲特

五、历史故事

土城战役①

1935年1月下旬,红军长征途中发生了一场恶仗。

那是在遵义会议召开后,中央红军北渡长江创建根据地途中发生的故事。1935年1月19日,中央红军分三路向土城方向行军,并继续向赤水河以东地区推进,与此同时,蒋介石对红军围追堵截。行军途中,毛泽东同朱德、周恩来、刘伯承等共同察看了沿途地形,发现若追兵孤军深入,可以利用两边山谷的有利地形,集中优势兵力,合围夹击歼灭该敌。恰好此时,军委二局截获了川军潘文华的26日电令,获悉尾追之敌只有郭勋祺部4个团的兵力和尾随跟进的潘佐部2个团。

客观条件结合情报信息,毛泽东当即下决心,对尾追之敌展开一场"歼灭战"。但战况不如预想,异常激烈,交战双方陷入胶着状态。后来,红军从抓获的俘虏番号中才发现原来的情报有误,原来不是4个团6 000多人,实为6个团万余人,还有装备精良的增援部队。

据当年在军委总部任作战参谋的孔石泉同志回忆:"我们在土城那一仗没有打好,因为对敌人估计不足。敌人的发报我们收到了,但把'旅'翻译成了'团',因此估计敌人是两个团的兵力。如果知道是旅就不会打的。以后伤亡很大,不能不走了,是我们自己撤退的,只打了个击溃战。"

"旅"和"团"一字之差的情报失误,造成了出乎意料的不利局面。但毛泽东迅速从不利战局中寻找有利因素,当机立断,撤出战斗,迅速渡过赤水河,四渡赤水的神来之笔由此拉开了序幕。

六、政策规定

(一) 会计准则

(1)《企业会计准则第30号——财务报表列报》。

(2)《企业会计准则第31号——现金流量表》。

(3)《企业会计准则第32号——中期财务报告》。

(4)《企业会计准则第33号——合并财务报表》。

(二) 其他政策规定

(1)《中国注册会计师审计准则第1141号——财务报表审计中与舞弊相关的责任(2019年2月20日修订)》。

(2)《关于修订印发2019年度一般企业财务报表格式的通知》(财会〔2019〕6号)。

(3)《关于修订印发合并财务报表格式(2019版)的通知》(财会〔2019〕16号)。

---

① 资料来源:中国共产党新闻网,《一字之差,成就毛泽东的"得意之笔"》,网址:http://theory.people.com.cn/n/2013/1218/c40531-23871593.html。

(4)《公开发行证券的公司信息披露内容与格式准则第 2 号——年度报告的内容与格式(2021 年修订)》(中国证券监督管理委员会公告〔2021〕15 号)。

参考文献

[1] 郭道扬.中国会计史稿[M].北京:中国财政经济出版社,1982.
[2] 李娜,张括,石桂峰.中国特色证券特别代表人诉讼的溢出效应——基于康美药业的事件研究[J].财经研究,2022,48(8):139-153.
[3] 魏洪钟.马克思主义自然观与可持续发展[J].自然辩证法研究,1998(1):12-15.
[4] 吴世飞.股权集中与第二类代理问题研究述评[J].外国经济与管理,2016,38(1):87-100.
[5] 谢志华,谢昊宇.对现金流量表若干理论问题的反思[J/OL].财会月刊:1-8[2022-09-04].http://kns.cnki.net/kcms/detail/42.1290.F.20220729.1415.007.html.
[6] 张新民.从报表看企业——数字背后的秘密(第 4 版)[M].北京:中国人民大学出版社,2021.
[7] 张新民.资产负债表:从要素到战略[J].会计研究,2014(5):19-28+94.
[8] 张颖,王智晨.自然资源资产负债表编制研究现状及其拓展[J].中国地质大学学报(社会科学版),2021,21(5):101-109.
[9] 朱波,孙鹏阁,龙云庚.高质量的会计信息促进了投资者理性投资吗?[J].经济与管理研究,2015,36(8):130-138.

课程思政探索与实践

第一部分

理 论 研 究

诚信为本，立德树人
——试论会计类"课程思政"之"学科核心素养"内核及其实现途径

陈旭东① 林 雁②

中国共产党历来重视思政教育。从2004年开始，党中央先后出台了一系列关于进一步加强和改进未成年人思想道德建设和大学生思想政治教育工作的文件。作为思政教育探索的先行者，上海自2005年起，启动实施"两纲教育"，推进以"学科德育"为核心理念的课程改革；自2010年起，又作为国家教育体制改革试点项目"整体规划大中小学德育课程"的承担者，开始聚焦大中小学德育课程一体化建设；自2014年起，其将德育纳入教育综合改革重要项目，逐步探索从思政课程到课程思政的转变。

党的十八大以来，以习近平同志为核心的党中央高度重视思政课建设，做出一系列重大决策部署。2019年，中央办公厅、国务院办公厅印发了《关于深化新时代学校思想政治理论课改革创新的若干意见》，该文件强调要"加强以习近平新时代中国特色社会主义思想为核心内容的思政课课程群建设"。2020年，教育部印发了《高等学校课程思政建设指导纲要》，该文件明确指出，培养什么人、怎样培养人、为谁培养人是教育的根本问题，立德树人成效是检验高校一切工作的根本标准……全面推进课程思政建设，就是要寓价值观引导于知识传授和能力培养之中，帮助学生塑造正确的世界观、人生观、价值观，这是人才培养的应有之义，更是必备内容。

在党中央对思政课程建设的顶层设计之下，各地区、各部门和各级各类学校采取有力措施认真贯彻落实，思政课建设取得显著成效。然而，由于各个学科之间的差异及特性，探索结合专业特性的思政课程体系成为各高校教育的痛点和难点。

本文从会计学科的学科特性出发，基于"核心素养"的概念和理论基础，尝试探讨将"核心素养"理念作为会计学科课程思政体系构建和育人的"内核"，以此为基点梳理出将"会计职业道德素养"和"会计职业能力素养"两种"核心素养"融入每个教学单元的现实途径，帮助教师经过"春风化雨，润物无声"，完成会计学科人才培养的"诚信"教育、达到"树人"目的。

一、从"核心素养"到"学科核心素养"

"核心素养"是指学生应具备的适应终身发展和社会发展需要的必备品格和关键

---

① 陈旭东(1963—)，云南财经大学会计学院教授、硕士研究生导师。
② 林雁(1985—)，云南财经大学会计学院教授、硕士研究生导师。

能力(钟启泉和崔允漷,2020)。教育部《关于全面深化课程改革落实立德树人根本任务的意见》将"核心素养"划分为六个重要组成部分:强调"个人修养、社会关爱、家国情怀",注重"自主发展、合作参与、创新实践"。

本文基于"核心素养"的概念内核,认为单纯的"核心素养"概念较为泛化,不能支撑每一门独特学科的课程思政建设,故提出"核心素养"需要结合学科特征形成"学科核心素养",从而与学科更好地融合。本文认为,"学科核心素养"是兼顾学科特征与"核心素养"理念,教师需要在课程的设置与发展中根据学科所处的阶段、学科自身的特点进行相应设置。

二、会计学的学科特点与会计人才培养痛点

会计是从经济学和管理学中发展而来的学科,兼具理论性与应用性。会计是管理活动,也是信息系统,其主要功能是呈报信息,降低各方利益相关者之间的信息不对称,从而提升企业治理、运营效率和资本市场效率。会计准则的原则导向性,使会计人员在会计处理过程中具有一定程度的自由裁量权,因此,一些业内人士称会计是"技术""艺术"甚至"魔术"。

会计人员在实操过程中的自由裁量使"诚信为本""不做假账"成为形而上的道义。从"安然"事件到"乐视""康美药业"等重大会计舞弊案件的负面影响,使会计学子在学习与现实中进退维谷,"诚信"教育势在必行。

本文认为,当前我国会计教育中存在的突出问题有:专业教育和道德教育"两张皮";课程设置与能力培养"不对应";学生缺乏系统性思维。学生所掌握的知识只是一个个独立的单元或各种知识的一种简单堆积,因而在实务中一些会计人员"诚信缺失"甚至"道德沦丧"。比如,有些"有才无德"的"邪恶之士",利用他们学到的专业知识"助纣为虐",在资本市场上疯狂"收割",他们藐视法律,践踏传统价值观,破坏正常的金融秩序,败坏社会风气,是和谐社会中的"野蛮人"。

为了改变这种现象,我们必须对会计学科的课程体系进行改革,应大力鼓励和提倡高校在"学科核心素养"的指引下重新构建课程体系,并根据学科发展动态及时更新教学内容,加大每门课程教学内容的复合力度。此外,在教学过程中,教师不能单纯地就某门课程的知识传授本身而教学,而是应该将课程置于当前的社会经济环境中,融入思政内容,并结合相关学科的内容,以便指导学生在职业道德的规范下,解决复杂的实际问题。

三、会计学的"学科核心素养"

结合会计学科的特点,本文将会计学的"学科核心素养"归纳为会计道德素养和会计专业素养两类。

(一)会计道德素养

何谓"会计之道"? 孔子对会计之道有论述。他说:"会计,当而已矣。"孔子所说的

"当",在会计工作中,可以理解为正当的记录,适当的表述,恰当的反映。本文认为"会计之道"是会计的本源,是会计的"初心",是"客观与公正";何谓"会计之德?"应是"不为利所诱",应是"勤勉尽责,恪尽职守"。会计道德素养综合表现为:

(1) 会计职业理想。它包括会计人员从事会计工作的职业目标,不只是维持基本的生活需要,也不仅是满足自身个性的发展需求,还应有承担社会赋予的使命,会计职业理想是会计职业道德的灵魂所在。

(2) 会计工作态度。会计工作区别于其他工作的一个重要特征在于会计工作的谨慎性要求,会计职业道德要求会计工作人员必须有严谨踏实的工作作风与客观公正的职业态度,既要严谨认真,又要富有创造性,这是会计人员从事会计工作的基础要求。

(3) 会计职业责任。它是指会计人员在从事会计工作当中应承担的基本职业责任。也就是遵守会计职业操守,遵循会计职业规范。

(4) 会计工作纪律。它包含客观公正、保密、诚实、廉洁等基本纪律,对工作纪律的遵循是会计人员遵守职业道德的基础。

(5) 会计工作作风。会计工作作风是会计人员在长期从事会计工作中经过不断积累沉淀所形成的职业氛围。它要求会计人员在工作中严谨负责、勤俭理财、认真踏实,严格按照会计准则进行会计处理。会计工作作风决定了会计人员能否拥有良好的会计职业道德。

(二) 会计专业素养

会计专业素养主要是指会计人员在从事会计工作时所拥有的专业核心能力,它是会计人员能顺利完成工作任务的必要前提。它在内容上主要包括财务会计技能和管理会计技能,其中前者聚焦于基础会计理论上的实务运用,而后者侧重于管理服务上的价值创造。会计专业素养应表现为以下能力:

(1) 确认计量能力。它是指理解和运用会计准则对会计要素进行确认和计量的能力。

(2) 信息披露能力。它是指通过定期和不定期的方式向内外部信息使用者披露信息的能力。这里的信息包括财务信息和非财务信息。

(3) 有效沟通能力。它是指与同行沟通,与业务人员沟通,与管理层沟通,与中介机构沟通,与行业监管、税务、工商管理等政府部门沟通,与银行、券商、交易所等融资机构沟通的能力。

(4) 投资决策能力。它是指运用财务管理专门方法为决策者提供有用的信息的能力。投资活动是企业日常活动的主要内容,投资决策是投资活动的重要环节,投资决策离不开会计人员的参与。

(5) 分析判断能力。它是指运用管理学、经济学、心理学、行为学、逻辑学等知识,分析经济现象,判断行情走势的能力。

(6) 信息利用能力。它是指利用企业披露的财务信息与非财务信息进行决策的能力。

(7) 组织协调能力。它是指组织财务人员进行信息收集与加工，协调相关部门与人员完成信息披露和投融资活动管理的能力。

(8) 项目运营能力。它是指利用财务手段，参与项目的营运和管理以提升效率的能力。

四、会计"学科核心素养"的实现途径

(一) 用"学科核心素养"统整课程设计

基于"学科核心素养"的课程设计模式是一种以"核心素养"为基本理念，以学科理念和课程目标为基本遵循的课程设计模式。实现"学科核心素养"的内核需要将其融入会计学主干课程。课程设计需要注意以下三大重点：

(1) 各学科需要结合学科发展的阶段性特征，依据学科的基础理念和固有特性，将"核心素养"转化为"学科核心素养"。

(2) 各学科应关注到学科与学科之间以及学科内部的横向关系，并结合各教育阶段学科发展的纵向关系，构建水平统整与垂直连贯的学科课程设计模式。

(3) 基于"学科核心素养"的课程设计中应考虑学科自身独特性，重视差异化发展。

(二) "会计专业素养"和"会计道德素养"的平行实现途径

"会计专业素养"的实现途径主要为将相关思政元素融入课堂教学、教材、课外读物，从"点"出发，贯穿成"线"，最终形成"面"。

"会计道德素养"需从以下方面实现：

(1) "学史明理"，丰富人文底蕴。通过"会计史""经济发展史"等历史课程丰富会计人文底蕴。

(2) "学科融合"，体现科学精神。通过"科技进步与社会发展""哲学智慧与科学思维"等课程，运用相关科学知识和技能形成会计价值标准、思维模式和实践表现。

(3) "观察社会"，学会学习。利用参观会计师事务所，邀请会计专家座谈，假期实习实践等灵活多样的学习方式，培养乐于思考、善于反思的学习习惯。

(4) "生命至上"和健康生活。结合会计专业体系中的自我认知与身心发展，做到爱惜生命、注重健康、健全人格、自我约束。

(5) "诚信为本"与责任担当。诚信是会计工作的基本原则，是会计人员处理业务的基本操守，也是会计人员在与社会交流中形成的价值取向与处世方法。

(6) "自己动手丰衣足食"，在实践中创新。在日常活动、问题解决、适应挑战等方面提升实践能力、创新意识，做到热爱劳动，喜欢动手，善于观察，勤于思考。

总之，构建"学科核心素养"内核并探索其实现途径为会计学科课程思政建设和会计人才培养提供了新的思路。这个内核及其实现途径既能系统整合现有课程，又能将这些素养融入课程的每个教学单元，帮助教师经过"春风化雨，润物无声"，完成"诚信"

教育,达到"树人"的目的,为学生走向社会奠定基础,使学生真正成为社会主义接班人。

本文发表于《中国会计报》,2022-06-17。

参考文献

[1] 钟启泉,崔允漷.核心素养研究[M].上海:华东师范大学出版社,2020.

培根铸魂,教书育人
——谈"中级财务会计"课程研究与教学研究在思政教育中的作用

陈旭东[①]　鲁啸宇[②]　田世晓[③]

"课程思政"一词最早是在2014年被提出的。在2016年全国高校思政工作会议上习近平总书记对其内涵和重要意义进行了进一步阐述。2019年3月,习近平总书记提"课程思政"是高校培根铸魂、教书育人的必要过程,必须将思政放置于课程建设的关键位置上。2020年5月28日,教育部印发《高等学校课程思政建设指导纲要》,提出要将"课程思政"融入人才全过程培养路径中。会计教学也应积极响应党中央号召,持续推进课程思政化改革,旨在培养出专业能力与道德品质并重的综合型会计人才。

一、课程与教学的关系

教学问题是学校开展教育工作以及教师课程育人的根本性问题。课程研究主要处理课程设计的问题,包括课程内容的设置、课程重点的选择等。而教学研究主要针对的是课程内容的教授过程。课程与教学的关系研究主要涉及课程教学的本体内容研究、方式方法研究与价值观念研究。课程研究与教学研究是互相分离但又相互交融的教研领域,两者虽各有侧重点,但是目的都是促进学生全方位发展与全面提升价值。

在具体的关系上,课程研究属于中观层面的研究范畴,而教学研究是课程研究的微观化表现,课程研究的重点是解决社会利益博弈下产生的研究性问题,而教学研究的重点是如何帮助学生更好地学习,属于教育层面的技术问题。因此,课程研究重在理论研究,而教学研究重在实践研究,两者缺一不可。

二、"中级财务会计"课程研究

(一)开展思政建设的必要性

会计职业对于维护市场经济秩序具有重要作用,"中级财务会计"课程是会计专业兼顾理论、方法和技能的系统性必修课,具有较强的专业性和实践性。学生学习该课

---

① 陈旭东(1963—　),云南财经大学会计学院教授、硕士研究生导师。
② 鲁啸宇(1998—　),云南财经大学会计学院硕士研究生。
③ 田世晓(1968—　),云南财经大学会计学院副教授。

程后,能对财务会计的知识体系有基本的掌握,并且能自主编制并分析财务报表。该课程开展课程思政主要基于以下几点原因。

1. 人性弱点——贪财

司马迁云:"天下熙熙皆为利来,天下攘攘皆为利往。"俗语云:"人为财死,鸟为食亡。"文人雅士说:"食君之禄,忠君之事。"江湖好汉说:"受人钱财,替人消灾。"故曰:"人财难分。"

2. 人才标准——德才兼备

古人云:"有德无才者,其善多为小善,谓之平庸。无德无才者,其恶多为小恶,谓之猥琐。有德有才者,其善多为大善,谓之高尚。有才无德者,其恶多为大恶,谓之邪恶。"

3. 教育之道——又红又专

在当下的会计教育中,教师往往只在乎如何"授业",而忘却了"传道"的重要性,专业知识是"术",而思政元素是"道",缺少了"道"的约束,"术"就会用错方向,弄虚作假的会计工作者并非手中无"术",而在于心中无"道"。

"中级财务会计"课程思政教育能使学生的会计实践能力、职业道德规范水平得到明显提高;实现理论与实践并重,能力与素质并存,旨在培养高水平、高能力、高品德的会计人才。

(二) 课程思政现状

本文依据天津农学院付思、章洁倩的问卷调查结果,归纳出如下几点课程思政现状。

1. 学生对"课程思政"理解模糊

问卷调查结果显示,39.15%的学生并不了解"课程思政"的具体含义,33.3%的学生只听说过这个词汇,27.51%的学生熟知"课程思政",26.98%的学生可以明显区分清楚"课程思政"与"思政课程"的差别,而73.02%的学生对两者的差异并不了解。由此可见,"课程思政"理念还只在教师层面较为普及,并未深入学生的思想意识,因此,"课程思政"理念需要进一步普及。

2. 专业知识与思政元素结合度低

目前高校专业课教育并未实现思政的全面融入。调查显示,21.16%的学生认为当前开展的课程思政教学中涉及的思政切入点十分牵强,甚至34.39%的学生对专业课的思政切入点完全不感兴趣。这表明当前的课程思政单纯是为了响应国家号召而进行的被动式思政,并没有真正意义上做到专业与思政的有机融合,纯粹为了思政而思政只会导致课程思政背离开展的初心与目的。

3. 说教式"课程思政"枯燥无味

调查结果显示,绝大部分学生对"课程思政"毫无兴趣。即使有少部分同学认为其存在有一定意义,但由于"课程思政"教学模式呆板、教学方法枯燥、教学媒介单一等原因,"课程思政"无法达到预想中的效果,这说明当前的课程思政应该改变以往的教学模式,转变教学方法,才能有效激发学生对"课程思政"的兴趣,进而促进"课程思政"目标的实现。

(三)养好"根",铸牢"魂"

课程是"根",思政是"魂"。课程思政建设重点在于将课程思政内容融入专业教学中,培养"讲道德、有情怀、专业素质过硬"的高素质会计人才。

三、"中级财务会计"思政教学研究

具体而言,"中级财务会计"课程可通过课堂教学融入思政理论、正反面典型案例,看电影(电视剧)学会计等多维互动形式,课后调研实践,课程评价机制纳入思政考评等多维课程设计路径营造"教师引导+学生思考+实践体验"的教学氛围,实现思政内容与价值塑造、知识传授和能力培养紧密融合。

(一)课堂思政教学改革

教师可以结合热点案例(重点是"会计造假")组织学生讨论;利用看电影(电视剧)学会计、看新闻联播知政策、读会计准则学法律等方式进行多层次、全方位的课堂思政教学。教师可选取影视剧《人民的名义》《都挺好》《理想之城》和《突围》里的经典片段进行思政课程教育,让学生树立正确的职业道德观和价值取向。通过改革,"中级财务会计"课程的课堂可转变为以教师讲授、案例分析为主,短视频播放、学生讨论为辅的多元化课堂形式,思政元素贯穿始终。

(二)课外实践与思政

院系或教师可以带领学生到企业和会计师事务所参观学习;假期安排学生参与实践活动。例如,云南财经大学会计学院利用"云南财经大学司法鉴定中心"平台带领学生参与司法会计鉴定业务,到云南省第一监狱听正在服刑的犯罪分子"现身说法",到省内知名会计师事务所实地参观,由资深注册会计师给同学们"传经送宝"。通过这种方式让学生关注现实社会、恪守职业道德、了解传统文化、遵守法律法规。

(三)思政内容考评机制创新

之前的考评模式强调老师对学生进行单向评价,在考评标准上强调成绩是考评的唯一标准。思政改革以来,云南财经大学会计学院强调老师与学生的"双主体"地位,强调成绩考核、实践考核、思政考核等多因素多元化的考评机制。

1. 确定多元化的考核评价主体

(1)强化教师的主导作用,要求教师将思政元素纳入考核范畴。教师根据"中级财务会计"各章内容,寻找适合各个章节的思政切入点,并在考核中融入此类课程思政点,要求学生有针对性地对这些问题进行主观解答。

(2)树立以学生为主体的培养理念。学生作为知识传授的对象,既是教学的出发点,也是落脚点,任何脱离了学生的教育都是无源之水、无本之木。因此,相关院系可引入师生双向评价机制,并且引入学生互评机制,使学生成为教学评价的主体之一。

(3)吸引社会团体参与课程建设评价。相关院系可以与企业、事务所、司法鉴定

中心等合作,以参观考察、参与实践等方式,拓展校企、校政、校社合作范围的广度和深度。在活动过程中,让相关机构的专家对学生的参与热情、操作能力、道德水平进行客观评价与打分,将分值纳入期末总评。这种方式,一方面,可以极大地提高学生的专业实践能力;另一方面,通过实践促进学生思想道德水平的进一步完善提升。

2. 创新多样化考核评价机制

(1) 充分利用"翻转式课堂"与"第二课堂"。"中级财务会计"课程可以进行多次翻转式课堂教学,其教学模式为学生授课、学生评价、老师充分参与并给出意见。课堂将学生分成若干小组,以小组为单位进行课程专题的讲授以及配套案例的分析,由其余小组的成员负责打分,并结合老师的专业见解给出综合性成绩评定,作为平时成绩的一部分。通过这种方式,学生从被动接受知识到主动学习知识,交流协作能力得以提高,起到思政教育效果。

(2) 融入现代信息元素,引入信息化考核评价体系。"中级财务会计"课程可以通过"智慧树"等平台进行线上教学,在网络教学过程中,学生可以对教师的课程教学情况随时进行打分和评价,打分和评价内容主要包括教师的思想道德水平、专业胜任能力等,真正体现"以学生为中心"理念,思政考核由单向变为双向,可以促进师生思政水平同步提高。

(3) 打造"研究型学习氛围"。培养学生的研究能力也是"中级财务会计"课程的一个主题。我们要求学生对会计专业理论进行研究,对马克思主义政治经济学的相关理论进行研究,对党中央的思想政策进行研究,并将研究结果以报告的形式进行提交。教师选出优秀文章在学生自办的"环球烛光财会解说"公众号上推送,同时给予一定奖励。这种方式,一方面,训练了学生的科研能力;另一方面,提升了学生运用先进社会主义特色思想解决资本市场重大问题的能力。

(4) 建立"月考+期中考+期末考"的考核评价机制,时时了解学生学习状况。不仅仅局限于对学生进行期末考核,云南财经大学会计学院"中级财务会计"课程更看重对学生的日常考核,月考是该课程的独特考核优势。教师在考试中融入案例分析题,着重考查学生对案例的自我见解,通过对答案进行专业性与思政性两方面的分析得出综合评价,给出分数。

(5) 创新引入"实践考核"机制。云南财经大学会计学院"中级财务会计"课程在实践方面的探索已经持续了20余年,会计的"社会性"特征极为突出,因此,通过实践进行思政培养是课程思政改革重点之一。在实践考核中引入社会公众对学生专业能力、思想品德等方面的客观评价,教师结合自身意见给出综合实践评分。

四、"思政教育"旨在:教"好书",育"好人"

教学是过程,育人是目标。围绕立德树人的根本任务,云南财经大学会计学院"中级财务会计"课程构建"一体两翼"(学生为主体,专业知识和思想政治比翼双飞)的思政课程理念。具体目标是建成一支优质的思政教学团队,编撰一份行之有效的思政教学方案，形成一套严谨创新的思政教学模式，打造一门具有示范意义的会计类思政课程。通过思政教育达到避免职业道德防线失守，为反腐倡廉、拒腐防变、正风反腐提供正能量。

（一）有"好书"是基础

1. 编写融入思政元素的教案

云南财经大学会计学院"中级财务会计"思政教学团队通过积极思考，寻找立足于专业的思政教学重点难点，编纂体现本课程"一体两翼"思政教学理念特色教案，教案结合专业知识章节，融入思政元素、思政内容考评方式等。

2. 出版体现思政内容的特色教材

《中级财务会计》教材宜采用"1+1"模式，即"课本+思政学习指导书"。"课本"将思政内容融入专业章节，加入多个"思政小课堂"的内容，用"小案例+思考题"的形式引发学生思考；"思政学习指导书"由7个部分构成：专业知识概述、思政元素、思政案例、思政语录、法律法规、历史故事、思考与启示；内容涉及理想信念、治国理政、传统文化、职业道德、法律法规、科学精神和教育教学等。

（二）教"好书"是育"好人"的关键

1. 以大学生喜闻乐见的方式，使"课程思政"观念真正深入人心

当前学生对"课程思政"的接受度低，究其原因在于当前的教学模式已经无法满足学生多样化需求，因此，以学生喜闻乐见的形式将思政理念融入教学的各个环节中，如在社会实践中传输思政思想、在案例教学中融入思政理念，这将使学生对"课程思政"有全新的理解，促进学生对"课程思政"认可度的提升。

2. 扩充教学内容、革新教学方法

"中级财务会计"课程应改变传统以讲授为主的单一模式，提倡课堂多元化。在课堂上，教师可探索以案例教学、知识传授为主，以短视频播放、资料阅读为辅的授课方式；同时，注重探索新的思政教学形式，运用互联网等新兴科技，提升思政课堂的影响力与课程的传播力，发挥出课堂作为第一阵地的优势。在课后，安排学生至企业、会计师事务所参观，使其体验公司创新及诚信文化，也可安排学生到财会类博物馆感受厚重的中国会计史。这种方式构建了以课堂教学为依托、课后实践培养为补充的课程思政教育体系。

3. 杜绝为思政而思政，实现专业与思政的有机融合

对于大学生而言，专业课不宜为思政而思政，而应给他们形成潜移默化的影响。非思政课教师在专业课教学的过程中要紧密贴合当前资本市场中的重要问题，关注时政热点，让学生以主人翁的姿态参与交流讨论，在学生讨论过后老师要站在学生的角度，与学生共同探讨相关焦点问题，潜移默化地影响学生思维，做到"课程思政"的润物细无声。

4. 深挖思政元素、拓展思政内涵

"中级财务会计"课程是一门专业性、系统性强，思政涉面广的课程。课程团队可以专门成立素材收集小组,通过查阅文献、问卷调查、走访专家、组内研讨等多种方式对思政元素展开挖掘:①社会主义核心价值体系与会计结合点教育;②会计及企业法律法规政策教育;③优秀会计传统文化教育;④会计职业道德教育;⑤党史与红色会计教育。

5. 突破课程壁垒,创新培养模式

(1) 创建"多维立体"思政培养模式。"中级财务会计"课程建立思想政治、法律法规、职业道德、传统文化等不同切入维度,运用课堂思政教学、课后参观实践、定期教学考评等不同切入方式的思政培养模式,通过教师讲授、实习实践、参观感受等动态、立体的活动,有效推进思政人才培养。

(2) 确立"互通融合"的思政培养机制。"中级财务会计"课程探索专业教育和思政教育的"互通融合"之路。首先,全面推动"思政教学"进教材、进课堂。其次,将教学内容对应思政案例。例如,云南财经大学会计学院创建了"中级财务会计"课程专用思政教学案例库。最后,对授课教师加强思政德育,鼓励教师身体力行传扬"真善美"。

(3) 建立"多方联动"共建平台。"中级财务会计"课程促成学校与校外众多机构共同联动,拓展和提升思政教育平台。例如,云南财经大学会计学院"中级财务会计"课程形成了云南财经大学教务处牵头、会计学院全力配合、课程团队重点建设的思政改革组织模式。

五、结束语

相关院系可通过"中级财务会计"课程研究和教学研究两个维度,围绕社会主义核心价值观、会计职业道德、会计准则、会计文化和党史中的会计政策演进体系,形成"一体两翼"思政教学理念。使用多维教学手段、多方联动塑造"心中有道德、手中有技术"的复合会计人才。

参考文献

[1] 付思,章洁倩.大学生视角下高校"课程思政"现状及思考[J].教育教学论坛,2020(42):51-52.
[2] 章雁.关于本科"中级财务会计"实施课程思政教学的思考[J].商业会计,2020(7):103-105.

以德育人,以文化人
——云南财经大学"中级财务会计"课程思政改革探索及创新

鲁啸宇[①] 陈旭东[②]

一、引言

2019年3月,习近平总书记在思政理论教师座谈会上提出思政课程是高校以德树人、以文化人的关键性课程,必须将思政课程放置于课程建设的关键位置上。2019年8月,中共中央办公厅、国务院办公厅印发《关于深化新时代学校思想政治理论课改革创新的若干意见》,以文件的形式向高校传达总书记的指示性精神。2020年5月28日,教育部印发《高等学校课程思政建设指导纲要》,提出把思想政治教育贯穿于人才培养体系,全面推进高校课程思政建设,发挥好每门课程的育人作用,提高高校人才培养质量。

云南财经大学会计学院积极响应教育部号召,迅速成立课程思政团队,通过分析会计行业、会计课程以及会计思政研究现状,寻找思政改革进程中呈现的问题,进而寻求解决方案。云南财经大学会计学院通过教学模式改革、教学机制改革、教学平台改革等多重综合性改革,达到"以德树人、以文化人"的教学目的,培养职业操守与专业能力并重的综合性会计人才。

2021年1月13日,云南财经大学"中级财务会计"课程正式列为"云南省高校课程思政示范课重点培育项目"。本文将云南财经大学会计学院课程思政改革建设中发现的问题、总结的经验与公众分享。

二、现状分析

(一)会计行业现状

会计行业面临着日趋严重的财务造假现象。虚开发票、账账不符、会计造假屡见不鲜。财务造假、利益输送等现象严重地损害了股民利益,对社会造成了极大的潜在危害(高霞,2020)。而这些现象都与会计行业的相关人员有着密切的联系,其根本原因是会计行业的从业人员缺少思政方面的教育,职业道德低下。再加上一些企业内控机制不够健全、管理不够规范、监督不够严格导致会计从业人员出于自身

---

① 鲁啸宇(1998—),云南财经大学会计学院硕士研究生。
② 陈旭东(1963—),云南财经大学会计学院教授、硕士生导师。

利益的考虑违反职业道德,进行潜在利益输送或帮助大股东进行"隧道挖掘"。因此,会计行业是职业道德异常重要的行业,会计学课程必须坚持"德育""法育"的理念。

(二) 会计课程现状

至2021年9月8日,云南财经大学会计学院会计学专业、审计学专业、财务管理专业均成功入选国家级一流本科专业,"中级财务会计"课程作为三个专业的必修课程,已经形成了一套从师资配备、课程教授到实践培育、人才输送的完整的人才培养体系,其专业性已经毋庸置疑。但是在课程建设早期,会计学院未将思政教育摆在课程建设的重要位置,为推动课程的思政改革发展,我们先以问卷的形式对会计课程的现状进行调查分析。

此次调查问卷的对象为云南财经大学会计学院会计学专业、审计学专业以及财务管理专业的学生,共下发520份,回收407份,有效问卷309份,有效问卷的填写人员中,会计专业的有267人,审计专业的有23人,财务管理专业的有19人。在问卷分析中,我们引入统计学"t值",通过显著性检验保证问卷的逻辑性和科学性。

1. 课程评价

从图1显示的结果来看,77%的同学认为财务会计是最为重要的课程,仅有3%的同学认为会计职业道德最为重要。同时我们统计了学生对于职业道德重要性的看法,其中超过58.57%同学给职业道德的评分达到4分及以上(总分为5分)。由此可知,学生其实已经将职业道德摆在了一个重要的位置,但是在专业课程面前,其重要性仍显得极为不足,其原因在于当前高校育人始终将专业放在首位,以专业掌握程度作为单一的考核标准,导致学生即使知道会计职业道德非常重要,也只能将其摆在边缘位置。

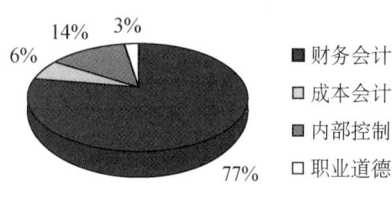

图1 关于我校会计学院学生认为
最重要课程的统计

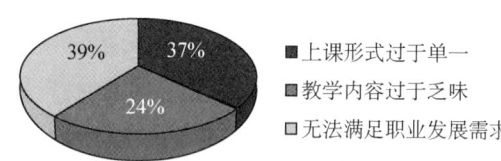

图2 关于我校会计学院学生认为
课程现有缺陷的统计

图2反映了我校会计学院学生对课程现有缺陷的认知。39%的同学认为课程设置已经无法满足职业发展的需求。随着时代的进步,社会不再仅仅需要专业能力可以胜任的人员,更多需要在政治认同、职业道德、专业素养等多方面发展的专业人才。虽然众多财经类高校已将"中级财务会计"课程纳入培养体系当中,但是课程的设置过于陈旧,其与时俱进的能力有待考量,很多老师不清楚社会新要求,也不了解学生对会计课程的新想法(余毅,2011),导致课程设置落后,无法满足职业需求,违背了教学育人的初衷。

2. 学生满意度调查

从总体来看,学生对教师的满意度较高,认可教学媒介具有先进性,对专业性课程的满意程度也非常高。但是在讨论课程设置及考核机制时,学生普遍认为其设置不尽合理,其原因在于目前高校育人注重专业教学,忽略了课程的多样化发展,从而导致课堂缺乏趣味性、课程无法满足学生需求。在考核上,采用"期中+期末"的单一考核机制,仅通过考试评价学生,学生无法展示自己的综合性才能,导致对考核评价方法不甚满意。高校会计教育学生满意度描述性统计如表1所示。

表1 高校会计教育学生满意度描述性统计

高校会计教育现状指标	Obs	Mean	Std. Dev.	t -
教师素质满意度	309	3.368 932	1.461 566	2.305 015**
教学媒介先进程度	309	3.097 087	1.234 103	2.509 586**
专业课程满意程度	309	3.621 359	1.201 594	3.013 796***
课程设置合理程度	309	2.456 311	1.225 62	2.004 138**
考核机制丰富程度	309	1.987 055	1.175 988	1.689 690*

注:(1)表1中,所有指标按照1~5分进行评价。
(2) *** 表示在1%的显著性水平上显著,** 表示在5%的显著性水平上显著,* 表示在10%的显著性水平上显著。

3. 学生能力调查

本部分从重要性和实际掌握程度两方面进行调查并比较两者之间的差距。

从表2来看,学生们在对三项问题的认知程度上具有一致性,三项的重要性均值皆达到3.6分以上,且都在1%的显著性水平上显著。即在学生的认知中,专业知识、职业道德以及熟知党的思想及政策均十分重要,每个都是职业发展的必须要素,每个都是会计学习不可或缺的部分。在掌握程度上,专业知识的掌握均值达到4.0分以上,未达标数呈现负值,可见学生的专业能力极强,这也得益于云南财经大学会计学院雄厚的师资力量以及专业育人的学校文化。而学生对职业道德以及党中央思想及政策的掌握程度上却不高,学生在明白其重要性的基础上而未能很好掌握的根本原因在于学校的重视度不够,学生无法获取有关"思政"方面的学习渠道,最终导致掌握度与重要性高度不匹配。

表2 云南财经大学会计专业学生知识结构现状的描述性统计

技能要素	重要性			实际掌握程度			未达标数
	Mean	Std. Dev.	t -	Mean	Std. Dev.	t -	
专业知识	3.601 942	1.197 995	3.006 640***	4.016 181	1.361 482	2.949 860***	-0.414 239
职业道德	3.660 194	1.310 943	2.792 031***	1.880 259	0.991 145	1.897 057*	1.779 935

(续表)

技能要素	重要性			实际掌握程度			未达标数
	Mean	Std. Dev.	t-	Mean	Std. Dev.	t-	
党中央思想及政策领悟	3.679 612	1.305 932	2.817 614***	2.453 074	1.305 047	1.879 682*	1.226 536

注:(1) 所有指标按照1~5分进行评价。
　　(2) *** 表示在1%的显著性水平上显著,** 表示在5%的显著性水平上显著,* 表示在10%的显著性水平上显著。
　　(3) 未达标数等于重要性均值与实际掌握程度均值之差。

4. 学习方式有效性调查

表3呈现了云南财经大学会计学院学生的主要学习途径,其中讲座学习有效性评分的均值仅为1.83分,而教师授课有效性均值达到3.73分,表明教师教学仍然是当前高校育人的主要渠道,且其教学效果具有显著性,这就要求思政改革必须发挥教师的"主力军"作用,从而在根源上改变思政现状。同时,实习实践有效性的评分均值同样达到3.58的高分,"中级财务会计"课程建设近年来取得了一定进展,以课堂教学为基点、实践教学为辅助的教学模式深入人心,掀起了实践教学的新型潮流,其育人效果十分显著,因此,在调查问卷中,学生们普遍认为实习实践活动对他们专业能力的提升帮助巨大。基于此,思政改革应继续发挥实践教学的优势,让思政理念深入人心。

表3　云南财经大学会计专业学生对学习方式有效性认知的描述性统计

项目	Obs	平均值	标准差	t-
教师授课有效性	309	3.731 392	1.490 996	2.502 617***
讲座学习有效性	309	1.831 715	1.205 034	1.520 053***
实习实践有效性	309	3.576 052	1.378 714	2.593 759**

注:(1) 每个项目是按1~5分来打分的,分数越高代表在该项目上做得越好,3分为"一般"。
　　(2) *** 和 ** 分别表示在1%和5%水平上显著。

(三) 存在问题

通过对会计行业与会计现状的分析,我们认为当前中级财务会计课程存在以下几项问题。

1. 对课程思政重视度不高

资本市场存在大量的财务造假现象,虚假报表、利益输送等欺骗投资者的行为屡见不鲜,但这些并未引起教育部门的过多关注。例如,云南财经大学直到2020年才开始将思政改革纳入重点课程建设范畴。从目前云南财经大学会计学院的课程培养情况来看,学校思政培养力度较弱,会计学专业嵌入思政的课程极少,导致学生思政学习的途径极少。

2. 课程设置不够合理,无法满足职业发展需求

学生们已经逐渐认识到职业道德的重要性、了解到党的思想及政策对会计发展的引领作用,但是课程体系无法为其提供充分的思政配套服务,因此课程改革成为当务之急。

3. 考核机制不够丰富

"期中+期末"考试的考核方式将专业能力作为唯一的考核标准,学生的职业道德、法律意识等均不能在考核中有所展现。"中级财务会计"课程近年来推出"月考"的考核形式,将考核内容多样化,并逐步丰富学生期末最终成绩的组成要素。但是还尚未将"思政元素"纳入考核体系当中,导致学生对"思政"的重视度不够。此外,教师对学生的"单向考核"是目前考核的主要形式,学生无法对教师的专业能力进行评价,更无法对教师的思政素养进行反馈,从而导致教师对于"思政"的重视度也明显不够。

4. 实践教学不够突出

目前"中级财务会计"课程的实践教学主要在会计学院的"注册会计师特色班"实施,虽然有很好的育人效果,但尚未在全院范围内普及。此外,实践教学的目的尚还局限在专业能力的巩固和提升,并未引入思政元素,导致实践内容不够丰富,育人效果不够突出。

三、思路与目标

(一)会计课程思政建设的思路

面对"中级财务会计"课程设置过于单一,教授方式过于单薄的现象,本文认为,课程建设应从授课主体、授课客体及授课内容三方关系出发,从根本上进行全面改革。

1. 明确教师的主体地位

《高等学校课程思政建设指导纲要》指出,全面推进课程思政建设,教师是关键。高校育人,教师是当之无愧的主力军,立德树人必须从教师出发使其效用得以发挥。然而现如今部分教师将"只负责教书、不负责育人"的观点贯穿于教学始终,造成大学生思想政治偏离正轨,无法顺应时代需求。因此,在教师思政改革上,可从以下三方面入手:

(1)强化教师的思想政治水平,多角度多维度地展开教师的思想政治水平提升工作。

第一,学院应每周进行思想教育普及工作,由党委书记组织召开,深入学习党中央先进思想,保证教师队伍思想道德水平不滑坡,政治理念不偏移。

第二,学院可以开展教师思想政治建设活动,定期带领教学团队外出参观学习。"以史为镜,可以知兴替",思想政治建设活动可通过参观历史旧址、阅读史料文献等方式开展。

第三,举行课程思政建设研讨会。学院可以不定期举办研讨会,由教师汇报阶段性的建设情况、取得成果以及未来需要改善的地方等,促进教师间的交流,不断修改完善思政改革方案。

(2)要求教师将思政元素纳入教案。教学团队可根据"中级财务会计"各章节内容,寻找适合各个章节的思政切入点。如教授长期股权投资时,将并购过程中的高价格、高商誉现象作为教学重点,寻找与之相关的资本市场上的真实案例,将其纳入教案,形成规范化的教学计划。

(3) 促使教师将思政元素带入课堂。教师除了将思政元素纳入教案,更应从实际出发,在课堂中贯彻思政理念,开展一系列的思政教学活动。例如,通过看电视剧片段,使学生了解职场职业道德;通过看资本市场真实案例,让学生看到资本市场财务造假现象的严重后果。

2. 重视学生的客体地位

学生作为知识传授的对象,既是教学的出发点,也是落脚点,任何脱离了学生的教育都是无源之水、无本之木。课程思政改革的目的是培育道德操守与职业技能并重的综合性人才,因此,高校必须将"育人"放在思政改革的核心位置,让学生认同国家政策、了解党政发展历史、遵从职业道德规范,以学生需求为基准,培育符合时代需求的会计人才。因此,改革将从学生职业规划出发,了解企业、会计师事务所等机构对会计思政人才的要求,明白为谁培养人、怎样培养人以及培养什么样的人。

3. 教学过程全面改革

教学过程作为联系主体与客体的桥梁,是主体作用于客体并产生积极效应的实现形式,因此,高校在思政改革中需要对过程进行全面改革,从教学内容、教学媒介、教学地点等多角度进行改革。

首先,在教学内容方面全面引入思政内容,不仅需要在教案中体现思政元素,而且要在整个教学过程中贯彻思政理念。教师应改变以往单一的授课模式,在课堂中引入"案例教学"方式,以资本市场造假案例向学生展示最新的造假手段以及法律对此类案件的处理方式,强调遵守职业道德品质的重要性;此外,还可以在课堂上下发某些最新政策法规供学生了解等;除了课堂改革,高校还可以在考核中引入思政评价机制,在课后组织思政实习实践活动,全方位进行思政教学内容改革。

其次,跟紧时代步伐,引入新兴媒介。在教学媒介方面,高校可以引入多元化、多样化、高科技、高效率的媒介。以云南财经大学为例,自云南财经大学学分制改革以来,学校以二课积分值为基础,全面实施教学媒介改革,积极引入"雨课堂""MOOC"等上课媒介,引入二课活动实践软件,引入学分制教务系统,在全校范围内普及新型媒介,确保教学过程的智能化,促使教学效率显著提升。在课程思政改革过程中,高校可以积极地引入线上软件,确保整个改革过程具有先进性,让学生能从课堂以外的各个途径进行思政学习,为思政改革保驾护航。

最后,跨越时间空间,重塑学生需求。高校目前的教学地点主要局限于教室,教学实践也仅局限于课堂之上,导致学生的知识来源仅限于课本,而对社会实际工作需要并不了解。自"中级财务会计"开课以来,云南财经大学会计学院"中级财务会计"课程团队不断寻求理论与实践的交融点,力求在实践中发挥理论价值。课程改革注重实践的作用,跨越时间空间,重塑学生新需求,如通过安排学生到会计师事务所交流,使其了解会计职业道德,通过安排学生参观云南省博物馆,使其了解历史;通过安排学生到企业实习,使其了解企业对当今会计思政人才的需求。需求的重塑能让学生产生新的渴望,"德育"会有更为显著的效果。

(二)"中级财务会计"课程思政建设目标

1. 成为省级思政示范性优质课程

云南财经大学会计学院"中级财务会计"课程思政建设总体方向是以习近平新时代中国特色社会主义思想为指导,紧密围绕立德树人的根本任务,构建"一体两翼"的思政课程理念,全面进行思政改革。具体目标是建成一支优质的思政教学团队,编撰一份行之有效的思政教学方案,形成一套严谨创新的思政教学模式,打造一门具有示范意义的会计类思政课程。在课程建设过程中,课程团队逐渐将"中级财务会计"课程思政打造成一个品牌,成为云南省课程思政改革中的标志性课程,为全省各高校各课程的思政改革提供示范,推动高校课程思政改革全面进行。

2. 培育思想品质与专业能力并重的综合型人才

云南财经大学会计学院"中级财务会计"课程思政改革充分发扬自身优势,充分利用社会主义制度的优势,充分利用学校、学院的优质思政资源,为学生营造一个良好的思政学习氛围,逐渐将抽象的思政理念潜移默化地转化为对会计人才的具体要求,最终培养出思想品质、法律意识与专业能力并重的综合型人才,为社会输送优质的会计人才。

3. 促进会计行业树立新风

会计课程思政建设是会计行业蓬勃发展的基础,也是社会发展的客观需要,更是树立全新会计行业风气的条件(马辉,2020)。"中级财务会计"课程是会计学专业的必修课程,该课程的思政改革创新,能够促进思政理念深入人心,提高会计人员的政治素养、道德品行,提高会计行业从业人员的整体素质水平,促进会计行业树立新风气。

四、创新

1. 深挖思政元素,寻找思政创新点

中级财务会计是一门专业性、系统性强,思政涉面广的课程。课程团队专门成立素材收集小组,通过查阅文献、问卷调查、走访专家、组内研讨等多种方式对以下思政元素展开挖掘:①社会主义核心价值体系与会计结合点教育;②会计及企业法律法规政策教育;③会计优秀传统文化教育;④会计职业道德教育;⑤党史与红色会计。

2. 教学模式创新

(1)创建"多维立体"思政培养模式。建立思想政治、法律法规、职业道德、传统文化等不同切入维度,形成课堂思政教学、课后参观实践、定期教学考评等不同的思政培养模式,通过教师讲授、实习实践、参观感受等动态、立体的活动,有效推进思政人才培养模式改革。

(2)确立"互通融合"的思政培养机制。探索专业教育和思政教育的"互通融合"

之路。首先,全面推动"思政教学"进教材、进课堂;其次,将教学内容对应思政案例,创建"中级财务会计"专用思政教学案例库;最后,对授课教师加强思政德育,鼓励教师身体力行传扬"真善美"。

(3) 建立"多方联动"共建平台。促成学校与校外众多机构共同联动,拓展和提升思政教育平台;形成由云南财经大学教务处牵头、会计学院全力配合、课程团队重点建设的思政改革组织模式。此外,云南财经大学会计学院陆续与云南省财政厅、云南省审计厅、云南省注册会计师协会共建人才培养基地、实践基地,极大促进了优质思政教育资源共享。

3. 扩充教学内容、革新教学方法

课程团队改变传统以教师讲授为主的单一教学模式,提倡多元化、立体的思政教育方法。课堂教学形成了以案例教学、知识传授为主,以短视频观看、资料阅读为辅的授课方式。同时,注重探索新的思政教学形式,运用互联网等新兴科技,提升思政课堂的影响力与课程的传播力,发挥课堂作为第一阵地的优势。课后安排学生至企业、会计师事务所参观,使学生体验公司创新及诚信文化;安排学生至学校财会博物馆感受厚重的中国会计史,至司法鉴定中心理解法律法规的神圣不可侵犯。云南财经大学会计学院由此构建了以课堂教学为依托、课后实践培养为补充的课程思政教育体系。

4. 强调"双重主体"

(1) 强化教师的主导作用。一方面,云南财经大学会计学院强化教师作为知识传授主体的价值引领作用,将政治方向、价值认同、思想品德、志愿奉献、改革推进等要素纳入教师培养规范体系;另一方面,严格约束教师行为,树立积极向上的教学风气,引领良好价值行为。

(2) 树立以学生为主体的培养理念。"以德育人、以文化人",课程团队以培养品德与专业能力并重的综合性人才为出发点,贯彻德育理念,实现校师一致、师生一致、课程互补、同频共振,通过三方联动彻底改变思政德育弱化的现状。

5. 创新考核机制

(1) 融入现代信息元素,引入网络学习考核评价体系。云南财经大学会计学院"中级财务会计"课程目前已在智慧树平台上线,云南财经大学也全面引入雨课堂平台,开展线上线下同步教学。在网络教学过程中,学生可以对教师的课程情况进行实时评价,评价内容包括教师的思想道德水平、教师讲授内容质量等方面。教师也可以通过雨课堂、智慧树等网络教育平台对学生进行评价,实现信息技术融入考核体系。

(2) 建立"月考+期中考+期末考"的考核评价机制,时时监督学生学习思政状况。课程考核不仅仅局限于对学生进行期末考核,更看重对学生的日常考核,每月的月考是该课程的独特考核优势。月考考试设有案例分析题,着重考查学生对案例的自我见解,通过对答案进行专业性与思政性两方面的分析对学生进行综合评价,给出分数。

(3) 创新引入"实践考核"机制。会计的"社会性"特征极为突出,因此,通过实践进行思政培养是课程思政改革重点之一。课程团队在实践考核中引入社会公众人员对学生专业能力、思想品德等的客观评价,并结合教师意见给出综合实践评分。

参考文献

[1] 高霞.《财务会计》课程思政改革探索[J].财会学习,2020(28):166-168.

[2] 余毅.《中级财务会计》课程教学改革探讨[J].企业导报,2011(17):212-213.

[3] 教育部.教育部关于印发《高等学校课程思政建设指导纲要》的通知[EB/OL].(2020-06-06) [2022-08-18].http://www.gov.cn/zhengce/zhengceku/2020-06-06/content_5517606.htm.

[4] 刘慧芳."中级财务会计"课程思政教学实践探讨——以山西工商学院为例[J].商业会计,2019,000(017):125-127.

[5] 张晓磊,何云辉.大思政背景下财务会计课程"思政"融入点初探[J].现代营销(经营版),2019,323(11):165-165.

[6] 马辉.浅析高校会计基础工作规范的重要性[J].贵州农机化,2020,332(04):41-42.

以人为本,以理服人
——论"具身式教学观"在课程思政中的作用

陈瑜婕[①]

一、理性教育观对课程思政的理解

已有的学习、教学和评估的理论框架体系对心理学的运用更多集中在对认知这一过程的使用,也就是根据个体心理过程的结构和特点,更合理地组织不同类型的知识,其目标是促进知识的保持和迁移,即理解和运用。这是以建构主义的学习观为基础的教学观,它把学习的认知过程分为记忆、理解、运用、评价和创造等五个过程,笔者将这种教育观称为理性教育观。可是学习并不仅仅是从别处获得知识的过程,学习更应是帮助人培养思考的能力,使学习者的人格得到升华。

显然,在理性教育观下,学习者的头脑被大量的知识、概念充斥着。这种模式培养出来的人,与现实社会有一定差距,在面对实际问题时缺乏经验和体验,因畏难而在行为上缺乏动力和活力,也很难真正做到践行社会主义核心价值观,做到知行合一。因此,在步入社会后,他们仍然需要更多知识、经验的积累和模仿才能获得真正理解社会和互动的能力。

二、具身式教育观对课程思政的理解

自1956年马萨诸塞理工学院召开的一次信息论的科学讨论会提出认知科学概念后,认知科学得到了迅速的发展,成为一个备受关注的学术研究领域,对心理学、语言学、教育学、神经科学、人工智能等都有很大程度的影响。同时,受认知计算论的局限,很多学科均认为人类的认知是可计算的,而认知加工就是计算。以"离身心智论"为主的教育理论无法摆脱第一代认知科学固有的藩篱,在一定程度上违背了人的认知和心智发展的规律。

自20世纪90年代后,被称为第二代认知科学的具身认知理论迅速兴起。一系列具身认知的实验研究发现,温度、空间、重量、触感等直觉每时每刻都在对人的情绪、态度、决策、思维、记忆及道德等高级认知活动产生微妙的影响。与传统的理性教育观不同,具身式教育观认为学习者获取知识的方式是自下而上的,学习者获得知识的本质方式是通过身体"经验",包括感觉、知觉、运动等是人类与环境互动的"经验"。通过这

① 陈瑜婕(1992—),云南财经大学会计学院讲师。

样自下而上的学习方式,学习者不仅可以获得概念性、结构性的知识,而且能够更好地开发心智,因为个体的思维和认知在很大程度上是依赖和发端于身体的,身体的构造、神经的结构、感官和运动系统的活动方式决定了人们的思维风格,也影响着个体认知世界的方式,而这些也正是个体接受教育的本质。

思政教育的本质是在素质教育背景下,培养出具备良好的思想道德品质和坚定的政治立场的人才。这就意味着高校在传授知识的同时,立足于学习者道德品质的培养。道德作为人类特有的高级社会情感,其形成和发展的基础是个体对世界的体验以及在其基础上形成的认知系统。具身式教育观下的思政教育侧重于个体的具身性、体验性、生成性和情境性。

道德是发端于身体之中的,与身体具有至关重要的联系,个体形成道德观念的过程不仅深受身体与环境、文化的相互作用,同时也受到个体生理的约束。高校要想做到立德树人,就需要重视学生身体的生理基础、身体与环境的交互作用等。

(一)个体生物性对学习的影响

笔者所提出的以人为本的具身式教育观更为重视人本身在教育活动中的作用,强调"全脑+躯体"的模式,主张在以往理性教育的基础上,增加感性教育,真正实现心理活动中知(认知)、情(情感)、意(意志)对学习过程的全覆盖,同时也重视个体意识与环境交互的部分——躯体。

人具有生物性,会自动地对环境中的一些刺激作出反应,也会受制于生物本能,但人与动物的区别在于人有自由意志,能够决定自己的目的和行动方向。同时,人永远都会积极地寻求发展与成长,即"自我完善",这是因为人有一股巨大的且常常被忽略,甚至被压抑的驱力,这个驱力是由认知、情感和意志在"自我完善"的目标下共同产生的。但在实际教育中,教育者常常使用推理、运算等的逻辑手段开发学习者的理性认知系统,用"应该"的期待来塑造学习者,以奖惩的方式来驱动学习者,常常忽视躯体经验、情感、艺术、空间等的教育作用,这也是近年来青少年心理健康问题频发的原因之一。"全脑+躯体"教育模式就是辅助学习者用左脑去积累知识、理解信念、明晰责任,用右脑去觉察和体验情绪情感,积极运用艺术、空间等方式去增加对不可控的感性驱力的涵容,充分认识和发展自我,将外在的理性驱力和内在的感性驱力统合起来。同时,人的思想、感情和行动是由我们的自我感觉组织的,发展右脑感性教育能够帮助学生更好地认识和发展自我,帮助学生更好地回忆过去、评估现在、计划未来,增强行为的适应性和发展性,真正做到践行社会主义核心价值观。

目前传统的教育观认为"学习"是适应环境的最有效手段,因此,教学重难点主要集中在促进学生对知识性内容的记忆与运用,学生通过对知识性内容形成认识,进而学着去归因,并逐步采用这种能力来解释和预测。而这种方法在培育和践行社会主义核心价值观的过程中,会给"学习者"带来一定的困惑——关于如何界定价值、形成价值观并去践行的困惑。

(二) 对价值及价值观的理解

因为个体在理解和对价值观进行归因比理解和对意图、情绪等进行归因需要更多的复杂认知，具身式教育观将个体心理状态进行了区分，分为坚固心理状态（理想、信念、愿望、价值观等）和亚信念心理状态（意图和情绪等）。

马克思在《1844年经济学哲学手稿》中就提出了三个著名的论断：一是"贩卖矿物的商人只看到矿物的商业价值，而看不到矿物的美和特性"；二是"忧心忡忡的穷人甚至对最美丽的景色都没有什么感觉"；三是"对于没有音乐感的耳朵说来，最美的音乐也毫无意义，不是对象"。马克思的这三个论断强调的不是事实判断，即"是什么"，而是价值判断，即"应如何"，也就是说，所谓的价值，主要取决于客体对主体的意义，客体事物能够多大程度被主体使用且满足主体的需要直接决定了客体的价值，价值是一种存在于主客体间的意义关系，不是单纯的由主体或客体的自有属性构成的。因此，价值关系深刻地存在于人与环境间的实践与认识活动之中，也就意味着界定价值的过程必须通过互动来完成（杨耕，2015）。

传统的理性教育更多强调主体单方面的学习，以形成知识库为教育重点，对于"价值"的界定往往来源于他人或大众已有的观念，这种未经自己实践得来的价值判断很难与自己已有的认知系统和躯体经验产生较强的联结，进而内化成为个体价值观。

每一种观念的形成都是基于个体对自身发展和需要的了解与满足，价值观也如此，它基于一切的价值关系和个体活动经验，但受个体的价值理想所引导，为个体的自我感受和文化氛围所影响。不同的人有不同的需求和自我意识，也就形成了不同的价值观。因此，价值观相较于价值关系更为主观，更具独特性和私人性。

(三) 具身实践的重要性

在日常生活中，个体的行为和情绪在很大程度上取决于个体的心理状态，要想在教育教学中做好社会主义核心价值观的培育，就要从形成不同心理状态的经验组成开始。

解决这个问题的方法就是"实践"。具身式教育观认为社会认知能力并不是基于理性"知识库"形成的，而是来自更加基本的、非心理的具身实践活动，个体若要发展社会化的信念及价值观，必须有足够的具身实践。这一具身实践是由"原初交互主体性"和"次级交互主体性"构成，原初交互主体性是人的一种天生的或者很早就发展出来的能力，即躯体阅读能力，使个体能在知觉经验水平上和他人互动，如察觉他人的躯体动作、脸部表情、眼动方向、意图和感受等。1岁以后，个体逐渐开始发展次级交互主体性，他们的社会理解能力也会有大幅度的提高，而这个过程是不涉及心理活动的。个体通过完成多次原初和次级交互主体性获得交互活动的意义，不断积累属于个体独特的价值关系，最终形成坚固的心理状态。

(四) 躯体阅读的发展对课程思政的启发

"课程思政"框架建设以"立德树人"为主旨，以实现知识传授、能力培养与价值引领的有机统一为目标，这个建设的过程更应该是为个体成长搭建脚手架，帮助并引导个体在自身力量不足或目标不明确的时候找一个支点,个体通过内化多个"支点"构建的"支架"来形成信念。

上文也提到在个体成长过程中伴随着躯体阅读能力的发展,个体天生具有追踪他人意图和眼动的行为倾向,通过对环境和他人的切身"阅读",能够更好地理解不同的社会情境中主体和客体的心理状态,逐渐构建起我们理解他人、认识世界的基本方式——世界观、人生观、价值观。如果环境中的事物都是和我们所要培养的品质一致或类似的主体,在一致性基础上,学习者能够更好地内化这些"支点"的意义。

当然,个体形成信念的过程并不是一味地输入正确信念,基于知识性内容的输入所形成的表征是片面、苍白的,知识性信念代表的是一种"第三人称"的视角,人处于这个视角下会有更少的理解和预测行为,以及更多的评价行为。在个体接受教育的过程中,如果评价行为过多,个体将无法很好理解和接受自己做得不够好的部分,产生强烈的自责和内疚,进而产生畏难、焦虑、抑郁,甚至自我攻击。

个体需要的是在发展过程中认识到某人持有的信念可以是与事实不相符的经验,即对错误信念的认识和理解,这标志着个体开始发展对自己或他人的内在状态与外在行为的认知能力,同时这也是个人掌握信念的基础。因为对于"错误"及"不足够好"的理解和接纳是个体产生勇气的基础。如果个体经历过"错误"并发现这个"错误"是可以被修正的,个体将敢于探索,敢于质疑,敢于发现。但是理解和接受错误信念的存在是一个不容易的过程,这伴随着个体攻击性的释放与体验"被摧毁"的感受,如果能够在一个安全、稳定的环境中进行躯体阅读,可以更好地帮助个体有效释放在发现和接纳错误信念时产生的沮丧、难过甚至愤怒的情绪,更平稳地过渡到信念重建中,而课程思政就需要提供一个这样的空间与平台。

三、课程思政建设中融入具身式教学观

(一) 培养躯体阅读能力

有别于传统经济学的观点认为人是绝对理性的,"以人为本"的教育观强调所有的学习者都是有限理性的且受资源约束,因此,在任何情境中,个体都无法预见所有可能的信息,少数个体能够做到,但也无法将它们全部记住并且成功运用到社会交互中。因此,教育就是帮助个体学会使用某种方式将信息缩减至能够注意的范围,并快速决定哪些信息是有用的。培养躯体阅读能力就是为个体安装一种内置的启动式模型,帮助个体在相同或相似的环境中快速地掌握环境和他人的相关信息。

参考 Simon Baron—Cohen 列举的需要发展躯体阅读能力的八种行为:带有目的地和他人交流、弥补与他人失败的交流、教导他人、有目的地说服他人、有目的地欺骗他人、建构共同计划和目标、目的性地联合注意一个观点或话题、假装。不难发现要想培养躯体阅读能力就一定要进行"实践",而在这个实践中感受失败、弥补失败、合理地表达攻击性和接纳攻击性都是非常重要的目标。

(二) 完成错误信念任务

基于具身式教学观,完成错误信念任务是十分重要的一环,应该被作为课程思政的一部分。根据萨尔茨堡大学的 Heinz Wimmer 和 Josef Perner 对错误信念任务所作的分级,课程建设可做如下设计:

一级错误信念任务,它是指个体对真实事件的思考,如果挑战失败,则说明个体站在他人的角度思考问题的能力还有待提高。参考威尔·史密斯的社会实验,中国台湾的洪黄祥老师设计了一个情境:借奥斯卡颁奖礼上著名演员威尔·史密斯扇主持人克里斯一耳光的事件为题,不断公布事件细节,让学生进行反复表态,对每一次表达的正反双方和从始至终都未改变态度的人数进行统计。实际在教学过程中,可以当下热点的冲突事件来引发个体思考,设计多次反转让个体以"第一人称"的角度去体验"错误"信念及修复"错误"带来的感受,能够使个体更直观地对环境和他人进行躯体阅读,从而搭建起相对稳定的心理状态。

二级错误信念任务,它指的是个体对他人关于另外一个人的信念的推断或认知,如果挑战失败,就说明个体对于估计另一个人对于他人问题的判断存在偏差或无法估计。具体方法是借不同的思政故事,引导学习者把自己想象成故事中的主人公,让其猜测故事中另一个人的想法。这是将"第三人称"转化为"第一人称"视角,增加个体对信念的理解和预测。同时,在完成任务过程中,个体通过"阅读"环境中其他人的躯体信息来增加社会理解的经验性知识。

(三) 营造知行合一的环境

个体都存在情境同一性,即在不同的社会情境中,个体都有对应其当下社会身份的行为模式。当个体表现出的躯体语言与其社会身份相符合,就能够减少观念上的冲突,对存在同一性的想法与行为产生积极的促进作用,增加其身份认同感。当然,对某个社会身份的认同同样会促进个体增加与之相符的行为和信念。

要想培养具备良好的思想道德品质和坚定政治立场的大学生,不仅需要培养其坚定的信念以促使其形成角色认同,还需要促进其在社会化的过程中充分理解并运用身体语言。

除了上文提到的培养躯体阅读的能力,形成稳定的心理状态,营造合适的环境也是非常重要的。在知行合一的环境中,个体通过与环境、环境中的多个客体进行交互,可以更好地积累躯体阅读的经验,将多个客体的意图倾向、行为习惯等素材作为"支点"整合进自己信念"支架"中,形成"第一视角"的人生观、价值观和世界观。

营造知行合一的环境也有助于个体通过具身隐喻来建立认知系统。隐喻既是一种语言学的修辞手法,也是一种内隐的认知方式、一种形象化的思维能力。借助隐喻的映射,个体不仅可以理解因未经历过而不熟悉的意义与特征,还能创造出新的意义与特征。个体要想很好地使用隐喻,就需要在与环境的互动中,通过躯体经验不断巩固本体和喻体之间联系熟悉程度和紧密程度。

个体从有自我意识以来,就不断地在以自身为世界参照的过程中建立起与世界的普遍联系。通过理论指导行为,在体验中探索价值,在行动中激活观念,真正意义上做到知行合一。我们的内在世界知识结构由我们的躯体经验和意识上的哲学理论组成。通过先进人物的故事来引发思考也是非常有效的方法,这是一种通过生命影响生命的手段,能够将很多难以用语言描述的触动直接传递到人的潜意识层面,内化在人的观念态度中。

四、结束语

课程思政是"课程"与"思政"的统一,课程思政建设是将"思政元素"融入"课程"的过程,如何融入?这是目前普遍存在的难题;本文试图运用心理学中的"具身式教育观"理论,以"人"为研究主体,通过"实践"培养躯体阅读能力,纠正"错误信念",达到"知行合一"。当今社会,社会主义核心价值观是我们培养学生的道德标准,培养过程是如"春风化雨,润物无声"般漫长而复杂的,作为教育者同样需要在"具身式教育观"理论指导下,在体验中探索价值,在行动中激活观念,真正做到"立德树人,以德服人"。

参考文献

[1] 杨耕.价值、价值观与核心价值观[J].北京师范大学学报:社会科学版,2015(1):7.

[2] 香农·斯鲍丁,陈巍,庄文旭.具身认知与读心[J].武陵学刊,2013,38(5):11.

[3] 范琪,叶浩生.具身认知与具身隐喻——认知的具身转向及隐喻认知功能探析[J].西北师大学报:社会科学版,2014,51(3):6.

[4] 王美倩,郑旭东.具身认知与学习环境:教育技术学视野的理论考察[J].开放教育研究,2015,21(01):53-61.

[5] 沈秋欢.高校"课程思政"的隐性融合:问题表征与调适策略——以社会学为例[J].产业与科技论坛,2022,21(4):2.

[6] 李中华,刘翠芬.基于学习进阶的高校思政课程资源开发初探[J].黑龙江高教研究,2022,40(2):6.

[7] 张帆.课程思政建设的关键要素与实施途径探析[J].北京教育:高教版,2022(2):3.

[8] 万俊人.道德之维:现代经济伦理导论[M].广州:广东人民出版社,2011.

[9] 吴琦娟.从"离身"到"具身"[D].长沙:湖南师范大学,2019.

学以致用,实践育人
——"云南财经大学司法鉴定中心"成立二十周年反思

葛茂光① 陈旭东② 兰 剑③ 陈德怀④

一、"司法会计鉴定"助力经济健康发展

司法会计鉴定作为司法鉴定的重要组成部分,在诉讼事务处理中其鉴定意见的专业性往往不能被其他程序所替代,因此,司法会计鉴定在为司法机关进行案件侦查和诉讼中发挥着巨大的作用。

随着社会的发展与进步,司法会计鉴定在我国的应用越来越广泛,随之而来的是市场对司法会计鉴定人才的需求量增大。但我国高校较少设置司法会计鉴定相关课程或几乎没有提供司法会计鉴定实操平台,很难输送优质的司法会计鉴定人才来填补市场上这一缺口。基于这一现象,云南财经大学会计学院在课程教学中增添司法会计鉴定内容,并为学生提供司法会计鉴定实习平台,让学生能在掌握司法会计鉴定理论知识的基础上,进行实操,不断深化自己对理论知识的理解,为社会提供具备司法会计鉴定能力的专业人才。广大师生在参与该类业务过程中可以得到极大的锻炼并可以针对"司法会计鉴定"业务中出现的问题进行科学研究,为课程建设和专业建设收集大量素材,形成包括教材、论文、课题在内的一批科研成果。

2021年8月9日,教育部正式将"法务会计"纳入本科培养体系,为司法会计人才的培养翻开了新篇章。云南财经大学会计学院课程建设积极响应教育部号召,加强司法人才培养力度,从培养模式的构建到培养过程的探索,从课堂到课外,从教师到学生,实现司法会计鉴定人才培养的多元化发展。

2021年是"云南财经大学司法鉴定中心"(简称中心)成立20周年,本文对其20年的运行与发展进行总结与反思,供同行借鉴。

二、"云南财经大学司法鉴定中心"实践历程

(一)学习与尝试阶段(2001—2005年)
1. 收集相关资料

研读国内外有关司法会计鉴定在执业组织机构建设方面、司法理论与业务融合、

---

① 葛茂光(1966—)云南财经大学司法鉴定中心创立者之一、高级经济师。
② 陈旭东(1963—)云南财经大学会计学院教授、硕士研究生导师。
③ 兰剑(1969—)云南财经大学司法鉴定中心原主任、律师。
④ 陈德怀(1963—)云南财经大学司法鉴定中心创立者之一、副主任、博士、副教授、注册会计师。

高校培养与实践育人方面的文献,搜集我国司法会计鉴定案件的信息,梳理业务流程、归纳鉴定方法,进行学习借鉴。

2. 进行比较研究

通过了解我国司法会计鉴定相关法规,对比国内外司法会计鉴定的现状,总结我国司法会计鉴定的特殊之处,探索专业研究和人才培养之路。

3. 成立鉴定机构

2001年,"云南财贸学院司法鉴定中心"(后更名为"云南财经大学司法鉴定中心")正式成立,其面向市场接受委托,尝试司法会计鉴定业务;其通过"三边"(边学习、边工作、边总结)策略,积累经验,建立渠道,组建团队,探索一条财经类高校开展"司法会计鉴定"业务与人才培养相结合的路子。

(二)实践与积累阶段(2005—2019年)

1. 流程设计

通过学习与尝试阶段对司法会计鉴定的法律、法规以及其他相关资料的汇集整理,"中心"成员对司法会计鉴定业务有了充分的认识。在此基础上,大家围绕鉴定目的,进行流程设计,包括委托事项分析、鉴定材料梳理、鉴定思路设计和鉴定计划实施等具体事项。

2. 开展业务

"中心"先后与昆明市盘龙区公安局、检察院、法院和富宁县公安局、勐腊县法院、玉溪红塔区公安局以及大量的企业合作,开展"司法会计鉴定"业务;重点针对非法吸收公众存款,集资诈骗等经济案件和建筑工程造价纠纷等犯罪行为提供司法会计鉴定,为司法行政机关在司法诉讼活动提供科学的鉴定意见,为维护司法公正做出了应有的贡献。

3. 课程建设

"中心"成员在整理相关文献和搜集司法会计鉴定人员培养信息的基础上,分析高校学生司法会计鉴定能力培养的现状,发现存在的问题,并针对问题从创新教学方法、教学目标设置、课程内容改革方面积极探索、不断改革。

4. 人才培养

"云南财经大学司法鉴定中心"为教学活动创造真实的工作平台。在课余时间,组织学生到"云南财经大学司法鉴定中心"进行项目实践,让学生切身参与到社会生活中的真实司法会计鉴定项目中,在实践中将司法会计融会贯通。

5. 专业指导

"中心"多次邀请云南财经大学相关教学专家以及会计师事务所相关实践专家进行指导,保证整个鉴定过程的严谨性和科学性。

(三)总结与反思阶段(2019至今)

1. 司法案例类型总结

2005年8月1日至2019年12月31日,中心共承接司法案件62件,出具鉴定报告及补充意见101份。其中,云南财经大学各学院本科及研究生同学在老师的带领下参与司法会计鉴定案件39起,累计参加人次高达2 830余人次,累计鉴定金额达数十亿元人民币。其中,非法吸收公众存款案、职务侵占案以及合同诈骗案占比达到3/4,为司法鉴定案件的主要类型。

2. 学生实践工作总结

学生对于整个实践期间的所思所得进行汇报讨论,反馈知识接受程度和工作技能掌握情况,互相学习进步;有数位研究生和本科生以司法鉴定为题撰写了毕业论文并获得好评。

3. 鉴定工作方法总结

"中心"成员通过司法会计鉴定实际工作的开展情况,整理、归纳不同类型司法会计鉴定工作在不同工作阶段存在的问题,提出关键问题的相应解决措施;探索出各类经济案件的司法会计鉴定流程和方法,并将其作为处理日常司法鉴定案件的依托。

4. 课题研究与教学效果总结

"中心"成员通过收集、汇总教学过程中的相关文件资料、总结教学经验与教训,进行演讲汇报,并根据多方意见进行修改提炼,最终形成报告。2020年,在结合司法会计鉴定实践的基础上完成"中级财务会计"重点课程建设项目的结题工作,并顺利通过"司法会计鉴定与课程建设"的课题验收,研究成果被云南财经大学评为优秀教学成果二等奖。

三、"司法会计鉴定"活动推动教学改革和人才培养

(一) 改革培养模式

从目前司法会计鉴定能力培养情况来看,我国的大部分学校甚至是财经类院校很少专门开设司法会计类专业(有极少数学校设置了专业方向),导致学生学习途径少,学校培养力度弱。在实际教学中,教师更多地将教学重点放在传统的知识传授上,重理论知识灌输而轻动手能力培养,导致教学效果较差。我国多数高等院校课程设置只关注狭隘的专业理论,而忽视新学科与新知识的交叉与渗透,司法会计鉴定专业课程严重偏离实务工作方向,培育的人才无法满足各司法部门对司法会计鉴定人才的需求。并且,单一重复的教学模式与授课内容,极易导致学生轨道化发展,在降低学生兴趣的同时还会造成学生职业结构的不合理。

针对以上问题,我们探索了一系列解决问题的路径和方法。

1. 调整教学方法

"中心"成员针对司法会计鉴定岗位需求,从云南财经大学司法鉴定中心经手的真实案例出发,带领学生在实践体验中学习,让学生分组讨论,共同探寻处理措施及解决方案。同时,在整个教学过程中设置校外导师模式(校外导师由律师、注册会计师、财务总监等具有丰富实践经验的专业人员构成),各项目均由校外导师带队,指导学生们

从始至终完整跟进。校内、校外导师的教学模式突破传统教学只局限于课堂上的束缚,使学生能更全面、更直接、更接地气地进行学习。

2. 重设教学目标

"中心"成员与会计学院重新对司法会计鉴定课程教学目标进行设定,设计的总体目标分为两个方面:一是以提升学生的业务处理能力与合作能力为目标,通过案例引导加小组讨论的方式,对司法会计鉴定业务的整体梳理与具体分析等方法实现;二是以提升学生学习兴趣为目标,让学生通过亲身参与获得身临其境的现场感,提高实践过程的趣味性,为理论教学打下基础,也为学生今后学习其他财务课程和从事司法会计鉴定工作奠定基础。

3. 改革课程内容

课程内容改革是教学改革的基础,"中心"成员在司法会计鉴定实践基础上建立一套合理的专业教学体系,并将其融入教学大纲和教学方案,使培养对象将来走向岗位时更具专业胜任能力。"中心"成员通过对行业现状及未来发展进行深入分析,将专业技能分解为法律基础、核算能力、检查鉴定技能等。"中心"成员以会计专业理论知识为基础,引入司法会计鉴定内容,深化课程改革,实现课程内容与司法会计鉴定实务工作的良好对接。

(二)突出实践教学

为巩固学生在课堂上学习的司法鉴定理论知识,提高其实务操作能力,云南财经大学司法鉴定中心为教学活动创造真实的工作平台,让学生参与实际的司法会计鉴定项目,实现教学实训与实务工作的有机融合。

在对62起司法鉴定案件进行分析时,教师引领学生从案件本身出发,通过切身参与总结出以下三类案件特征。

1. 非法吸收公众存款、职务侵占、合同诈骗案占比大

根据统计分析:利用非法途径吸收公众存款、利用职务进行财产侵犯、合同诈骗这三种案件占全部案件的3/4,且全部事件都将产生严重的法律后果。三类犯罪占比大的主要原因为:

(1)非法吸收公众存款案件将导致大量的公众利益受损,其核心内容是损失金额的鉴定,司法人员会高度重视司法会计鉴定的意见。

(2)利用职务进行财产侵占的案件往往隐蔽性极高,犯罪人的财务知识也十分丰富,此时司法机关更关注财产侵占的金额和侵占主体的认定。

(3)针对合同诈骗犯罪,鉴定的重点是合同约定事项与经济事实的关系,需要运用大量的财务知识与法律知识进行逐一辨识。

对以上三类案件进行司法会计鉴定将极大提高办案效率与效果。

2. 司法会计鉴定人员重要度上升

在对不同司法机关主体的分析中发现:在刑事案件的处理中,相对于检察机关,公安部门在经济案件的侦破中处理能力较弱,其主要原因是公安部门内部缺少司法会计鉴定类的专业人员(检察机关设置有相关部门)。故而公安部门对司法会计鉴定的运用显著高于检察机关,其运用方式主要是借助社会机构为其刑事案件处理提供司法鉴定,司法鉴定人员协助公安机关进行经济案件的侦查与突破。

面对司法会计案件新特征,教师应在实践中进行针对性教学,努力培养满足新时代司法会计鉴定新需求的综合性人才。

(三)实现多维创新

1. 教学模式创新

(1)创建"多维立体"司法会计鉴定课程培养模式。"中心"建立会计审计、财务管理、法律法规、计算机与科学等不同切入维度,形成课堂理论教学、课堂案例教学、课后实习实践、定期教学考评等不同切入方式的课程培养模式,通过教师讲授、实习实践、参观感受等动态、立体的活动,有效推进司法会计人才培养模式改革。

(2)确立"互通融合"的教学培养机制,"中心"探索专业教育和实践教育的"互通融合"之路。首先,全面推动"司法鉴定教学"进教材、进课堂;其次,将教学内容对应经济犯罪案例,以教学案例库的形式呈现给学生;再次,引入"雨课堂""MOOC"等网络媒介进行线上线下一体化教学。最后,对授课教师加强思政德育,鼓励教师身体力行传扬"司法精神"。

(3)建立"多方联动"的共建平台。"中心"促成学校与校外众多机构共同联动,拓展和提升司法鉴定平台;形成由学校牵头、司法鉴定中心全力配合、课程团队重点建设的改革组织,极大促进优质思政教育资源共享。

2. 课程编排创新

司法会计鉴定课程逐步以司法实践为出发点进行课程内容编排,在对以会计学与法学为主的知识进行传授的同时,注重促进审计、财管、刑侦学、计算机与科学等多学科叠加交融;在理论教学与实践教学的融合中,按阶段分步骤进行系统的教学安排。第一个教学年度主要在课堂进行专业知识的教学,由来自会计学院、信息学院、法学院等各个学院的老师进行授课,其目的在于夯实学生的理论基础。第二个教学年度采取"课堂案例教学+课后实习参观"的双渠道教学模式,初步促进理论与实践的有机融合。第三个教学年度让学生参与实际的司法鉴定工作,以业务人员的身份与社会接轨,在对学生司法会计的能力进行升华的同时有利于提升学生的未来就业竞争力,达到高效育人的最终目的。

四、通过成果转化促进"课程育人"

(一)促进教师"实践育人"

司法会计鉴定是一门理论与实践并重的课程,这就要求教师在教学时对学生进行双重引导,"课内导师+课外导师"的双导师模式应运而生,即校内导师进行课堂教学,校外导师进行实践指导。校外导师大部分是在司法会计鉴定中心或者知名会计师事务所或律所的富有才能及经验的社会型导师,导师们将自己的经历与同学分享,以更接地气的方式指导学生进行司法会计鉴定实践项目,帮助学生解决在学习以及实践中的困难,缩短高校学习与社会实践之间的鸿沟。此外,定期安排课堂老师参与社会实践,时时不忘理论与实践的结合,从而促使司法会计鉴定专业教师在提升理论水平的同时更加务实。

(二)激励学生"学以致用"

1. 激发学习兴趣

学生在进行实训之前对财会专业知识接触比较多,而对于司法会计鉴定方面的知识接触较少。虽然在审计课上老师讲授过一些实际案例,但由于司法会计鉴定的复杂性,学生对其只有一个模糊的概念。实训后学生就像揭开了司法会计鉴定的"面纱",开始以参与主体的身份认识司法会计鉴定工作的核心要义,从实践回归课堂,极大增加了学生们对司法会计鉴定理论的学习兴趣。

2. 锻炼沟通能力

在一个陌生的环境里,学生对很多事情都很茫然也没有把握。每个学生接到任务开始工作,后在整个过程中一起合作交流,共寻解决方案,这一过程让学生们的沟通能力得到极大锻炼,工作思路更加明确,参与实践的积极性更高。

3. 促进理论运用

实践是检验真理的唯一标准,学生们在学习司法会计鉴定理论知识后,通过司法会计鉴定工作实践,能够更好地消化课堂学到的司法会计鉴定知识,了解司法会计鉴定实务工作的整个流程。通过不停地翻阅书籍、询问老师,对鉴定业务的浓厚兴趣促使他们不断将理论知识与实际业务相联系,促进了书本内容的高效实践化,他们对课程知识的运用也越来越得心应手。很多经历过司法会计鉴定实践的学生工作后很快就能适应新的工作环境,并能将实习中积累的司法鉴定的知识和经验运用到具体工作中,得到上司和同事的好评。

五、结语

本文从社会的司法会计鉴定需求出发,提出我国法制化进程对高校司法会计鉴定人才产生"质"和"量"的高度需求。进而在理论与实践教学的模式上寻找出"多维立体""互通融合""多方联动"的教学培养模式。在教学培养过程中,本文强调"学以致用,实践育人";通过提供司法会计鉴定实训项目,让学生在接受课堂教学的同时,参与司法会计鉴定的实际工作,将课堂理论知识与实务技能有机地融合,有效培养学生的实务操作能力,以满足社会对高端技能型人才的需求;该培养模式可为高校培养应用型、复合型人才提供借鉴,为会计教学模式深度改革提供经验。

(本文发表于《会计之友》2022年第18期,原标题为"高校司法会计人才培养探索与创新",作者对部分文字进行了修改)

主要参考文献

［1］黎仁华,包琦,林慧敏.中国法务会计的职业趋势与专业教育规划研究——基于第11届中国法务(司法)会计学术研讨会的思考[J].商业会计,2020(1):127-129.

［2］段文岩.新时期司法会计专业建设探究[J].山西农经,2019(24):136-137.

［3］沈艳.基于产教融合下会计专业实践教学的创新[J].市场论坛,2020(2):91-95.

［4］王如燕.高校应用型本科审计学试点专业建设思路研究——基于上海高校应用型本科[J].国际商务财会,2019(11):73-80.

［5］潘纯.论业财融合趋势下高职会计专业实训课程建设[J].太原城市职业技术学院学报,2020(7):119-121.

［6］赵宝芳,郝海翔,于帮新.会计专业精品在线课程资源建设的研究与思考[J].商业会计,2020(16):110-112.

会计课程与思政教育融合的思考与探讨
——以"中级财务会计"课程为例

梁安琪① 魏 峥②

一、引言

随着我国资本市场的不断发展,企业财务舞弊现象也层出不穷。从各类企业财务舞弊现象中可以看出,会计人员职业道德缺失以及由于监管人员的独立性缺失带来的资本市场"守门员"缺守是造成这些会计异化行为的重要原因。高校作为未来财会人才培养的重要基地,其专业课程教育对大学生的价值观塑造和未来的职业生涯选择发挥着至关重要的引导作用。习近平总书记在2016年全国高校思想政治工作会议上提出,把思想政治教育贯穿教育教学工作全过程,使各类课程与思想政治理论课同向同行,形成协同效应,才能培养出具有政治素养、德才兼备、适应社会主义现代化建设的高素质人才(殷俊明和张兴膏,2020)。

中级财务会计是会计学、财务管理、审计学等专业的主干课程,其内容几乎涵盖企业经营过程中全部日常以及复杂经济活动的会计处理,是会计学科体系中一个重要的组成部分,具有内容重要、课时较多的特点。该课程是财会专业高年级学生必修课程,也是为我国培养未来中高端会计人才的必备课程,学生对该课程的理解和掌握程度会极大影响其未来在会计、审计、财务等领域的工作质量和职业操守,进而影响资本市场环境和社会主义市场经济的稳定性。因此,将中级财务会计课程与思想政治教育相结合,在中级财务会计课程中引入思政元素,进行财会专业的课程思政改革,对于未来从事财务相关工作的学生显得尤为重要。

二、会计课程与思政教育的辩证统一

(一) 课程思政的内涵与目标

思政教育的核心内涵是立德树人。"不学礼,无以立",中国古代的教育家们在千余年前就已经强调了德育在教育中的重要性。注重对学生的思想道德教育,一直是我国教育的优良传统。课程思政注重对学生的世界观、人生观和价值观的教育,传承和创新中华优秀传统文化,积极引导当代学生树立正确的国家观、民族观、历史观、文化

---

① 梁安琪(1992—),云南财经大学会计学院讲师、硕士研究生导师。
② 魏峥(1999—),云南财经大学会计学院硕士研究生。

观。因此,课程思政的目标是实现课程和思政的结合,实现协同育人。课程的目的不仅仅是"传道授业",思政教育也不仅仅是"思政课程"的任务,课程思政正是为了将"教书"与"育人"结合,实现各类课程与思想政治理论课的同向同行,实现协同育人。在学生将知识运用到实践的过程中,发挥思政教育的引导作用,规范学生未来的职业行为,实现知识价值的最大化。

(二)会计课程与思政教育的辩证统一

从知识的传承来说,教育的层次可分为"道""法""术""器",其中,"道"为核心,蕴含着万物的规律,揭示着事情的本源,承载"法""术"和"器"。会计的"道"在于会计的本质,只有理解了会计的本质,会计人员才能树立正确的价值观。会计理论体系和实务能力则为"术"。"术"显于外,而"道"藏于内,以"道"御"术",意味着会计人员要先理解会计工作的本质和其服务经济社会的职责,树立正确的职业道德,在正确的价值观指导下才能恰当地进行会计研究和处理会计实务。因此,高校只进行会计课程专业教育无法满足现代社会对会计人才的要求。

"大学之道在明明德",学生的培养必须以德育为先。思政教育即育人育德,高校对于大学生的培养要注重德智体美劳全面发展,其中德是其他能力培养的前提,也是大学教育的基础和落脚点,即为"道",因此,思政教育是专业课程教育的核心和方向。会计人员职业素养要求更高,会计人员错误的价值取向可能会严重影响企业的资金安全和资本市场的稳定,损害国家和社会公众的利益。因此,财会专业学生在从事财会工作之前,必须先"正其身"。师者,先传"道",再授业而解惑。将思政教育融入课程学习中,正体现了"学必以德为本"的教育观,在提升学生专业能力的同时,将会计职业道德和社会责任融入学生思想中,是以"道"为核心,发挥专业价值。

会计专业价值的实现途径需要以"术"为承载。目前,我国正在加快完善社会主义市场经济体制,"双循环""碳中和"等新概念层出不穷,会计准则随着市场变化不断更新,账务处理方法也愈渐复杂,当前市场环境对会计人员的专业能力和业务素养的要求不断提高,会计人员不但需要不断学习最新的会计准则和账务处理方法,还需要对国家重大政策进行深入理解和对市场情况进行深入把握,将其与会计准则相结合。因此,专业课程教学同样重要,即高校在强调"道"的基础上,注重以"术"为载体的会计专业课程内容的教学,同时也要引导学生遵循相关法律法规等"法"的原则,学会运用大数据技术、财务信息系统等"器"的工具。

综上来看,会计专业课程和思政教育相辅相成,是辩证统一的关系,基于此,本文将重点探讨如何将会计专业课程与思政教育进行深度融合。

三、中级财务会计课程思政融合的现状和问题

目前学者们在研究中指出,我国会计专业课程思政在建设中还存在很多问题,如在会计学科人才培养上,存在专业课程教育和思想政治教育互相割裂的问题(张军等,2020),主要体现在"课程思政"改革实践落地不足、"课程思政"教学模式创新动力不

足、专业课全课程融入思政元素的深度不足以及"课程思政"建设中责任目标不明确（刘国城等，2022）等。近年来，中级财务会计课程思政建设在人才培养目标、课程内容、教学模式和考核方面的情况如下。

（一）中级财务会计课程思政建设的人才培养目标不明

随着大数据、人工智能的发展，各行业对会计人才的需求已经从传统核算型转化为注重管理分析决策的复合型人才。而目前专业课程采用传统教学方式和教学内容培养学生与社会存在脱节，具体体现在对于会计人才的培养存在理论与实务脱节，人才培养与行业需求脱节等问题（张军等，2020）。

我国的课程思政建设从试行到全面开展，从不同层次教育出发，逐渐形成了一套初步的规范体系。在会计人才培养目标上，课程思政要求培养出与国家战略发展相匹配，与行业发展相一致的复合型人才，通过细化会计专业人才培养目标，构建与目标相一致的培养方案和课程体系（张军等，2020），这与会计学科人才培养目标具有较高的契合度。但就目前中级财务会计课程建设来说，现有课程体系仍过于注重以工具为中心的传统会计人才培养，并未在思想上将会计课程与思政教育有机融合（薛丽达等，2021）。

（二）中级财务会计课程和思政教学内容融合不足

中级财务会计是以会计理论为基础展开的关于会计准则运用方法和技能的课程，具体包含会计理论研究、会计核算方法和企业资金运用等内容，应用性和实用性都较强（黄静，2014），其课程内容更注重会计专业技能。而思政教育的教学内容以掌握社会主义核心价值体系，弘扬中国传统文化为主要内容，目的是对学生的价值观进行塑造，其教学内容偏向于思政理论和思想方面。思政教育不仅要使思政相关知识被学生记忆，还应该被学生所吸收、所认同、所践行。因此，中级财务会计课程与思政教育在教学内容上的割裂主要表现在两方面。

一方面，中级财务会计课程知识点多，课时安排较为紧张（黄静，2014），目前大多数教师在课程内容安排上主要以专业知识为主，重点强调专业技能，而较少涉及思政内容。另一方面，由于两者在内容体系上的差异，专业课程教师可能对思政教育内容了解和掌握不透彻，对于专业知识内容中的思政元素挖掘不足，仅追求专业知识和思政课程的"物理"融合，忽视了专业课程和思政元素的融合，导致在教学内容方面对思政元素挖掘不深不透或者过分强调思政建设而忽略了专业能力培养等问题，不能清晰地认识到需要融入哪些思政元素或是如何分配思政元素与专业知识的比例。

（三）中级财务会计课程思政的教学模式单一

随着科学技术的发展，各高校的教学手段和教学模式在不断更新。在教学手段上，从早期以线下"黑板"+"投影"为主，到近年来的"慕课""智慧树"等多功能互联网平台。在教学模式方面，各学科教学过程开始注重以问题为导向，翻转课堂、案例教学和实践教学等创新教学方式得以运用。由于学科的特殊性，无论是中级财务会计课程的课程思政还是思政教育课程，各高校普遍采用传统式的"灌输式"教学方法，教学模式单一。尽管部分高校中级财务会计课程的采用企业财务舞弊案例教学实现专业和思政的融合,但学生学习效果和接受程度并不理想。在国家政策的推动下,各高校围绕"立德树人"这一根本性任务,全面展开了课程思政建设。但是,目前中级财务会计课程的课程思政建设主要停留在制度建设和课外活动层面,少数实施中级财务会计课程思政建设的高校基本上是财经院校。这些院校进行了初步实践探索,这些探索是有意义的,但是其教学模式创新程度和深度不足,仍避免不了"照本宣科""生搬硬套"等单一教学模式,学生无法参与课堂、融入课堂,对课程思政的兴趣和关注程度并不高。

(四) 未建立有效的中级财务会计课程思政考核体系

目前会计学科的课程对学生学习效果的考核主要以考试为主,考核重点为专业业务知识内容,较少涉及思政教育方面的内容且分值低。对于学生而言,由于涉及思政元素的考试内容以主观题为主,重视学生对思政内容的理解,并无一定的标准答案,教师评判的主观性较强。同时,当代大学生普遍存在重视专业技术水平,忽视思想道德建设的问题(薛丽达等,2021)。因此,学生在学习和复习该课程内容时普遍会更注重专业知识点,而忽略思政方面的学习内容。

在对课程思政教师的考核体系方面,由于各高校还未构建明确量化的课程思政建设评价体系,对课程质量的评价以人为判断为主,尤其是对课程与思政融合性的评判,主观性较强。高校青年教师授课经验少,建立一个完整的课程思政体系和游刃有余教学风格可能需要较长的一段时间,短期内可能无法获得可量化的教学成果以达到高校业绩考核要求。同时,目前高校对青年教师的业绩考核以考核易于量化的科研成果为主,青年教师将大部分精力放在能在相对较短时期内获得可量化的科研成果方面,出现重科研轻教学的乱象,不利于课程思政建设的师资建设、对课程思政内容的深入思考和教学模式的创新。

四、中级财务会计课程与思政教育的融合思路

从会计专业人才的培养目标来看,中级财务会计课程教学与思政教育在许多方面有天然的相通之处,目前相关学者对于会计思政元素的探讨主要从习近平新时代中国特色社会主义思想、中华优秀传统、红色文化、社会主义核心价值观、唯物史观等方面展开(陈晓芳等,2022;刘国城等,2022)。对于中级财务会计课程而言,其课程内涵目标和核心内容,如会计准则发展、财务报告目标以及会计实务处理等方面体现出的会计职业道德,社会责任观无不反映出思政教育倡导的社会主义核心价值观、中华传统文化等元素。因此,本文将从两者的内涵目标、内容体系以及考核体系三方面的融合进行讨论。

(一) 中级财务会计课程与思政教育内涵目标的融合

1. 专业培养与立德树人

思政教育和中级财务会计的专业课程教育实际上都强调立德树人。思政教育强调的是对在校学生价值观的培养,培养学生成为兼具"德"和"才"的合格的社会主义建

设者；而中级财务会计的专业课程教育则要求学生做到遵守会计准则和职业道德，为市场提供真实可靠的会计服务和会计信息。两者一个侧重于政治思想层面的要求，一个侧重于具体微观行为层面的要求，但是两者在立德树人这一共同的培养目标上是一致的，是相辅相成的。具体而言，对会计人员的思政教育可以从会计准则的理解、会计职业道德、达成财务报告的目标三个角度进行切入。

2. 会计准则发展与历史价值观

从课程思政的角度来看，历史价值观要求学生了解历史，学习历史，以史为鉴，从历史人物和事件中凝练正确的价值观(陈晓芳等，2022)，从百年党史中传承实践要诀(郭宇晨，2021)。会计制度和会计准则的发展也是为了适应新的制度环境和经济环境，因此，作为财会专业的学生也要了解我国国情，我国的社会主义市场经济发展特点和发展方向，站在外部大环境变化的角度来理解会计准则发展。从这一层面来说，会计课程和思政教育的教学目标具有融合性。

目前我国经济正处在转型的关键时期，经济发展模式正在向以国内大循环为主、国内国际双循环转变，经济发展方式和运行模式具有鲜明的中国特色；在企业管理方面，由于资本结构、文化背景等原因，我国企业的管理特点和其他国家相比也存在着一些不同；随着大数据技术的不断发展，企业的商业模式也在不断创新。在这一背景下，课程思政教育的目的就是培养了解中国国情的人才；同时，也要回顾历史，结合过去的经验教训思考新时代下会计人员的责任和担当。会计准则的发展也我国经济发展的一个缩影。

从准则的发展角度来看，随着市场经济不断发展，会计准则也在不断变化。从2006年开始，我国《企业会计准则》开始和国际会计准则趋同。会计准则的发展对企业理念的影响主要体现在两个方面：一是由受托责任观向决策有用观转变，随着会计信息使用者范围的进一步扩大，会计人员需要有更强的宏观视野，对国家政策和行业发展有更好的理解和把控能力；二是会计计量从历史成本观向公允价值观转变，这要求会计人员能把握资本市场信息变化，为管理者和投资者提供有用的预测和决策数据。会计准则的变更要求会计从业者不断创新和打破自己固有的思维，顺应时代发展，从历史发展的角度来预测和理解业务的变化。从这些角度来看，可以将思政教育的内容融入准则发展和职业要求。

3. 会计信息质量要求与中华传统文化

从思政的角度来看，大学教育应该使学生树立正确的伦理观，培养良好的思想道德素质，传承和弘扬好中国传统文化中的道德因子。在会计领域，正如朱镕基总理在上海国家会计学院的题词"诚信为本，操守为重，遵守准则，不做假账"要求的那样，"不做假账"一直以来都是对会计人员最朴素的要求之一，这一要求体现了社会对会计信息质量的追求。此外，随着会计信息在现代经济中发挥的作用越来越广泛，市场对会计人员的专业素质的要求也越来越高。因此，在会计的教学过程中，除了教授会计专业知识以外，教师还应该加强职业道德教育，而这和课程思政中国传统道德教育以及正确伦理观培育的目标是一致的。

会计信息质量所要求的"可靠性""可比性""实质重于形式"和"谨慎性"等特征，体现出的会计人员的诚信、谦虚、务实、谨慎等优秀品质，无一不在中华传统文化中所体现和传承，优秀的传统文化不乏对诚信、敬业、持续学习等优秀品质的强调。"言必诚信，行必忠正"要求一个人能够在言行上做到诚信、端正；"君子戒自欺，求自谦""惧则思，思则通微；惧则慎，慎则不败""法相唯识"等古训都要求人们谨言慎行、注重实质。而这些都是会计人员应该具备的素质，同时也是财务会计课程思政的教学目标。

4. 会计职业道德与商业伦理观

在会计职业道德方面，首先，无论是伦理观还是道德观，都要求会计人员诚信，确保会计信息的真实性。近年来，频繁发生的财务舞弊案件反映了部分会计人员和企业管理人员在职业道德上的缺失，而商业伦理精神的培育，从根本上说就是要破除所谓的"商业无道德"，改变"利益至上"的商业伦理观，注重"企业价值最大化"而非"利润最大化"。因此，一方面，当今社会发展对于人的道德观和伦理观提出了更高的要求；另一方面，会计职业道德要求会计人员做到敬业，不断提高自身的专业素质，积极参与企业管理，向企业管理者和社会公众等会计信息的使用者提供高质量的会计信息，将会计行为和社会价值相结合，将商业利益与公众利益相结合。综上，会计职业道德和商业伦理教育具有高度融合性。

5. 财务报告目标与社会责任观

从课程思政的角度来看，大学应该培养学生的社会责任感，加强学生的思想道德建设。学生应该使自己的行为符合社会主义核心价值观的要求，同时树立社会责任感，将个人的命运和国家的发展相结合。

社会主义核心价值观教育表现在国家、社会、个人三个层面，反映在思政教育上，在国家层面，要求学生树立社会责任感，从国家和社会的利益出发决定自己的行为，将个人的前途命运和国家的前途命运结合起来；在社会层面，要求学生能够遵守相关法律法规，不干扰行业和市场的秩序；在个人层面，要求育学生养成良好的个人道德品质，做到热爱祖国、爱岗敬业、诚实守信、与人为善。

上述这些要求，在会计这一对职业操守要求严格的行业显得格外重要，财务报告的目标在于向财务报告的预期使用者提供与企业经营相关的会计信息，因此，教师可以结合学生的职业发展目标、会计实务操作、资本市场上的一些舞弊现象，从财务报告目标的角度融入社会主义核心价值观中的法制、诚信、敬业等课程思政元素，通过课程思政的教育，培育学生的社会责任观。

具体而言就是要让学生树立正确的价值观，正确履行受托责任，提供有效的会计信息。从法律层面来说，这是会计法的要求；从企业层面来说，高质量的财务报告有助于企业优化管理，加强内部控制，提高经营效率；从宏观的角度来看，高质量的财务报告有利于国家制定更有效的经济政策，促进资本市场有序发展。因此，会计人员在提供财务报告时，应将个人行为和国家发展相结合，在工作中努力遵守准则、提升专业素质,这是对社会主义经济建设的积极参与。

(二)"中级财务会计"课程与思政教学内容体系的融合

1. "中级财务会计"课程思政的教学目标

"中级财务会计"课程思政的教学目的是为社会培养合格的建设者和会计工作者。因此,学校培养的学生就应该在知识积累、专业技术、思想道德素质层面都具备较高的水平。因此,本文将以上的三个方面的要求作为会计课程思政的教学目标。

首先,在知识的积累层面,会计专业的学生应该对经济发展的规律、相关制度和法律法规做到足够了解,具备持续学习的能力,可以做到与时俱进;其次,在专业技术的层面,会计专业的学生应该能扎实掌握会计准则,能够正确地编制和解读会计资料,能够高质量地完成本职工作;最后,在思想道德素质层面,会计课程思政应该以职业道德为出发点,通过穿插国情教育、党史学习教育,使学生树立社会责任感,自觉践行社会主义核心价值观。

2. "中级财务会计"课程思政教学内容体系

1) 财务会计基本理论与思政元素

财务会计基本理论包含财务会计的相关概念、财务报告的目标、会计基本假设、会计基础、会计信息质量要求和会计法律法规等内容。讲授此部分内容时,教师可穿插经典历史故事对会计理论发展历史进行讲解,结合会计职业道德,说明提高会计质量对于中国特色社会主义市场经济建设的重要意义。培育学生的思想道德素质与社会责任感,鼓励其加强理论知识学习,了解实务和社会经济背景。财务基本理论与思政教学的结合点如表1所示。

表1 财务基本理论与思政教学的结合点

章节	思政元素	授课方式
第一章 财务会计 基础理论	会计发展史,红色历史故事,结合会计职业道德,说明如何更好实现财务报告目标	课堂讨论等
	说明实现财务报告目标对于中国特色社会主义市场经济体系建设的重要性	课堂讨论等
	结合会计职业道德,说明会计人员应该如何遵守会计信息质量要求	案例教学、情景剧演绎等
	了解企业会计法规体系	案例教学、翻转课堂等

2) 会计准则应用与思政元素

"中级财务会计"课程的主干内容是对会计准则的讲解,会计准则对企业各种业务的会计计量和记录方式做出了规定,是会计人员进行会计处理的标准,学生学习此部分需注重会计实务,和账务的具体处理方法。因此,此部分的教学和思政元素导入应以案例教学为主,教师可以结合课程内容,讲解近年来一些典型的财务舞弊现实案例,以及企业舞弊的违法后果；学生在学习账务具体处理方法时，也要明白遵守准则的重要性；同时，教师要结合准则变化，向学生说明准则修改的原因，帮助学生了解经济环境的变化、了解时事，培育学生的道德观和社会责任感。《企业会计准则》应用与思政教学的结合点如表2所示。

表2 《企业会计准则》应用与思政教学的结合点

内容	思政元素	授课方式
货币资金及应收款项	货币资金相关内部控制制度与会计职业道德	案例教学、情景模拟等
	应收款项的确认条件与虚增收入相关案例	
	应收账款坏账准备的计提与虚增资产相关案例	
存货	期初、期末存货计价方法与会计信息质量要求	课堂讲授、小组讨论等
投资	金融资产投资和长期股权投资的确认计量	课堂讲授、小组讨论
	商誉确认和减值相关的舞弊案例	案例教学
固定资产	固定资产确认、后续计量估计与会计信息质量	案例教学、小组讨论
	固定资产的盘点与内部控制	课堂讲授
无形资产	无形资产的确认与会计信息质量	案例教学、小组讨论等
	虚增无形资产相关案例	
	企业专利技术数量和企业盈利能力相关研究（加强企业的科技创新能力）	
投资性房地产	投资性房地产确认和计量案例	案例教学、小组汇报等
	投资性房地产会计政策选择对企业利润的影响（房子是用来住的，不是用来炒的）	
流动负债	期限错配、短债长投对企业风险的影响案例	案例教学
长期负债	长期负债的种类及会计核算对企业利润的影响	课堂讲授、小组讨论
	名股实债等杠杆操纵的相关案例	案例教学
所有者权益	公司法	翻转课堂
收入、费用及利润	收入确认的五步法如何预防财务舞弊	课堂讲授、小组讨论
	虚增收入相关案例	案例教学、情景模拟等
	盈余管理和会计信息质量	案例教学、小组讨论等

3）财务报告与思政元素

财务报告是会计人员向财务报告使用者提供的直接产物，会计信息披露的真实性、完整性直接影响使用者对会计信息的使用效果。同时，财务报告内容一般安排在课程学习的后期，因此，在讲授该部分内容时，教师可以导入近年来部分企业因财务报告编制和披露不合理而受到处罚的相关案例，以及引入证券法等法律规章制度，向学生阐明财务报告对企业的意义,以及遵守职业道德和法律法规的重要性。财务报告与思政教学的结合点如表3所示。

表3 财务报告与思政教学的结合点

章节	思政元素	授课方式
第十二章 财务报告	引入相关法律制度背景,结合相关案例说明会计人员编制财务报表时应遵守的会计职业道德	案例教学、课堂讨论等
	说明实现财务报告目标对于中国特色社会主义市场经济体系建设的重要性	课堂讨论等
	结合会计财务报表附注的披露和相关案例,说明如何更好实现财务报告目标	案例教学、课堂讨论等

(三)"中级财务会计"课程与思政教学考核体系的融合

1. 完善专业课程和思政教学融合的考核体系

目前,传统的"中级财务会计"课程的教学考核以考核学生对专业知识的掌握程度为主。"中级财务会计"课程思政教学侧重思政元素教学效果,具体可以从教师的课程实施情况和学生的掌握情况两个角度来进行,对课程的教学可以考核课程中思政元素的丰富度、思政元素和课程内容结合的紧密程度、学生对相关内容的接受程度三个层面进行。

对教师的课程思政教学考核可以采用教师互评、授课过程评价与学生评教三种方式进行。首先,教师互评是指授课教师通过说课的形式向课程组其他教师、思政专业教师以及其他相关教师介绍课程的设计思路,其他教师根据介绍内容进行评分;其次,授课过程评价是指学校教务部门组织人员听课,对授课质量做出评价;最后,学生评教是指征求学生对课程思政教学效果的评价。"中级财务会计"课程思政教学考核体系如表4所示。

表4 "中级财务会计"课程思政的教学考核体系

评价主体	评价层次
教师互评	思政元素的丰富度、思政元素和课程内容结合的紧密程度、学生对相关内容的接受程度
教学过程评价	
学生评教	

对学生的掌握程度的考核应该同时注重对学生理论知识掌握程度的考核和对思政元素理解与运用的考核,具体的考核过程可以通过量化考核和思政加分的形式进行。量化考核是指:一方面,在平时的学习过程中,通过小组案例汇报、情景剧演绎等情景模拟来考核学生对理论和思政融合的理解程度;另一方面,在考试的过程中,教师可以在试题中融入部分思政的元素,对学生进行考查。而思政加分是指如果学生在专

业问题上结合思政元素进行了补充作答或者在一些活动或者竞赛，如大学生"创业大赛""挑战杯""案例大赛"等专业学科竞赛中运用思政内容，也可以适当加分。"中级财务会计"课程对学生学习效果的考核体系如表5所示。

表5 "中级财务会计"课程对学生学习效果的考核体系

考核角度	理论知识掌握程度	对思政元素理解与运用
量化考核	课堂参与积极性，如课堂讨论和回答问题等	
	小组案例汇报情况、情景模拟学习、课后作业情况	
	课程期中/末考核	
思政加分		对思政元素的额外运用

2. 构建专业课程教学和思政教学融合的教学团队

从中级财务会计课程思政的内容和目标来看，从事课程思政教学的教师应该先具备思政相关理论知识，因此，在课程思政教学团队建设方面，高校应通过促进专业思政教师和会计课程教师的协同合作，实现学科间的优势互补。

同时，人才梯队构建需要合理的"老中青"团队，高校应促进新老教师之间的合作，促进老带新。目前大部分高校的课程思政教学团队主要以经验丰富的教授和资深副教授为主，对于青年教师而言，科研考核压力较大，挤占了教学的时间，导致现有课程建设团队梯队不合理。针对此问题，各高校应完善课程建设的制度保障，合理制定职称评定、奖励以及人才培养等制度方案，区分教学型教师、科研型教师和综合型教师，对于各类教师应坚持教学和科研奖励应并重，不能失之偏颇，避免"重科研轻教学"的不合理现象。同时，要树立青年教师的责任意识，以教学推动科研，以科研促进教学，促进教师平衡科研和教学，合理分配教学科研时间，做好教书育人的教师本职工作，坚持以培养人才为重任，从而打造合理的课程思政教学团队。

参考文献

[1] 殷俊明,张兴亮.会计学"专业思政"建设的思考与探索[J].财会通讯,2020(15):163-166,176.

[2] 滕跃民,张玉华,肖纲领.高职专业"课程思政"的"道法术器"改革[J].辽宁高职学报,2018,20(8):53-55,61.

[3] 张军,龙月娥,晓芳,等.提升地方高校会计学专业人才培养质量[J].中国高等教育,2020,(18):59-60.

[4] 刘国城,董必荣,黄中生.会计学"课程思政"示范专业建设的研究动态、实现路径和保障策略——以南京审计大学为例[J].财会通讯,2022,(12):27-32.

[5] 薛丽达,张菊香,董必荣,等.会计学"课程思政"教学改革研究——基于管理会计指引体系的思考[J].财会通讯,2021,(24):159-162.

[6] 黄静.中级财务会计课程体系及教学方法研究[J].河北农业大学学报(农林教育版).2014,(4)119-122.

[7] 陈晓芳,陈昕,洪荭,等."会计学原理"课程思政建设:价值意蕴与教学实践[J].财会月刊,2022,(3):79-87.

[8] 郭宇晨.党史学习教育对应用型本科会计专业教学改革的启示[J].会计之友,2021,(23):159-161.

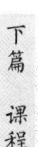

"中级财务会计"课程思政教学机制构建与实施探析

刘李福① 孟禹衡② 杜敏瑞③

一、引言

2014年,上海市教育委员会首次明确提出"课程思政"概念。近年来,习近平总书记对高校课程思政建设提出了一系列要求,这是云南财经大学中级财务会计课程思政教学机制构建的根本遵循。2016年12月,习近平总书记在全国高校思想政治工作会议上指出,高校立身之本在于立德树人。目前,高校课程思政存在诸多问题,例如课程思政教学方式单一、授课教师对思政育人认知不足、课程思政考核评价机制尚未建立等。会计学专业属于工商管理领域的核心专业,会计信息引导着社会资源的有效配置,肩负着重要的社会公共责任,因此,培养学生恪守准则的社会责任意识、实事求是的科学精神以及奉献国家和社会的道德品质与专业知识传授同等重要。会计学专业只有培养出具有完善人格、高尚品德、德智体美劳全面发展的高素质复合型会计人才,才能落实好立德树人根本目标,更好地为社会经济建设服务。

诚实守信是会计人员基本的职业道德,也是会计人员的专业素养。诸如康美医药货币资金蒸发、獐子岛扇贝跑路和瑞幸咖啡虚假销售等财务造假事件层出不穷,会计行业正面临诚信危机。目前,会计学专业课程为了实现应用型人才培养目标,强调对学生专业知识、技能的传授,却淡化了对学生思想的引导,这不利于高校立德树人根本目标的实现。"中级财务会计"课程是基础会计课程的后续课程,是高级财务会计课程的预修课程,起着承上启下的作用,其教学能否成功,直接影响着后续高级财务会计课程和其他专业课程的顺利开展。因此,"中级财务会计"课程思政教学机制的构建对于培养高素质应用型会计人才至关重要。

二、"中级财务会计"课程思政教学机制概述

(一)"中级财务会计"课程思政教学机制的内涵

要清楚地理解"中级财务会计"课程思政教学机制,需要先对比和区分课程思政与思政课程两个概念。两者看上去只是在词语顺序上有所不同,实则相去甚远,并非同

---

① 刘李福(1985—),男,云南财经大学会计学院副教授、硕士研究生导师。
② 孟禹衡(1998—),云南财经大学会计学院硕士研究生。
③ 杜敏瑞(1994—),云南财经大学会计学院博士研究生。

一事物。思政课程是指高校的思想政治教育理论课程,即高校大学生必修的"毛泽东思想和中国特色社会主义理论体系概论""思想道德修养与法律基础""马克思主义基本原理概论""中国近现代史纲要"与"形势与政策"课程。相比之下,课程思政并非一门新设课程,而是一种创新的教学理念,它是指高校将思想政治教育元素渗透到专业课程教学当中,坚持将隐性教育作用与显性教育作用相统一,构建全员、全程、全方位育人新格局,进而全面提升教育实效,实现立德树人、润物无声。

本文所指的"中级财务会计"课程思政教学机制是以立德树人为根本目标,将教学大纲、教学内容、教学方法、教学考核机制和教学团队建设等要素与思政元素相融合,重构"中级财务会计"课程内容与教学体系,使"中级财务会计"课程与德育教育同向同行,形成育人合力的一种创新教育理念。

(二)构建"中级财务会计"课程思政教学机制的目标

1. 引导学生树立正确价值导向,落实立德树人根本目标

大学阶段是人生掌握文化知识、获取技能和塑造价值观的关键阶段,文化知识和技能提升的是学生的应用能力,而正确的价值观则会影响学生未来的行为决策,对其工作、学习与生活都会产生深刻影响。随着我国高等教育的大众化发展,步入大学校园学习的人数与日俱增,学生的个人素养参差不齐。"中级财务会计"课程思政教学的开展不仅要引导学生形成正确的价值观念和行为方式,唤醒学生的家国情怀、历史使命和责任担当,还要引导他们将个人抱负与家国情怀、历史使命、责任担当紧密融合,从而落实立德树人根本目标。

2. 提升教师德育意识,真正实现教书育人

教师作为课程思政实施的主体,其思想意识决定授课方式,从而直接影响立德树人根本目标的实现,所以提升教师自身的德育意识至关重要。"中级财务会计"课程思政教学的开展促使教师在备课过程中汲取马克思主义理论精髓,提升德育意识,在授课时不只注重知识技能的传授,更加关注对学生价值观念和道德品质的引领,使学生在学习文化课知识的同时接受精神的洗礼,真正实现教书育人。

3. 打造学校专业品牌,发挥课程教学联动效应

专业建设是一个持续、系统的过程,作为会计学专业支撑的"中级财务会计"课程,其课程思政教学机制构建是提升会计专业人才培养质量、完善专业课程体系、改善教风学风、打造专业品牌、形成全课程育人大思政格局的重要途径。同时,该课程的教学要件、教学模式与教学经验可以推广至省内外其他高校,发挥课程教学联动效应。

三、"中级财务会计"课程教学存在的问题

(一)专业课程与思政课程相互独立

在高校现阶段的教学实践中,"中级财务会计"课程与思政课程是相互分离的,具体表现为专业课教师仅教专业知识,将思政教学留给了思政课程,那么分离出来的思政课程无法根据不同专业的学生结合不同的教学方法来提升教学效果。究其原因:一

是多数高校会计学专业课程大纲几乎不涉及思政教育内容,教师授课的全部时间均用于讲授专业知识,而对会计职业岗位教育和会计人员素质要求等内容鲜有提及。二是高校教师的业绩考核和职称评审主要关注教学工作量、学术成果或教学竞赛等方面,未对课程思政内容提出要求。在这种现状下,多数教师对思政教育认识不足,不愿花费更多的时间和精力将思政元素融入专业课程,无法发挥思政育人的作用。有调查发现,多数高校学生在学习完必修的思政课程后,几乎不再学习类似的课程,这就需要教师在专业课程的讲授中肩负起立德树人之责任。

(二) 学生普遍对课程思政认知不足

目前,高校学生对课程思政缺乏正确的认识。究其原因:一方面,我国高等院校现阶段招收的学生大多数是"00后",这一代人是伴随着互联网成长起来的,他们对互联网传播的社会热点具有极其敏锐的捕捉能力,但是处于大学阶段的他们不仅心理处于发展阶段,世界观、人生观和价值观也尚未稳定成型,对事物缺乏理性的认识,对信息缺乏甄别、分析的能力。另一方面,相比中级财务会计等专业课程,各高校在会计职业道德等课程的学分设置普遍较低,从而导致学生并不重视职业道德的养成。目前,部分高校学生缺乏社会责任感,违法乱纪行为时有发生,这便需要课程思政来帮助大学生树立职业道德观念、培养责任意识、提高职业素养,从而做出正确的价值判断。

(三) 教学方式不够合理

"中级财务会计"课程是一门理论与实践相结合的综合性课程,具有内容复杂、操作性强等特点。因此,它要求教师的授课方式更加多元化,让学生对教学内容有一定的感性认识。在"互联网+"的背景下,"中级财务会计"课程思政不能局限于传统线下课堂的教学方式,还应以新的网络授课模式作为补充。与网络课堂相比,传统线下课堂会受到教学时间和教学资源的限制,教学内容不够丰富且枯燥,很难将思政元素潜移默化地融入专业课程教学。同时,由于传统线下课堂的面对面特点,学生可能迫于集体压力等原因,不敢在课堂上直接提出问题,只是一味地接受,这抑制了学生主动思考和探索性学习的能力。目前"中级财务会计"课程传统教学理念根深蒂固,"专业知识满堂灌"的教学方式在实际教学过程仍占据主导地位,这与现代创新创业教育的理念相悖,不利于培养高素质复合型人才。

四、"中级财务会计"课程思政教学机制构建的具体措施

(一) 修订教学大纲

课程教学大纲是课程教学的总原则。"中级财务会计"课程应以马克思列宁主义、毛泽东思想、邓小平理论、"三个代表"重要思想、科学发展观和习近平新时代中国特色社会主义思想作为教学大纲中指导教学的基本思想,科学制定课程教案,使课程思政在教学大纲、教学内容、教学方式多者之间相互照应、贯穿始终。为了落实立德树人根本任务,课程团队要明确"中级财务会计"课程大纲在知识、能力与素质三个层面的教学目标。在知识目标方面,不仅要使学生掌握会计要素的确认、计量及报告,以及财务

报表填列的原理与方法，更要将其与职业相关的人文知识和伦理道德等从多角度融合；在能力目标方面，注重培养学生将会计知识应用于会计实务的能力，提高职业判断力，注重经济后果意识，强调对财务报表项目变化的思考。在素质目标方面，教师应注重培养学生树立社会主义核心价值观，重视职业道德修养，培养学生的家国情怀与责任担当，促进学生的健康成长。

（二）丰富教学内容

"中级财务会计"课程要有针对性地融入时政热点案例，引导学生进行案例讨论，激发学生的学习热情与创新思维。案例分析要改变以往重点关注知识性内容的讲解，而要注重对思政内容的深入挖掘与思考。授课教师在讲授专业知识过程中融入经济社会的真实案例，供学生思考并讨论，做到不同的案例产生不同的思想启迪。尤其是要通过起到警示教育作用的反面案例辅助课程内容的讲解，进而引导学生不要触碰法律红线和道德红线，养成循规守矩、秉公办事的职业素养。例如，将社会主义核心价值观中的法制理念融入所得税计算缴纳这个知识点的讲解，结合薇娅等部分公众人物偷税漏税被巨额罚款事件，讲解相关概念及会计处理方法。通过公众人物偷税漏税的反面案例让学生树立"依法纳税光荣、偷逃税款可耻"的观念，引导学生坚持"重原则、守信用"理念，坚守"造福民生、回报社会"信念，坚定"讲政治、守规矩"站位，激发学生的家国情怀和责任担当，引导学生做一个遵纪守法的好公民。

（三）创新教学方法和手段

在教学方法方面，"中级财务会计"课程思政教学从实际社会热点问题出发，形成以问题为导向、以思维训练为核心的"中级财务会计"课程思政教学特点。教学过程中教师要引导学生树立问题意识，主动分析思政案例问题的成因，并寻找合理的解决对策，最后进行经验分享。问题导向教学方法的各步骤之间应相互衔接、层层递进，具体如下：首先是发现问题。教师给出一个存在问题的企业案例，让学生通过所学知识确定问题所在。其次是分析并解决问题。如果是较为普遍的问题，教师可以主动提示学生解决问题的思路，或者由学生通过讨论交流分析问题的性质，从而形成合适的解决方案。再次是讲解。教师结合学生分析与探讨的情况对问题进行讲解，引导学生在听课过程中进一步理解发现的问题，同时反思之前分析问题的过程中自己的思考有何欠缺，以总结经验。最后是评估。讲解完毕后，教师对学生的讨论情况进行点评，指出学生在上述过程中有哪些不足之处，并让取得较好成果的学生进行经验分享。

在教学手段方面，"中级财务会计"课程思政教学以线下教学为主、线上为辅，线下教学运用传统教学形式组织教学，线上教学通过观看微视频、平台作业等手段来辅助教学。线上教学中，教师可充分利用现代科技手段，依托雨课堂、智慧树和钉钉等移动网络教学平台进行课程思政教学。课前教师将相关思政案例和思政微视频上传至线上教学平台，要求学生们结合准则进行课前预习。值得注意的是，线上教学虽然能够突显自主学习和交互式学习，较好地培养学生学习的主动性与创造性，但课程思政中的价值引领内容不能简单直接地迁移至线上，而应进行相应的转化，使之适应网络传播的特点。线下教学中,让学生们将预习的内容呈现出来,以小组为单位,选择合适的角度对会计人员的社会责任展开讨论。除了正常的课堂及课间答疑,教师还可以通过建立微信群、QQ群的方式,随时在线与学生互动交流,解答学生们的困惑,力求在激发学生学习热情和提高教学质量方面取得显著效果。

(四) 重建考核评价机制

建立健全科学的考核评价机制是"中级财务会计"课程成功构建课程思政教学机制的保障。关于教师考核体系,一方面高校要健全考核内容,改变以往重点考查科研成果的情况,而要着重考核教师思政育人的教学能力,考核教师在授课过程中能否树立起学习和实践马克思主义的典范,并将教学资料、教学课件和实际教学过程是否包含思政元素纳入考核机制。另一方面要扩大考核主体,教学考核应在学校总体原则的指导下,引入同行与学生考核,考核主体实现多元化后,考核便能从不同的角度同步进行,以提升考核结果的准确性;学生考核体系将"中级财务会计"课程专业知识考核内容和社会主义核心价值观、职业道德素养等元素相结合,考核形式以期末考核为主,课堂考核和社会实践考核为辅。期末考核仍以专业知识为重点考察内容,但考试试题应适当减少账务处理的比重,增加思政案例综合分析题,以此全面衡量学生的专业基本能力和综合素质。其中,思政案例综合分析试题分值和专业知识试题分值比例以3:7为宜。课堂考核即平时成绩考核,以课堂活跃度和课后作业完成情况为基本指标,不仅要在课后作业中要增加思政内容考题,还要让学生们知道如果课堂发言结合了经济社会热点分析会取得更高的分数。社会实践考核以学生提交的社会调研报告为基础,主要是为了引导学生在实践中体会和感知如何遵守会计职业道德规范。

(五) 打造专业课思政教学团队

教师在课程思政教学中发挥着主导作用,因此,"中级财务会计"课程思政教学应打造一支由师德高尚、专业理论扎实、教学经验丰富的财会专业教师与思政课程教师组成的教学团队,共同研讨"中级财务会计"课程思政,提高课程思政教学水平。具体内容如下:专业课教师应当是实施课程思政的主体,主要负责对"中级财务会计"课程思政元素的分类与挖掘,并合理设计思政内容融入专业课程教学的路径。而思政课程教师主要负责审定课程思政教学资料等,其中重点审核思政元素与专业课程内容的结合点是否恰当。课程思政教学团队应积极与学院沟通,利用传统文化节日和重要时间节点开展中华优秀传统文化教育活动,充分发挥党员教师的先锋模范作用,努力推进专业课程与党建的互学互鉴,提升课程思政教学效果。

五、结语

为了贯彻落实习近平总书记在全国高校思想政治工作会议、全国教育大会和学校思想政治理论课教师座谈会上的重要讲话精神,高校应高度重视课程思政教学,积极将专业教育和思政教育相结合,深入挖掘专业课程中所蕴含的思政元素。学生在未来的实务操作过程中需要作出一定的主观价值判断,而"中级财务会计课程"作为会计学专业的核心课程,若其教学仅对学生进行专业知识的传输,将不利于学生综合职业素养的形成。本文将教学大纲、教学内容、教学方法和教学考核机制等作为中级财务会计课程思政教学机制构建的载体,深入探讨了如何使学生将德育教育内化于心、外化于行。本文对中级财务会计课程思政教学机制构建路径的核心结论归结为以下几点:

(1) 课程思政要以课程教学大纲为指导,将思政元素贯穿教学始终。

(2) 教学内容要结合社会热点反面案例,对学生起到警示作用,培养学生批判性思维,引导学生树立正确的价值观念。

(3) 充分利用互联网教学平台开展课程思政教学。

(4) 将思政教学考核纳入教师和学生的考核评价机制。

(5) 要建设和培养一批由专业课教师和思政教师组成的高素质课程思政教师团队。

参考文献

[1] 殷俊明,张兴亮.会计学"专业思政"建设的思考与探索[J].财会通讯,2020,(15):163-166,176.

[2] 刘慧芳."中级财务会计"课程思政教学实践探讨——以山西工商学院为例[J].商业会计,2019,(17):125-127.

[3] 赵金英."七意识"课程思政创新教学体系的构建与实施——以中级财务会计课程为例[J].会计师,2021,(23):117-118.

[4] 田丽丽.《中级财务会计》课程思政教学改革路径探究[J].会计师,2021,(13):110-111.

[5] 胡苗忠.基于"一个引领、一条主线、三个平台"的课程思政框架体系研究与实践——以浙江农业商贸职业学院高职会计专业为例[J].商业会计,2018,(14):127-129.

[6] 陈丽英.会计学课程如何融入思政元素——以上海市高校课程思政领航计划(精品改革领航课程)为例[J].国际商务财会,2020,(9):52-55.

[7] 王立新,王英兰."课程思政"视角下高职会计专业课教学改革探讨[J].浙江工贸职业技术学院学报,2018,(2):21-24.

[8] 陆道坤.课程思政推行中若干核心问题及解决思路——基于专业课程思政的探讨[J].思想理论教育,2018,(3):64-69.

[9] 孙卓.基于社会主义核心价值观的中级财务会计课程思政教学实践研究[J].商业会计,2020,(11):110-112.

[10] 田宇.基于"课程思政"的教学改革与教学设计研究——以"中级财务会计学"为例[J].包头职业技术学院学报,2020,(2):67-70.

[11] 房朔杨.课程思政视域下高职会计专业教学改革研究——以《经济法基础》课程为例[J].中国多媒体与网络教学学报(中旬刊),2021,(8):57-59,133.

[12] 陈克兢,郝思嘉,王景升,等.高校会计专业课程思政教学改革与实践研究[J].财富时代,2021,(8):237-238.

[13] 李保婵,黄森.会计专业硕士课程思政的探索与实践——以政府绩效管理课程为例[J].教育观察,2021,(44):111-114,119.

[14] 薛丽达,张菊香,董必荣,等.会计学"课程思政"教学改革研究——基于管理会计指引体系的思考[J].财会通讯,2021,(24):159-162.

[15] 朱强,谢丽萍,朱阳生.财务管理专业"课程思政"的理论认识与实践路径[J].学校党建与思想教育,2019,(6):67-70.

新时代文化自信导向下的高校会计职业道德教育研究

施飞峙[①]　邓斯敏琴子[②]

一、引言

面对新时代,我国必须应对纷繁复杂的国内国际形势和多种风险挑战,但不论局势怎样变化,我们必须坚定不移地以经济建设为中心。作为经济社会发展中不可或缺的后备军,高校财会专业学生责任在肩。加强高校财会专业学生文化自信,提升其会计职业道德水平,是高校贯彻党的十八大、十九大和二十大会议精神的具体体现,这就需要高校将文化自信理念贯穿始终,在课程中融入思政元素,充分发挥高校会计职业道德教育的功能,帮助和引导财会专业学生培养会计职业道德、树立正确的会计职业道德观、遵守会计职业道德规范,为踏入社会做好充分的准备。

二、新时代文化自信与高校会计职业道德教育概述

(一) 新时代文化自信的内涵

文化自信是一个国家、一个民族、一个政党对自身文化价值的充分肯定,对自身文化生命力的坚定信念,体现了自知之明的态度、积极进取的精神、开放包容的心态。习近平总书记强调,文化自信,是更基础、更广泛、更深厚的自信,是更基本、更深沉、更持久的力量。对高校而言,通过在课程中植入中国优秀伦理道德文化,可以让学生更好地从博大精深的传统文化中寻找自信的源泉,培养学生爱党爱国爱人民的情怀,让学生增强民族文化自信,树立为共产主义远大理想和中国特色社会主义共同理想而奋斗的信念和信心,成为新时代中国特色社会主义合格建设者和可靠接班人。

(二) 新时代高校会计职业道德教育的重要性

会计职业道德是财会专业的主干课程。会计职业道德对经济发展、社会进步、国家繁荣和民族复兴具有重要作用。财会人员的思想素质在一定程度上影响着相关领域的稳定发展,高质量的财会人员是社会经济发展的保证。所以高校毕业的财会专业学生不仅要练就一身好本领,还需要有较强的职业道德水平。在校期间,学生不但要学习专业知识,而且应加强职业道德修养,塑造职业操守、高尚品质和正确的价值观,

---

[①] 施飞峙(1968—),云南财经大学会计学院副教授。
[②] 邓斯敏琴子(1997—),云南交通职业技术学院会计师。

为将来从事财会相关工作打好基础。大学是学生通向社会的桥梁,各高校应对学生的思想意识进行正确引导。因此,做好会计职业道德教育,实现对学生的专业教育和品德教育相融合,具有重大意义。

(三)新时代文化自信与高校会计职业道德教育的关联

在新时代的大背景下,培养文化自信与高校会计职业道德教育同根同源。这是因为,一方面,两者培养目标一致,高校大学生文化自信培养与会计职业道德教育都是为了使学生认同优秀的中华文化,提高政治站位,树立正确的价值观,推进社会进步与民族振兴。另一方面,两者培养内容同源,学生文化自信培养与会计职业道德教育都需要挖掘优秀的中国传统文化和道德伦理,通过不同的载体,采用宣传、教育、熏陶等方式,将其精神传达给学生,培养学生的爱国主义精神和民族自豪感。

三、新时代财会专业大学生文化自信存在的问题及原因

(一)新时代财会专业大学生文化自信存在的问题

1. 文化认同感不高

在西方文化不断涌入的情形下,一些财会专业的学生在纷杂的信息中迷失了方向,产生了盲目崇拜的心理。比如,由于西方国家在财会研究领域的起步较早,许多关于财会原理类的著作出自西方,学生们普遍认可美国的会计准则和报告体系,将其视为更健全、有效的财会体系。而对我国的财会起源和发展缺乏关注。对西方财会文化的过度关注和盲目追捧,对财会专业学生的价值判断是极为不利的,容易使他们的认识与我国财会实际发展情况脱节,不利于其文化自信的增强。

2. 文化挖掘不深入

高校财会专业学生普遍缺乏对中华文化的深度理解。例如,在会计职业道德教育中,学生能够将诚信与我国社会主义核心价值观联系到一起,但无法深入挖掘中华传统美德的历史渊源,无法充分理解我国作为文明古国、礼仪之邦的重要地位。他们不能全方位了解中华文化的内容、渊源、价值等方面。许多大学生对中国的认识仅限课堂所学,更谈不上深入了解,因而无法领悟中华文化的真谛,这不利于他们扎稳文化自信之根。

3. 文化实践不足

在与财会专业学生的接触中,我们不难发现,当前大部分学生对中华文化有一些基础认识,现阶段的大多数学生对中华文化有一定的掌握,具有一定的文化认知,并能对其持积极的态度。但是,他们对中华文化的了解仅停留于理论层面,缺乏相应的文化实践。当前多数大学生主要是通过课堂学习、网络媒体、书籍杂志等途径了解中华文化,而很少有学生通过社会实践来深度体味中华文化,更不会主动向身边人普及中华文化。甚至有些大学生在网络空间也会发表曲解历史或有悖道德的言论。如果这种情况继续发展下去,他们很难真正地继承和弘扬中华优秀传统文化,增强文化自信只会变成口号。

（二）新时代财会专业大学生缺乏文化自信的原因

1. 外来文化冲击

改革开放以来，各国进行文化交流是大势所趋，我国受到的西方文化的影响不可小觑。文化之间的冲突与融合，给学生们带来了信息甄别和选择的新困难，如植入西方价值观的电影大片、美剧、综艺等多种形式的文娱作品涌入校园，一些所谓"冒险"的观念随之而入，与谨慎性会计原则相悖。这个时期的财会专业学生思想还不成熟，缺乏价值判断力，就会被各种各样新鲜的外来文化所吸引。虽说外来文化在一定程度上为大学生活增添了色彩，拓展了大学生知识，但是这些文化是多元化、掺杂的，其中有一些是腐化落伍的观念和价值取向，会给学生带来不利影响。

2. 新媒体文化渗透

新媒体时代的到来，给高校学生带来了许多挑战。网络传播速度快、传播面广，学生日常从网络获取良莠不齐的知识，减少了去图书馆学习的时间。此外，财会专业证书含金量较高，部分学生热衷于通过学习网络直播课备考各种证书，不注重学习课堂专业知识和提高道德修养。新媒体是一把双刃剑，用得好的话，它的优点很多；但用得不好的话，它带来的负面影响是无法估量的。网络空间繁杂，其虚构性、开放式、交互性、开放度等特性增添了一定的安全风险，给学生文化自信的树立带来了不便。

3. 教学策略缺乏创新

部分财会教师自身对中华文化积淀不足，对在教学中培养学生中华文化传播能力的认识也不足，很难把文化自信有效传递给学生。在立德树人背景下，高校会计职业道德教学旨在培养学生较高的职业道德、专业素养，从而促进学生专业素质和综合能力的全面发展。目前高校会计职业道德实践教学方法比较单一，缺乏会计职业道德课程与优秀传统文化的有效结合，对于文化自信的培养工作缺乏教学策略。这样不仅会降低学生学习的积极性，还会使学生对优秀传统文化产生厌烦情绪，影响学生对中华文化的自信心和理解能力，还会导致会计职业道德实践教学的工作效果不理想，无助于学生文化自信的培养。

四、新时代文化自信导向下的高校会计职业道德教育路径

（一）打造高素质教师队伍

教师是学生的指导者和引路人，教师队伍的质量决定了学生群体的质量。因此，高校要根据全体教师的基本情况，加强教师培养体系建设，培养出一批高素质的好教师。具体可以从以下三个方面来开展：一是师德师风及职业精神。高校应把教师培养成具有高尚的师德情操的人，熟悉教育史、校史和教育法律法规的人，具备基本的职业道德和职业素养的人。二是教学技能和教书育人。高校应强化教师基本教育教学技能，指导教师熟练掌握现代教育信息技术，促进教师开展教学研究、教学改革创新。三是专业理论素养和专业发展评价。高校应搭建教师发展平台，促进教师不断更新专业知识结构，提高专业水平及职业素养，提升学历学位，获

得更为持续的发展。

教师在教育学生之前,要先有扎实的文化知识积累,了解中华文化的历史渊源、发展规律、价值意义等,掌握其中的精髓,为讲好会计职业道德课打下理论基础,并能根据时代变化调整自己的知识结构,提高自己的文化知识储备,做到始终与主流意识形态保持一致。为实现这一目标,教师要先提升自我,确保具备坚定理想信念,具备良好的师德师风及职业精神,能够运用适当的教学技能开展会计职业道德教育,具有较硬的专业理论素养和清晰的专业发展规划,确保适应新时代教育改革与发展需要。高校通过造就这样一批学科知识扎实、专业能力突出、教育情怀深厚的高素质教师队伍,就能切实推进财会专业学生会计职业道德培养与文化自信的树立。

(二)完善宽领域课程体系

高校会计职业道德课程是新时代财会专业大学生文化自信养成的主渠道,其作用无可替代。高校可以通过补充讲授伦理知识,让学生们理解人性认知、伦理理论和价值判断,掌握公司治理、消费者管理、市场竞合和企业社会责任中的商业伦理;通过讲授会计职业道德体系,让学生领悟诚信、客观公正、专业胜任能力与勤勉尽责、保密以及良好职业行为原则。除此之外,会计职业道德课程要与其他课程协同育人。高校也可以根据自身情况开设如传统文化概论课、中西方财会体系比较专题课、中国伦理道德课等特色课程,通过充满趣味的课程,让大学生领悟中国特色社会主义文化的深厚底蕴,了解各具特色的多国文化,能够对外来文化取其精华,去其糟粕,在文化对比中更加坚定中国特色社会主义文化自信。

(三)创新教学方法

教学方法是保证教育目标实现的关键因素,适当的教学方法能使课堂教学质量精、效果好。目前很多高校在进行会计职业道德教育时,依旧采用传统的教学模式,照本宣科,一味地对学生进行纯理论灌输,没有创新教学方式方法,课堂教学枯燥,学生的学习兴趣降低,导致文化自信的培育效果微乎其微。因此,新时代会计职业道德课程要创新教学方式,提高大学生的学习兴趣。首先,可以在线上线下选取优秀教学案例,通过"传帮带"作用和集体教研活动,探索有趣的教学方法,让课堂吸引学生。其次,在既定的教学目标下,可以根据专业特点,因势利导进行讲授,财会专业的学生具有逻辑思维能力强和共鸣能力强的特点,教师可以在课堂教学偏重逻辑性的同时,更多地采用视频教学、互动教学的方式,注重学生的直观感受。最后,高校可充分发挥好新媒体超越时空的显著优势,获取多媒体辅助教学的好处,可安排学生录制文化宣传小视频、挖掘会计职业道德小故事等,提高学生的学习积极性,加强师生互动,不断增强其文化自信。

总之,高校要想学生所想,结合学生的特点,探索用他们喜闻乐见的方式来开展会计职业道德教学;要最大限度激发学生的主观能动性,呈现内容丰富、贴近生活、形式多样的会计职业道德教育课堂,使大学生文化自信培育取得更好的实效。

五、课程案例设计

(一) 育人路径

1. 价值塑造

(1) 引导学生学习中华文化,树立文化自信。

(2) 培养学生集体主义思想和乐于奉献的高尚品质。

(3) 培养学生热爱财会事业和敬业乐业的良好职业素养。

(4) 培育学生高尚的道德情操,提高他们对社会主义核心价值观的认识。

2. 知识传授

(1) 了解我国会计行业的发展现状与存在的问题。

(2) 掌握道德、职业道德与会计职业道德的精髓。

3. 能力培养

(1) 培养学生良好的职业素养能力。

(2) 提高学生的语言表达能力。

(3) 提高学生的写作能力。

(4) 提高学生分析问题与解决问题的能力。

(二) 课程内容

(1) 格物致知——道德,道德的历史演进、含义、作用及道德修养。

(2) 修身齐家——职业道德,职业道德的产生和发展、含义、作用、主要分类及职场的道与术。

(3) 经世济民——会计职业道德,会计职业道德的产生和发展、主要内容、修养与自律机制、评价及国际比较。

(三) 教学方法

1. 呈现教学法

通过回顾中华民族传统的优秀伦理道德,让学生进一步树立民族自豪感,并鼓励学生学会发现、挖掘、继承中华民族优良道德传统,让学生在学习中华传统美德和光荣的革命传统的基础上慢慢体会会计职业道德的真谛。

2. 启发式教学法

将"优势"与"劣势"观念贯穿会计职业道德教学始终,从讨论"见贤思齐,见不贤而内自省"开始,让学生深刻剖析自己的闪光点和不足。通过分析"市场经济带来的双刃剑结果",使学生明确市场经济给社会带来的积极与消极两方面的作用,进一步提醒学生学会规避市场经济的消极作用。

3. 讨论教学法

道德、职业道德以及会计职业道德绝对不是通过简单背诵就能够真正掌握和领悟的。道德、职业道德、会计职业道德如同我们每天生活中的阳光、空气和水一样,我们受益而不觉,失之则难存。

4. 探究式教学法

大学会计职业道德教育不应仅仅止步于知其"然"阶段，更应追求知其"所以然"。因会计职业道德课程是一项"说服力"和"执行力"并重的项目课程，几乎没有任何职场经验财经类专业的学子们可以通过本课程这扇门，开拓视野，并有意识地培养人文素养、家国情怀和职业意识，坚定对中国特色社会主义的道路自信、理论自信、制度自信、文化自信，为日后进入社会和职场做好思想道德心理之准备。

六、结语

面对世界未有之大变局，高校财会专业的学生面对着各种爆炸性的信息，这将不可避免地影响他们的会计职业道德观。这时，高校需要充分发挥育人功能，积极开展会计职业道德教育，帮助学生抵御外来文化冲击、新媒体渗透等外部不利影响，克服教学策略缺乏创新的缺陷，促使学生在纷繁信息中能坚持正确的价值判断。当然，育人不是一蹴而就的，高校应在打造高素质教师队伍、完善宽领域课程体系、创新教学方法等方面下功夫，紧紧围绕文化自信的核心，做好课程思政，结合财会专业学生的特点因势利导，增强高校财会专业学生的文化素养和文化自信，使其养成高尚的会计职业道德，步入社会后成为栋梁之材，担起中华民族伟大复兴的重任。

主要参考文献

[1] 王琼,夏雪花.《财务管理学》课程思政的实践路径探索[J].国际商务财会,2021,(18):90-94.

[2] 张冰雪."课程思政"在会计专业教学中的实施探讨[J].大学,2021,(4):103-104.

[3] 东光明.会计专业协同育人与综合评价研究——基于会计职业价值观视角[J].新会计,2021,(12):19-23.

[4] 左励明.文化自信视域下高校思政课程实践教学保障体系建设研究[J].吉林省教育学院学报,2021,37(12):84-87.

[5] 唐俊娇.新时代大学生中国特色社会主义文化自信培育研究[D].青岛:青岛科技大学,2021.

[6] 于文香.新时代高校思政课涵育大学生文化自信研究[D].上海:上海师范大学,2021.

[7] 安莉.大学生文化自信教育研究[D].哈尔滨:哈尔滨师范大学,2020.

[8] 肖姣平.习近平文化自信思想融入高校思想政治理论课教学路径探究[J].高教论坛,2020,(6):20-23,108.

[9] 王青.当前高校思想政治教育中文化自信培育存在问题及对策[D].石家庄:河北师范大学,2020.

[10] 俞小敏.新时代大学生文化自信培育研究[D].哈尔滨:哈尔滨师范大学,2020.

[11] 韩玲.文化自信视阈下高职英语课程思政的四维路径[J].中国职业技术教育,2020,(35):65-69.

[12] 崔小云.文化自信融入思想政治教育的践行路径探析[J].长春师范大学学报,2019,38(5):7-9.

内部控制"课程思政"教学内容与教学方法研究①

李 正②

教育部2020年5月发布的《高等学校课程思政建设指导纲要》指出,经济学、管理学、法学类专业课程要帮助学生了解相关专业和行业领域的国家战略、法律法规和相关政策,引导学生深入社会实践、关注现实问题,培育学生经世济民、诚信服务、德法兼修的职业素养。内部控制"课程思政"建设应当全面贯彻上述要求。内部控制课程是高校会计学专业、财务管理专业、审计学专业本科生学习政府审计学、内部审计学、注册会计师审计的前置专业课程,对学生打下坚实的学科基础具有重要意义。内部控制以其悠久的发展历史、厚重的人文底蕴、严密的逻辑思维,为"课程思政"建设提供了多种多样的"思政元素"和"思政案例",在"课程思政"建设中大有可为。

一、在教学内容中全面融入"课程思政"

1. 在教学内容中融入国家战略

在讲解《企业内部控制应用指引第4号——社会责任》时,教师可以融入国家战略。党的十九大报告提出了"安全发展理念""绿色发展理念""食品安全战略""精准扶贫""构建和谐劳动关系"等理念和战略,上述内容是企业社会责任的核心领域。在案例分析部分,教师可以通过《资本论》第一卷到第三卷中企业雇用童工、食品掺假、生产安全事故、缺乏必要的劳动保护导致的职业病等内容来讲解负面社会责任的危害;也可以结合国内的案例讲解负面社会责任的危害,包括上市公司生产安全事故、环境污染事故等。引导学生从内部环境中的高级管理层的价值观、风险评估中的关键控制点、企业内部采取灵活多样的控制活动、企业内部审计部门进行生产安全审计、环境审计、向监管部门举报等多个角度讨论企业预防负面社会责任事件的方法,起到"头脑风暴法"的效果,使学生既明确内部控制的相关知识点,又掌握了企业社会责任在国家战略中的重要地位。

2. 在教学内容中融入法律法规

内部控制的五个目标之一是保证企业经营活动合法合规。第一,引入"思政"元

---

① 基金项目:云南财经大学课程思政示范课程"内部控制"的阶段性成果(课题号:校教发〔2020〕444号文件);云南财经大学在线开放课程"内部控制"(课题号:校教发〔2021〕399号文件);云南财经大学一流课程"内部控制"(课题号:校教发〔2022〕102号文件);云南省专业学位研究生教学案例库建设项目"内部控制与风险管理教学案例库"(课题号:云学位〔2021〕18号文件)。

② 李正,云南财经大学会计学院教授、博士研究生导师。

素。2019年,习近平总书记在推进"一带一路"建设工作5周年座谈会上的讲话中指出,要规范企业投资经营行为。第二,引入两个教学案例:国家自然科学基金委员会会计员卞中贪污、挪用公款人民币两亿余元案件;河南某市原副市长强行要求分管的国有企业为其个人消费报销发票49万元案件。第一个案例涉及贪污罪、挪用公款罪,第二个案例涉及受贿罪。第一个案例的内部控制知识点是不相容职务相分离、内部审计失效。第二个案例的内部控制知识点是官员腐败影响了国有企业、行政事业单位的内部控制制度的实施效果。假设学生是基金委财务负责人或国有企业负责人,要求学生设身处地,分组讨论,提出解决问题的方案;通过调动学生的积极性、主动性和创造性,使"课程思政"起到"培育学生诚信服务、德法兼修的职业素养"的育人效果。

3. 在教学内容中融入相关政策

(1) 全面梳理财政部、审计署、国资委等各部委出台的内部控制方面的相关政策。使学生明确不同政策出台的背景和必要性;在案例分析部分,讲授某大型证券公司海外投资暴雷、中航油新加坡公司《风险管理手册》失灵等案例;分析上述企业违反中央部委相关的内部控制政策的过程及后果;讲解企业内部控制失灵的原因及预防措施。

(2) 党组织参与内部控制建设是中国特有的,不但实践效果好,而且是地道的"课程思政"素材。例如,各级纪委通过对国有企业、事业单位、政府部门巡查,发现已经存在的内部控制缺陷和腐败问题,大到中石油总经理廖永远、小到贵州省毕节市经济开发区财政局出纳王红梅,都是通过党组织巡查而被查的。"党组织参与内部控制建设"这一制度模式是中国特色社会主义制度所特有的,对于完善内部控制制度具有重要意义,这可增强学生的"制度自信"。

(3) 国有企业党组织参与企业文化建设与"文化自信"。与国外的企业文化不同,我国的国有企业文化建设强调党组织的"价值引领"作用。中共中央2019年12月发布的《中国共产党国有企业基层组织工作条例(试行)》规定,"党委会履行企业党风廉政建设主体责任……领导企业思想政治工作、精神文明建设……坚持以社会主义核心价值观引领企业文化建设"。国有企业党组织把廉洁、商业伦理、精神文明、社会主义核心价值观等要求融入企业的价值观、经营理念和企业精神等企业文化建设,对于提升国有企业的文化建设具有重要意义。良好的企业文化提升了内部控制的实施效果。"党组织参与企业文化建设"的模式在国外是不存在的,这可增强学生的"文化自信"。

(4) 全面梳理中央领导与内部控制相关的系列讲话。内部控制的思想贯穿于中央领导对行政事业单位治理、国有企业治理的系列讲话之中。中央领导关于反腐败、侵吞国有资产、环境保护等方面的系列讲话体现了相关的国家政策,是内部控制"课程思政"的教学内容。例如,习近平总书记指出,严肃查处侵吞国有资产、利益输送等问题。在案例分析部分,教师可以讲授湖南湘潭电缆厂前负责人侵吞国有资产的过程。该案例的知识点是内部环境中的组织架构缺乏制衡、任命领导干部缺乏对道德和价值观的考核、管理层凌驾于内部控制体系之上导致内部控制体系失灵等。国有企业腐败案例可以起到"隐性教育"的效果。

二、在教学方法上实现创新

除了上文提到的"案例分析法",笔者在内部控制"课程思政"教学中,还使用了"情境教学法"和"师生共创课程法"。

1. 情境教学法

教师通过设置"模拟情境""推理情境""语表情境""想象情境"等不同情境,运用图片、视频、分析推理、语言表达、想象等多种手段,增加"课程思政"的趣味性和对学生的吸引力,使学生体验"身临其境"的现实感,便于把"思政之盐"融入内部控制理论的"知识之汤",起到"润物无声"的效果。

2. 师生共创课程法

师生共创课程法打破了传统的"老师教、学生学、教师主动、学生被动"的授课模式,让学生参与内部控制课程的案例选择、讨论、撰写分析报告等各个环节,调动学生学习的主动性。只有学生主动选择案例并分析内部控制案例涉及的所有知识点,才能实现"引导学生深入社会实践、关注现实问题,培育学生经世济民、诚信服务、德法兼修的职业素养"。教师的角色是"价值引领者",教师确定选题方向;学生通过案例资料搜集或者社会实践准备学习素材;教师给出素材分析建议;学生分组讨论,师生互动、探究;学生根据内部控制知识点撰写分析报告。

参考文献

［1］中华人民共和国教育部.教育部关于印发《高等学校课程思政建设指导纲要》的通知［EB/OL］.(2020-06-03)［2022-08-18］.http://www.moe.gov.cn/srcsite/A08/s7056/202006/t20200603_462437.html.

［2］财政部,证监会,审计署,银监会,保监会.《企业内部控制应用指引第4号—社会责任》等18项应用指引.［EB/OL］.(2012-04-11)［2022-08-18］.http://www.csrc.gov.cn/pub/shanghai/ztzl/shssgsnkgf/shshgsnk/201204/t20120411_208431.htm.

［3］李正,刘杰.内部控制［M］.北京:北京大学出版社,2021.

［4］中国共产党中央委员会.《中国共产党国有企业基层组织工作条例(试行)》［EB/OL］.(2020-01-05)［2022-08-18］.http://cpc.people.com.cn/n1/2020/0105/c419242-31535071.html.

"中级财务会计"课程思政切入点
——基于学生视角的思考

张 妍①

高校大学生作为祖国未来的栋梁,是社会主义事业的接班人。不仅思想政治课程要充分发挥思政引领作用,而且其他专业课程亦要"守好一段渠、种好责任田",将专业知识与思政元素相融合,从而形成协同效应,实现真正的立德树人、育人为本。如今,高校的各个专业都需要重视思政教育,会计学专业也不例外。会计学是经济管理类专业的核心,每年毕业生规模庞大,会计学专业在教授专业知识和技能的同时,更要注重对学生思想政治、职业道德等方面的教育。现如今各大高校的专业课程教学都很成熟,但是高校在思想政治教育和专业课程的融合以及对于学生综合素质的培养等方面是较为薄弱的。将课程思政融入会计专业课程刻不容缓。

一、会计学专业传统教学特点分析

(一)会计专业知识的固定性

会计学科的知识充斥着大量的数字,每一笔会计业务操作都要循规蹈矩。这在一定程度上导致会计学的教学过程无法激发学生的探索欲和求知欲。北宋易学家邵雍曾说过"学不至于乐,不可谓之学",可见学习的过程就是求知的过程,而求知的前提是求知者对自己所学的知识拥有好奇心和兴趣。很多学科的知识本身具有一定的吸引力,能够激发学生的探索欲。例如,天文学,奇幻诡谲的天文现象本会让人心驰神往,刺激学生探索其产生的原理。会计学知识较难激发学生学习兴趣,会计学跟与其息息相关的经济学也大为不同:相较宏观经济学,其少了"一览众山小"的大局视野;相较微观经济学,其又缺少见微知著的推理演绎。

综上所述,传统会计知识本身具有固定性,从会计准则的规定到各类会计原则,大量固定的内容和程序使学科本身的创造性大打折扣。

(二)教学过程中的被动性

正如上文所言,会计知识本身的固定性会令人缺乏探索欲,这就导致教学过程一定程度上的被动。好奇心旺盛的大学生在学习烦琐冗长的会计分录时,会想要知道为什么要这样处理一笔业务,但对于这个问题最好的答案是制度规定。对于会计操作程序,会计的行为是十分被动的:每一会计账户的性质不能改变,每一会计账簿登记的大

---

① 张妍(2000—),云南财经大学会计学院本科生。

体内容不能改变，每一会计报表填制的程序也不能改变。因此，教师在会计教学过程中也极为被动的。

中级财务会计这门课程专业术语较多，导致这门课程趣味性和吸引性不强。也正是因为其专业性强、知识点烦琐等特点，教师在教学过程中注重基础理论知识的传授，多数采用"灌输式"的教学方法，教学方法较为单一，学生在接受知识的过程中十分被动，鲜有良性的互动。同时，中级财务会计课程的教材主要围绕六大会计要素展开，以财务报表编制为结尾，穿插着或有事项、合并重组等特殊会计业务。课本的章节之间看似毫不相关，但却暗藏千丝万缕的联系。教师在教学的过程中若仅仅照本宣科，照着按章节划分的PPT进行讲授，会使学生在学习过程中无法认清教材的主要脉络，更无法梳理章节之间的关联之处。教学过程很难达到理想的效果。

（三）轻视思政教育

一些会计专业课程的教学方法单一之处还体现在其轻视思政教育，而只注重对于理论知识的传授。由于会计学是一门实践性很强的学科，所以，教师在教授这门课程时更多是以就业为导向的，会倾向于传授专业理论，在教学过程中无法兼顾课程的育人功能。比如，教学偏向照本宣科，发散性和创新点不足；又如，教师更看重学生的期末考试成绩，对学生的课堂表现与综合素质关注不够。教师的出发点是好的，旨在加强学生与就业市场的契合度。由于人文素质等内容难以量化并被市场忽视，教师较为轻视课程与思政教育的结合，不注重对学生人文素质的培养，忽视了"立德树人"的育人功能，导致学生未来职业规划不清晰、对会计行业的历史背景以及相关法律知识了解不透彻、对职业道德的培养不重视，这样不利于高校向社会输送复合型的会计人才。

二、课程思政理念的重要性

"课程思政"是指通过将育人思想融入高校的各类课程中去，从而实现"立德树人"这一根本教学任务的综合性思想政治教育理念。其主要内容包括思想品德、政治导向与专业伦理等，其中思想品德教育应该放在首位，政治导向与专业伦理也不可忽视。课程思政有助于培养学生成为热爱党、热爱国家、热爱自己所处的行业的有为青年。相对于思政课程，其更多是一种隐性的渗透式的教育，倾向于利用通识教育课、专业基础课等课程润物无声地影响学生的世界观、人生观以及价值观，有利于打破思政课程和专业课程相互孤立的状态。将课程思政与会计专业中的核心课程——中级财务会计相结合，是大有裨益的。

首先，两者结合可以进一步提高中级财务会计课程的教学质量。中级财务会计这门课程的教学方法较为传统，当前，教师将课程思政融入该课程主要通过挖掘教学中隐藏的思政德育切入点，采用案例讲解等方式开展。这种方式可以在一定程度上激发学生对于会计知识的兴趣与探索欲，有效地解决课程教学方式单一的问题。

其次，融入课程思政可以更好地发挥中级财务会计课程的育人功能。高校人才培养是育人和育才相互统一的过程。要培育出高水平的人才、建立完善的人才培养体系,就必须开展课程思政建设。"中级财务会计"课程无论是在道德品质方面,抑或是价值导向方面,都有合适的切入点。因此,将课程思政理念与中级财务会计课程教学相结合,有利于帮助学生实现更全面、更高质量的发展,也有利于帮助学生形成更高层次的会计思维。

最后,两者的互相融合提供了会计专业课程与课程思政建设结合的典型范例。在教育部印发《高等学校课程思政建设指导纲要》之后,各高校的课程思政建设便开展得如火如荼。"中级财务会计"课程作为经管类专业的中代表性较强的课程,理应不断深化课程思政建设,为会计专业的其他课程提供思政建设的典型范例;同时,可以帮助其他经管类专业的课程探索更多课程思政建设路径,实现课程育人与思政育人携手共进的目标。

三、"中级财务会计"课程融入课程思政需要注意的问题

(一)遵循实事求是、把握重点以及循序渐进的原则

一方面,高校要切实地建立科学有效的课程思政教学设计体系,在设计"中级财务会计课程"与思想政治教育的结合点方面要结合实际、宁缺毋滥;结合会计专业的特点,紧密联系不同思想政治教育切入点,拓展专业课程教育的深度和广度。

另一方面,课程思政建设是一项长期的艰巨任务,要坚持循序渐进、由浅入深。"中级财务会计"课程的教学是由易到难,其与课程思政的结合也应当循序渐进。

(二)梳理好专业课程与课程思政的主次关系

课程思政是大势所趋,也是高校专业教育的必然发展路径,其对"中级财务会计"课程来说不可或缺。在课程教学上,专业知识教学永远是第一位的,而寻求课程思政切入点则是辅助性的,切不可顾此失彼过分地强调思政切入点。课程思政究其内涵仍属于隐性的思想政治教育,其作用应该是渗透式的,在课程教学中,思政内容教学时长应该恰到好处。

(三)立足"中级财务会计"的教材知识点寻求思政切入点

"中级财务会计"这门课程的专业性较强,并非所有内容都适合与思想政治教育结合,不能去生搬硬套,要切合实际地把握切入点和教学时机。在课程思政与会计理论的结合中,要有广度、有深度、有情怀,真正做到润物无声。

四、"中级财务会计"课程思政的切入点分析

"中级财务会计"课程教学要坚持马克思主义基本原理,帮助广大学生深刻认识相关行业和专业的历史文化、职业素养、法律法规以及国家战略,不断引领学生加强社会实践,脚踏实地地关注现实问题,从而培养出具有经世济民的家国情怀的会计从业人才。"中级财务会计"课程思政建设应从以下四个切入点切入。

(一)中国传统文化元素

思想政治教育离不开传统文化的熏陶,课程思政建设也需要结合我国的优秀传统

文化。对于"中级财务会计"课程而言,中国的会计文化就是一个很好的思政结合点。会计文化是人类社会科学文化体系中的一个分支,远古时期的石刻计算可以被视为是会计文化的萌芽。而我国的会计文化源远流长,经历了由简到繁、从原始记录到单式账簿再到复式账簿这样一个不断完善的发展变革过程。中国原始社会末期,伴随着社会分工的不断发展,人们逐渐形成了数量的观念,开始有了计数的需求,开始使用一些绘画、绳结、石刻等方式表示数量的多少。这些原始的计量行为,可以被看作会计的直接渊源。而"会计"这一称号则起源于我国西周。在西周前后,我国便出现了具备会计核算功能的基本工作体系,初步形成了文字记叙式的单式记账法。近代中国被迫放开国门后,会计制度也出现了改革,一系列会计专著开始出现,西方国家的借贷记账法也开始逐步传入我国。中华人民共和国成立至今,我国建立并完善了高度统一的企业会计制度。由此可见,我国的会计历史文化资源丰富,很适合用于会计课堂教学。

(二) 职业道德修养元素

在社会主义市场经济条件下,高校加强会计职业道德教育,对于完善社会主义市场经济体制、减少会计失真等现象以及提高会计工作质量有着重要的现实意义。高校的"会计职业道德"课程多为选修课,学分较低且课程总时长短,并不受学生重视。也就是说,当今高校会计专业对职业道德素养的教育是不够的。"中级财务会计"作为会计学专业的代表性专业课程,其课程思政建设可以从会计职业道德修养角度入手。

所谓会计职业道德,指的是会计从业人员在进行基本的会计核算和财务分析工作时,必须要遵循的行为准则规范之和。会计职业道德的主要内容包括爱岗敬业、熟悉法规、客观公正、保密守信等。其可作为课程思政建设的一个重要切入点。"中级财务会计"课程在融入职业道德元素时不可生搬硬套会计职业道德的内容,可以多采用讲述案例、小组讨论等方式,要有深度、有广度地融合。在教学时,教师可以将其与会计信息质量要求或会计差错更正及会计估计变更等知识内容结合。比如,被誉为"中国现代会计之父"的潘序伦先生的故事就告诉我们"立信乃会计之本",要将"信以立志、信以守身、信以处事、信以待人、毋忘立信、当必有成"的准则作为办理各项会计事业的训条。诚实守信也是会计职业道德的一个重要部分,这与会计信息质量要求中的可靠性、实质重于形式以及谨慎性有着密切的关系,适合将其进行相互串联、由浅入深地讲解。又如,徽商代表人物胡雪岩在经商过程中明确坚持出纳和会计职责相互独立,确保了不相容的职位相分离,降低了舞弊风险,这就体现了会计职业道德中的独立性原则。将这些引人入深的故事或案例穿插进课程教学中,一方面,可以让会计课堂的教学不那么枯燥无味,给烦琐、严谨的会计知识增添一丝趣味;另一方面,有利于教导学生树立正确的价值观,将当代会计专业学子培育成爱岗敬业、客观公正、诚实守信的会计从业人员。

(三) 政治思想导向元素

课程思政建设要坚定不移地以爱党、爱国、爱人民、爱集体、爱社会主义为主线,不断增强学生的政治认同和家国情怀。因此,"中级财务会计"课程教学更要坚持不懈地推进习近平新时代中国特色社会主义思想融入课堂教学,坚持不懈地运用习近平新时代中国特色社会主义思想育人,不断引领学生知晓国情党情民情,从而增强课程的政治导向性,坚定高校学生对党的领导的政治认同感和思想认同感,增强其对中国特色社会主义的道路自信与制度自信。

(四)专业法律法规元素

"中级财务会计"是一门理论性很强、专业术语较多的课程,其教材的编写依据是现行的会计准则。教师在教学过程中不能仅注重会计核算理论知识的教学,也要适当地补充一些会计专业的相关法律法规。我国会计法律法规体系十分完善,具体包括《会计法》《注册会计师法》等法律及《企业财务会计报告条例》等行政法规,还包括《企业会计准则——基本准则》等部门规章以及规范性文件。这些都是我国当今会计制度的重要组成部分。会计法律法规是会计人员开展财务工作的根本指南以及法律依据,"中级财务会计"课程思政建设理应将其纳入教学内容。

教师可以在"中级财务会计"课程中适当地讲述一些会计法律法规中与课程知识联系紧密的具体相关条例,并让学生反思和归纳其与知识点之间的联系。由于会计教材更新不够及时,学生所学习的专业知识在毕业时与规章制度可能并不相符,所以,教师在教学过程中更应该关注会计法律法规的变化,将这些变化及时更新到课程的教学中。比如,2018年12月,财政部发布了关于修订印发《企业会计准则第21号——租赁》的通知,而注册会计师考试教材却在2020年才有所体现。所以,教材的修订总体上具有滞后性,教师更应该注重法律法规的更新,带领学生主动学习,也可以让学生分小组讨论法律法规更新后对不同会计主体的影响。这样做不仅调动了学生学习中级财务会计课程的积极性,也锻炼了学生的辩证思考和分析的能力,使他们可以从更宏观的角度看待会计职业。最后,将法律法规、会计准则等内容融入中级财务会计课程思政建设,也可以引导学生更好地践行社会主义核心价值观。比如,讲到企业会计准则中有关弃置费用的规定时教师可以引导学生去思考会计核算与生态文明建设之间的关系,在一定程度上给学生传递了人与自然和谐发展的生态观念。

五、结语

中级财务会计这门课程是财经类学生学习的极其重要的一门课。其不管是对于学生未来工作能力的提升抑或是对其会计素养的培育都有很大的帮助。如何有效地发挥其育人功能是所有高校都应当考虑的重中之重。教师可以从传统文化、职业道德、政治导向以及法律法规四个方面去切入思政元素,从而更好地发挥专业课程的德育效果,培育经世济民的会计人才;同时,高校也可以通过这一门示范性课程以点带面,带动其他专业课程共同实施课程思政,让星星之火形成燎原之势!

参考文献

[1] 齐鹏飞. 课程思政:各门课守好一段渠、种好责任田[EB/OL].(2020-06-16)[2022-08-30].

http://theory.people.com.cn/n1/2020/0616/c40531-31747953.html.

［2］高德毅,宗爱东.课程思政:有效发挥课堂育人主渠道作用的必然选择[J].思想理论教育导刊,2017(1):31-34.

［3］邱伟光.课程思政的价值意蕴与生成路径[J].思想理论教育,2017(7):10-14.

［4］王学俭,石岩.新时代课程思政的内涵、特点、难点及应对策略[J].新疆师范大学学报(哲学社会科学版),2020,41(2):50-58.

［5］陆道坤.课程思政推行中若干核心问题及解决思路——基于专业课程思政的探讨[J].思想理论教育,2018(3):64-69.

［6］殷俊明,张兴亮.会计学"专业思政"建设的思考与探索[J].财会通讯,2020(15):163-166,176.

［7］陈长凤,侯淼,胡玥.课程思政视角下会计人才培养问题研究[J].长春师范大学学报,2019,38(11):145-147.

［8］杨瑞平,吴秋生,王晓亮.通识教育下的《中级财务会计》教学改革研究[J].财会月刊,2019(02):72-77.

课程思政视角下的"慎独"教育
——公司治理课程实践之独董治理

刘丽芳[①]

在2018年9月我国第三十四个教师节来临之际,习近平总书记向广大教师致以节日的问候,同时指出,新时代新形势,改革开放和社会主义现代化建设、促进人的全面发展和社会进步对教育提出了新的更高要求,要努力构建德智体美劳全面培养的教育体系,形成更高水平的人才培养体系。学校思想政治理论课教师座谈会强调,要坚持显性教育和隐性教育相统一,挖掘其他课程和教学方式中蕴含的思想政治教育资源,实现全员全程全方位育人。2020年4月,《教育部等八部门关于加快构建高校思想政治工作体系的意见》提出,全面推进所有学科课程思政建设。统筹课程思政与思政课程建设,构建全面覆盖、类型丰富、层次递进、相互支撑的课程体系。习近平总书记在中国人民大学考察时强调,思政课的本质是讲道理,要注重方式方法,把道理讲深、讲透、讲活,老师要用心教,学生要用心悟,达到沟通心灵、启智润心、激扬斗志。为落实总书记重要指示精神,把"立德树人"作为人才培养的综合教育理念,课程思政成为引领我国高校新一轮课程建设和教学改革的引擎和落脚点。

课程思政的建设内容要紧密围绕培养对象的理想信念,围绕政治认同,以家国情怀、文化素养、道德修养等重点内容优化课程思政供给,推进习近平新时代中国特色社会主义思想进教材、进课堂、进头脑,加强学生的政治认同、思想认同、情感认同,帮助学生坚定中国特色社会主义道路自信、理论自信、制度自信、文化自信;加强中华优秀传统文化教育,引导学生深刻理解优秀中华传统文化的思想精华和时代价值,引导学生传承中华文脉,弘扬爱国主义精神。笔者依据课程思政建设内容和指导意见,总结中国传统文化中"君子慎独"精神作为思政元素在公司治理课程独立董事篇章的应用,引导学生了解党情国情民情市情,自觉把小我融入大我,将社会主义核心价值观内化为精神追求,外化为自觉行动,成长为中国特色社会主义事业合格的建设者和可靠的接班人。

一、公司治理课程思政特点

公司制作为企业组织形式演化的最高级形态。2017年我国央企全部改制为公司制企业,2020年地方国企全部改制为公司制企业,2021年所有国有企业改制为企业,

---

[①] 刘丽芳(1973—),云南财经大学会计学院教授、硕士研究生导师。

至此中国进入公司制时代。在这样的时代背景下,经济管理专业人才培养方案中纳入公司治理课程,以公司治理基本理论、内部治理、外部治理、治理模式与信息披露治理为框架,探讨公司治理实践中具有共性的基本原理、基本知识、运作规范和基本方法,使学生熟悉规范现代公司相关利益方责权利关系的制度安排,就显得极为重要和迫切。2018年,教育部工商管理专业教育教学指导委员会将公司治理列为工商管理本科专业核心课程,公司治理也成为国家自然科学基金委员会所设一级代码学科工商管理下的二级代码学科。因此,国内高校纷纷开设公司治理课程。

公司治理是一门既古老又新兴的学科,涉及管理学、法学、经济学、社会学、政治学等多个学科的知识,课程的综合性意味着公司治理课程相关的思政元素相对较多。本文仅就如何将中国传统文化中的"慎独"精神作为课程思政元素融入公司治理课程中独立董事治理部分做一些探讨。

二、独立董事制度在中国企业的实践

当下公司治理已经成为全球经济管理理论界和实务界最为关注的热点话题。在中国深化经济改革的过程中,公司治理的重要性和治理机制的重要性也引起学术界和企业的重视并成为研究热点和社会关注的焦点。

1. 中国独立董事制度发展沿革

独立董事制度在我国最早是为了使赴境外上市的公司满足境外证券交易所的要求而设立的。1993年,青岛啤酒成为第一家引入独立董事的境内公司。1997年,中国证监会发布《上市公司章程指引》,指出"公司根据需要,可以设立独立董事",并对不得担任独立董事的回避人员作出了初步界定。1999年,中国证监会进一步出台《关于进一步促进境外上市公司规范运作和深化改革的意见》,明确了境外上市公司必须设立2名以上独立董事。2000年前后,我国境内上市公司开始引入独立董事制度,并逐步完善该制度的相关规定。中国证监会2001年再次发布《关于在上市公司建立独立董事制度的指导意见》,要求上市公司董事会成员中至少包括1/3独立董事,并对独立董事任职条件、任免办法、权利义务等制定了详细规范。该指导意见还特别强调了独立董事监督大股东、保护中小股东利益的职能。2002年,中国证监会发布《上市公司治理准则》,规定上市公司董事会可以按照股东大会的有关决议,设立战略、审计、提名、薪酬与考核等专门委员会,审计委员会、提名委员会、薪酬与考核委员会中独立董事应占多数并担任召集人。2004年,中国证监会发布《关于加强社会公众股股东权益保护的若干规定》,继续完善独立董事制度。2006年修订的《上市公司章程指引》在独立董事履职意识方面做出了加强,规定每名独立董事应在每年的股东大会上做出述职报告,对独立董事的权利、义务和职权行使做出了更加详细的规定。由此,我国形成了较为完备的独立董事制度。

2. 中国独立董事制度强调中小股东利益保护

在中国公司制企业的治理实践中,上市公司实质上通常由大股东而非经理人掌控,持股较大的大股东事实上成为全体股东的代表参与公司治理,中小股东与大股东之间形成了委托代理关系。与此同时,大股东经常利用这一身份单独或者联合经理人侵占中小股东的利益,导致大股东与中小股东的利益冲突。在这样的背景下,我国上市公司独立董事制度的产生和发展,主要是自上而下、由国家通过法律法规建设推动的,并且主要为了缓解大股东与小股东之间的利益冲突。

中国上市公司引入独立董事制度迄今已有 20 多年,新公司法也明确规定要建立独立董事制度。法律法规是独立董事行事的基准,有效的立法与执法对独立董事履职具有很强的约束力。在这些法律法规的推动下,我国上市公司独立董事制度逐步完善。与此同时,公司治理的主流观点认为,独立董事是约束董事会行为,保护中小股东利益,承担监督责任的最适合人选,独立董事制度是公司治理机制的重要组成部分。

三、独立董事制度在中国企业实践中的困境

1. 独立董事监督治理效果存在很大争议

作为公司治理的一项重要制度安排,独立董事制度引入我国后各界关于其治理效果始终未有定论。近年来,独立董事制度不断完善,上市公司独立董事制度、董事任职资格确定、独立董事席位数等相关制度规范也越来越完善。但同时,公开披露数据显示,近年来受到证监会公开批评、谴责和行政处罚的公司违规行为也呈现不断上升趋势,上市公司违规案件中独立董事遭受连带责任处罚的案例也在同步增多。因此,独立董事作为上市公司内部最重要的监督主体,其监督效果被实务界和学术研究广为诟病,康美药业独立董事"天价"赔偿案引起了 A 股上市公司独立董事的辞职潮,更是引发了各界对于独立董事责任义务的热议。

2. 独立董事独立性不够

首先,独立董事不同于其他的内部董事,通常由在各个领域取得一定成就的并有一定影响力的人士担任,其并不在公司全职工作,相当于公司聘请的外部咨询人士,参加公司经营讨论的时间有限,所取薪酬也有限。独立董事如果过度独立反而不利于其履行职责,实践中独立性标准的界定也很难,有些独立董事只是名义上的独立;而且,独立董事的提名、更替和报酬实际上受控于大股东或者内部管理层,因此,独立董事很难做到真正独立,由此有了"花瓶董事""橡皮图章"的别称。

课程思政建设是新时期课程教学改革的发力点,是课程体系和课程内容建设和优化的重要元素,解决的是培养什么人、如何培养人的问题。公司治理课程是工商管理类专业的核心课程,多以理论和案例结合的方式开展教学,但由于公司治理课程最早是由西方引入的,其理论和案例往往与中国经济发展的实际关联性不强,导致学生学习缺乏情境性,公司治理的课程思政效果不尽如人意。本文从中华优秀传统文化中挖掘思政要素,以期为公司治理课程思政的建设和优化提供参考和借鉴。

四、"慎独"教育与课程思政实践

慎独思想最早见于先秦的《礼记·中庸》。《中庸》开篇说:"君子戒慎乎其所不睹,恐惧乎其所不闻。莫见乎隐,莫显乎微,故君子慎其独也。"根据朱熹、郑玄对《大学》《中庸》中"慎独"的注释,"慎独"通常被理解为"在独处无人注意时,自己的行为也要谨慎不苟",或"在独处时行为谨慎不苟"。王阳明则认为,"慎独生发于良知,无慎独则良知亦无用武之地,无良知则慎独缺乏标准,故慎独与良知是相互援助的关系"。学者们希望通过对内在德行的探究,找到现实道德实践的理论基础,由内向外、由诚意而正心、修身、齐家、治国、平天下。

在思想政治教育语境中,课程思政不是一门或一类课程,而是一种教育教学理念,它超越了单纯的知识传授范畴,具有更多育人的意义。思想政治教育不仅仅限于课堂教育,而应着眼于受教育者一生的自我修养。"育人"先"育德",教师在教学过程中要有意、有机、有效地进行思政教育,充分发挥课程德育功能,提炼专业课程中蕴含的文化基因和价值范式,在"润物无声"中融入精神指引(周燕,2020),把人的思想品德教育作为课程教学的目标放在首位,并与专业教育相结合。结合公司治理这门课的课程思政建设思考,本文主张在独立董事相关内容中引入自我教育、实践教育这一"慎独"教育,作为一种自我教育的思想政治教育路径,以期破解独立董事制度在中国企业实践中的困境。

"慎独"教育是社会人的必然选择。人生目标在宏观意义上而言,具有"安身"和"立命"两大内含(宋玉路,2020)。对于作为个体的人来说,选择如何生存于这个社会,追求什么样的人生目标,是个体对自己一生的规划。一项全球调查研究发现,当下的社会,超过7成受访中国人以拥有的物质衡量自身的成功。这种所谓的"成功人生"标准实质上将人视为一种纯粹的利己主义存在,否定了人的社会性,导致人的自我性和社会性的对立(宋玉路,2020)。在公司治理的实践中,部分独立董事名义上独立,而实际上仍受制于大股东或管理层。公司对独立董事监督职能的需求很强,但独立董事的提名、更替和报酬都不可避免地受到控股股东或管理层的操纵,独立董事很难真正做到真正的独立,这限制了独立董事的作用。要解决这一实践难题,仅靠立法保障显然难以获得真正的效果,慎独教育提供了一种可能性,且仍具有极大挖掘价值。

事实上,人能够成为"慎独"的社会人,是"慎独"教育的目标,也是"慎独"教育之主要路径。传统优秀文化之"慎独"教育本质上还是一种教育,是为了实现立德树人(王学俭和石岩,2019)。"育人"先"育德",注重传道授业解惑、育人育才的有机统一,一直是我国教育的优良传统。高校加强对学生的世界观、人生观和价值观的教育,传承和创新中华优秀传统文化,帮助其实现社会价值,从而为社会培养更多德智体美劳全面发展的人才,为中国特色社会主义事业培养合格建设者和可靠接班人。这需要建立在个体充分的自我认识和自我教育基础上,需要慎独教育为之实现。

"慎独"教育是中华民族的传统教育。恢复这一传统,是今天课程思政的重要任务。多年来,很多的教育者倾向于将教育理解为教师对学生的单向输入,学生似乎只是一个接受者而不发挥主动作用。早在春秋战国时期,儒家就提出"学,然后知不足;教,然后知困",教学之间,是相互促进的,是可以实现"教学相长"的。故儒家提出特色鲜明的教育——君子当慎独也,即慎独教育。2018年9月全国教育大会后,教育部要求高校加强课程思政建设。教师是教学团队的少数,学生则是多数,一个学校对教师的要求是单一的,而学生学习的需求是多样化的。如果教师是学习的引领者,学生当然就是学习的追随者,学生的学习才是教育的终点(宋玉路,2020)。因此,教育根本上还是要提高学生学习的自主性、积极性。提升学生"慎独"能力,加强"慎独"教育,是课程思政的基本路径之一。

在公司治理的实践中,与国外公司偏好其他公司在任或者退休的高管作为独立董事不同,中国上市公司偏好学者型独董(苏然和冯科,2018)。马克思在《关于费尔巴哈的提纲》中提出"教育者本人一定是受教育的"。毛泽东在《在延安文艺座谈会上的讲话》中阐述道:"只有代表群众才能教育群众,只有做群众的学生才能做群众的先生。"习近平总书记十分重视教育者素质问题,他指出当前"教育者本身受教育不够"的问题仍然不同程度地存在,尤其是思想政治教育,要努力提高教育者素质。古人讲,"善治病者,必医其受病之处;善救弊者,必塞其起弊之原。"因此,我国要解决教育问题应先多从教育者本身找原因,"慎独"教育应先从教育者做起。

"慎独"教育是当代教育新理念。马克思主义的辩证法表明,任何事物的发展,根本上取决于内因和根据,条件和外因要通过内因起作用。在课程思政教育活动中,学生是教育的最终目标,教师是引领者和首先受教育者,而不是替代者(宋玉路,2020)。发挥学生的主体作用是教育的基本趋势,在此意义上,高校应该高度重视学生的自我教育。课程思政教育应该重视学生的自我教育,习近平总书记在2019年3月18日学校思想政治理论课教师座谈会上强调"办好思想政治理论课,最根本的是要全面贯彻党的教育方针,解决好培养什么样的人、如何培养人以及为谁培养人"。教师切莫片面强调理论知识传输,忽视个体之自我成长教育,导致个体习惯性寻求经验帮助,而失去对不可知事物的分辨能力和自我选择能力。随着社会开放程度不断加深,个人主义、利己主义、物质主义盛行,社会风气日益浮躁。在此种社会环境下,"慎独"教育正在被消费主义所裹挟。

在公司治理实践中,由于公司能够自主决定独立董事报酬体系,但往往存在两难的权衡:过高的报酬难免有收买之嫌,而过低的报酬又使独立董事忠诚勤勉履职的动力不足。因此,在现实中,公司设计合理有效的独立董事激励机制面临较大挑战。首先,公司法等的规定,表明我国引入独立董事制度并不是直接以提高企业价值或者企业绩效为目的的,而是为了更好地监督管理层,降低委托人与代理人之间的信息不对称程度带来的不良后果。其次,不论是发挥监督还是咨询职能,独立董事都需要具备一定的专业能力。现实中,部分独立董事在企业运营、财务、法律等方面均缺乏充分的专业知识,即使获得充足的信息,也难以做出精准有效的判断。对此,现实中人们经常会戏说独立董事"不够独立"。另外,独立董事以外部人的身份对企业的内部人进行监督,本身就面临难以获取信息的挑战。同时,政府和新闻媒体等企业外部监督者的信息渠道,往往是间接的、不足的,并且具有较强的滞后性。获取充分信息是独立董事做出有力决策判断的前提,而信息不足则制约了独立董事监督职能与咨询职能的发挥。

进入新时代,我国综合国力和经济水平显著提升,同时面临巨大挑战。在庆祝中央党校建校83周年大会上,习近平总书记指出:"中国共产党人依靠学习走到今天,也必然要依靠学习走向未来。"由此可见,在新时代下,自我教育和自我学习仍十分重要。从这一视角来看,"慎独"教育也是现代教育理念。通过"慎独"教育,让教育者和受教育者拥有一颗坚强的"良心",挖掘良心和道德底线,实现我们的课程思政目标。

参考文献

[1] 宋玉路.思想政治教育视域下的慎独教育研究[D].西安:西安科技大学,2020.
[2] 苏然,冯科.学者型独董发展现状及治理效果研究[J].财会通讯:下,2018(7):6.
[3] 王琦.中国上市公司独立董事监督问题研究[D].大连:东北财经大学,2020.
[4] 李丹,徐晓风.中国共产党人精神谱系融入"中国近现代史纲要"课教学探析[J].思想政治教育研究,2022,38(2):110-116.
[5] 周燕.浅谈增强高校"课程思政"实效的几个维度与途径[C]//.教学方法创新与实践科研学术探究论文集2022,44-46.
[6] 王学俭,石岩.新时代课程思政的内涵、特点、难点及应对策略[J].新疆师范大学学报(哲学社会科学版),2020,41(02):50-58.

财务会计课程教学模式优化设计中的"情景教学"研究

陈旭东① 俞 昕② 林 浩③

一、财务会计课程教学的现状

为了解和掌握高校会计专业的学生对会计教学现状的评价和教学改革愿望,同时,为《企业会计准则》颁布后新一轮会计教学改革高潮的到来提供真实客观的信息,宁波大学会计系设计了一份"高校会计教学现状及改革方向调查问卷"。本次调查以全国14所高校会计专业学生为对象。为了使样本具有代表性,本次调查有目的地选择了我国的东部、西部、南方和北方院校。

本次调查结论如下:

(1) 学生对会计教育现状的总体评价为"一般",某些指标令人担忧,说明教学改革之路任重道远。

(2) 会计教育目标差异较大,各个院校未能形成共识。

(3) 学生参与教改的愿望强烈,他们认可的教改主体是"专业教师""学生""实务工作者"。教改已不再是教师的"专利"。

(4) 学生学习的独立意识增强,实用主义倾向明显。

(5) 专业课程设置青睐 CPA 方向。

(6) 教材难如人意。

(7) 传统"教师主讲"的授课模式受到挑战,学生要求教学方式多样化。

(8) "教法呆板"成为当前教学中突出问题。

(9) 呼吁加强师生实务操作能力。

(10) 要求运用现代化教学手段的呼声较高。④

目前,在我国高校财务会计课程教学过程中,教学手段绝大多数是自然媒体(如黑板和粉笔,即便使用多媒体也只是纯文本幻灯);教学方法主要是单纯、传统的以教师为中心的单向式的灌输式教学方法,这种传统教学手段和方法很难适应知识经济时代会计教学的需要,存在着许多问题和难题。其中较为突出的是:传统的教学手段使教

---

① 陈旭东(1963—)云南财经大学会计学院教授、硕士研究生导师。
② 俞昕(1951—),昆明理工大学文学院传播系副教授。
③ 林浩(1968—),云南财经大学国际工商学院教授、党委书记。
④ 郭强华,邱芸.全国十四所重点大学会计教学现状评估及改革方向的调查报告[R].

学乏味,影响财务会计教学效果;财务会计的教学过程涉及的实例很多,教师讲课较难描述,这是难点之一。财务会计主要是通过经济业务数据的前后勾稽关系来反映会计核算流程,而数据的来龙去脉关系主要是通过有关实例来反映。由于案例涉及的表格较多,教师又受课时和传统教学手段黑板等的限制,不可能将所有表格一一在黑板上进行板书,只能一味地在书本上针对表格解释某些数据之间的关系,学生听起来乏味,教师有时难免有厌烦情绪,教学效果不佳。

由此可见,财务会计课程的教学手段和教学方式方法的改革势在必行,笔者认为:情景教学是一种好方法,可以应用于财务会计课程的教学中,以下是笔者的一些拙见。

二、引入多媒体情景教学是对财务会计课程进行教学方法和模式的改革

(一) 多媒体情景教学

"情景教学法"是教师根据教学内容所描绘的情景,创设出形象鲜明的影像、图片,辅之生动的语言文字,并借助音乐的艺术感染力,再现教学内容中的情景表象,使学生如身临其境;师生在此情景之中进行一种情景交融的教学活动。因此,"情景教学法"对培养学生情感、启迪学生思维、发展学生想象力、开发学生智力等方面确有独到之处,能起到传统教学法无法达到的效果。

媒体即媒介,是承载、传递信息和知识的中介物。多媒体技术是以计算机技术为核心,将文字、数据、图形、影像、音频、视频等不同的媒体元素合而为一,再与通信技术结合,使之形成统一体的综合技术。多媒体技术为学习者提供一种多样化的可交互的操作环境。实验发现,多媒体教学对于缺乏感性知识的人呈现出来的效果比较明显,而对于有感性知识的人却不是很明显。前者学习的困难在于信息的整合,借助于影像和图片可以更好帮助他们完成信息的整合。后者有丰富的知识,这些知识能帮助他们对知识进行很好的整合,他们可以不借助影像和图片。目前学习会计的大学生恰好属于前者,所以利用动画配合声音讲解的效果比动画和声音讲解分离、文本配合声音讲解以及只呈现文本的教学效果要好。本文探究利用多媒体技术与信息传播推动会计教学方法的变革,教学手段的创新,充分体现会计教学的"以人为本,理论联系实际,一切从实际出发,注重解决实际问题"的教育思想。

(二) 多媒体情景教学的现状

据了解,国内外的情景教学多用于中小学英语、数学、语文课的教学,而较少应用于会计教学。国内财经类大学专业课建设基本上停留在传统模式教材编写、标准化习题集编写、试题库建设层面。一些院校开始应用仅有文字和表格的多媒体课件。有的学校通过组织学生实地参观使学生了解企业的组织结构、生产经营过程、物流和资金流的情况;掌握企业的生产过程,弄清楚从原材料到半成品再到成品的整个工艺流程,为学生对这一过程进行会计核算打下基础。国内尚未出现结合情景设计、现场讲解、专家访谈等的多媒体情景教学方法方案。

国外已经出现类似方案,但仅限于市场营销和产品推介等商业活动,如IBM公司的2005年新产品介绍。

(三) 财务会计课程运用多媒体情景教学的意义

高校可以从改革教学方法入手,通过拍摄实景录像,将枯燥、抽象的概念和原理转换为让学生一看就懂,易于接受,有一定趣味性的各种单元场景,这些场景配上教师的现场讲解和多媒体的总结归纳,能够使学生在感性上接受会计活动,在理性上形成会计理念,从而奠定培养中高级会计人才的专业基础;高校也可以通过组织学生对企业财务总监(主管)进行访谈,增强学生的现实感和使命感;为学生提供观察社会、关注热点、参与讨论的条件。

情景教学使学生先进入感性会计世界,经过不断学习思考再跳出感性会计世界,升华为理性会计,全面提高动手能力和综合素质,培养既有务实精神和良好的分析思考习惯,又有一定理论功底和科研能力的中高级会计后备人才,从而改变目前我国财经人才具备一定的财经专业基础理论知识,但缺乏实际应用与实践能力的现状。

本文研究的重点是:将传统的会计教学法转变为前述的新思路和新视角多媒体下的情景教学法。

本文研究的难点是:避免仅局限于会计教学手段的创新,而是立足课程重新定位和变革整体教学思路。

本文研究的立论依据是:以人为本,优化课程;务实创新,多元并进;适应社会,追求发展。

三、财务会计课程多媒体情景教学模式的设计

本文的实践意义在于:让学生在情景中学习,给他们枯燥的学习带来活力;从学生喜闻乐见的实际生活场景出发,以影像、图片、动画、情景,形象、生动地展现抽象的会计原理,使学生亲身体验会计就在生活当中,给学生提供充分的动手操作、自主探索和交流的机会;让学生主动研究充满乐趣的实际问题,在获得知识的同时,思维能力、情感表达能力都得到提高。多媒体情景教学的实施将改变"会计教学从理论到理论,从抽象到抽象;学生会考会计但不会做会计,有学历和学位但无动手能力的空洞教育"的尴尬现状。多媒体情景教学赋予会计教学与实践新的思维和方法,使学生从抽象学习过渡到实践学习,从概念化学习过渡到实务化学习;综合课堂讲授、实景案例分析、专家访谈等多形式的立体教学,结合师生互动和实践活动的多媒体情景教学将使学生的专业水平和综合素质将得到明显提高。

(一) 模式设计

本文设计的模式以实景教学方法为主,结合案例、现场讲解操作、访谈等多种形式,采用以多媒体教学为主,以实物展示、讨论交流为辅的多种教学手段,将课程内容细分、重组,形成全新视角、全新思路。

（二）线路设计

本文设计的线路如图 1 所示。

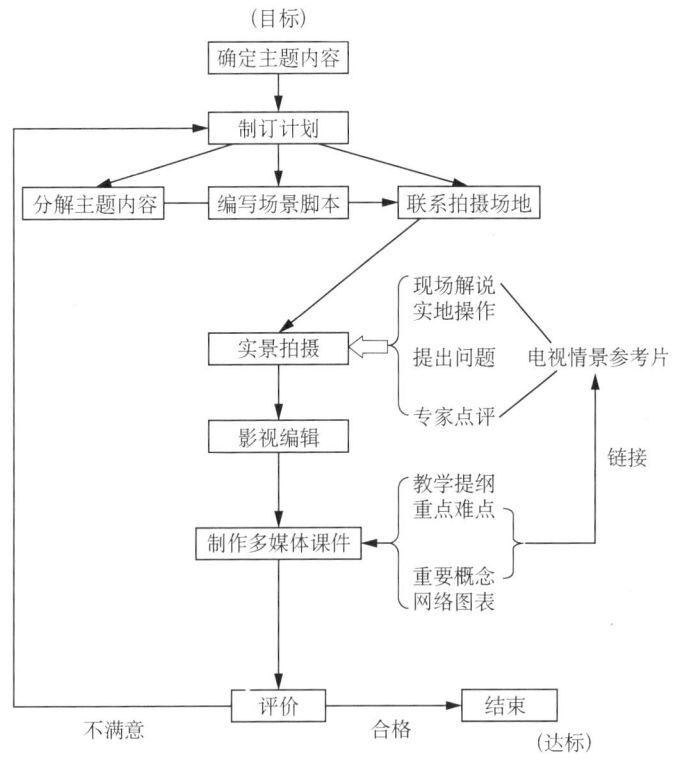

图 1　线路设计

（三）研究实施步骤

在设计好线路后，本文建议教师按照下文的步骤进行操作，最后制作出声像图文并茂、主题鲜明、内容形象生动、具有适时交互功能的多媒体课件。

1. 分析主题

通过分析主题，教师可以将课程全部内容划分为不同部分，制作成 N 个子课件，必要时还可以将课件依照教学对象划分。这样便于按需选择课件；教师通过计算机呈现教学内容，学生学习并作出反应；计算机作出评价和反馈，教师选择教学方案并控制全部教学过程。

2. 编写脚本

人在获取知识时的思维方式富有跳跃性和联想性，因此，知识单元（课件）不宜采用线性结构，而应采用非线性的超媒体结构，即网状结构和树状结构。

（1）画出整体内容的总体结构图，包括每个知识单元。

（2）根据内容间的逻辑关系，对知识单元进行划分。

（3）对知识单元的知识要素和链接进行分析，描绘出各单元间的关系。

（4）屏幕设计与布局，安排各单元的位置。

（5）制作脚本卡片，对每个单元都用卡片的形式进行描述。

3. 创设情景

创设情景就是将研究学习的对象转换为现实生活中的情景，在创设情景时要注意情景的生活化、故事化、现实性；使学生对知识产生亲切感，亲身感悟生活中处处都可用到所学到的知识。必须注意，情景设计必须紧密为教学服务，如果不能为教学服务，一切花哨都是多余的。

财务会计课程可采用的教学情景种类：

（1）问题情景。设置问题情景，培养学生创新思维。俗话说："学起于思，思起于疑。"问题情景可以引导学生以思质疑。比如，企业为何要操纵利润？

（2）真实情景：让学生亲临现场，在工厂、公司、银行、商场等工作场景中学习知识，运用所学知识解决实际问题；在真实情景中进行现场教学是理论联系实际的一种好方法。

（3）模拟真实情景：对一些具有危险性，不易或不宜真实接触的必修教学内容可以通过模拟真实情景来满足教学的需求。比如，股票、证券的交易等。

（4）合作性教学情景：教学中的合作有利于开拓学生思路，改善课堂氛围，培养学生与人协作的意识，能充分调动学生学习的主动性。合作中有竞争，既能发挥个体的积极性，又能促进学生之间相互团结、密切配合，增强其集体荣誉感。合作教学不仅能充分发挥学生的主体作用，而且能培养学生的交往、协作和竞争能力。在进行探索性的研究或问题解决式的教学时宜采用此法。比如，价格谈判、签订购销合同等。

4. 搜集信息

围绕所创设的情景，教师可以搜集以下信息。

（1）文本信息。从书中或其他地方提取有用的文本信息，进行输入和编辑。

（2）图形信息。搜集、绘制、拍摄特定的图形和图像信息文件以备制作时使用。

（3）声音信息。搜集相关的声音信息文件，如解说、对白、同期声、音乐、音效等；同时，安装声卡、麦克风及其他相关工具。

（4）图像信息。通过实景拍摄电视情景短剧、专题、专家访谈、媒体链接、剪辑电影电视资料，形成一系列图像信息。

5. 系统制作

根据已编写的脚本和设计思路，利用多媒体工具制作该教学课件。

6. 测试与调试

为了保证课件的质量，在程序设计完毕之后，还要进行测试和调试，寻找系统的错误和潜在的问题。

7. 提交

提交多媒体课件、教学参考片、教研论文、其他研究成果。

四、多媒体情景教学设计实例——"银行结算方式"

银行承兑汇票结算流程如图 2 所示。

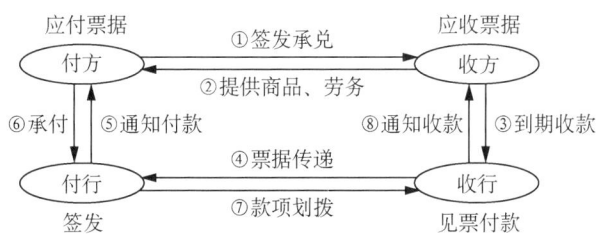

图 2　银行承兑汇票结算流程

场景一：某公司财务部王经理、李会计和张出纳在办公室里讨论一笔销售款的收款方式。

王：这笔款数额较大,我们与对方又是首次打交道,不清楚其资信情况,你们看采取何种方式收款为好?

张：为了稳妥起见,我认为应当采用"银行汇票"或"银行本票"。

李：最好是采用"银行汇票"或"银行本票",这个方案的安全性是最高的,但是还要看对方的情况,如果他们付款确有困难也不要强求,应该从长远看,建立一种长期合作关系,也可以考虑采用银行承兑汇票。

王：这个意见好,两个方案同时进行,就这么定了。

场景二：某公司会议室,王经理与购货方陈采购员就付款方式进行谈判。

王：我们的意见是最好用"银行汇票"或"银行本票"。

陈：我们最近流动资金有些紧张,现实付款有困难,是否可以采用"商业汇票"?

王：可以理解,但我们也有难处,为了能长期合作,我们双方都作点让步吧,就采用"银行承兑汇票"如何?

陈：爽快,一言为定。

场景三：某银行营业部,购货方余出纳对营业员说:"同志,我要办一份银行承兑汇票。"

营业员：先看看办理程序吧。(近景:办理程序表)。

实际操作:(1) 填申请表(近景:样表,填表过程)。

(2) 盖印鉴章(近景:样印鉴,盖章过程)。

(3) 办理汇票(近景:样表,填表过程)。

(4) 交票(中景:交票过程)。办理完毕,余出纳离开。

场景四：某公司货场,双方交易正在进行,陈采购员将已办妥的"银行承兑汇票"交与张出纳,张出纳出具"销货发票",交与陈采购员,陈到仓库提货。

场景五：1 个月后,某公司财务部办公室,王经理、李会计和张出纳在讨论如何解决最近资金紧张的问题。

王： 工行的一笔贷款快到期了，延期可能有困难，如何还款，大家出出主意。

李会计： 可以出售一批股票还贷，以解燃眉之急。

张出纳： 可是最近的股市低迷，现在出售股票亏太多，我认为可以将上个月收到的"银行承兑汇票"到银行申请贴现，我们只需负担一点贴现利息即可。

王： 好的，就这样定了，尽快办吧。

场景六： 某银行营业部，张出纳对营业员说："同志，我要办一份银行承兑汇票的贴现。"

营业员： 先看看办理程序吧。（近景：办理程序表）。

实际操作：

(1) 填申请表（近景：样表，填表过程）。

(2) 盖印鉴章（近景：样印鉴，盖章过程）。

(3) 办理汇票贴现（近景：样表，填表过程）。

(4) 交票（中景：交票过程）。办理完毕，张出纳离开。

在实际操作过程中，教学情景的动态性、复杂性及某些不确定性有可能对原本设计理性周密、细致的教案产生影响，使教师对教学中随时可能出现的各种难以预期的教学问题显得无能为力。我们知道，教学设计过程本质上是一种具有高度创造性的活动，众多传统教学模式设计的说教性和呆板的教学程序易制约教师在教学活动中的创造性。因此，传统会计教学模式需要改革，本文倡导的多媒体情景教学旨在要让学生在课堂学习中感受会计现实、明确会计目标、寻找会计问题、培养会计理念、学会用会计视角来观察我们的现实生活，并分析、处理实际工作中的问题。

本文发表于：《会计之友》（下旬刊）2007 年第 1 期。

参考文献

[1] 沈逸."多媒体教学应用与 CAI 的比较研究"[J]. 开放教育研究，1999，(5)：20-22.

[2] 张俊瑞，刘东霖. 我国人才市场对财经类人才需求状况的调查分析[J]. 会计研究，2005，(9)：75-79，96.

[3] 郭强华，邱芸. 全国十四所重点大学会计教学现状评估及改革方向的调查报告[R].

我国传统文化与会计职业道德耦合方式的探讨

陈奕杉①

中华五千年的悠久历史积淀,孕育了灿烂的中国文化,"仁、义、礼、智、信"融入人们日常生活与工作关系中,成为人们处理生活和工作关系的道德标准,渗透在社会生活的各个领域。从事会计职业的工作人员在职业活动中应当遵守的各类行为规范和会计职业道德。

一、会计职业道德的含义及内容

会计职业道德是指会计在职业活动中应当遵循的、体现会计职业特征的、调整会计职业关系的职业行为准则和规范,是会计从业人员在职业活动中应当遵守的各类行为规范的总和②。会计职业道德是会计人员在长期的职业活动中逐步形成和总结出来的,用以调整会计人员与社会之间、会计人员个人之间、个人与集体之间职业道德,是主观意识和客观行为的统一,是会计人员执业过程中必须具备的基本品质,也是计人员从事会计工作时必须遵守的行为准则。

根据国际上会计职业道德的一般要求,结合财政部颁布的《会计基础工作规范》和会计工作、会计人员的实际情况,当前我国会计职业道德规范的核心内容主要包括爱岗敬业、诚实守信、廉洁自律、客观公正、坚持准则、提高技能、参与管理、强化服务八项要求。

(一)爱岗敬业

忠于和热爱本职工作是爱岗敬业的出发点,也是会计职业道德规范的基本要求。会计人员应敬重自己的职业,尊崇职业道德,遵守职业纪律,在工作中自觉主动履行岗位职责,正确处理责权利三者关系,努力钻研业务,不断提高技能,争做行家里手。

(二)诚实守信

诚实是指言行与思想一致,不弄虚作假。信,即信用。人们所熟悉的"仁、义、礼、智、信"五常中,信是五常之根本,百业兴旺之源泉。诚信是会计从业人员必备的基本操守,具体来讲就是不做假账。这是会计人员对社会的基本承诺,也是会计人员诚信执业行之久远的保障。

(三)廉洁自律

廉洁自律是会计从业人员的行为准则和道德指南。社会主义会计职业道德有两

---

① 陈奕杉(2003—),云南财经大学会计学院本科生。
② 杨明,常茹,施飞峄.会计职业道德[M].北京:中国财政经济出版社,2019.92.

个最重要的原则:一是依法理财原则,二是廉洁奉公原则。这两个原则,既体现了集体主义原则,又体现了会计作为一项管理活动的基本特点和要求。

(四) 客观公正

客观公正是一种职业态度,是所有会计人员的职业理念。客观是指会计人员在处理会计事务时须以实际发生的交易或事项为依据,真实准确反映会计主体的财务状况、经营成果。公正是指正直、诚实,坚持操守,对待压力和利益冲突不为利诱。

(五) 坚持准则

会计人员应当按照会计准则、相关会计法律法规的程序、要求办理业务,具体而言,就是在会计核算和会计监督中,要依照《会计法》《企业会计制度》《企业会计准则》《行政事业单位会计制度》《政府会计准则》《企业内部控制基本规范》和税法等相关法规作为行动指南,以会计准则作为职业判断的方向,维护国家利益、社会公众利益和正常的经济秩序。

(六) 提高技能

当今社会,大数据、人工智能、云计算等技术的出现和广泛运用推动了会计行业的快速变革。新形势要求会计从业人员在系统掌握专业知识的基础上,积极学习新法规、新知识、新技能,不断提高实际操作能力和协调沟通能力。这就要求会计从业人员将接受终身教育作为进身阶梯,在不断地学习与实践中全面提升自己的综合技能和核心竞争力。

(七) 参与管理

会计人员在做好本职工作的同时,应努力钻研业务,全面熟悉本单位经营活动和业务流程,主动提出合理化意见建议,协助领导决策,积极参与管理。随着信息技术的飞速发展,财务共享系统、财务机器人等科技产品在会计行业的推广,会计传统的核算职能弱化,管理职能将显著提升,财务会计向管理会计转型已成为会计发展的趋势。

(八) 强化服务

强化服务是会计从业人员内在品质的充分展现①,文明的服务态度、强烈的服务意识和优良的服务质量是社会主义市场经济下企业、行政事业单位会计文化建设对会计人员提出的基本要求。会计从业人员要从内心深处强化服务理念,树立服务意识,为管理者服务,为所有者服务,为社会公众服务,为人民服务。

二、我国传统文化对会计职业道德的影响

中华文明源远流长,百家争鸣、独尊儒术、魏晋清谈、宋明理学、心学等一脉相承的文化运动中产生的思想碰撞给民族性格奠定了基调,民族道德标准也受到了其影响。长期的小农经济和君主专制中央集权决定和影响了人们的伦理道德观念,这些伦理道德观念同时影响着今天的会计从业人员对会计职业道德的理解和遵循会计职业道德

---

① 杨明,常茹,施飞峙.会计职业道德[M].北京:中国财政经济出版社,2019,114.

的意愿。

(一) 有利影响

在中国古代时期,统治者为了解国家经济状况,制定国家财政大计,统辖税赋徭役,而设置了相应的管理职位。我国在西周时期便已经设置了负责财计管理工作的官职。长期以来,以小农经济为主导的自然经济占主体的经济条件与君主专制中央集权、阶级分明的政治环境塑造了注重实践、崇尚礼仪、谨慎守信、忠诚奉献的民族性格以及见利思义、"以义统利"的利义观。这些闪光点在我国今天的会计职业道德要求中仍熠熠生辉:任劳任怨、安心于本职工作、忠实于自身服务的主体适应了爱岗敬业这一道德内容;保密守信,谨慎执业,不为利益所诱惑适应了诚实守信的要求;有强烈的伦理道德观念,能够抵御自身不良欲望适应了廉洁自律的要求;脚踏实地、勤学苦练的精神适应了提高技能的要求;对以礼待人、服务周到、奉献社会的认同适应了强化服务的要求。

历史上的思想活动也对会计职业道德的发展起着促进作用。在百家争鸣时期,我国已出现"会计当而已矣"的朴素观念,其所提倡的记账须准确无误的观念贯穿会计工作的始终。法家重视法度和变革的思想,影响了奉其为官方思想的秦朝,统治者秦始皇参与制定并颁布了《秦律》《财章实行法制和审计》,确定了当时的会计法律制度,为会计从业人员严格按照会计法律制度处理业务提供了基础,与今天坚持准则的要求相呼应。自汉武帝时便成为我国古代主流思想的儒家思想,其"不偏不倚""过犹不及""物极必反""欲速则不达"和不过分乐观也不过分消极的思想,有利于增强会计工作的客观性和谨慎性;"人而无信,不知其可也"等思想对诚信的强调也奠定了诚实守信为立身之本的思想基础;"敬事而信"要求人们对事业应具有责任感和使命感;儒学强调道德至上,认为"道之以德,齐之以礼,有耻且格",十德五常、君子之道,这些对个人修身养性的要求,让人们在崇尚道德时能够获得较高的群体评价和强烈的自我认同,在违背道德时产生"羞恶之心",有利于人们树立强烈的道德观念。

(二) 不利影响

"为政以德,譬如北辰,居其所而众星共之",和"礼缘人情""礼许变通"等观念将道德约束作用放在法律之上。人性本善,道德教化即可"至君尧舜上",这些观念反映古人对道德教养的重视程度高于对社会制度、法律法规建设的重视程度。但值得注意的是人性并非简单的善恶就能描述,只有规则才能实现对人性不良的一面进行遏制,从而激发人性中更多的善。这种主张以道德教化来自我感化的观念是不利于会计从业人员充分重视会计准则的作用的。这对坚持准则这一会计职业道德内容有一定负面影响。

中国古代强调人治,人的一切行为都在为掌权者服务,处于从属性地位的人处理事务的态度会以当权者的意志为转移,工作缺乏主观能动性。这会影响今天的部分会计从业人员,比如,有些会计从业人员习惯居于从属位置,按部就班完成服务主体提出的要求,缺乏自我革新意识和参与决策意识。这对会计参与管理有着负面影响。

三、我国传统文化与会计职业道德耦合方式的探讨

传统文化对我国会计职业道德的形成有着深刻的影响,但一定时期的文化适应一定时期的政治、经济,在中国特色社会主义进入新时代,世界正处于百年未有之大变局的今天,科技的革新、生产力和经济的快速发展使会计行业进入了自身的转型时期,需要我们向传统道德中注入时代色彩,将其与社会主义核心价值观进行耦合,从而达到帮助会计从业人员养成和遵守符合时代发展需要的会计职业道德的效果。

(一) 我国会计从业人员道德失范成因

一是传统文化内核与现代解读方式的冲突。中华文明从未断流,一些不利的思想观念对人们的影响长期存在。古代文化单一且解读权归掌权者所有,与今天多元文化并存且人人都可解读文化的时代特点存在显著差异。今天快节奏的生活也使人们无法快速辩证对待传统文化的影响,或随意解读道德规范,或拘泥于传统道德而没有适应时代客观需要,或完全抛弃传统道德而产生精神上的历史虚无感。

二是经济迅速发展与会计职业体系建设起步较晚的冲突。我国市场经济起步晚,但在市场经济发展的早期,我国对会计从业人员需求量大,会计从业人员素质参差不齐,且无成体系的会计职业道德标准和约束规范。在会计行业逐渐体系化的今天,前人的经验和观点对于后来者的参考价值不断下降,会计行业的转型也导致了人们对会计工作的刻板印象与会计实务产生错位,使会计行业的后来者对会计职业感到迷茫。

三是自由和平权意识与会计从业人员往往处于从属地位的冲突。会计工作以服务会计信息使用者为目的,会计部门属于服务部门,这很容易造成会计从业人员心理上的落差,使之逐渐失去工作热情。我国长期以来形成的家国同构的社会结构在一定程度上也映射到了今天的企业结构中。企业主要领导作为掌舵者,如果企业领导道德缺失,强迫会计人员违背会计职业道德,会计从业人员会面临违反道德或遭受冷遇甚至失业的困境。这时会计从业人员并非缺乏遵循会计职业道德的意愿,而是缺乏与职场不公对抗的底气。

四是外来文化宣扬的个人主义与传统价值评判体系要求的集体主义的冲突。在改革开放和经济全球化进程中,外来文化与本土文化的碰撞所呈现的巨大差异容易给人们带来思想上的迷茫,道德评判标准极易退至"利己"层面。体现在会计工作中便是会计从业人员容易为外部利益所诱惑,从而人为操控、虚构财务报表和经济业务以牟取个人利益。

五是以就业为导向的高等教育与严峻的就业形势的冲突。在基础教育学段,中小学校较少引导学生关注社会,生活在"象牙塔"中的学生对专业的认识多半来源于道听途说和前人经验,职业生涯规划过于理想。在高等教育阶段,会计专业作为长期的热门专业,往往与高就业率、理想薪资报酬相关联,很多学生选择这一专业出于对未来经济利益的考量,而并非基于对会计工作的真正了解或真心热爱会计职业。但随着科技进步、经济发展,会计行业也面临着转型,当代学生竞争压力大,就业形势严峻。会计

专业学生好就业、工作稳定、收入理想等优势正在弱化。会计专业学生毕业步入社会后发现理想与现实的差距,心理失衡,容易丧失道德观念,从而产生道德失范行为。

六是会计职业道德教育缺位。我国会计教育课程主要强调会计理论和会计实务操作等内容,会计职业道德课程起步晚,且正处于探索时期,未能有效发挥职业道德教育的引导、传承作用。

(二)加强我国会计职业道德建设的建议

基于上述分析,本文认为可从以下三个层面来推动传统文化、中国特色社会主义文化和会计职业道德三者的耦合,以此来加强会计职业道德建设。

1. 国家、社会层面

对于传统思想文化的积极影响,国家可通过舆论进行引导和宣传,寻找现代道德的历史渊源,通过将历史故事与时代特点相结合,来提升会计从业人员的社会责任感和历史使命感。例如,我国会计职业道德内容之一的强化服务,对应以为人民服务为核心的中国特色社会主义道德建设,而为人民服务的精神脱胎于儒学"仁""义"的核心要求和民本思想。将三者结合进行宣传,更能帮助人们理解这一道德要求的内涵,达到教化育人的作用。

针对人们对法律约束的重视程度不及对道德约束的重视程度这一问题,应意识到市场经济需要法律规范,否则其自发性的特点会导致会计舞弊事件频发,经济秩序混乱。同时,会计法律法规是会计职业道德的最低限度,是道德的保障机制,其与会计职业道德对会计人员行为的规范和调整具有相同的目的和重叠的调整范围。因此,国家可以通过加强法律法规建设,形成体系化的会计法律法规,以此作为会计职业道德评价标准,进而对会计从业人员的职业道德进行监督和保障。

针对企业内部权力结构失衡、权力过分集中的问题,国家和行业主管部门在强化监督和制约机制的同时,可以建立和完善会计职业道德建设的激励机制,充分发挥经济、会计领域专家学者和业内人士在企业治理中的积极作用,维护会计从业人员合法权益,对会计职业道德建设中取得显著成效的会计工作者进行表彰奖励,构建会计职业道德建设的良性运行机制,使会计职业道德建设规范化、科学化,从而增强广大会计从业人员遵循会计职业道德的意识和能力。

2. 学校层面

对于传统文化的积极方面,学校应充分发挥育人功能,探索将传统文化与现代价值观相结合的方式,让在传统文化环境中成长的学生对道德有更深刻的理解和认识。部分会计专业学生习惯于应试教育,过分追求不挂科或片面追求高绩点,而忽视自身人格和综合素养的提升,在会计职业道德的学习上存在懈怠心理。对此,学校可开设模拟社会实践课程,让学生参与其中,切身体验会计实务操作,加强对会计职业道德和会计准则的理解。也可以利用翻转课堂模式,让学生对会计职业道德失范的典型案例进行讨论,从而使学生明白会计职业道德失范对个人、社会、国家带来的危害。

3. 个人层面

对于传统文化，会计从业人员应取其精华，去其糟粕，推陈出新，积极借鉴西方先进文化，博采众长，发扬传统道德"内心成圣"的特点，努力弘扬踏实做人、勤奋工作、以礼待人、诚实守信等优良传统，把外在的法律规范予以内化，不囿于人情，做到客观公正，努力提升自身道德水平和专业水准。

针对个人能动性不足，缺乏参与管理意识这一问题，会计从业人员应积极转变"从属人员"的思想，既要充分认识到自身在企业管理中的重要作用，也要敢于反映经营管理中出现的情况和存在的问题，积极思考应对策略，为企业的价值创造、价值提升做出积极贡献。

针对严峻的就业形势和职场问题，个人可通过政府、高校官网或与业内人员沟通等渠道，提前对会计职业的工作内容和工作评判标准进行了解，结合自身兴趣爱好谋划专业发展方向。参加工作后，也应做到干一行，爱一行，专一行。在会计职业生涯中，应努力提高自身业务能力和法治观念，以法律武器来维护自身合法利益。

四、结语

我国是礼仪之邦，历来注重内修立德和修身养性，传统的道德观念是我们今天各种道德观念形成的基石。在建设中国特色社会主义道德体系的今天，会计职业道德作为社会主义道德建设的组成部分，它由全体会计人员创造，又塑造了这个群体。会计从业人员在职业道德方面要辩证地看待我国传统文化，弘扬其优秀的思想并摒弃其中的不足，积极加强自身职业道德建设，强化法律法规意识和服务意识，让自己的专业技能更好地适应经济全球化和中国特色社会主义市场经济的需要。

参考文献

[1] 杨明,常茹,施飞峙.会计职业道德[M].北京:中国财政经济出版社,2019.
[2] 姚荣辉,刘永泽.基础会计[M].北京:清华大学出版社,2020.
[3] 王莉.谈儒家思想与会计职业道德[J].时代金融,2020(2):64-65.
[4] 李桂子.浅析中国文化对财务管理的负面影响及应对策略[J].现代商业,2015(12):216-217.
[5] 张娜.对我国传统文化与会计人员素质耦合的探究[J].现代商业,2015(7):241-242.

课程思政对财会专业教学质量评价的影响

刘李福[①]　李鹏云[②]

一、引言

在社会多元价值观相互交织、相互渗透的复杂背景下,学生们接受着来自不同地区、不同价值观念的冲击,专门的思政课程对大学生思想价值观念的引导愈发显得"吃力",短板也愈发明显。此外,改革开放以来,我国坚持以经济建设为中心,伴随市场经济体制的确立和发展,外来思想也大量传入我国,无论是高校的人才培养目标,还是学生及家庭的自我学习定位,都逐渐偏向对专业能力的重视,而淡化了对人的思想意识的引导。因此,高等教育亟需纠正教学目标,回归本位,解决专业课程教学与思想政治教育"两张皮"问题。

21世纪以来,科学技术迅猛发展,知识更新日益加快。市场经济深入发展,经济结构不断调整,这对我国的人才培养工作提出了挑战。课程思政根植于新时代,是我国高等教育领域在党的十八大所确立的"把立德树人作为教育的根本任务"的时代背景下,深入学习贯彻落实习近平总书记关于教育的重要论述和全国教育大会精神,为培养担当民族复兴大任的时代新人,助推实现中华民族伟大复兴中国梦,而对新时代高校育人理念、育人模式、育人机制等的探索与创新[③]。财会专业人才作为维系企业运行、推动国家经济发展的工作者,承担着重要的责任。课程思政作为当今高校在"育德"和"育人"协同发展方面的一项重大举措,对于科学和正确地评价财会专业教学质量,促进财会专业教师提高教学质量、改进教学方法、推进教学改革,具有重要的现实意义。

二、课程思政和教学质量评价概述

(一)教学质量与教学质量评价

1. 教学质量

教学质量是指教学水平的高低和教学效果的优劣,或者说是在一定时间内和一定条件下,学生发展变化达到某一标准的程度。教学质量的衡量标准是教学目标和各级各类学校教育目的的实现程度。提高教学质量对学校自身来说是可持续发展的根本,

---

[①] 刘李福(1985—　),云南财经大学会计学院副教授、硕士研究生导师。
[②] 李鹏云(1997—　),云南财经大学硕士研究生。
[③] 韩宪洲.课程思政的发展历程、基本现状与实践反思[J].中国高等教育,2021(23):20-22.

对学生来说是塑造人生的必要,对国家来说是增强综合国力的基础。

2. 教学质量评价

教学质量评价是指通过一系列的评价方法对教学者的教学业务水平、教学态度、教学内容等要素的综合考评。目前没有一个统一的教学质量评价标准,所以不同主体进行教学质量评价时往往根据自身需求选取合适的教学指标,运用科学的方法进行评价。

(二) 课程思政政策文件与制度梳理

1. 课程思政政策文件

课程思政是对新时代中国特色社会主义教育理论体系的生动实践,它经历了一个逐步完善的过程。以 2016 年的全国高校思想政治工作会议作为课程思政的缘起,到 2018 年北京大学师生座谈会标志着各界对课程思政认识的逐步深入,而 2018 年全国教育大会的召开意味着课程思政的成型。历经了 6 年的探索,各界对课程思政时代价值的认识不断深入,研究持续深化,实践运用也在逐步成熟,具体如图 1 所示。

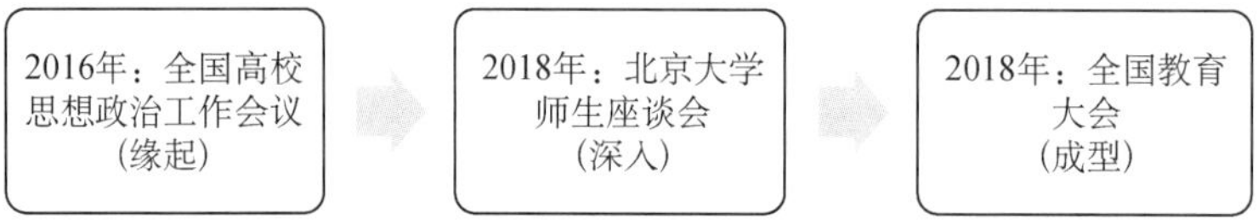

2016 年:全国高校思想政治工作会议(缘起) → 2018 年:北京大学师生座谈会(深入) → 2018 年:全国教育大会(成型)

图 1 课程思政发展历程

为了把思想政治教育与学科教学相融合,构建教育为本、德育为先的人才培养体系,全面推进高校课程思政建设,发挥好每门课程、每节课堂的育人作用,提高高校人才培养质量,中共中央办公厅、国务院办公厅、教育部以及各地教育部门都纷纷出台相关政策,主要政策文件如表 1 所示。

表 1 课程思政有关的政策文件

时间	政策文件	单位
2017 年 2 月	《关于加强和改进新形势下高校思想政治工作的意见》	中共中央办公厅、国务院办公厅
2017 年 2 月	《高校思想政治工作质量提升工程实施纲要》	中共教育部党组
2019 年 8 月	《关于深化新时代学校思想政治理论课改革创新的若干意见》	中共中央办公厅、国务院办公厅
2020 年 4 月	《关于加快构建高校思想政治工作体系的意见》	教育部等八部门
2020 年 6 月	《高等学校课程思政建设指导纲要》	教育部办公厅
2020 年 10 月	《深化新时代教育评价改革总体方案》	中共中央办公厅、国务院办公厅
2021 年 3 月	《关于开展课程思政示范项目建设工作的通知》	教育部办公厅
2021 年 8 月	《关于推进高校课程思政建设的指导意见》	中共云南省委教育工委

(续表)

时间	政策文件	单位
2021年11月	《推荐教育部高等学校课程思政教学指导委员会委员的通知》	教育部办公厅

(三) 课程思政的必要性

传统单纯的思想政治课程枯燥乏味,学生对思政课程的学习往往是为了应付考试,浮于表面,流于形式,思想政治教育的目标也无法落到实处。"课程思政"是将德育融入专业课程的教学探索,其核心理念是"立德树人"。知识传授与价值引领是相互融通的,不同类别的学科课程蕴含的价值追求与理想信念不同,高校在进行教育改革时,要充分按照思想政治理论课、综合素养课以及专业课三类课程的功能定位,探索不同课程如何实现育人效果,逐步实现从思政课程向课程思政的转变(高德毅和梁爱东,2017),进而为社会培养更多有责任、有信念、有道德、有能力的全面发展型人才,为中国特色社会主义事业培养合格的建设者和可靠的接班人。

三、课程思政对财会专业教学质量评价的影响

(一) 促进教学质量评价主体多元化

教学质量评价主体多元意味着进行教学质量评价时不同主体基于各自的视角,对教学质量给出不同的评价,各评价主体在教学质量评价中各有优势。为落实立德树人,建立应用型本科评价标准,学校应当构建多主体的教学质量评价体系。

1. 教学质量评价主体以教师为主

高校教师作为课程思政建设的核心人物,不但需要认真提炼课程中蕴含的思想政治资源,还要努力探索如何在专业课程的教授中自然嵌入思想政治教育,实现"德"与"才"的协同。他们也是教学活动的直接实施者,熟悉所授课程及其教学特点,了解自我教学具体状况。教师通过评价自己教学工作表现,不仅能清楚掌握课程融入思政的效果和课程思政目标的实现情况,而且也可以自我反思、自我教育和自我进步。

2. 鼓励学生参与教学质量评价

学生是教学环节的主要接收方,是教学的第一体验者,对于教师授课质量的优劣最有发言权。学生长期参与课堂学习,对于教学中的课程思政建设是否做到位,做得好,他们有亲身体会。高校将课程思政内容纳入学生的评教范围,能够获得教师课程思政工作的一手资料,在评价体系中注重学生的评价,能够将专业教学与课程思政的结合效果更明确地传达给教师,这对于创建让学生满意的课堂,提升学生的学习效果和提高教学质量具有一定的作用。

3. 其他教学质量评价主体

来自不同领域的人所代表的利益不同,他们的需求也必然不会相同,不同领域的人对教学质量从不同角度进行评价,能够在一定程度上促进教学发展。

1) 教育主管部门评价

教育主管部门作为教育系统的官方管理者与监督者,对教学环节的课程思政教学质量进行评价,把握课程思政建设总体进度,能够对教学质量进行整体检查,明确评价标准,传播先进的教育思想理念,指导教学改革。教育主管部门站在宏观的角度评价教学质量,综合考虑各方面因素后对人力、物力、财力等教育资源进行合理的配置,进而促进整个国家的教育教学水平的提高。

2) 同行评价

"一千个人眼中有一千个哈姆雷特",对于在财会专业教学中嵌入思政内容,不同的教师有不同的想法和不同的切入点。同行评价能够让教师看到其他任课教师在课程思政方面的探索和创新。同时,同行也能够对课程思政的切合度进行评价,进而发现授课环节存在的问题。教师之间的互相学习和交流,能够促使教师获得改进课程教学的灵感。

3) 教学督导评价

教学督导评价能够比较客观公正地提供及时真实的反馈信息,完善教与学的过程,从而保障教学工作。教学督导在听课时注重检查教师教学内容中的课程思政部分,切实关注教师是否真正挖掘了思政元素,是否真正将思政元素导入专业课程教学,是否真正践行了教书育人的使命。教学督导能在检查教师的教学工作时提出针对性的建议,同时能够为高校开展教学研究和改革项目提供具有建设性的意见。

4) 社会评价

教学的目标是为社会培养人才,因而引入社会这一评价主体,能够让教学工作与社会需求接轨,与时俱进。社会评价是对学生综合能力的评价,从接触过学生的社会人士获取的信息,最能直接反映学生的能力如何,学校对学生的培养工作是否合格。学生走向社会是学校教育的纵向延伸,社会评价是对学生、教师及学校的综合评价,为学校的整体教学质量管理体系的改革提供一定的依据。

(二) 完善教学环节的质量评价

1. 提高教师素质

教师是思想政治与专业课程教师的第一人,主导教学活动,课程思政的提出对教师整体素质水平的要求达到一个新的高度。

1) 教师师德师风

财务和会计是比较特殊的职业,行业环境中处处充斥着金钱、权力等种种诱惑,从业人员如果没有一个坚定的理想信念,很容易误入歧途。思想政治教育帮助学生在成长过程中完善人格,形成正确的价值观。教师作为学生成长过程中的一面镜子,他们的思想道德修养能够对学生产生潜移默化的影响。所以教师必须先主动提高自己的思想政治觉悟和道德水平,才能引导学生养成良好的思想品德,才能以身作则将正确的做人做事原则传达给学生。

2) 教师学科知识素养

教师是知识的传播者,教师专业知识水平高低在很大程度上影响着学生学习专业知识的深度和广度。在课程思政背景下,教育工作的根本是以人为本,是以培养高质量的人才为目标。由于经济环境的复杂多变,财会专业知识更新速度比较快,教师要想跟得上时代变化,让学生未来步入职场时顺应时代发展,就需要持续地更新自有知识储备,主动提升专业知识和能力。

3) 教师教学研究

科研活动是教师在教育创新方面的实践和探索。一方面,教学研究有助于教师持续地自我成长,促使教师教育理念不断更新;另一方面,教师把科研意识带入课堂,能够引导学生主动去发现问题,解决问题,培养学生自主学习的习惯和自主求知的反应模式。财会专业涉及会计、法学、经济学等众多学科知识,课堂教学时间有限,教师教授的知识也是有限的,而要做一名合格的财会专业人员,学生需要自己去获取知识,丰富阅历,增长经验。

2. 转变教学态度

践行课程思政理念,每位授课教师要先明确"德"与"才"协同推进的教学态度,明确的态度是实施行为的必要条件。

1) 教师课前准备

教师课前备课是为讲好课堂内容而做的前期准备工作。备课明确了讲课内容,确定了重难点。教育部印发的《高等学校课程思政建设指导纲要》对财会专业的课程思政建设给出了指导:要在课程教学中坚持以马克思主义为指导,加快构建中国特色哲学社会科学学科体系、学术体系、话语体系;要帮助学生了解相关专业和行业领域的国家战略、法律法规和相关政策,引导学生深入社会实践、关注现实问题,培育学生经世济民、诚信服务、德法兼修的职业素养。具体实施过程中,教师可依据该指导来开展课程思政工作。

2) 教师与学生的沟通

教学是一个双向互动的过程,教师在教学中与学生进行有效的沟通,能够很好地传递知识,及时了解学生对知识的掌握程度以及找到适合的教学节奏。此外,教师与学生的沟通也可以是超越专业知识探讨以外的情感和思想层面的沟通,这样能够让学生近距离学到治学态度和做人的道理。

3) 教师收集反馈信息

由于财会专业课程的特殊性,在专业课程中充分融入思政内容存在着诸多挑战。况且当前课程思政建设模式还未完全成熟,思政与课程的融合效果还有待考察。教师对学生的作业、试卷和课堂氛围等信息进行收集整理,这些信息能够真实反映教师教学过程中的表现。教师利用这些反馈信息,能够发现自身教学中存在的问题和教学内容的不合理,从而改进教学,提高课堂效率和教学质量。

3. 改进教学内容

财会专业课程体系中隐藏了丰富的思政资源,教师将思政教育与财会教学融合在一起,能够改进原始教学内容。

1) 创新教学内容

用思政塑课堂,让课程见思政。教师在原有的财会课程基础上,运用德育思维,提炼财会专业课程中蕴含的文化基因和价值范式,将其转化为具体的有效教学内容,可以在一定程度上丰富教学素材。将思政教育融入课堂教学全过程,体现在教学的顶层设计上把人的思想政治教育与专业教育相结合,是对教学内容的创新。

2) 提高教学内容适用性

财会类专业的学生掌握专业知识需要耗费大量时间,但教师若只注重专业知识的教学,学生步入社会后就可能引发很多问题,带来不良影响。近年来,财务造假、公司虚假上市等现象频繁发生,对整个经济环境造成了严重的影响。财会专业人才是国家经济发展的直接参与者,其行为受其价值观念的影响,因此,高校以学生的发展为起点制定符合学生学情的教学内容是很有必要的。

3) 将教学内容与社会实践相衔接

财会专业是一门应用性较强的学科,注重实践。在课程思政建设中,教师在课堂中搞好财会理论教学的前提下,还应当开展好社会实践教育,鼓励学生走入社会,走向职场。部分财会专业知识的课堂教学过于抽象,缺乏直观的实操,学生难以理解,教学效果不尽如人意,因此,学生只有到实践中去才能够更好领会课堂理论知识。社会实践是对教学内容的检验,是为课堂教育服务的,只有将社会实践与课堂教学内容结合起来,才能充分发挥它们各自的育人功能。

4. 丰富教学方法

教学方法是任课教师根据教学内容开展教学活动的具体方法。在课程思政建设中,教师应积极找寻学科教学和思想教育的结合点,通过多种形式的教学方法教学。教师与学生双方通过共同探索,可以形成丰富多样的有效的教学方法。

1) 教师合理使用教学资源

随着"5G"时代的到来,"互联网+"等的兴起,各种各样的教学平台层出不穷,教学资源也非常多样。为了避免照本宣科式的枯燥教学,让专业知识的学习变得生动起来,教师们可以借助先进的科技,结合培养目标来合理选择教学资源,使教学资源在教学实践中的运用更加高效,让专业知识与正确的价值取向齐头并进。

2) 教师联系案例讲解知识

财会专业的学习多以案例学习为主,案例教学是一种锻炼学生综合能力的教学模式,其功能如下:一是鼓励学生独立思考,主动探索,激发学生的创造性思维;二是促进学生之间的团结协作,取长补短;三是能够夯实学生的专业基础和锻炼学生灵活运用知识的能力。教师为了达到案例教学的目标,需要科学设计案例,选择合适的案例主题,在案例中巧妙布局思政内容,让学生在此过程中专业知识和思想意识都得到提高。

5. 检查教学效果

课程思政相较于传统的思想政治课程，教学形式更为多样，教育方法更为柔和。课程思政承载的是融知识传授、价值塑造和能力培养于一体的教育责任（刘承功，2018）。

1）知识传授

课程思政的对象是学生，课程要实现铸魂育人的目标，就必须有"魂"，让知识传播有"灵魂"是对教师的一种挑战。课程思政不是对专业知识的替代，它的一大功能就是提升课程的质量。只有高水平的教学活动才能激发学生的兴趣，才能更好地实现知识的传授。没有价值引领的知识传授是盲目的，只有把重点放在"学生"上，放眼他们未来面对的社会环境，才能明白学生真正需要的是什么，什么专业知识是必需的，才能科学合理地传授知识。

2）价值塑造

价值观塑造了一个人的信仰、态度和行为，每个人利用知识与技能做出的行为都在很大程度上受其影响。教师需要在授课中有意识地植入思政元素，将价值引领融进专业课程教学，让学生自己去"捕捉"。在经济新常态背景下，企业对财会专业人员的职业素质要求越来越高。从课程思政角度来看，这种职业素质其实就是价值观念，教师可以在日常的教学中将职业道德规范嵌入专业知识教学过程，从而促使学生在学习中就塑造价值观念。

3）能力培养

培养具备较强发现、分析和解决问题能力的综合应用型、复合型高层次会计专业人才是财会专业教育的目标。一名合格的财会专业人员的基本能力有：

（1）求实创新，具有良好的职业道德素质。

（2）具有熟练运用财会相关领域的专业知识解决实际问题的业务能力。

课程思政的落脚点是实现"德、识、能"三位一体育人，符合社会需求的人才是内在修养与外在条件的综合，既要有柔性的思想道德素质，又要有刚性的专业业务能力。

（三）凸显教学质量评价的意义

1. 教师绩效考核更全面

对教师的考核评价是高校开展教师选聘、任用、晋升等人事管理的基础和依据。绩效考核能调动教师工作积极性、主动性，对于高校推进教学管理改革，提升教学质量具有全局性和基础性的影响。教师不但要有精深的专业知识，过硬的政治思想素质，同时还要具备将学科内容与思政教育融合的能力，这决定了高校对教师的评判应全面综合，更能选拔出能够为国家培养德智体美劳全面发展人才的教师。

2. 推进教学管理改革

课程思政建设工作寓于教学的全过程、各环节，财会专业课程建设应当基于课程思政构建育人目标。在课程思政实施过程中，发现问题，寻找差距，逐步修订完善所有课程的教学大纲,明确每门课程的思政育人目标,根据该目标在相应的教学环节设计教学元素,这能有效提高教学管理改革的效率,发挥学校教育主阵地作用。

3. 提升教学质量

财会专业在很长一段时间都是热门专业,随着高校扩招,财会专业毕业生就业压力越来越大,财会专业基础岗位就业市场过于饱和,整体待遇偏低。随着经济的发展和科技的进步,教育水平也逐渐提高,为了培养一批综合素质较高,适应社会发展的创新型、实用型财会专业人才,高校需要推进思想政治和专业知识的教育。课程思政在实践层面为教学工作提供了行动指南,其也必将促进教学质量的提升。

四、云南财经大学课程思政建设与财会专业教学质量评价

(一) 云南财经大学本科教学质量评价主体

在课程思政建设背景下,要培养新时代社会主义市场经济建设的财会人员,为更好地对人才培养成效进行评价,学校形成了"二三三"教学质量监控与保障体系,即校内、校外两个维度,校-院-系(教研室)三个层次,政府、第三方中介、用人单位三个评价主体的教学质量监控与保障体系,如图2所示。

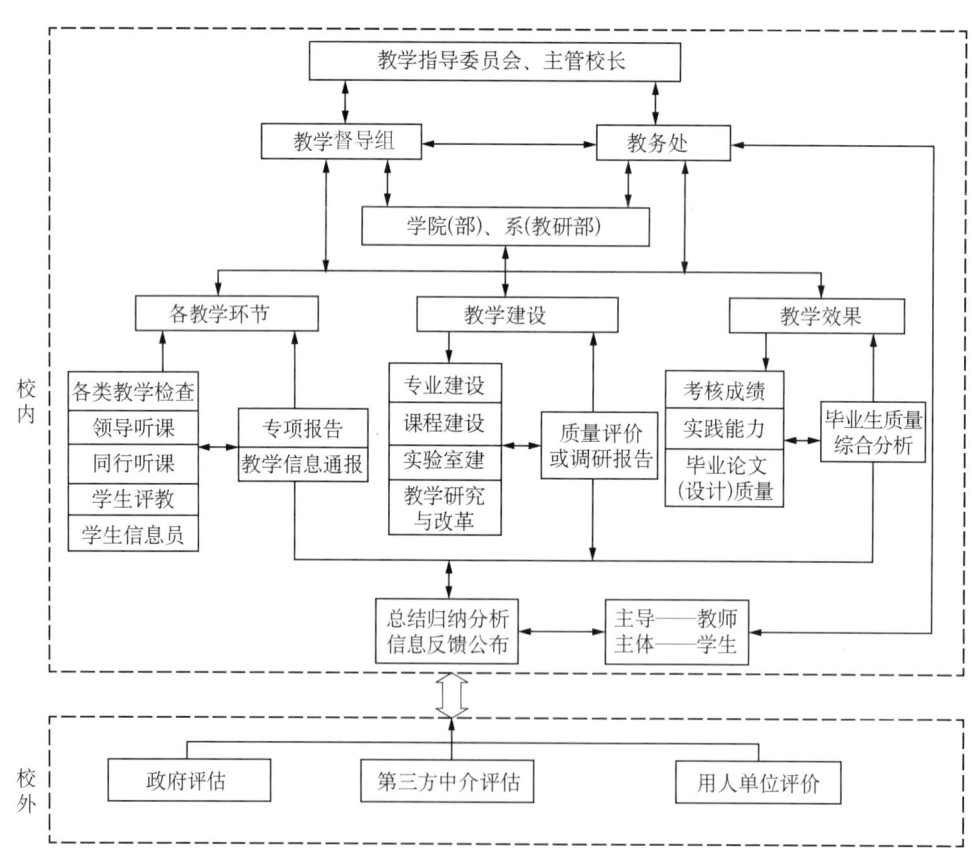

图2 云南财经大学本科教学质量监控与保障体系

1. 校内教学质量评价主体

1) 领导评价

按照《云南财经大学领导听课制度的规定》进行听课,校级领导干部每学期听课时数不少于6学时;主管教学、学生工作的处级领导干部每学期听课时数不少于8学时;其他处级领导干部每学期听课时数不少于6学时。领导听课后填写"云南财经大学领导听课记录表",听课记录表分为教学内容、教学方法、教学态度三大块,具体为10个评价项目。评价等级共分为五级,依次为很差、差、一般、好、很好,对应的分数为1分到5分。打分者在听课结束后给出评语与建议,教务处在学期末汇总整理予以公布。

2) 学生评价

学生在每学期末都要对所有任课教师(包括外聘教师)进行评价,学生评教由校、学院(部)共同组织,以班级为单位在网上进行评教。以学生为评价主体的教学质量评价分类主要有5个板块:教师素质、教学态度、教学内容、教学方法和教师效果。评价等级共分为五级,依次为很差、差、一般、好、很好,对应的分数为1分到5分。

3) 督导专家评议及同行教师评价

各学院的二级教学督导小组成员、学院(部)院长(主任)、教研室主任以及任课教师们组成"课堂评教小组"在每学期第十六周前完成评教工作。以督导专家及同行教师为主体的教学质量评价和以领导为评价主体的教学质量评价的内容一致,评价方式主要是通过听课记录表的打分来反映。

4) 教师评价

教师通过填写"云南财经大学教学质量评价教师意见反馈表"进行教师评价,是教师在接收到其他评价主体的评价反馈后进行的自我总结分析。评价内容由教师对评教结果的认同与否、教师对在教学过程中优缺点的总结、教师希望得到的外部帮助和教师对学生的评价等具体的大板块组成。

2. 评价权重分配

根据《云南财经大学课堂教学质量标准》,评教权重分配为学生评教占比最高(60%),专家评议和同行教师评价的占比一样,各为20%,具体评价权重如图3所示。

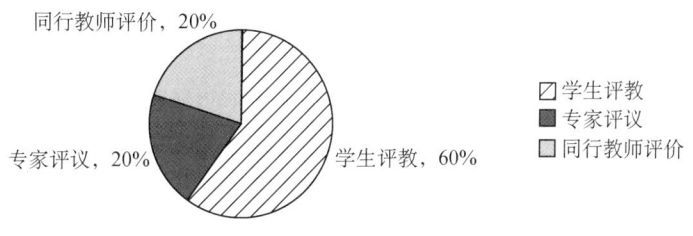

图3 课堂教学质量评教权重分配图

3. 校外教学质量评价主体

1）政府评估

云南财经大学以教育部审核评估为契机，改进和提升本科教学工作。

2）第三方中介评估

云南财经大学引入第三方中介评估，规范和优化本科教学工作。

3）用人单位评价

云南财经大学通过用人单位评价的跟踪、反馈和改进机制，不断完善本科教学工作。

（二）课程思政与教学质量评价

目前云南财经大学对教学质量的评价标准是以教师素质、教学态度、教学内容、教学方法和教学效果五要素作为一级指标，这几部分指标又贯穿于期初、期中和期末的各项教学质量评价具体内容中，如表2所示。

表2 云南财经大学课程评价表

云南财经大学课程评价表（试行）			
要素及分值	要素说明	具体支撑材料	备注
1. 教学要件（10分）	通过总结及教学大纲、教学实施计划、教案、课件考核教师教学内容、教学方法与手段、教学设计等	教学要件总结（简洁说明材料的个性与特点、教学过程中在教学内容、教学方法与手段方面的做法与效果〈500字以内〉）	
		1-1 教学大纲	PDF文件
		1-2 教学实施计划	PDF文件
		1-3 教案	PDF文件
		1-4 课件	PDF文件
2. 课堂管理（10分）	通过总结及学生的出勤率、课堂管理工作等考核教师的教书育人工作与教学吸引力	课堂管理总结（简洁说明平时学生管理、课堂管理的做法与举措〈300字以内〉）	
		2-1 学生出勤率数据	课程评价中心提供
3. 教学过程（20分）	通过总结及期中考（必须）、小测验、作业等3次试题题目，以及各班记分册考核教师平时教学过程与管理情况	教学过程总结（简洁说明教学过程管理、平时考核与成绩评阅等情况〈500字以内〉）	
		3-1 期中考（必须）、小测验及作业（任选两次）共3次试题题目	多个PDF文件
		3-2 本门课程参评班级记分册合并文档	多个PDF文件

(续表)

		云南财经大学课程评价表(试行)	
4. 教学风格 （30分）	通过总结及教学视频考核教师教书育人、课程思政、学生能力与素质培养、教学互动等总体教学水平与质量	教学风格总结 （简洁说明教师教书育人、课程思政、学生能力与素质培养等方面的做法〈500字以内〉）	
		4-1 教师自选课堂教学视频1段（40分钟）	课程评价中心提供
		4-2 学校任选课堂教学视频2段（各40分钟）	课程评价中心提供
5. 教学效果 （20分）	通过期末考卷面成绩平均分与及格率、学生评教分值等考核教师教学效果	5-1 期末考卷面成绩平均分	课程评价中心提供
		5-2 及格率（统考课含及格率排名）	课程评价中心提供
		5-3 学生评教分值及同类课程评教分值排名	课程评价中心提供
6. 其他 （10分）	专家考核全部要素和其他能够直接反映教师课程教学特点、质量和效果的总结和证明材料后凭总体印象打分	其他总结 （补充说明以上方面不能涵盖的与课程教学特点、质量和效果直接相关的内容〈400字以内〉）	

1. 期初阶段

期初的评价一般是检查前期的准备工作，检查教学任务的落实、教学资源配备，包括编制或更新教学要件（如教学大纲、教学实施计划、教案、课件）等的准备情况，检查时可以对课程思政准备工作进行评价，该部分分值占总课程评价分值的10%。学校还利用开学前的"精彩一课"系列活动开展了"课程思政"专项教研活动，围绕课程思政的形式、方法和内容等核心问题，采用个别教师经验分享、全体教师集中讨论的形式进行专题研讨。这不仅对任课教师的课程思政工作落实情况进行评价，还加深了任课教师对"课程思政"具体内涵的认识。为了加快推动课程思政建设工作，学校还鼓励教师们建立了一批示范类课程思政课程，形成了良好的示范辐射作用。

2. 期中阶段

期中教学质量检查的评价主要通过学校领导、学院领导和教学督导的听课进行，着重检查教学计划、课程设置、授课进度、讲授方法，了解学生学习中的难点与困惑、学习方法和效率，按时打分并填写相关记录表。该部分的分值在同类课程中排名后并入课程评价中占总分值20%的"教学效果"要素中。

期中教学质量评价在一定程度上体现了课程思政的内在要求。具体地,对教师课堂教学的检查范围体现了"以学生为本"的思想。期中教学质量评价注重评价教学采用的具体实例与运用的教学手段是否科学可行、与时偕行,以适合学生为出发点。注重知识结构对学生学习的适用性——重难点的合理选择、教学内容基于教材的创新。注重立足于学生未来发展需求的能力培养——对学科专业领域的最新前沿的反映,对学生学习兴趣的培养,对分析问题、解决问题等岗位胜任能力的培养。在教学态度上,期中教学质量评价注重评价教师教学特色和教师与学生互动情况。

3. 期末阶段

期末,教师撰写并提交课程评价要素报告和支撑材料,课程中心或教学单位采集学生的出勤、评教、期末考卷面成绩等课程评价要素。每类课程遴选1~3位专家开展课程评价、独立打分并提建议。最后,学校对课程评价结果进行审定、公布,然后开展教学质量检查座谈会,对评价结果进行反馈及对下学期的教学计划进行安排。

期末阶段,整个专业课融入课程思政的具体工作由专家通过对课堂教学视频资料和教师本人的总结阐述进行评判。该部分内容归属于课程评价要素的"教学风格"(占总分值的30%)。

另外,学生在每学期末都要对所有任课教师(包括外聘教师)进行评价,具体为"授课内容,专业水平,能力培养,教学技巧,教学态度,本课程是否符合你当初上课的期待,你认为本课程的授课进度如何,你个人对于本课程教学内容的吸收状况,对课程教学的建议或其他想说的话"9个观测评价内容,学生评教分值纳入课程评价的"教学效果"(占总分值的20%)中。学生评教范围涵盖授课内容质量、教师本身素质以及学生知识掌握程度等内容,将课程思政以相对具体的表现形式纳入评教项目,有利于评价主体了解课程思政的建设情况与实际效果的差距,创建让学生满意的课堂,提高学生的课堂参与度。

(三)将课程思政引入财会专业教学质量评价的建议

1. 丰富教学质量评价主体

为保证各评价主体对教学质量评价的客观合理有效,学校也要加大对课程思政的宣传力度,提高各主体对课程思政的认识。财会专业人才未来是要进入各行各业的财务岗位任职的。因而学校进行人才培养还要以社会实际需求为基础,培养能满足社会需求的复合型专业人才。从这个层面来看,学校把社会或者企业纳入教学质量评价的主体是很有必要的。另外,将社会或企业作为评价主体之一,也不能走个形式而已,而是应当为该主体的评价结果设置一定的权重比例,重视校外主体对学校教学质量的看法,这对于学校专业设置、教学改革和提高教学质量有很大的帮助。

2. 细化教学质量评价标准

有精深专业知识、具备积极向上的思想政治觉悟的人才是当今高校要培养的人才。不同专业不同学科又有着不同的培养导向,针对不同专业的学生的思想层面的教育有不同的侧重点。对于财会专业来说,不同的学科有各自的特点:做账要诚信为本,实事求是,不做假账;纳税要遵纪守法,按时交税;审计要保守秘密,敬畏法律;等等。因此,在对具体的学科进行教学质量评价时,高校应为每门学科设定个性化的教学质量评价标准,细化各项指标的评价内容,体现专业特点,具体情况具体分析,让评价者有针对性地打分,增加评价结果的有用性。

3. 健全教学质量评价内容

教学质量评价是对高校的一个全面而综合的判断,从教学个体到教学整体,从教学硬件到教学软件。随着课程思政建设工作的启动,高校应当努力构建"德育"和"才育"并进的教学质量评价体系,健全多维度教学质量评价内容。课程思政评价体系是保障课程思政全面实施的措施,是衡量课程思政实施的标准,也是课程思政建设过程中能够及时反馈信息的体系。课程思政评价体系的构建要考虑定性与定量评价指标,积极推进课程思政工作的建设。高校可以根据各学院、各专业的才培养目标,针对不同的评价环节、不同的评价对象对教学质量评价内容进行进一步细化。

五、研究结论

教学质量关系到高校生存和发展,教学质量评价直接影响着人才培养质量。教学质量评价是教学环节中的一个重要的部分。各高校的实际教学情况不同,即使是相同专业,培养方向也会有不同,因此,教学质量的评价并没有一个统一的标准,高校应当基于自身实际情况来构建适合自己的教学质量评价体系。"课程思政"对高校教书育人提出了新使命和新要求,在专业知识教学中融入思想教育,将课程思政贯穿于教学质量评价的所有节点,有助于教学质量的提升,产出满足社会需求的财会专业人才。

参考文献

[1] 童春燕.浅析课程思政背景下高校教学质量评价存在的问题及其成因[J].吉林省教育学院学报,2022,38(6):120-123.

[2] 邓云,刘群红,田晔,等.将课程思政引入教学质量评价体系的研究与思考[J].基层医学论坛,2021,25(28):4132-4133.

[3] 蒋晓云.新时代背景下高职院校思政课教学质量评价研究[D].石家庄:河北师范大学,2021.

[4] 龚丽娜.新时代高校财会类专业课程思政有效实施路径[J].湖北广播电视大学学报,2021,41(2):32-35,52.

[5] 吴晶,胡浩.习近平在全国高校思想政治工作会议上强调 把思想政治工作贯穿教育教学全过程 开创我国高等教育事业发展新局面[J].中国高等教育,2016(24):5-7.

[6] 周玉笛."课程思政"背景下财会类专业课程建设思考[J].财会学习,2020(30):161-162.

[7] 教育部印发《高等学校课程思政建设指导纲要》,全面推进高校课程思政建设[J].新教育,2020(19):32.

[8] 赵宝江.借力"课程思政"构建以岗位胜任力为核心的多维度高校教学质量评价新体系[J].佳木斯大学社会科学学报,2020,38(2):173-175+180.

[9] 中共中央办公厅 国务院办公厅印发《关于深化新时代学校思想政治理论课改革创新的若干意

见》[J].中华人民共和国教育部公报,2019(9):2-7.

[10] 刘承功.高校深入推进"课程思政"的若干思考[J].思想理论教育,2018(6):62-67.

[11] 高德毅,宗爱东.从思政课程到课程思政:从战略高度构建高校思想政治教育课程体系[J].中国高等教育,2017(1):43-46.

[12] 韩宪洲.课程思政的发展历程、基本现状与实践反思[J].中国高等教育,2021(23):20-22.

思政元素与"财务管理"教学有机契合探索

田世晓[①]　张丽华[②]

为贯彻教育部《高等学校课程思政建设指导纲要》，培养有理想信念、爱国情怀、道德品质、文化素养、奋斗精神、德才兼备的人才，各高校不断推进课程思政建设。高校课程思政建设普遍面临一个难题，即在课程内容中应该融入什么样的思政元素，这些思政元素如何与课程内容有机契合？财务管理是一门应用性较强的课程，思政元素只能有机地融入课程的具体内容中，教师不能突兀、机械地进行思政教育，为思政而思政，应当将思政元素有机嵌入课程内容当中。本文将分享如何在财务管理课程教学中融入思政元素。

一、财务管理目标：融入契约精神、法律意识、共同富裕理念

财务管理目标理论是财务管理的基础理论之一。尽管理论界对财务管理目标有不同认识，但主流观点认为，财务管理目标是企业价值最大化。由于企业是股东的企业，企业价值最大化也可以演化为股东财富最大化。将股东财富最大化作为财务管理目标，是否意味着财务管理目标只考虑股东的利益，不考虑其他利益主体的利益？是否和党中央倡导的共同富裕理念相冲突？在课堂上提出这些问题，让学生思考和讨论，将学习内容和思政内容紧密衔接起来，这样没有任何的突兀感。

通过学习和讨论，学生们会认识到，主张股东财富最大化，并非不考虑其他利益相关者的利益。各国公司法都规定，股东权益是剩余权益，公司经营成果只有在满足其他方面的利益之后才会分配给股东。公司必须交税（税法）、给职工发工资（劳动法）、给顾客提供令其满意的产品和服务（产品质量相关法规），才能分配税后收益。公司的其他利益相关者有其特定的要求，这些要求都先于股东，且必须契约化。如果对其他利益相关者的要求不加限制，股东就不会有"剩余"；除非股东确信投资会带来满意的回报，否则股东不会出资，其他利益相关者的要求也无法实现。股东为公司提供了财务资源，但是他们处在公司之外。而经营者，即管理当局，在公司里直接从事管理工作。公司是所有者的公司，即股东的公司；公司财务管理的目标实质上也就是股东的目标。

公司的利益相关者可以分为两类：一类是合同利益相关者，包括客户、供应商和员

[①]　田世晓（1968—　），云南财经大学会计学院副教授。
[②]　张丽华（1968—　），云南省电网公司高级会计师。

工,他们和企业之间存在法律关系,受合同约束;另一类是非合同利益相关者,包括社区居民以及其他与公司有间接利益关系的群体。

股东和合同利益相关者之间既有共同利益,也有利益冲突。股东可能损害合同利益相关者,合同利益相关者也可能损害股东利益。因此,大家都要遵守合同,要有契约精神。从国家层面看,要通过立法调节他们之间的关系,保障双方的合法权益。一般来说,公司只要遵守合同就可以基本满足合同利益相关者的要求,在此基础上追求自身利益最大化也会有利于合同利益相关者。法律对非合同利益相关者关注较少,他们享受的法律保护程度低于合同利益相关者。因此,光靠法律约束公司是不够的,还需要道德规范。公司还要有相应的社会责任政策(许多公司制定社会责任政策、定期向社会公布社会责任报告),树立良好的社会形象,在提升企业价值的同时实现共同富裕的目标。

二、货币时间价值:融入马克思价值创造理论

货币时间价值是财务管理最基础的价值理念之一。学好这部分内容对整个财务管理的学习至关重要。从表面上看,货币时间价值似乎是一个纯粹的计算问题,难以将其与思政内容联系起来。但我们可以从基本概念入手,将其与马克思的价值创造理论相联系,通过介绍西方经济学和我国学者对货币时间价值的理解,让学生进行比较分析和讨论,即可达到良好的教学效果。

西方经济学家对货币时间价值的理解往往是和消费心理因素联系在一起的。他们认为,投资者进行投资就必须推迟消费,对投资者推迟消费的耐心应该给予回报,这种回报的量与推迟的时间成正比,即推迟的时间越长,回报就越多,单位时间的这种回报与投资的百分比,就是时间价值。

我国经济学者普遍认为,货币时间价值是指货币经过一定时间的投资和再投资后所增加的价值。

现实生活中,我们将100元存入银行,如果存款年利率为10%,则1年后该存款的本利和为110元,1年的增值额为10元。在这里,学生们应思考如下问题:这10元的增值额是从哪里来的?推迟消费,不进行投资,货币会不会增值?我国古代有一个守财奴,把银子埋入土里,写上"此地无银三百两",这句话的后一句是什么?

引导学生思考并回答以上问题,学生就可以厘清这样一个简单的逻辑关系:存款人得到的10元利息,是银行给予的。银行之所以给存款人利息,是因为银行将存款人的100元本金贷款给实体企业,实体企业将这100元投入生产经营过程,创造了利润,将利润的一部分以借款利息的形式支付给银行,银行再将其从企业得到的利润分一部分给存款人。因此,利息的本质是利润,而利润则是在生产经营过程中由劳动者创造的。"此地无银三百两"的下一句是"隔壁阿二不曾偷",这说明推迟消费、闲置不用的货币是不会自行增值的。

用上述方式让思政元素进入课堂,不仅风趣幽默,也让学生们在轻松愉快中回顾

了马克思的价值创造理论,即价值的真正来源是劳动,是劳动者创造了价值。

三、杜邦分析体系:融入业财融合、不断创新、创造价值等理念

杜邦分析体系是一种综合的财务分析方法,最初因美国杜邦公司成功应用而得名。杜邦分析体系是指利用各财务比率之间的内在联系,对公司财务状况和经营成果进行综合评价的系统方法。该体系以权益净利率为核心,以总资产净利率和权益乘数为分解因素,重点揭示公司获利能力及杠杆水平对权益净利率的影响,以及各指标之间的相互关系。在杜邦分析体系中,核心指标权益净利率与其他相关指标的数量关系如下:

权益净利率 = 销售净利率×总资产周转率×权益乘数

权益净利率 = 净利润/销售收入×销售收入/总资产×总资产/股东权益

通过上述公式可以看出,影响权益净利率的因素是销售净利率、总资产周转率、权益乘数,可以形象地将其比喻为驱动权益净利率的三驾马车(销售净利率反映企业的销售活动、总资产周转率反映企业管理资产的效率、权益乘数反映企业的融资活动)。这三个比率在不同公司之间可能存在显著差异。通过比较差异,我们可以观察本公司与其他公司的经营战略和财务政策的不同。我们在教学过程中,引入恒瑞医药和复星医药案例进行分析(下列比率根据恒瑞医药与复星医药2019年年报数据整理得出)。

权益净利率 = 销售净利率×总资产周转率×权益乘数

恒瑞医药:23.08% = 22.9%×0.9×1.12

复星医药:11.37% = 11.6%×0.4×2.45

通过比较驱动权益净利率的三驾马车,我们很容易发现两家公司的差异。在分析财务指标时,将财务数据与业务联系起来分析,即业财融合分析。恒瑞医药之所以有较高的权益净利率,是因为其有很高的销售净利率和总资产周转率(高出复星医药约1倍)。销售净利率高的原因是恒瑞医药的主要产品(抗肿瘤、手术麻醉、造影剂)的市场占有率高且拥有定价权,销售毛利率达90%以上。恒瑞医药拥有定价权是因为其拥有核心技术。和华为类似,恒瑞医药拥有很多专利,且90%以上的专利是发明专利,是"硬科技",而不是产品外观设计等"软科技"。恒瑞医药拥有核心专利是因为其进行了大量的研发投入,其研发投入占销售收入的比为16%左右,可与华为媲美。由此可见,研发投入、独立创新对提升企业价值的重要性。恒瑞医药总资产周转率高是由于其有良好的资产管理效率。销售净利率和总资产周转率两者的乘积形成了资产净利率,代表企业的盈利能力。相比而言,恒瑞医药的权益乘数低,是因为其资产负债率低,只有10%左右,且其负债均为无息负债,有息负债几乎为零,可与贵州茅台比肩。相反,在影响权益净利率的三驾马车中,复星医药虽然拥有较高的权益乘数(这驾马车反映融资活动,和资本市场有关,其资产负债率约为60%,远高于恒瑞医药10%的资产负债率),但其销售净利率和总资产周转率远远不如恒瑞医药。我们通过恒瑞

医药、复星医药以及美国打压华为公司的案例,使学生们认识到财务分析不能仅仅局限于财务数据的分析,要把财务数据和企业的业务结合起来,从业务和财务融合的角度分析数据。这启发我们,一个公司和一个国家要强大,必须拥有自己的核心技术,要持续不断地进行科技创新、不断提升价值创造能力。

四、资本结构决策:融入中央"去杠杆、控风险"精神

资本结构是指企业各种长期资本来源的构成和比例关系。资本结构决策是筹资决策的核心问题。通常情况下,企业的资本由长期债务资本和权益资本构成,资本结构指的是长期债务资本和权益资本各占多大比例。企业在资本结构中,适当增加负债的比重,可以发挥财务杠杆效应,使每股收益的增长率大于息税前利润的增长率。但如果企业负债比重过大,则会产生财务风险。财务管理中的"杠杆原理"就是研究债务筹资的利益和风险问题的。结合现实,我们可以在本部分的教学内容中融入中央提出的"去杠杆、控风险"精神。课堂上,学生们应思考和讨论以下问题:我们国家现在居民、政府的杠杆水平(负债水平)如何?高杠杆会引发什么样的风险?中央为何提出"去杠杆、控风险"的要求?具体可结合国内外实际案例进行讲解,如蚂蚁金服为何不能上市、恒大等房地产公司的债务危机带来的危害、购房者抱团暂停还贷可能产生的系统性金融风险、"欧洲笨猪五国"的债务危机、斯里兰卡的"国家破产"等,这些案例都可以说明高杠杆带来的财务风险。

五、利润分配政策:融入依法纳税、职业道德、强国强军理念

利润分配是财务管理的重要内容之一,体现了企业所有者、经营者与劳动者之间的利益关系;体现了企业当前利益与长远利益的关系;体现了企业与国家的利益关系。利润分配的核心问题是分配比率问题,即分多少的问题。讲授这部分内容时,教师可融入职业道德、法律意识、强国强军、家国情怀等思政元素。

在企业正常的生产经营活动中,企业不仅为自己创造了价值,也为社会创造了价值。利润代表企业新创造的财富,是企业收入的重要构成部分。国家以税收的形式也能够集中一部分企业利润,由国家有计划地分配使用,实现国家政治、经济和军事职能,发展能源、交通和原材料基础工业,为社会经济的发展创造良好条件。联系当前的国际形势,简介俄乌冲突、台海现状、美国实施的"重返亚太战略""五眼联盟"、佩洛西窜访中国台湾事件等各种相关时事新闻,可以巧妙融入的思政元素为:面对复杂的外部环境和美国不断强化的"遏华"战略,要使国家和平稳定发展、完成统一大业、实现中华民族伟大复兴,我们必须要有强大的军事实力,强大的军事实力必须以强大的经济基础作为支撑。依法纳税既是企业应尽的法律义务,也是企业对社会和国家的贡献。这样的讲解方式,既可以让学生学到专业知识,又可以让学生增强法律观念,增强民族自豪感和家国情怀;既突出了课程思政的价值导向,又增强了课程思政的时代特征。

六、关于思政元素融入课程内容的几点思考

（一）思政元素进课程的内容和方式应该灵活多样

思政元素涉及的内容很多，如理想信念、爱国情怀、道德品质、文化素养、奋斗精神、职业道德等。每门课程的内容不同、各有特点。这就决定了思政元素融入课程的内容和方式是灵活多样的。本文所述的财务管理课程内容以及融入的思政元素仅仅只是我们在教学过程中的几种做法。实际教学中我们将思政元素融入课程的内容和方式应该是灵活多样的。比如，讲解货币资金管理问题时，可以根据货币资金管理的一些制度性规定，融入反腐倡廉的思政元素，列举各种腐败案例；又如，讲解应收账款和存货内容时，涉及应收账款和存货的收益与成本的比较问题。持有较多的应收账款和存货会带来收益增加，但也会增加成本，这是一对矛盾。如何解决矛盾？教师可以融入毛泽东的矛盾论思想：抓住主要矛盾、解决关键问题。因此，每位教师都应该积极探索，形成自己独特的教学风格。

（二）教师应该积极参与课程思政建设

财务管理是一门以创造价值为目标的应用性学科。在技术性和应用性较强的课程中融入思政元素具有很大的挑战性。我们刚开始考虑将思政元素融入财务管理课程时，感觉比较困难，甚至无从下手。但是经过不断地思考和探索后，逐渐摸索出将思政元素有机嵌入课程的模式。再经过一段时间的探索后，在目前的授课过程中，我们既能够高质量完成教学内容，又能够潜移默化地宣扬爱国主义思想，春风化雨地让学生知悉遵守职业道德的重要性和高尚性。达到这样的效果需要一个过程，要不断思考、探索、积累，因此，每一位教师都需要积极参与课程思政建设。

（三）思政元素与课程内容应具有较强的相关性，不搞"两张皮"

教师将思政元素融入课程要特别注意"融入"或者"契合"的含义，要将两者有机结合。教师要先解决思想认识问题，不能把思政进课堂当作一项极不情愿接受的"任务"去"完成"。在授课过程中，不能为了思政而思政，把不相关的思政内容与课程内容机械联系，这样做根本达不到好的教学效果，甚至会引起学生的反感。只有思政元素与课程内容具有很高的相关性，两者才能有机结合。什么样的思政元素与课程内容具有高度相关性？这个问题没有现成的标准答案，需要教师不断探索。因此，教师应当不断努力、天天学习，既要提高理论水平、教学技巧，又要提高政治素养。只要平时多做积累，做到"胸有成竹"，课中就能"见景生情"，高质量完成教学任务。

（四）思政内容与专业知识内容的讲解时间要平衡

思政内容与课程的专业知识内容两者不可偏废。这里就有一个具体问题，在课堂上，讲解思政内容的时间和讲解课程专业知识的时间有没有一个合理的分配比例？这是一个难题，是没有标准答案的。思政元素要"有机"地融入课程，教师讲解思政内容要潜移默化、要春风化雨，不能生搬硬套、不能机械、不能突兀。思政内容和专业知识内容的讲解不应该有一个固定的时间比例，关键是要做到让学生在学习专业知识的同

时提升政治素养,达到教书育人的目的。套用管理学的一句话,思政内容进课堂,"既是科学的、又是艺术的"。因此,如何平衡好讲解思政内容与专业内容的时间关系,是每一位教师都必须要认真思考、感悟的一个重要课题。

七、结论与启示

在推进思政进课程的过程中,教师需要不断探索。这种探索过程既能提高教师的理论水平和教学水平,也能促进教学效果的提升。根据我们的实践,思政融入课程的效果是明显的,具体体现在:激励学生奋发学习与参与实践的热情;到课率、抬头率显著提高;激发了学生学习专业知识的兴趣,加深了学生对专业知识的理解,也起到了很好的育人效果;学生课间和课后交流明显增加,拓宽了学生的视野,思考和分析专业问题的能力显著提升。通过我们的努力,思政元素进课程极大地提高了教学效果,财务管理课程成为最受学生喜爱的课程之一。

参考文献

[1] 中国注册会计师协会.财务成本管理[M].北京:中国财政经济出版社,2021.
[2] 财政部会计资格评价中心.财务管理[M].北京:中国财政经济出版社,2020.
[3] 刘静,田世晓.财务管理[M].上海:立信会计出版社,2020.

第二部分

应用实践

"影视剧进课堂"财会课程思政化教学探索
——云南财经大学"财务会计"课程思政活动案例分析

陈旭东[①]　倪仁龙[②]

一、"影视剧进课堂"的财会课程思政内涵

"课程思政"的实质不是增开一门课或者增设一项活动,而是要把高校思想政治教育的内容融入课程教学和改革的各环节、各方面,实现立德树人、润物无声。高校的课程思政可以划分为显性课程和隐性课程。显性课程即高校思想政治理论课,是对大学生进行社会主义核心价值观教育的核心课程,在大学生思想政治教育中发挥价值引领作用;隐性课程包含综合素养课程和专业教育课程(王丽梅,2018)。本文的财务会计课程是隐性课程中的专业教育课程。

隐性课程思政建设的主要目的是充分发挥高校全方位育人功能,既要在价值传播中凸显知识底蕴,又要在知识传播中融入价值引领,促使隐性思政教育在高校财会课程教学中推动课程思政的改革。这就要求充分挖掘财会课程知识体系中所体现的世界观、人生观和价值观,使财会专业教师承担起全面育人的职责,使财会课程肩负起立德树人的功能,实现知识传授与价值引领的同步发展。

"影视剧进课堂"的财会课程思政是指通过在财会课程中合理引入影视剧的方式,发挥专业课程隐性育人的功能,促使高校的思政教育与财会专业教育两者交融同步、协调发展,从而在高校财会课堂教学中真正实现全方位、全过程、全员立体化育人(高德毅和宗爱东,2017)。

二、"影视剧进课堂"在财会课程思政中的作用

目前,从教学实践经验来看,我国高校的财会课程思政在教学过程中还存在着一些不足之处,这些不足在一定程度上影响了思政教育效果。第一,课堂教学感染力不足。目前大部分高校的财会理论课主要采用灌输式的教学,教师在课堂上针对教材进行重难点讲解,将知识点灌输给学生,而学生坐在教室被动接受这些内容,课堂氛围显得十分沉闷,难以激发学生的学习兴趣。随着科技的发展,教师在课堂上能够采用一些电脑教学软件或PPT课件进行展示,但这些方式基本上是将教材中的内容知识转

[①] 陈旭东(1963—),云南财经大学会计学院教授、硕士研究生导师;
[②] 倪仁龙(1994—),云南财经大学硕士研究生。

移到软件或课件，再添加一些图像画面，这对吸引学生的注意力作用有限。第二，课程内容吸引力不足。高校财会理论课，特别是中高级财务会计课程，知识结构复杂，部分原理深奥难懂，对于从未接触过财会实际工作的同学来说，学习难度较大，因此，许多学生的学习兴趣不高，甚至产生抵触情绪。第三，课时少而教学内容多。部分高校采用注册会计师考试教材，随着社会经济的发展，这类教材的知识点不断更新扩充，导致课程内容必须高度浓缩，这些浓缩的知识内容需要教师进行深入的讲解，但是由于课时是有限的，许多问题在课堂上无法及时讲清讲透，即便是时间充裕，如果仅仅依靠教师的课堂讲授，既不够直观也不够生动。而利用"影视剧进课堂"这种形式，可以有效克服这些不足，具体表现为以下三个方面。

（一）激发学生学习兴趣

影视剧具有生动直观的剧情以及丰富的场景，有很强的感染力，同时可以通过画面与声音对学生进行双重刺激，这相比于教师平铺直叙的讲授，更能激发学生的学习兴趣。学生通过观看剧目内容，可以更加容易地理解一些相关专业问题产生的背景、原因以及影响，从而可以把抽象的教材内容变得具体化和生活化，以此加深学生对教材内容的理解。

（二）丰富课堂教学内容

影视剧作品具有可以灵活播放的突出特点。随着社会经济的发展，平板电脑、手机等信息化设备在大学生群体中已经十分普及，利用这些设备，教学可以突破时间和空间的限制。高校学生们不用在课堂上集中观看影视剧，而是可以在课后随时观看教师指定的影视剧资源，这样一来，财会课程思政课时少但是教学内容多的矛盾就得以解决。

（三）提高学生知识掌握程度

影视剧是对现实生活的艺术表达，能够把教材的内容用一种生动形象而又贴近实际的方式表现出来，并在广度和深度上进行一定的扩充，更重要的是，它带给学生的心灵触动要比教材上直白的文字描述大得多、深得多，这加深了学生对教材知识的学习印象，有助于提高学生对所学知识点的掌握水平。

三、"影视剧进课堂"的财会课程思政建设方法

教师将影视剧应用在财会课程思政教学过程中，为充分发挥其优势，有效提高教学的实效性，必须注意以下几个方面的问题。

（一）要围绕教学要点进行，避免喧宾夺主

将影视剧融入财会课程思政，实质上是对传统课堂教学手段的一种革新，其重点是辅助教师更好地实现教学目标。在财会课程思政中引入影视剧，可以弥补教师单一教授方式的不足，以便更加全面生动地反映、呈现和深化教材所涉及的相关内容。因此，在对影视剧作品的选择方面，教师一定要紧紧地围绕教学要点，最大限度保证影视剧内容和教学要点紧密相关。尤其是教学过程中存在的重难点问题，教师仅仅依靠理论讲解难以让学生深入理解和掌握，这时就可以搜集一些与这些重难点相关的影视剧

辅助教学。教师通过组织学生观看相关影视剧就可以做到深入浅出,更好地实现教学目标,提高教学质量。

当然,课堂教学要避免过度依赖影片,忽视相关知识的讲解。教师运用多样化的教学手段把教材知识讲解清楚,让学生学以致用,这是课堂教学的主要任务。因此,实现教学目标仍然是教学的主要任务,影视剧只是一种辅助手段,两者的孰轻孰重教师必须分清。

(二)要将课堂与课余相结合,进行持续的教育引导

教师把优秀的、适合的影视剧引入财会课程思政中,应当将课堂与课余时间结合起来。由于影视剧的形式十分丰富,既有电影、电视连续剧,也有访谈栏目,还有专题纪录片等。这些影视作品的时长从十几分钟到十几个小时不等,全部在课堂上播放不具备可行性。教师应当在把关内容的前提下,将需要在课堂上进行播放的影视作品适当剪辑之后,再放映给学生们看,应当注意尽可能控制时间,播放的内容也应该突出专业重点。而对于时间较长的影视作品,教师可推荐学生在课下自行观看,并适当提示学生应重点关注的内容,保持对学生持续的引导。

(三)要加强学生观影后的专业巩固和思想启发

为提高利用影视剧进行高校财会课程思政建设的实际效果,在学生观看相关影视剧之后,教师可以组织学生以写观后感、小组讨论等形式交流他们的想法与认识。这样一方面有利于教师清楚地掌握学生观影之后所产生的实际教学作用,进一步完善相关教育手段和方法,从而有针对性地对影视作品所蕴含的专业知识和思想内容进行更深层次的讲解;另一方面也有利于学生反思自己观看影视剧的过程,在思考和学习过程中加深对专业知识的理解,同时也得到思想的启发。

(四)要做好对相关影视剧作品的筛选工作

教师挑选影视剧应当高标准、严要求,把思想性与娱乐性相结合,只有内容趣味丰富、主题鲜明的影视剧,才能真正起到寓教于乐的作用。有的影视剧与教材内容关联程度较高,更适合在课堂上进行播放,有的影视剧与教材内容关联程度较低,但也具备一定教育意义,更适合在课下观看。但无论是哪一种影视剧,都要符合一个要求——具有正确的价值导向,只有这样的影视剧作品才可以帮助学生树立起正确的世界观、人生观和价值观。只有组织学生观看这样的作品后才能实现思政教育的目的。

四、"影视剧进课堂"的财务会计课程思政案例设计

(一)目标

财务会计是一门专业技能课,教师必须结合工作实际组织教学。影视剧反映的相关社会环境及人物活动,可较为直观地展示课堂知识在实际中的应用。"影视剧进课堂"旨在通过潜移默化的隐性教育提升学生会计职业道德修养和专业知识运用能力。

(二)剧目选择

本文以引入电视剧《都挺好》为例。一方面,该电视引起了许多青年学生群体的广

泛关注,可有效克服纯理论教学中存在的活力、感染力、生动性不足问题。另一方面,该电视剧涉及会计、审计、公司制度、企业管理、职业道德等专业内容。例如,电视剧中的朱丽,是一名注册会计师,在知名会计师事务所工作,具有出色的业务能力和勤奋的态度,这可以让学生了解具体的岗位职责;电视剧中的财务掌门人蒙太极力安插亲戚在公司,其小舅子利用她的信任,帮助外面的公司虚开增值税发票,做出了触犯底线的事,可让学生认识到违背职业道德的严重后果;电视剧中的老毛一路跟着蒙总打拼,他凭着扎实的业务能力和忠心尽职的态度,一直稳坐众诚集团的财务总监的位置,在关键事情的处理上,表现出高超的业务和专业能力,体现了会计人员该有的职业精神。

(三)教学内容及过程

1. 观看剧目,思考问题

在观看剧目前,老师详细说明剧情背景,告诉学生为什么看和能从中学到什么,并结合教学目标,有针对地提出专业问题(表1),要求学生看思结合以及查阅资料分析解答难点问题。

表1 电视剧问题思考

序号	思考问题	相关剧情
1	"众诚集团"是一家什么性质的企业,其组织形式和股东结构如何?分析其行业特征、产品类型和管理模式	片中主演工作的地方是众诚集团,这是当地一家实力雄厚的民营企业,而且正在筹划上市,影片从不同角度呈现了众诚集团的内外部发展环境
2	"众诚集团"为何要上市,上市意味着什么?上市程序和上市条件是什么?上市与挂牌有什么不同?上市对企业发展的利弊如何?上市对企业管理层的触动表现在哪里?	
3	片中的会计师事务所对"众诚集团"的审计属于什么类型?其审计目的、审计计划、审计程序是什么?对审计人员构成及资质有什么要求?什么情况下需要审计人员回避?	片中审计公司的人到达众诚集团后,中层联盟眼看就要因此散伙,明玉突然发现此次审计的负责人是朱丽。正当朱丽要宣读审计流程时,明玉闯入,为了挽救危局,明玉不得已当众说出朱丽是自己的二嫂,为保证公平客观,朱丽需退出此次审计工作,并强烈要求终止会议
4	以孙副总为首的部分高管为何要挑事?用管理学理论分析其行为,你是否赞同这种行为?	片中孙副总在众诚集团做了很多坏事,孙副总早已经背叛公司,他的部下老樊跳槽去了对手公司鎏金,他自己也不想再在众诚集团待着,被鎏金挖角。临走之前孙副总当然想把众诚搞乱一点,好给自己的新东家一份见面礼。孙副总的计划很周密,他想让明玉和柳青都失去老蒙的信任,继而把这两个人赶走。那样老蒙就去了两个臂膀,也就使众诚失去了两人才

(续表)

序号	思考问题	相关剧情
5	分析片中的注册会计师代表——朱丽,其形象、气质、思维方式、生活习惯、语言表达有何特点?与其从事的职业有何关联?	电视剧《都挺好》中的朱丽是一名注册会计师,在知名会计师事务所工作,每天加班,基本上都是公司最后一个走的。在出色的业务能力和勤奋的双重加持下,朱丽被领导抽调进入一个大规模的审计项目组,领导告诉她干好了能增加提拔她进入中层的筹码

2. 搜集资料,分组讨论

在观看影视剧剧情后,教师将学生分成若干小组,安排学生分工进行资料搜集,然后在组内讨论和解答问题,形成统一的学习成果(一份 PPT 与演讲稿),用于课堂展示。

3. 成果展示,评委打分

每个小组指定出一位代表在课堂上演示小组的成果,并与其他组的同学进行交流。评委老师依据制定好的评分标准,从气质形象、语言表达、PPT 格式、思想深度等进行打分,进行评比。

(四) 效果评价

1. 提高会计职业道德修养

在观看影视剧时,通过一些剧中财会人员的工作场景,学生可以看到财会人员可能会做出的具体违规行为,了解应规避哪些违反职业道德的行为。通过对影视剧中案例的学习,学生们能够进一步确立自己的会计职业道德理念,更加理解财会人员在工作中必须本着诚信的原则、保持客观的立场,做到准确、真实地披露财务信息,坚决抵制利益诱惑。这个过程也能在一定程度上使财会专业学生树立起正确的世界观、人生观和价值观。

2. 提升专业知识运用能力

将财务会计专业知识与电视剧中的实际场景结合,辅以学生、教师的相互交流,激发了学生的学习兴趣,提升了学生的专业知识运用能力。

3. 锻炼学生沟通表达能力

在展示成果和评委打分环节中,教师是配角、听众,学生是主角、演讲者,虽然上台展示时间不太长,但是学生在上台前做的准备能够充分展现出来。通过上台展示,学生的沟通和表达能力等得到良好的锻炼。

五、"影视剧进课堂"的财会课程思政教学启示

在"互联网+"时代,影视剧在课程思政中不断发挥作用。引入影视剧方式对学生进行教育,要远比照本宣科式的教学更有意义,在引导当代大学生在树立正确的世界观、人生观、价值观方面更加有效,有助于培养他们成为既具备扎实专业基础又具有良

好思想政治素质的有用之才。一两部影视剧很难覆盖财务会计庞大的知识体系,教师须将"影视剧进课堂"作为一个系统工程推进,教师还应在课堂课余时间,选择合适的题材帮助学生进行持续的专业学习,通过长期的、持续性的教育和引导,使学生在专业学习和思想意识方面有更大的收获。

本文发表于:《当代教育实践与教学研究》2020 年第 10 期。

参考文献

[1] 王丽梅."课程思政"改革的探索与实践[J].现代经济信息,2018(23):433.

[2] 高德毅,宗爱东.课程思政:有效发挥课堂育人主渠道作用的必然选择[J].思想理论教育导刊,2017(1):31-34.

[3] 高德毅,宗爱东.从思政课程到课程思政:从战略高度构建高校思想政治教育课程体系[J].中国高等教育,2017(1):43-46.

[4] 李金芝.浅析影视作品在高校思政课中的应用[J].教育与职业,2014(27):168-169.

不信不立,不诚不行
——基于华谊兄弟"梦幻并购"的案例分析

梁 颖① 李红琨②

一、引言

并购是企业资金运作和经营的表现形式,是一种产权交易活动。具体的形式是,企业在市场机制下,为了扩大规模或提高市场占有率等,取得其他企业的控制权。从并购动机来看,若企业是为了提高自身竞争力,从而更好地成长,这无可厚非,但如果只是为了在资本市场上逐利,这样的并购就偏离正轨了。在影视行业的并购潮中,大额并购案例不少。华谊兄弟传媒股份有限公司(简称华谊兄弟)从2013年收购浙江常升开始,进行了多次亿元级并购,并购中的高业绩承诺带来的不确定性,使其并购显得更加"梦幻"。

二、并购公司介绍

(一)并购方

华谊兄弟创立于1994年,1998年凭借广告公司积累的财富以及推广经验,创始人王忠军一举投资数部电影,正式进入影视行业,并与冯小刚建立起长期合作关系。华谊兄弟目前的经营业务以影视娱乐为主,2021年影视娱乐的营业收入占公司营业收入的88.16%③。

(二)被并购方

浙江东阳浩瀚影视娱乐有限公司(简称东阳浩瀚)的成立日期为2015年10月21日,主营业务包括投资制作以及发行影视剧,开发经营艺人衍生品等。东阳浩瀚公司设立时的股权结构为:睿德星际(天津)文化信息咨询合伙企业持有15%的股权,李晨、冯绍峰、杨颖、郑凯、杜淳以及陈赫六位明星艺人共持有另外85%的股权。④ 在2015年10月22日并购交易公告⑤发布时,东阳浩瀚的主要财务状况如下:总资产为

---

① 梁颖(1997—),云南财经大学会计学院硕士研究生。
② 李红琨(1968—),管理学博士、云南财经大学会计学院教授、硕士研究生导师。
③ 数据来源于华谊兄弟2021年年报。
④ 股权结构信息来源于企查查,网址 https://www.qcc.com/firm/569858d69cec2acdd32dc273be934e0a.html。
⑤ 《华谊兄弟:关于投资控股浙江东阳浩瀚影视娱乐有限公司的公告》。

1 000万元,总负债为0,所有者权益为1 000万元,即账面净资产为1 000万元。由于东阳浩瀚成立时大股东多为明星艺人,本文后续称该公司为"明星公司"。

浙江东阳美拉传媒有限公司的成立日期为2015年9月2日,主营业务是制作发行专题、综艺、电视剧等。公司注册资本为500万元,导演冯小刚持股99%,截至2015年11月19日并购交易公告日,东阳美拉未经审计的财务数据为:总资产1.36万元,总负债1.91万元,账面净资产-0.55万元。由于东阳美拉成立时导演冯小刚占大部分股份,文章后续称该公司为"导演公司"。

三、华谊兄弟的梦幻并购过程

(一)梦的开始

华谊兄弟于2015年10月22日发布《关于投资控股浙江东阳浩瀚影视娱乐有限公司的公告》,称拟以人民币7.56亿元收购成立仅一天的明星公司70%的股权,支付方式为现金一次性支付。公告称,以明星公司2015年经审计的税后净利润的12倍(人民币10.8亿元)作为公司估值,因此,明星公司70%股权对价为人民币7.56亿元。根据并购溢价率公式,并购溢价率=(并购价格-注册资本)/注册资本,计算得溢价率为107倍。

2015年11月19日,华谊兄弟再次发布公告,以人民币10.5亿元收购导演公司70%的股权,并购后华谊兄弟和冯小刚各持有东阳美拉70%和30%的股权。华谊兄弟将导演公司价值确定为:老股东承诺的2016年度经审计的税后净利润的15倍,即15亿元。70%的股权对价为10.5亿元。根据并购溢价率公式,计算得此次并购溢价率为301倍,与文化行业平均溢价率作比较,可以说是高溢价并购。

根据表1,我们可以看出华谊兄弟并购的两家公司有明显的特征:一是被并购公司"空壳化",两家被并购公司都是并购前的短时间成立的,公司的资产负债结构简单,注册资本规模较小,且并购前经营的实质业务较少,属于典型的空壳公司;二是并购溢价水平高,两家公司的并购溢价率分别为107倍、301倍,估值基础为企业未来净利润,但是被并购公司没有历史业绩参考,业务能力和核心能力不确定,再加上影视行业波动性比较大,并购估值的合理性就让人产生疑问;三是并购导致巨额商誉产生,华谊兄弟2015年年末商誉为35.70亿元,占总资产比例为19.95%[①],巨额商誉的存在会给公司带来较高的减值风险。

表1 华谊兄弟2015年并购公司情况

项目	明星公司	导演公司
标的公司成立日期	2015年10月21日	2015年9月2日
并购日期	2015年10月22日	2015年11月19日

---

① 根据华谊兄弟2015年年报计算得出。

(续表)

项目	明星公司	导演公司
并购日账面净资产	1 000万元	-0.55万元
并购价款	7.56亿元	10.5亿元
并购股份	70%	70%
并购溢价率	107倍	301倍
支付方式	一次性现金支付	一次性现金支付
业绩承诺年限	5年	5年
业绩承诺标的	2015年净利润不低于9 000万元,并以每年15%的速度增长	2016年净利润不低于1亿元,并以每年15%增长
2015年计提商誉	7.49亿元	10.46亿元

数据来源:华谊兄弟2015年并购公告和年报。

(二) 梦中迷雾重重

2017年12月19日,中国证券监督管理委员会浙江证监局发布对华谊兄弟的警示函,指出华谊兄弟2015年年报中未能对两家子公司(即东阳浩瀚和东阳美拉)的收入来源进行及时、完整地披露,违反了《上市公司信息披露管理办法》相关规定。之后,华谊兄弟对2015年年报做了补充性说明,据补充披露的信息,标的公司的主营业务收入有相当部分来源于明星股东的个人收入。

从明星公司的业绩情况来看,2015年,6位明星股东的平均个人净利润为814.07万元[①],东阳浩瀚的公司净利润227.39万元,合计实现净利润5 111.82万元。从导演公司的业绩情况来看,2015年公司实现净利润4 602.67万元,其中包括冯小刚作为编剧、导演、广告代言人等获得的利润。华谊公司这一做法,就是把明星收入资本化,另外,考虑到6位明星股东原就是华谊兄弟的签约艺人、冯小刚拍摄的电影大多由华谊兄弟出品,存在重复购买、利益输送的嫌疑。

(三) 美梦破碎

华谊兄弟在2015年并购两家公司,一方面,可能是为了拉拢明星资源,由于资本大量涌入影视行业,签约明星则不再甘于为签约公司"打工",纷纷成立自己的工作室,明星资源稀缺;另一方面,可能是增强公司实力,华谊兄弟通过并购与冯小刚达成合作,能吸引公众眼球,从而刺激资本市场,提高公司股价。基于此,华谊兄弟的并购公告中出现了不确定的业绩承诺。

根据表2,明星公司业绩承诺有3年未达标,特别是2019年仅完成了承诺业绩的21.25%,远不及预期。在2019年,华谊兄弟把并购获得的明星公司的17.64%股权

---

① 李晨个人净利润813.9万元,冯绍峰个人净利润832.16万元,杨颖个人净利润807.58万元,郑恺个人净利润817.41万元,杜淳个人净利润804.07万元,陈赫个人净利润809.33万元。

以人民币22亿元匆匆转让给北京爱奇艺与上海云锋新呈投资中心,持有的明星公司股份下降,商誉资产7.56亿元也从报表中消失。根据表3,导演公司2018年实现净利6 501.5万元,未完成1.32亿元的业绩目标,将按协议对华谊兄弟进行补偿,该年度华谊兄弟为导演公司计提了3.03亿元商誉减值。2020年,导演公司实现净利560.43亿元,低于承诺的1.75亿元业绩,华谊兄弟不得不在2019年、2020年分别计提减值准备3.6亿元、1.86亿元,相当于当年并购导演公司产生的10.5亿元商誉已累计计提8.48亿元,已冲销了80%。

2019年,华谊兄弟将明星公司65.8%的股权、其他子公司股权、电影发行合同抵押给中国民生银行,获得7亿元的现金借款;将东阳美拉抵押给阿里影业,获得期限为5年的7亿元借款。华谊兄弟质押了其半数资产,在年年亏损的情况下,发展形势不太乐观。

表2 明星公司业绩承诺完成情况 单位:万元

项目	2015年	2016年	2017年	2018年	2019年
承诺利润	9 000.00	10 350.00	11 902.50	13 687.88	15 741.06
实际利润	5 111.82	10 141.52	15 593.81	19 535.77	3 345.00
差额	3 888.18	208.48	-3 691.31	-5 847.89	12 396.06
完成率	56.80%	97.99%	131.01%	142.72%	21.25%

数据来源:根据华谊兄弟年报整理。

表3 导演公司业绩承诺完成情况 单位:万元

项目	2016年	2017年	2018年	2019年	2020年
承诺利润	10 000.00	11 500.00	13 225.00	15 208.75	17 490.06
实际利润	5 511.39	11 699.95	6 501.50	16 427.12	560.43
差额	4 488.11	-199.95	6 723.50	-1 218.37	16 929.63
完成率	55.11%	101.74%	49.16%	108.01%	3.20%

数据来源:根据华谊兄弟年报整理。

四、梦幻并购"受害方"——中小股东

华谊兄弟在2015年的两次梦幻并购,导致后续计提大额的商誉减值准备,对企业发展带来了不小影响,表现为股价持续下跌,市值蒸发严重。对中小股东而言,企业的高溢价可能会吸引部分投资者,但后续的大额计提商誉,对投资者是一笔不小的损失。

(一)业绩承诺误导投资者的判断

由于公司获得了业绩承诺,投资者会认为这是一个利好信号,怀着对企业未来盈利能力的美好憧憬而加大投资,但是最终实际业绩与这个"美好愿景"相差甚远。另外,公司可能通过偷换概念来完成业绩承诺,根据上文分析,华谊兄弟收到浙江证监局

的警示函,原因是被并购公司的收入信息披露不完整,从后续补充披露中投资者才得知,由明星公司创造的利润仅为总利润的 4%。承诺的业绩是由多方收入总和凑成,且公司并未及时披露这一信息,损害了投资者的知情权,从而误导了投资者的投资决策。这个"业绩泡沫"越吹越大,最后买单的是中小股东。

(二) 存在大股东利益输送的嫌疑

虽然导演公司在并购时给出了 5 年的业绩承诺,但由于华谊兄弟高额并购价款的存在,在不考虑时间价值的前提下,导演公司通过被并购能净赚 3.76 亿元。另外,并购是以一次性支付现金方式完成,这种操作很难不让人怀疑并购是大股东间利益输送的借口。公司支付的一次性并购价款,需要使用上市公司的大部分资金,一旦企业盈利不佳,最后损害的是中小股东的利益,而对于大股东而言,这可能只是资金的转移,他们甚至还能在利益输送过程获得好处。

五、总结

华谊兄弟的梦幻并购,以高溢价并购来开场,希望绑定优质资源,然而这种"高溢价+高业绩承诺"的并购方式产生了大额商誉,极大提高了商誉暴雷的风险。并购后华谊兄弟的现实情况也是财务风险加大、股价下降,大股东可能在整个过程中实现了个人利益,但对中小股东而言,投资损失严重。

"不信不立,不诚不行",一家公司如果不讲诚信,就不能走很远。公司通过资本市场的运作来套取利润,获得收益的只是小部分人,这个做法是不可取的。倘若公司发生商誉暴雷事件,让投资者丧失信心,这不利于公司长远发展。对于影视行业,媒体是较为特殊的利益相关者,虽然不同的媒体报道存在不同,但在面对涉及惩恶扬善等社会主义核心价值观问题时媒体基本保持高度一致,媒体的扩大效应也强调了企业承担社会责任的重要性。

对于想要通过并购等方式提高自身竞争力的企业,信用十分重要。并购交易双方要恪守信用,对于并购企业,信用风险大小关系到融资成本的高低,因此,在交易并购时要考虑公司信誉。另外,业绩承诺的实现,与信用也有很大的关联性。一般企业在并购时会考虑第三方的评估结果,第三方的资产评估工作有主观性,因此,第三方不仅要有专业胜任能力,还要在评估过程中保持独立性,不能存在不正当的利益勾结。并购中多方都恪守信用才能确保并购是恰当且公平的,不存在高估和低估的现象,促进并购交易市场向着有序、高质量的方向发展。

参考文献

[1] 曾爱民,杨蕊,何婷.影视行业商誉"地雷"探因——以华谊兄弟为例[J].会计之友,2021(3):79-84.

[2] 黄小勇,王玥,刘娟.业绩补偿承诺与中小股东利益保护——以掌趣科技收购上游信息为例[J].江西社会科学,2018,38(6):48-57.

[3] 刘妍.影视行业的高溢价并购的动因及效果分析[D/OL].重庆:西南财经大学,2019[2022-8-15].https://kns.cnki.net/kcms/detail/detail.aspx?dbcode=CMFD&dbname=CMFD202002&filename=1019685958.nh&uniplatform=NZKPT&v=85pqmpzoA_XN38uQ4OiGPjcUyTjk8zkG-j8z7OvL9QR4BGOysnf9Upg8xD4wkv7H.

[4] 马铭阳.华谊兄弟巨额商誉及其减值案例研究[D/OL].吉林长春:吉林财经大学,2021[2022-8-15].https://kns.cnki.net/kcms/detail/detail.aspx?dbcode=CMFD&dbname=CMFD202201&filename=1021720704.nh&uniplatform=NZKPT&v=GTVoGOVhagFKOD0vqmWxOEuHhWfo7FcTFXd26lYRhApK4EX6eMQu2fU08_AIzoT3.

[5] 华谊兄弟.华谊兄弟传媒股份有限公司2021年年度报告[R/OL].(2022-4-27)[2022-8-15].http://www.cninfo.com.cn/new/disclosure/detail?plate=szse&orgId=9900008488&stockCode=300027&announcementId=1213171440&announcementTime=2022-04-28.

[6] 华谊兄弟.关于投资控股浙江东阳浩瀚影视娱乐有限公司的公告[R/OL].(2022-4-27)[2022-8-15].http://www.cninfo.com.cn/new/disclosure/detail?plate=szse&orgId=9900008488&stockCode=300027&announcementId=1201716104&announcementTime=2015-10-23.

"中级财务会计"课程思政建设路径探究
——以新收入准则为例

刘　琨[①]　陈秋语[②]

一、引言

课程思政建设对高校人才培养意义重大,对高校课程体系建设影响深远。高等教育人才培养体系融入思政教育应先从专业课入手,明确课程思政理念,科学设计人才培养体系。本文以中级财务会计课程为主要研究对象,探讨该课程进行思政建设面临的主要困难,识别中级财务会计课程思政的目标和相应的课程思政元素,以新收入准则为例,对课程思政实践的具体措施进行思考和探索。

二、中级财务会计课程实施课程思政教育的必要性

(一) 财务人员性质决定实施课程思政的重要性

"经济越发展,会计越重要"。随着信息技术与人工智能的迅猛发展,大数据赋予了传统会计专业"科技元素",而课程思政则赋予了传统会计课程"思政元素"。在大数据深入影响会计的背景下,会计行业仍然存在会计信息失真及财务造假的风险,因此,教师不单要传授给学生专业知识和技能,也需要引导学生坚持"坚持准则、诚信为本、操守为重"的职业操守和执业谨慎性,坚持诚信理念。大数据给传统会计进行大智移云背景下的科技赋能,面对思政铸魂与科技赋能的时代洪流,会计专业如何构建一套相适应的课程思政教育体系,保障教学效果,提升人才培养质量,是目前十分重要且富有开创意义的研究课题。

(二) 课程性质决定实施课程思政的重要性

中级财务会计课程是一门承上启下且与会计实务工作联系紧密的专业核心课,偏重专业知识和技能的传授,在价值塑造与观念传递方面起着非常重要的作用。此外,随着商业活动的日趋复杂与数字经济的迅速崛起,《企业会计准则》随之变革,社会对会计人才的要求逐步提升。中级财务会计课程长期以来偏重"专业知识和技能的传授、忽视价值塑造"的教学模式,不利于实现培养"德才兼备"的应用型会计人才的目标。作为专业核心课程,中级财务会计课程需要改变传统的教学模式,应借课程思政

---

① 刘琨(1974—　),管理学博士,云南财经大学会计学院副教授、硕士研究生导师。
② 陈秋语(1998—　),云南财经大学会计学院硕士研究生。

育人之手,提升学生的职业判断能力和创新思维,引导学生树立正确健康的价值判断。

三、中级财务课程思政教育的现状

中级财务会计课程内容多、难度大、实践性强,推进课程思政建设存在许多薄弱环节,主要表现如下。

(一)任课教师课程思政育人能力有待提高

课程思政作为新的教育教学理念,对教师教育教学能力提出了更高的要求,部分中级财务会计课程的中、老年专任教师是专业知识的"授业"高手,但是缺乏思政"传道"经验,从专业知识的"授业"高手转变为思政"传道"经验丰富的老手尚需努力。如果没有专门的规章制度或由心而生的教学动力去约束、激励任课教师推行课程思政建设,容易导致只有承担课程思政教学改革项目、参加课程思政示范课或者需要评职称的教师尝试开展课程思政,难以实现"人人讲育人"。

(二)课程思政素材挖掘不足

课程思政的有效开展需要吸引学生的思政素材作为支撑载体。中级财务会计课程内容繁多且抽象,并且近年来我国出台了很多新的会计准则,如新收入准则等,课程难度在增加。为了调动学生的学习积极性,任课教师多会引入生动的案例分析题供学生分析理解,但是此类案例分析题更注重引导学生分析判断相应的会计处理是否合理,对塑造学生价值观作用甚微。此外,由于专业知识、课外见闻等个人经验的差异,教师针对新出台的会计准则挖掘的思政素材是否新颖、与知识点连接是否紧密等因素将直接影响课程思政教学开展的有效性。

(三)课程思政教学方法欠佳

由于课程思政尚未形成完整体系,受限于课程课时,教师为了能保质保量完成教学计划,对思政教学会浅尝辄止,导致课程思政不深入、不渗透、时长不够等问题。有的任课教师认为将思政元素引入课程,只需要在课间播放热点新闻、课中介绍财经热点、课后发布时事新闻等,这使课程思政拘泥于表层,甚至无法与中级财务会计课程进行有机融合。由于学生被动接受思政内容时缺乏思考、探讨和交流,这样的课程思政难以调动学生参与的积极性,难以启迪学生的思想,浸润学生的心灵,更难真正实现思政元素"润物细无声"的教学目标。

四、中级财务会计课程思政建设

(一)实现课程思政的价值引领

《高等学校课程思政建设指导纲要》指出,"经济管理类学科要帮助学生了解相关专业和行业领域的国家战略、法律法规和相关政策,引导学生深入社会实践、关注现实问题,培育学生经世济民、诚信服务、德法兼修的职业素养"。中级财务会计以"决策有用观""受托责任观"为基础,以《企业会计准则》为依据,详细阐述企业对发生的经济业务如何进行会计处理。教师根据课程地位及特色,在知识和技能的传授过程中有机融入思政元素,用学生喜闻乐见的方式开展课堂思政教育,力求培养具有扎实理论知识和胜任实际岗位工作的应用型会计人才。本文以中级财务会计课程中的一个知识点"新收入准则"为例,探索课程思政建设。

1. 社会主义核心价值观

积极培育和践行社会主义核心价值观,富强、民主、文明、和谐,自由、平等、公正、法治,爱国、敬业、诚信、友善,分别是国家、社会、公民个人三个层面的价值目标、取向和准则。教师需将其融入各个章节内容中,帮助学生用辩证的思维方式理解会计问题,在教授收入的确认、计量,合同成本,特殊交易的会计处理,列报等事项时,引导学生开展案例研讨,培养学生协作的集体主义精神和友爱互助的意识。

2. 中华优秀传统文化教育

中华民族传统文化绚烂悠久、博大精深,身为会计人员,应坚定自信、爱岗敬业、诚实守信、正直友善,这些要求与我国许多优秀的传统文化与经典思想不谋而合。高校教师在会计学课程教学中,需将中华传统文化与美德中"励志勤学自强不息"的拼搏精神与"力克万难,振兴中华"的坚定信念融入"新收入准则"知识点讲授过程,强化"育人先育己、立德先立人"的角色意识,坚定文化自信。

3. 商业伦理及会计职业道德

《会计基础工作规范》对会计人员职业品德方面的要求是:敬业爱岗、熟悉法规、依法办事、客观公正、搞好服务和保守秘密。会计职业道德要求会计人员同时具备职业性、自觉性和综合性,从业务素质、能力素质和道德素质方面对会计人员进行了严格的规范。"新收入准则"对某些特定交易(或事项)的收入确认和计量给出了明确规定,将约束会计人员不隐瞒任何事实,不从事任何欺骗管理当局和股东的不道德行为。

4. 先进的企业管理理念

党的十八届三中全会提出,要全面深化改革,推进国家治理体系和国家治理能力现代化。会计是国际通用的商业语言,在我国现代化企业管理中扮演着重要角色,也推动着经济全球化的发展。在经济全球化的背景下,我国的会计准则也逐渐与国际趋同。因此,本课程的思政教学可以从新收入准则的更新着手,展现自强不息和好学不倦的中华传统美德,弘扬社会主义核心价值观,倡导借鉴国际先进经验的理念。

5. 法制教育

社会主义国家根据社会主义民主的原则,建立人与人之间的平等关系和个人与社会之间的正确关系;而社会主义民主的建设,又必须同社会主义法制建设相结合。法制教育作为德育内容之一有着至关重要的战略意义。法制教育的关键是让学生懂法知法,新收入准则对一些复杂的、模棱两可的交易直接给出了明确规定,为会计处理提供了更明确的指引,高校教师要注意引导学生深刻理解新收入准则的内涵,增强学生的法制观念,以便于学生能在日后的工作中知法守法。

（二）课程思政建设路径

为响应"高校要紧密对接国家战略需求"的号召，针对中级财务会计课程思政建设的薄弱环节，遵循学生的认知规律和结合会计专业特色，本文从三个层次来构建中级财务会计课程思政建设路径，如图1所示。

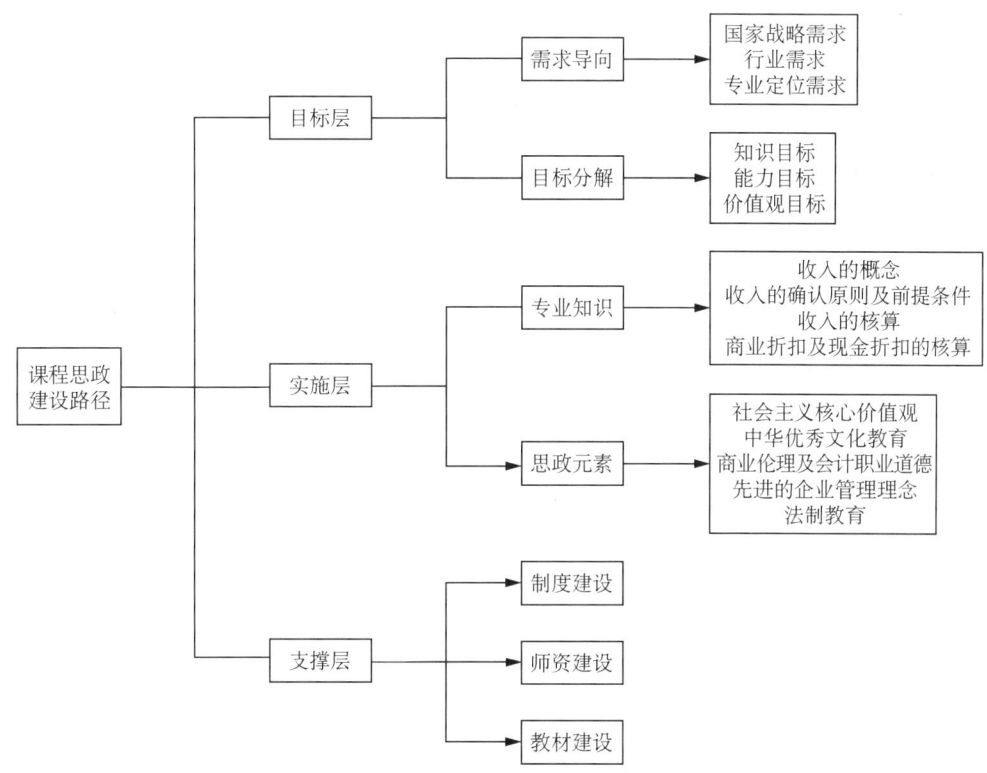

图1 中级财务会计课程思政建设路径图

1. 目标层

从国家战略需求、行业需求与专业定位需求出发，将人才的培养目标细分为知识目标、能力目标和价值观目标。其中：知识目标为在课堂、课中及课后环节传授学生会计理论及实务处理方法，如收入的概念、账户设置、确认和计量、会计处理等；能力目标为培育学生在课堂上进行案例呈现、小组研讨以及进行实地调研的能力，可运用习题、案例教学、实验课、"读、写、议"、辩论比赛等多种形式，提升学生的实务能力，培养学生的团队意识；"敬业尽责""实事求是"的价值观为指引，教育学生在未来的职业生涯中遵纪守法、养成良好的会计职业道德。

2. 实施层

坚持课程模块与思政模块双管齐下。课程模块专注知识系统本身，帮助学生理解新收入准则的实施背景，掌握新收入准则的运用。思政模块将会计知识与中华传统文化、社会主义核心价值观、商业伦理和会计职业道德等思政元素深度融合，加强国情教育、职业素养培育和价值观熏陶。中级财务会计与会计实务工作关联紧密，蕴含着丰富的思政元素。

（1）在专业知识层面，我国的会计准则已与国际会计准则趋同。针对新收入准则的修订原因，从收入的概念、收入的确认原则及前提条件、收入的核算、商业折扣及现金折扣的核算入手进行讲解。

（2）在思政元素层面，从社会主义核心价值观、中华优秀文化教育、商业伦理及会计职业道德、先进的企业管理理念和法制教育几个方面入手。

3. 支撑层

课程思政建设离不开制度建设和教师、教材的多方助力。学校应建立健全激励机制、考核制度，并以长期持续的经验交流与课后效果评价推动课程思政建设实现良性循环。教师作为教书育人的直接作用者，其自身的思想对学生的影响不可小觑。在实施思政教育时，教师更应该担起设计者、传输者的主力军责任，并强化专业理论知识，丰富课外知识，增长见闻，为挖掘思政素材做储备。此外，学校可以搭建学习平台，鼓励教师积极参加"课程思政"专题培训，交流学习课程思政建设技巧，并形成相应的激励机制，调动任课教师的积极性，以达到教师愿意投入更多时间和精力去践行课程思政改革的目的。思政素材是顺利开展课程思政的必要保障，适时、有趣的素材不仅能达到事半功倍的效果，而且能有效激发学生学习的兴趣。中级财务课程的教学内容抽象，知识比较复杂，并且学科的交叉性和渗透性也比较强，学生理解起来也有一定的困难，因此，开展案例研究有助于教师把先进教学理念落实到具体的课堂教学之中。第一，结合中级财务会计课程性质，当前的时事新闻、财经热点、上市公司财务舞弊案例、会计名人故事均可作为思政素材，思政素材表现形式涵盖正反面素材，可以以短视频、案例文字、图片等方式呈现。第二，思政素材的选择应符合学生的认知规律。任课教师挖掘和分享素材时，还可鼓励学生去挖掘自己感兴趣的内容。比如，学习收入的确认之前，可以布置任务让学生收集虚增收入进行财务造假的财务舞弊案例，并制作成PPT在课堂上展示。

五、中级财务会计课程思政结合方式

本部分针对中级财务会计课程思政建设的难点，遵循学生的认知规律，结合会计专业特色，从思政元素与课程知识点融合、构建多元化课程教学模式角度设计课程思政思路。

（一）思政元素与课程知识点融合

在课程教学中选择实施思想政治教育的切入点，如"会计诚信""会计职业道德""诚信为本、操守为重、遵循准则、不做假账"等，具体如表1所示。根据思想政治教育的内容相应地进行社会主义核心价值观、商业伦理与会计职业道德以及法律法规的教育，使思想政治教育发挥更好的效果。

表1 "收入准则"知识点与思政元素的融合

教学内容	教学方法	方法要点	教学重点	思政元素
收入的概念	讲授法	语言描述、讲解、论证、归纳、展示、示范等、设计疑问、讨论、学生发言等	把控与学生交流的方式、时间以及内容,发挥学生的主体性	社会主义核心价值观(爱国、敬业、诚信、友善)
收入的确认原则及前提条件、收入确认计量五步法	案例教学法	案例选取、设计提问、引导学生讨论	通过师生互动,共同探讨,研究案例中的问题,培养学生的问题意识、探究意识和创新意识。	商业伦理与会计职业道德(公司的道德治理与道德责任、企业和会计职业面临的道德挑战)
收入的核算、商业折扣及现金折扣的核算	自主型教学法	提供学习资源、布置任务、引导学生总结	激发学生的学习兴趣,充分调动学生学习的积极性和主动性	法制教育(社会主义民主与社会主义法制的辩证统一关系)

首先,社会主义核心价值观强调诚信原则,诚实守信也是会计学科注重的根本理念,是会计行业得以健康发展的基本保证,会计人员在对收入进行会计处理时也必须做到诚信。其次,法治是现代政治文明的核心,也是社会主义核心价值观的一部分,会计人员对收入的会计处理必须要严格遵循新收入准则。作为企业以及会计从业人员应保持"爱国、敬业"的热忱之心,在交易时应维护"诚信、友善"的交易环境,这些都是社会主义核心价值观在会计领域的具体反映。会计诚信表达了会计行业对社会的职业承诺,即客观公正、不偏不倚地对经济活动的过程及结果做出如实反映与及时监督,并有助于会计信息使用者和利益相关者进行各项决策。

收入准则的教学内容与思想政治教育有很多相通之处。会计人员在会计实务中做到内容真实、数字准确、手续齐备、资料完整,不仅需要会计专业技能和素养,而且需要树立正确的价值观,树立诚信意识和法制观念。会计人员在处理收入的相关事项时,首先,应保证合同的真实性及有效性,保证交易的公平;其次,以凭证为依据做账,确认完整真实的收入,识别并履行履约义务;最后,在签订合同、确认收入的过程中不仅要遵守会计准则,而且要服从国家法律,保证相关资料的完整和手续的齐备,学会用法律的武器保护自己、保护他人。

(二)构建多元化课程教学模式

课程教学模式的设计应突出"以学生发展为中心"。除了以线上自主学习为辅、线下课堂学习为主的教学方式外,教师还可灵活采用多种教学方法,在有限的时间内达到良好的教学效果。

1. 课前精心教学设计

首先,教师应结合新收入准则知识点,挖掘相关具有启发教育意义的思政素材,将其适时、巧妙地融入课堂,可选择新收入准则知识、案例与思政元素结合,如将确认合同成本与实事求是、诚实守信等思政元素融合等。其次,教师应合理衡量安排课堂时间分配,协调新收入准则知识和相关思政内容两者的容量和时长,确保专业知识和思政教育有机协调,为开展课程思政做好充分准备。最后,教师应提前布置课前预习任务,了解思政和新收入准则知识点,启发、鼓励学生将思政元素与新收入准则进行联想思考。

2. 课中巧用多样化教学方法

首先,教师通过线上的预习任务让学生对知识点有初步的了解。课堂上,教师可针对重难点内容,采用启发式讲授方式,激发学生学习兴趣。同时,采用"讲授与练习"相结合的教学方法,通过习题及时了解学生对新收入准则中专业知识的掌握情况和课程对其思想意识的影响,针对易错点、疑难点及时评讲并创设问题供学生思考及探讨,进一步加强新收入准则知识点和思政元素的相互融合,增进学生学习的收获感。除此之外,还可以采用"以案例为引领、以任务为驱动、小组合作探究"的任务驱动分组教学法开展典型案例分析。例如,在介绍延安必康、东方金钰等经典收入造假案例时,除了开展造假手段剖析、实务处理学习,教师更应引入"诚实守信"的思政元素,让学生意识到企业在确认收入时应秉承真实入账、有据可查的原则,在巩固知识点的同时应增强其法治意识、诚信意识,引导其树立正确价值观、职业观。

3. 课后拓展第二课堂

课后,教师可以利用当代大学生喜爱的方式适时发布会计名人的先进事迹、财经热点、会计行业变革动向、最新会计准则等思政素材,鼓励学生发现更多思政元素。学生可利用业余时间阅读,拓宽视野、增长见识。一堂课应做到专业知识传授与课程思政自然互融,既让学生轻松掌握专业知识,又让学生感悟《企业会计准则》背后隐含的人文关怀,宣传家国情怀并显示团结的力量,起到"润物细无声"的效果。其次,完善课程教学评价体系,采用让学生打分的教学评价方式也能有效提升课程教学质量,增强学生的获得感。

六、结论

本文围绕"思政融入知识"的课程目标,探索遵循学生的认知规律、结合课程特色,推进中级财务会计课程思政建设的路径。从新收入准则入手,结合社会主义核心价值观教育、中华优秀传统文化教育、法治教育、企业管理理念教育和会计职业道德教育多个思政元素,实现课堂知识与思政元素的有机衔接。

参考文献

[1] 董必荣.论课程思政的本质与内涵[J].财会通讯,2022(12):21-26.

[2] 刘国城,董必荣,黄中生.会计学"课程思政"示范专业建设的研究动态、实现路径和保障策略——以南京审计大学为例[J].财会通讯,2022(12):27-32.

[3] 李莹.从脱嵌走向融合:高校课程思政实施的影响因素及其策略[J].黑龙江高教研究,2022,

40(6):131-137.

[4] 丁义浩,林丹.以社会主义核心价值观引领课程思政建设[J].人民论坛,2022(8):123-125.

[5] 陈晓芳,陈昕,洪荭,李琴."会计学原理"课程思政建设:价值意蕴与教学实践[J].财会月刊,2022(3):79-87.

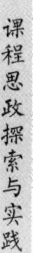

基于微信公众号的高校课程学习交流平台探索与实践
——"环球烛光财会解说"微信公众号成立两周年纪实

王清玢[①] 陈旭东[②]

一、建设高校课程网络学习交流平台的时代性

(一)以"互联网"为基础的发展新形态

数据量呈爆发式增长,信息共享成为常态,互联网时代社会发展呈现全新形态。2021年,我国网民达10.32亿[③],互联网深入各行各业,高度普及。"互联网+传统行业"的趋势不断深化,各行各业改革创新的成果不断积累,其中,"互联网+教育"的结合给传统教育带来了新的活力和教学空间。线下教学与线上拓展的结合突破了传统的课堂边界,教育信息化建设作为教育改革创新的内生动力不断升级。在新形势下,如何将互联网技术有机融入教学过程,探索可推广的教学新模式,以实现教学质量的提升和教育资源的高效利用,落实高校教学供给侧改革,成为教育创新发展的重点之一。

(二)课程思政建设的发展新要求

树立德业,培养人才,教育的根本是立德树人。新时代对教育提出了加强思想政治工作的新要求。高等教育事关国家发展,需要完善思想政治工作体系,推动"三全育人"建设,培养"爱国、敬业、诚信、友善"的中国特色社会主义事业接班人,在重视思政课程的同时推进课程思政的建设,将思政元素有机融入专业教学中。高校利用网络平台丰富课外教学内容,可以突破课堂的时空限制,将价值塑造作用于知识传授和能力培养。

二、运用微信公众号构建高校网络学习交流平台的优势

微信公众号是腾讯于2012年推出的公众平台,基于微信应用程序运行,可以推送图文视频并支持不同用户互动,拥有庞大的用户群体。其账号主要分两类:一是为企业和组织提供对外交互窗口的服务号,二是为媒体和个人提供分享信息平台的订阅号。后者即本文所要讨论的类型。

[①] 王清玢(1998—)云南财经大学硕士研究生。
[②] 陈旭东(1963—)云南财经大学会计学院教授、硕士研究生导师。
[③] 中国互联网络信息中心,第49次《中国互联网络发展状况统计报告》。

微信订阅号的基本功能可以满足当前高校课程对线上线下结合、拓展学习、信息获取和分享的需求。它作为学习交流的载体具有明显的优势。

一是微信对高校学生群体的覆盖率极高。微信公众号基于微信程序，学生并不需要下载额外的程序，进入窗口方便快捷。在大学生群体中，微信推广和分享效果好。

二是微信公众号的创建门槛低，在操作上简单易上手。微信公众号可以推送文章、图片、音视频等多种内容，且其管理员可以转移，方便教师在学生换届时安排课程公众号管理员的转移。

三是微信公众号界面简洁、主题突出，可以借助第三方工具进行内容排版和美化。同时，微信公众号后台自带用户和内容的数据分析功能，便于运营管理。

三、中级财务会计课程微信公众号的探索与实践

（一）"环球烛光财会解说"公众号简介

"环球烛光财会解说"公众号是云南财经大学会计学院陈旭东教授指导研究生运营的学习交流平台，是环球华人会计学会的子平台，与昆明市五华区烛光财会培训学校有合作关系。该公众号面向大学生群体，主要用于"中级财务会计"课程的学习交流，一方面，陈旭东教授鼓励大学生进行创作，定期的"财会小文"板块征稿并分享优质文章，为学生提供了一个写文交流的平台；另一方面，该公众号推送"特邀访谈""参观学习"等内容，丰富教学内容，利用网络平台深化思政教育。

（二）"环球烛光财会解说"公众号的运营过程

1. 想法萌芽，确定初步方案

陈旭东教授团队创建课程公众号的想法产生于2019年，其背景如下：一方面，会计是理论与实践联系较为紧密的专业，而本科专业课程的教学以书本为主，内容多且课时紧张，在课堂教学中难以拓展过多；另一方面，新时代我国对德才兼备和研究型会计人才的需求提升，并对高校提出了课程思政建设的要求，教学改革创新受到关注。另外，中级财务会计是会计专业的核心课程，在专业课程改革上具有代表性。

于是，经过多次讨论和调整，结合受众群体需求和实际运营条件，陈旭东教授团队确定了创建微信公众号的基本方案，完成了LOGO的设计、板块的构思以及合作运营机制的构想。

2. 正式启动，推广多样内容

2020年11月27日，"环球烛光财会解说"公众号正式启动，面向云南财经大学会计专业本科学生发起财会专业相关的自命题征稿活动。在日常运营维护上，团队的研究生成员，按审核、校对和排版等不同分工，分步有序进行，"财会小文""特邀访谈"和"参观学习"等陆续推送了不同文章。

在运营的保障条件上，一方面，"环球烛光财会解说"公众号作为环球华人会计学会的子平台，借助其已较为成熟的平台和用户群体，扩大了公众号推文的分享渠道；另一方面，"环球烛光财会解说"公众号获得昆明市五华区烛光财会培训学校的赞助，通

过财会小文板块设置的奖项,提高学生参与征稿活动、进行文章创作的积极性。

3. 换届交接,延续平台运营

2021年10月22日,"环球烛光财会解说"公众号首届财会小文优秀推文颁奖典礼顺利举行,公众号也迎来了运营团队的换届交接。课程公众号的长效工作机制以可延续的研究生运营团队作为支撑。新一届学生入学后,由上届运营负责人对其进行操作培训,并协助新成员逐渐掌握日常运营。"环球烛光财会解说"公众号在探索中不断推新,举办了以"寻径书山 泛舟学海"为主题的读书分享会,并在推送内容和征稿方向中引入了思想政治元素。

(三) 中级财务会计课程公众号建设成效与经验

成立后不久,"环球烛光财会解说"公众号累计关注人数便超过了学习"中级财务会计"课程的学生人数。"财会小文""特邀访谈""参观学习"等板块先后推送了不同类型的文章,有效鼓励了学生创作,拓展了教学内容。

1. 通过有奖征稿鼓励学生创作,培养学生研究思维

财会小文作为公众号的主要板块,通过征稿活动收到近两百篇文章。本公众号运营团队通过有奖征文的方式,鼓励大学生发现问题、思考分析、深入研究。同时,做好审稿工作,坚持原创,以质量为本。

2. 丰富输出内容,融入思政元素,落实育人功能

表1列示了本公众号阅读分享情况,由表1中可知,公众号推送的"参观学习""精彩回顾""特邀访谈"等板块的内容有效送达了关注用户,实现了阅读和分享。文章中融入的思想政治元素,将潜移默化地作用于人才培养,发挥了网络学习平台的育人功能。例如,"学党史 悟思想"类文章引导学生"学史明理、学史增信、学史崇德、学史力行";读书会分享活动鼓励学生坚持阅读并分享;"特邀访谈"板块为学生提供与会计专业人士隔空对话的机会。公众号突出隐性教育,丰富网络思政教育体系,助力全方位育人。

表1 本公众号阅读分享情况

文章类型	平均阅读次数	平均分享次数
财会小文	242	29
参观学习	209	20
精彩回顾	454	79
特邀访谈	442	40

3. 基于成熟平台,实现内容的快速推广

由图1可见,本公众号的阅读推广途径主要为朋友圈和聊天会话。这一方面说明在建号初期,本公众号基于"环球华人会计学会"已较为成熟的用户群,进行宣传和推广取得了成效;另一方面说明公众号具有分享优势,发布的文章有利于推广到相关专业群体。

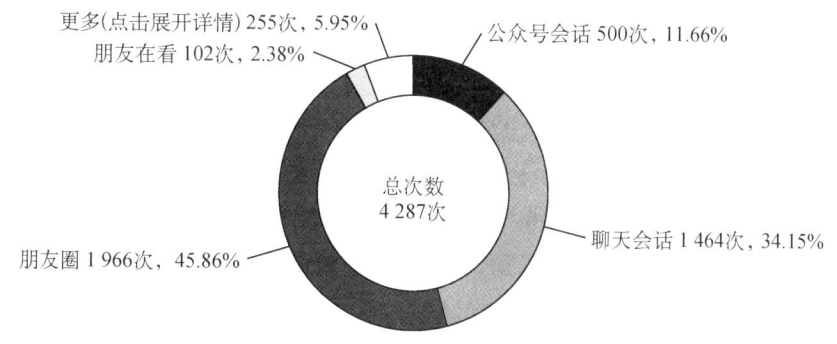

图 1　2022 年 10 月 26 日公众号阅读渠道构成

（四）进一步改进和发展计划

"环球烛光财会解说"公众号已完成初步探索,实践表明,专业课程通过建立微信公众号构建教学网络体系具有可行性。本公众号当前面临的主要问题是关注用户少、内容推送频率低等。

在下一步改进和发展阶段,公众号需要保持输出优质内容,以吸引更多的学生关注并增强黏性。具体措施如下:一是扩大公众号在学生群体的宣传力度,让更多财会专业的学生知道;二是优化运营团队,比如,通过内容选题讨论会的形式激发团队成员想法,以充分发挥团队的创造力;三是提高文章的推送频率,与"环球华人会计学会"的其他子平台加强互动;四是在推送内容达到一定量后优化公众号界面设置。同时,微信公众号运营团队将继续探索思政教育与专业教育的有机结合,让学生在丰富学识的同时塑造品格,成为德才兼备的会计人才。

四、基于微信公众号建设课程学习交流平台的总结与展望

顺应时代发展和教学需要,丰富高校教学网络体系,探索线下专业教学与线上拓展分享相结合的混合教学模式,已成为发展趋势。建设高校课程微信公众号具有可行性和可推广性。微信公众号可以作为互联网思想政治工作载体,以立德树人为根本,拓展学生学习空间,在高校教育工作中发挥重要作用。

参考文献

［1］张岩."互联网＋教育"理念及模式探析［J］.中国高教研究,2016(2):70-73.

［2］季明,高明.新媒体对大学生思想政治教育的影响研究——以微信公众号为例［J］.江苏高教,2015(4):114-116.

［3］中国政府网.中共中央　国务院印发《关于加强和改进新形势下高校思想政治工作的意见》［EB/OL］.(2017-02-27)［2022-12-20］.http://www.gov.cn/zhengce/2017-02/27/content_5182502.htm?from=timeline&isappinstalled=0.

课程思政案例:揭露舞弊的外衣 净化资产的容颜
——以康得新案例分析高质量函证程序的实施

曾　军[①]　朱晟林[②]　李本春[③]　张宝德[④]　宋凌霄[⑤]　杨紫莹[⑥]

一、课程案例内容

(一) 案例基本素材

瑞华会计师事务所未执行高质量的函证程序,导致审计失败,后果严重。

中国证监会于2019年7月6日对瑞华会计师事务所(特殊普通合伙)(以下简称瑞华)启动立案调查,瑞华作为康得新复合材料集团股份有限公司(以下简称康得新)的连续审计机构,对康得新2015—2017年的年度财务报告均出具了标准无保留意见的审计报告。在2019年年初,康得新被爆出财务问题并引起广泛关注后,瑞华对其2018年年度财务报告才出具了无法表示意见的审计报告。瑞华在康得新2018年度财务报告审计中,对其存放在北京银行西单支行的资金进行了银行函证。西单支行回函称,银行存款账户余额为0,该账户在该行有联动账户业务,银行归集金额为122.1亿元。之后在年度审计报告中,瑞华称通过对货币资金的银行函证并未获得充分适当的审计证据,也无法实施进一步有效的替代程序,对康得新期末银行存款的真实性存有疑虑。可是康得集团自2014年就与北京银行西单支行签订了相关的合作协议,根据银行现金池业务的操作规则,在该协议下康得新的银行账户永远为0,在之前年份的审计中瑞华对这一关键审计证据并未做出回应。中国证监会2019年7月查明:康得新涉嫌在2015年至2018年通过虚构销售业务等方式虚增利润总额达119亿元。因此,瑞华对康得新2015—2017年度审计出具的审计报告存在重大虚假问题,导致审计失败。究其原因,瑞华在审计过程中存在函证程序的谨慎性不足、函证的执行流于形式、缺乏函证关键审计证据等问题,具体如下。

1. 函证程序的谨慎性不足

(1) 瑞华对康得新提供的相关数据并未保持职业怀疑,对货币资金未充分重视。

[①] 曾军(1983—),云南财经大学会计学院副教授。
[②] 朱晟林(2000—),云南财经大学会计学院硕士研究生。
[③] 李本春(1999—),云南财经大学会计学院硕士研究生。
[④] 张宝德(1997—),云南财经大学会计学院硕士研究生。
[⑤] 宋凌霄(1998—),云南财经大学会计学院硕士研究生。
[⑥] 杨紫莹(2000—),云南财经大学会计学院硕士研究生。

在银行函证的过程中,审计人员未能保持职业谨慎,未能对货币资金是否真实存在获取充分可靠的审计证据——未对康得新在北京银行西单支行的银行存款是否真实存在实施进一步的查验等。

(2) 康得新存在明显"存贷双高"的问题。审计人员对康得新账面上货币资金与有息负债同时处于较高水平的情况、通过举债维持超过运营所需货币资金的合理性这种不符合商业逻辑的异常行为未保持应有的关注。

2. 函证的执行流于形式

(1) 2019年7月,瑞华发布的工作情况说明,表明对康得新2015—2018年年报审计已经按照中国注册会计师审计准则要求,执行了审计机构需要执行的应有审计程序。但审计失败的结果证明,仅为了符合中国注册会计师审计准则的要求而实施的审计程序、获得的审计证据是不够的。

(2) 康得集团自2014年就与北京银行西单支行签订了相关的合作协议,在该协议下银行账户永远为0,在之前年份的审计中瑞华对这一可疑事项并未做出回应。

3. 缺乏函证关键审计证据

(1) 2018年,康得新累计将24.53亿元从募集资金专户转出,后经多次辗转又流回康得新,且该笔资金用于归还银行贷款、配合虚增利润等。

(2) 瑞华在康得新2015—2017年年度财务报告审计中对北京银行西单支行银行存款的函证,西单支行均回函金额相符,但在回函中未提及银行存款中的归集金额的相关情况。因此,瑞华在2015—2017年均未取得康得新在北京银行西单支行银行存款中的归集金额是否真实存在的关键性审计证据。

(二)案例后续情况

瑞华函证程序存在的重大缺陷,导致其未能发现康得新在2015—2018年年度报告中虚增货币资金119亿元的重大财务舞弊行为,并带来严重后果。

一是导致瑞华出具的审计报告存在重大虚假问题,未能发现康得新财务舞弊行为。财务舞弊被曝光后,康得新被查处,最终导致其退市,投资者遭受巨额损失;同时,注册会计师行业形象受损、资本市场健康发展受到质疑。

二是瑞华因康得新案被证监会立案调查后,大量合伙人选择离开瑞华另寻新的会计师事务所。同时,瑞华的业务量也大幅度缩水,面临无上市公司客户可审的窘境。至2019年10月,已经有75家上市公司选择终止与瑞华的合作。据统计,从2017年3月至2019年8月的近30个月内,有154家瑞华的A股客户发布更换审计机构的公告,累计变动共191次,瑞华净减少A股客户117家,部分地区的分所已经注销。

三是康得新公告于2022年3月23日收到南京中院应诉通知书,原告中泰创赢(机构投资者)以证券虚假陈述责任纠纷为由起诉康得新等11名被告,请求法院判令康得新向原告支付因其虚假陈述给原告造成的投资损失合计51.54亿元,其余10名被告承担连带赔偿责任。10名共同被告包括北京银行西单支行、北京银行、康得投资集团、钟玉、徐曙、中化赛鼎宁波、沈阳宇龙汽车、联合信用评级、恒泰长财证券、瑞华会计师事务所。

(三)案例分析要求

1. 瑞华在康得新 2015—2018 年度审计函证的过程中犯了哪些错？表现在哪里？

2. 体会和感悟会计师事务所严格执行审计程序的重要性以及执行审计程序流于形式的后果严重性，审计人员在执行审计程序中应当注意什么问题？

具体回答可填写在表 1 至表 4 中。

表 1　中国注册会计师函证过程中应实施的控制及其要求

应实施的控制	要求

表 2　瑞华会计师事务所及其 CPA 在执行审计程序中所犯的错误的具体表现

违反的基本原则	违反基本原则的具体表现

表 3　瑞华会计师事务所及其 CPA 不当行为所违反的职业道德基本原则

审计测试	审计测试中存在的不当行为	违反的职业道德基本原则
风险评估程序		
内部控制测试		
实质性程序		

表 4　瑞华及其 CPA 实施函证程序失效的严重后果

所影响的当事人	给当事人带来的严重后果
瑞华及其 CPA	
CPA 行业	
证券市场及其投资者	

二、课程思政案例应用

本案例可应用于审计学课程的较多部分,如审计职业道德与审计法律责任、审计目标与审计计划、审计证据与审计工作底稿、风险评估与风险应对、现金收支循环审计等。本文将其应用于审计证据部分。

(一)"审计证据"部分教学目标

1. 知识目标

了解函证对审计工作的重要性,了解函证程序的概念、内容和作用,理解并掌握函证的实施与评价、函证程序失效的主要原因及防范措施。

2. 能力目标

能够将函证程序的履行运用于审计实务中,完善函证程序实施的过程,降低函证程序失当导致审计失败的风险,分析和解决函证程序中的审计问题,确保审计工作的顺利完成。

3. 素养目标

为以后审计工作中函证程序的执行提供参考或借鉴,提高学生准确掌握高质量函证程序并实际践行的能力,促进其成长为专业技术能力强的优秀会计师。

(二)"审计证据"部分教学内容

1. 函证的对象

(1) 银行存款(包括零余额账户和在本期内注销的账户)、借款及与金融机构往来其他重要信息。函证银行存款、借款及与金融机构往来其他重要信息,目的是了解实际存在的银行存款余额,借款余额以及抵押、质押及担保情况。函证零余额账户、在本期内注销的账户,目的是查出隐瞒银行存款或借款情况。

(2) 应收账款:注册会计师应当对应收账款实施函证程序,除非有充分证据表明应收账款对财务报表不重要,或函证很可能无效。

(3) 其他内容:交易性金融资产、应收票据、其他应收账款、预付账款、长期股权投资、应付账款等。

2. 函证的范围

注册会计师根据对被审计单位的了解、评估的重大错报风险以及所测试总体的特征等,确定从总体中选取特定项目进行测试。选取的特定项目包括金额较大的项目,账龄较长的项目,交易频繁但期末余额较小的项目,重大关联方交易,重大或异常的交易,可能存在争议、舞弊或错误的交易。

3. 函证的时间

注册会计师通常以资产负债表日为截止日,在资产负债表日后适当时间内实施函证。

4. 管理层要求不实施函证时的处理

具体处理包括:①分析管理层要求不实施函证的原因;②管理层要求合理时的处理;③管理层要求不合理时的处理。

5. 函证的方式

函证的方式有积极式函证与消极式函证。

6. 实施函证时需关注的舞弊风险迹象和应对措施

舞弊风险迹象:管理层不允许寄发询证函;管理层试图拦截、篡改询证函或回函;被询证者将回函寄至被审计单位,被审计单位转交给注册会计师;回函信息与被征询者不一致;私人信箱回函;收到字迹相同的多份回函;被询证者缺乏独立性。

应对措施:验证被询证者是否存在;从其他来源获取被询证者地址并核对;前往被询证者工作地验证;从金融机构获取被审计单位的信用记录及贷款等。

(三)"审计证据"部分主要教学方法

1. 教学系统:雨课堂智慧教学系统。

2. 教学方法:课前主动学习+案例思考与小组讨论+小组汇报与点评互动。课前主动学习:即学生课前主动学习相关内容,包括阅读教材和教学参考书的相关内容、学习"雨课堂"发布的 PPT 课件;案例思考与小组讨论:学生在阅读案例素材的基础上思考讨论题,并进行小组讨论、准备汇报材料等;小组汇报与点评互动:在课堂上,各小组优化课前准备的汇报内容,通过雨课堂投稿分享,派出代表汇报;然后,不同小组之间相互点评互动;最后,教师点评并进行总结。

三、课程思政案例教学设计

(一)教学过程

课前:教师将学习课件和案例分析题发布于雨课堂;学生预习教材和课件,分组讨论并准备汇报材料。

课中:教师讲授主要内容并解答学生疑问;学生思考后进一步完善课前案例分析的答案;各小组通过雨课堂投稿,教师将投稿随机投屏并发送到全班,小组代表汇报,其他同学进行点评;教师进行点评和总结。

(二)课程思政理念设计

将思政教育与审计专业理论教学相结合,使大学生成长为中国特色社会主义事业的合格建设者和可靠接班人,不仅要大力提高他们的科学文化素质,而且要大力提高他们的思想政治素质,引导大学生树立诚实做人、诚信交往、恪尽职守的价值观。通过分析与讨论此案例,学生会体会到高质量函证程序的重要性,从而恪守职业道德规范,做到知行合一。

(三) 教学活动设计

教师准备好案例素材并提出需要学生分析讨论的问题,提前发布在雨课堂(雨课堂网络学习);学生课前学习,分组研讨案例并准备汇报材料(组内讨论,分析案例);翻转课堂;小组展示与点评互动(提问与解答);课后感悟与心得(加深理解与整理),如图1所示。

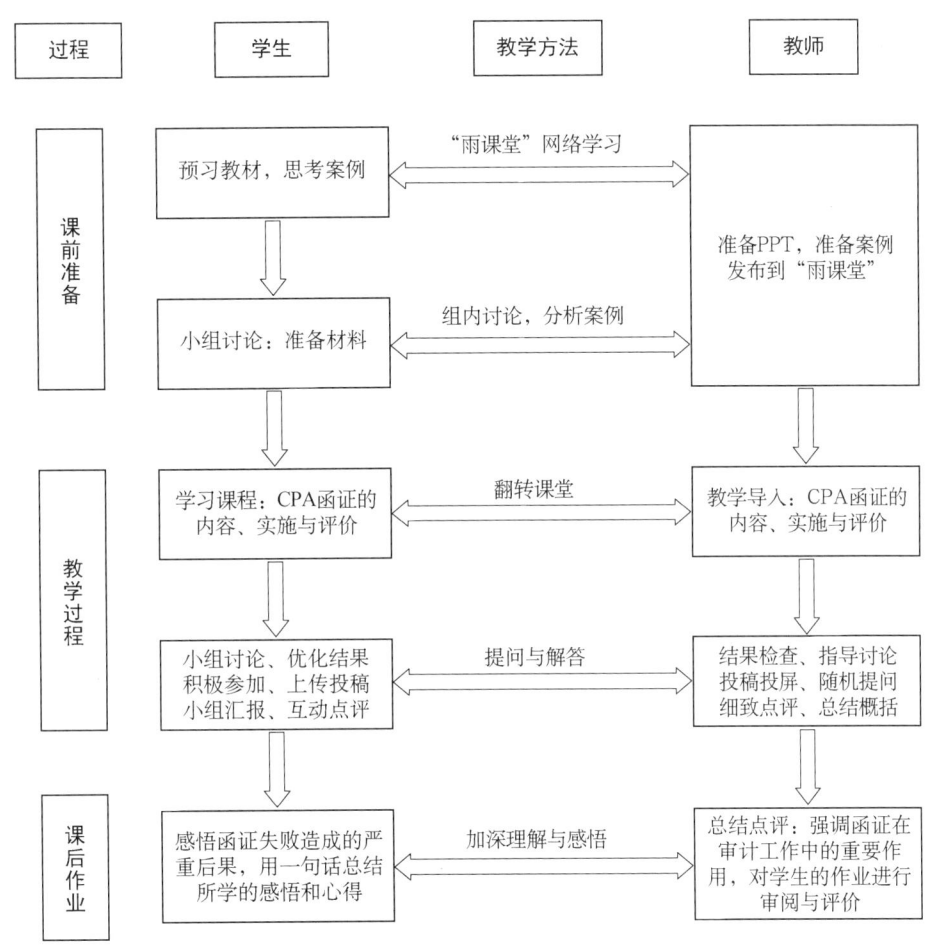

图1 高质量函证实施教学流程图

教学流程分为三个环节。第一环节:课前准备,教师准备好案例素材与相关问题,提前发布到雨课堂;学生课前学习,分组讨论案例并准备汇报材料。第二环节:教学过程,进行翻转课堂,教师随机点名,挑选小组展示;小组进行投稿,并由教师通过雨课堂展示给学生;展示结束后,进行互动点评。第三环节:课后作业,学生总结感悟与心得,教师进行点评。

四、课程思政案例效果

通过此次案例分析、小组讨论、汇报与点评,让学生体会到审计的社会责任,感悟到审计工作中函证失败的严重后果。康得新案件为注册会计师行业敲响了警钟,学生应领会到:注册会计师审计应当保持合理的职业怀疑、做到应有的职业谨慎、执行充分的审计程序,并将感悟运用到今后的学习和工作中,进而塑造严谨踏实的工作态度,践行社会主义核心价值观。

本案例涉及较多的审计专业术语,对学生的审计理论功底要求较高,但学生对审计理论的掌握程度还不够深入,因而难以完全掌握案例的全部内容,学生剖析问题的能力还有待提高。

参考文献

[1] 刘忠庆.会计诚信缺失问题的治理对策研究——基于康美药业、康得新财务造假案引发的思考[J].财政监督,2022(11):61-66.

[2] 闫卓然.基于风险因子理论的康得新财务舞弊动因及防范研究[D].石家庄:河北师范大学,2022.

[3] 唐啸,郭飞.资金集中管理与控股股东掏空——基于康得新与永煤控股的综合分析[J].财务管理研究,2022(05):9-18.

[4] 刘逸尘.瑞华会计师事务所对康得新审计失败案例探讨[D].南昌:江西财经大学,2021.

[5] 单子懿.我国注册会计师审计失败原因研究[D].长春:吉林财经大学,2021.

[6] 姜子阳.会计师事务所审计失败原因及防范措施研究[D].哈尔滨:哈尔滨商业大学,2020.

[7] 李雪姣.瑞华会计师事务所对康得新审计失败的案例研究[D].大连:东北财经大学,2020.

[8] 高雪迪.瑞华对康得新审计失败案例研究[D].石家庄:河北地贸大学,2020.

[9] 徐思迪.上市公司财务舞弊审计问题研究[D].大连:东北财经大学,2020.

[10] 李视友.由"康得新"案谈注册会计师银行存款函证程序的运用[J].财会研究,2020(2):62-65.

[11] 徐超,黄蓉,顾婧.审计管理体制改革背景下的国家审计职业准入制度研究[J].南京审计大学学报,2018,15(2):8-15.

[12] 陈汉文,池晓勃,姚尧.我国上市公司真实性审计问题探讨[J].审计研究,1999(2):8-13.

[13] 张冬梅,叶陈毅.现代审计职业道德建设问题初探[J].会计之友(上旬刊),2007(8):27-28.

[14] 吴水澎,刘启亮.会计制度公共领域与会计职业道德[J].会计研究,2005(11):3-7,96.

[15] 苏孜.以审计他律与自律的结合为起点构建审计职业道德[J].审计研究,2005(3):76-78.

[16] 王合喜,董红星.会计职业道德问题研究[J].财会月刊,2004(3):20-21.

[17] 冯卫东,郑海英.论会计职业道德建设的实施机制与制度创新[J].会计研究,2003(9):43-45.

[18] 夏博辉.论会计职业判断[J].会计研究,2003(4):36-40.

[19] 韩传模,郝景昭.会计职业道德的失范与重塑[J].会计研究,2002(5):29-33.

铸牢中华民族共同体意识教育课堂教学典型案例(上)
——"云南历史名人"对云南各民族会计发展的影响与贡献

陈旭东① 曾 军②

一、背景分析

云南是我国少数民族最多的省份,各个少数民族在云南历史发展过程中形成了自己独有的民族文化,这些民族文化的形成依赖于云南的发展,同时又作用于云南的发展,尤其是云南商贸与经济的发展。在云南民族经济发展进程中,涌现出了一个又一个,一批又一批的促使云南会计方法与技术不断进步与发展的领头羊,他们将云南民族理财文化与外来会计文化、地域文化有机结合,融入会计实践,不仅有力促进了云南经济社会的发展,而且形成了独具民族特色的非物质文化。

为了传承和保护云南各民族的财会文化,云南省财政厅与云南财经大学于2010年商定合作建设云南少数民族财会博物馆,选址于云南财经大学校园。云南少数民族财会博物馆于2011年9月18日开馆,后于2015年5月20日更名为中国少数民族财会博物馆。这是全国首家民族类会计专业性博物馆,经过多年的建设,博物馆现已成为云南省会计文化研究与传播基地,形成融收藏、展示、教学、科研、科普、交流为一体的多功能专业性博物馆。

二、学情分析

"注册会计师特色班"是云南财经大学会计学院的品牌班,基于高分录取和中期分流,品牌班汇集了全校最优秀的学生,全班53人,人人学习积极性高涨,个个争先创优,学习风气一流。"中级财务会计"课程是品牌班学生的系统性必修课,具有较强的专业性和实践性。在教育部《高等学校课程思政建设指导纲要》的指导下,本课程进行的思政建设于2021年被列为云南省思政示范课的重点培育项目;教学团队将"民族团结,共同发展"作为一个思政元素融入了课程教学。

三、教学目标

本课程紧扣"三全育人"十大育人体系中的"课程育人""文化育人""实践育人",

---

① 陈旭东(1963—),云南财经大学会计学院教授、硕士研究生导师。
② 曾军(1983—),云南财经大学会计学院副教授。

积极发挥中国少数民族财会博物馆在校园文化建设中的作用,根据会计学专业特点和新时代对会计人才培养的需求,把思政元素"中华民族共同体意识"融入课程的总论部分——"会计历史、目标、职能、作用和会计职业道德等",通过介绍云南省少数民族发展史和会计名人经历与成就,引导学生树立正确的历史观、民族观、文化观,增强对中华民族、中华文化的认同感。

四、教学重点

文化传承是民族历史的见证和写照,是民族生存和发展的内在源泉,大力弘扬和发展少数民族文化,不断加大民族文化事业建设的力度,才能使少数民族文化得到更好的保护和有效的应用。通过课程思政促进文化传承是近年来高等教育的有益探索,"中级财务会计"课程教学的一个主要任务就是培养"德才兼备"的社会主义建设者。在传授专业知识的同时,将"中华民族共同体意识"融入该课程是教学的一个重点。

五、教学难点

民族文化传承教育必须依靠某一具体载体进行,而非"空喊口号,自说自话"。由于主流文化的影响及学校寄宿制的施行,学生乃至教师在一定程度上脱离了民族环境,民族文化被忽视,对民族文化传承带来一定的阻碍。实践证明,利用博物馆,通过课程思政传承民族文化是行之有效的,它可以使文化传承成为常态,达到"春风化雨,润物无声"的效果;难点是找准切入点,长期坚持。

六、教学准备

"中国少数民族财会博物馆"得天独厚,为教学提供了民族文化传播的实体环境,能够有力促进民族文化对学校师生的影响。"云南会计名人堂"介绍了云南经济发展进程中为云南会计发展作出过重大贡献的多位名人及其历史事迹,每位名人都是一本生动的教科书,他们用真实事迹展示着各民族会计人的勇敢、执着、努力和奋斗,诠释着民族会计的人文精神。

七、教学过程

由于时间有限,课堂教学只能选取3位名人讲解,其余的名人的事迹通过组织学生参观"中国少数民族财会博物馆"进行学习。

(一) 人物代表:王炽

王炽(1836—1903),字兴斋,云南弥勒人,中国封建社会唯一的一品红顶商人。主要功绩:将企业生产经营与金融理财相结合,实现企业经济利益最大化。勇于拼搏创新,是王炽能够在众多经商者中脱颖而出的一个重要因素。

(二) 人物代表:严子珍

严子珍(1870—1941),号镇圭,云南大理人。民国白族富商,喜洲商帮"永昌祥"商号创办人。主要功绩：设立科学的会计管理体系，将财务盈余管理制度和人事管理制度引入商号账务管理体系。

(三) 人物代表：徐学惠

徐学惠(1941—)，中共党员，云南腾冲人，曾任云南省瑞丽县人民银行陇川农场营业所出纳。主要功绩：奋勇保卫国家财产，坚守会计岗位，堪当云南乃至全国会计界之楷模。

八、教学反思

通过组织学生学习王炽"敢于创新"的勇气，严子珍对专业的钻研和徐学惠用生命坚守会计人的职责，引导学生体会什么是"爱国主义"，何谓"国家意识、公民意识、法治意识"，真正理解我们只有"旗帜鲜明反对分裂国家图谋和破坏民族团结"，国家才能繁荣，民族才能振兴。

云南会计名人堂收录的名人，不论身处何种环境，不论面临何种挑战，都在身体力行地践行会计人的诚信。诚信，不仅是一种人类的道德操守，而且是会计人应该具备的职业素养。会计名人堂为高校会计专业的德育体系建设提供了新途径。

铸牢中华民族共同体意识教育课堂教学典型案例(下)
——中国少数民族财会博物馆参观与现场教学实录

曾 军[①] 鲁啸宇[②] 陈旭东[③]

一、参观地点

云南省昆明市五华区云南财经大学中国少数民族财会博物馆。

二、参观时间

2021.9.18

三、参与人员

陈旭东老师、研究生助教、2020级"注册会计师特色班"品牌班全体同学。

四、参观基础

"中级财务会计"课程的"财务会计理论与基础"部分已授课完毕,学生对会计基础理论有了充分的认识。

五、参观学习流程

1. 简单介绍中国少数民族财会博物馆

教学流程:问学生是否有参观博物馆或者伟人故居的经历,是否有阅读中国传统历史文化书籍的爱好,是否参观过与会计相关的博物馆,如果有的话,让学生们分享一下他们对与会计相关的中华优秀传统文化以及博物馆的认识与了解。然后对中国少数民族财会博物馆进行一个基本的介绍。

介绍内容:云南是我国少数民族种类最多的省,全国56个民族中,云南就有51个,其中,人口超过5 000人并有一定聚居区域的民族有25个。同时,有15个少数民族是云南独有的。我国古代理财思想和财计文化发展水平较高,西南多民族文化背景下的会计发展史是我国会计发展史的重要组成部分,其财会发展带有浓厚的多民族

---

① 曾军(1983—),云南财经大学会计学院副教授。
② 鲁啸宇(1998—),云南财经大学硕士研究生。
③ 陈旭东(1963—),云南财经大学会计学院教授、硕士研究生导师。

文化色彩,发展历程具有显著的多样性和特殊性。在经济社会发展历史进程中,各少数民族形成了各自不同的经济管理思想和观念。"以史为镜,可以知兴替",为了能促进财会事业的更好发展,云南财经大学联合云南省财政厅共建中国少数民族财会博物馆。2011年9月18日,博物馆正式建设完成,这体现了对中华优秀传统文化的继承发展的决心与毅力。

2. 西南地区最大的算盘

教学流程:向学生展示西南地区最大的算盘,并问学生是否看到过算盘、使用过算盘,如果有的话,就让学生动手演示,如果没有的话,就由老师教学生如何打算盘,向学生展示算盘的强大功能。

介绍内容:简介西南地区最大的算盘。让学生亲眼观察、亲手触摸,感受早期会计算账的状态和工具。老师对算盘的用法进行介绍,让学生了解算盘巨大的专业效用。

3. 进入第一个板块——"结绳刻木·萌芽的冲动"

教学流程:先对会计确认条件、会计计量基础、会计恒等式等专业知识进行回顾。然后带学生们了解历史长河中会计的最初形态。在介绍过程中让学生对所看到的历史文物发表初步看法,在学生表达看法后,老师对其进行具体的介绍。

介绍内容:会计源自人类对数字的认识与追求,因此,数量与会计是分不开的。在原始社会时期,没有数字符号,但有很多形式的数量观念,这也就是会计的原始观念和雏形。傣族的结绳、佤族的结腾、哈尼族的计数豆和计数玉米都是那个时期数量观念的典型代表。"计数豆计数玉米板块":《舌尖上的中国》介绍臭豆腐的时候,卖家每卖出一块臭豆腐就用一块计数豆或者计数玉米来计数。"刻木计数板块":佤族的刻木计数是当前学术界公认的最早具有债权债务关系的符号,其一面表示借,另一面表示贷,刻痕表示数量的大小和多少。"花腰傣刺绣腰带板块":傣族分为水傣、旱傣和花腰傣三支。傣族小女孩出生的时候开始刺绣,花腰傣刺绣腰带记录小女孩成长过程中发生的重大事件,等到女孩将来出嫁的时候家人会把花腰傣刺绣腰带作为嫁妆伴随她出嫁。"贝叶经板块":贝叶经是用铁笔在贝多罗树叶上所刻写的佛教经文,素有"佛教熊猫"之称。它源于古印度,到今天已经有2 500多年的历史,这里的贝叶经刻写的是村寨的重要事项。

思政结合点:中华优秀传统文化、社会主义核心价值观的"爱国""法治"。

专业结合点:会计信息处理程序中的会计确认、会计基本假设中的货币计量、财务会计的目标、会计信息质量要求、会计等式。

4. 进入第二个板块——"计算计量·民族的智慧"

教学流程:先对会计处理流程中会计计量、会计基本假设中的货币计量等专业知识进行基础回顾。然后让学生们谈一谈他们所知道的一些计数方法,并让他们分享一下随着计算机技术的发展,现在的计数方法与以往相比,先进性体现在哪里,古代的这些计量方式为现在的计数提供了怎样的经验?在同学分享过后,老师对博物馆所展示的传统计数方法进行详细的介绍,并向学生强调历史计量方式为我们现行做账方式发展所作出的巨大贡献。

内容介绍:计量工具是数量产生的直接来源,而数量的产生和数字符号的形成又加速了会计发展的历史进程,从而促进了经济社会的演进与发展。少数民族经济计量工具非常具有民族特色,他们依据民族神兽或喜爱的动物形象做秤砣,形成独具特色的计量工具。"拽称板块":拽称作为傣族、佤族的代表性称量工具,它与中原地区的杆秤有所不同,在木质秤杆上有10个刻度,一个刻度代表的是1坎,10坎为1拽,约为3.3斤。坎和拽都是少数民族的计量单位,拽称还以鹅卵石作为秤砣,这说明少数民族人们之间的信任程度是非常高的。"杆秤板块":在少数民族发展过程中也引用了中原地区的称量工具——杆秤,但其杆秤与中原地区的杆秤还有所不同,这是16两称,一斤为16两,这是少数民族地区很长一段时间采用的计量进制,所谓半斤八两也是这个道理。"象牙戥子板块":少数民族多为马背上的民族,所以有了便于携带的戥子,这个戥子的秤砣是象牙材质的,用于买卖草药、金银等物品的精密计量。从重量到容积,少数民族也有很多特殊的测量工具,如米帮、斗、升、当之类。"官斗板块":顾名思义,校准官斗为标准斗、公平秤,如市场交易双方有争议,则可以用此来衡量。陶渊明有"不为五斗米折腰"的说法,李白也有"金樽清酒斗十千"的佳句流传。"升板块":升有敞口和闭口之分,敞口便于交易,闭口便于储存。少数民族居民和汉族居民一样,在日常生活中会使用众多容积量具,有些是大小随意的,有些则是约定俗成的。"当板块":傣族、佤族和傈僳族居民日常使用的当,一当为30市斤,只会多,不会少。"嘉靖通宝板块":明朝的嘉靖皇帝为了奖励当时的东川府也就是现在的会泽县在冶炼铜、铸造铜钱方面做出的贡献,特意让人铸造的。会泽在明清时期具有非常强的经济实力,被誉为"钱王之乡"。嘉靖年间,云南承担了全国70%的铜钱铸造工作,也就是货币发行数,相当于当时中国的金融中心,嘉靖皇帝为了表彰会泽的功绩,特授该铜钱以示嘉奖。

数量的逻辑使人们对数的认识发生了本质的变化,数据规模膨胀背后是经济的飞跃,这或许可以从我们古代的算盘中寻找到答案。博物馆里有各类大小各异、材质不同的算盘,有金算盘、银算盘、玉算盘、象牙算盘、红木黑木算盘等等。位于区域中央的是两个"八角算盘",此算盘一般为各大商帮商号所使用。从历史上看,少数民族商帮是民族地区经济发展的重要支撑载体,在大理,白族商帮商号年终在总号汇账时,需要使用八角算盘,因为八角算盘可供多个账房先生同时使用,用于核算和归总不同类型的账簿数据,这也是少数民族商贸发展的象征。

从算盘到计算器,计算工具大约经历了计算尺、手摇式计算器、晶体管计算器和集成电路计算器等不同阶段。

思政结合点:中华优秀传统文化、社会主义核心价值观中的"爱国""法治"。

专业结合点:会计信息处理程序中的会计计量、会计基本假设中的货币计量、财务会计的目标、会计信息质量要求。

5. 进入第三个板块——"方圆之间·诚信的交换"

教学流程：先对会计信息质量要求、企业会计法规体系等专业知识点进行回顾，然后让同学们谈一谈对"不做假账"与会计职业道德的认识。在同学们分享完后，老师介绍"中级财务会计"课程的核心教育理念"以德育人，以文化人"，强调课程旨在培养专业能力与思想品质并重的综合性会计人才，进而强调诚信在会计职业发展中的重要性，引导学生塑造正确的人生观和价值观。最后，老师介绍博物馆相关的历史文物，时刻与社会主义核心价值观教育、会计职业道德教育、社会责任教育等相联系。

内容介绍：在大厅的中央有古代少数民族社会的典型文物代表，以及博物馆的三大文化之宝。"诚信鼎板块"：鼎盛千秋，诚信为本，诚信教育一直是"中级财务会计"课程建设的核心理念，也是经济管理人才的立身之本。"三正碑板块"：三正——正心、正品、正行，亦可读作行正、品正、心正，三正意在强调公正、公平，与会计人员"坚持准则、不做假账"异曲同工。

从经济层面来看，2 不一定大于 1，因为 2 角肯定小于 1 元。从这个角度来说，在经济活动中，数量是不能独立存在的，它必须配置经济价值这一媒介，如经济活动中货币是重要的媒介。从会计视角来看，会计四大基本假设之一为货币计量假设。"富滇银行纸币板块"：富滇银行纸币是 1929 年云南省发行的一套纸币，富滇银行是云南省民族金融机构，它的前身是蔡锷创办的云南省公钱局，后改组为富滇银行，史称旧富滇银行。富滇银行属官办性质，除经营一般商业银行的业务，还具有发行纸币的特殊职能，并代表省政府执行地方金融政策、统制外汇，实质上起到了地方央行的作用。"股票板块"：与今天的电子化股票不同，以前的股票是纸质的。票证的数字化是当下金融机构发展的重要特征，数字金融、数字货币是数字经济发展的重要产物。在过去，手工签字、手工印章、手工交易是很长一段时间里股票交易的重要形式。

思政结合点：会计职业道德、中华优秀传统文化、社会主义核心价值观中的"诚信""爱国""法治"、企业社会责任、人生观价值观塑造、会计法律法规。

专业结合点：会计信息处理程序中的会计计量、会计基本假设中的货币计量、会计信息质量要求、企业会计法规体系。

6. 进入第四个板块——"往来有据·商业的语言"

教学流程：先对会计账簿、原始凭证、会计记录、会计报告、会计分期等专业知识进行回顾，然后让同学们阐述一下从会计确认到会计报告的整个过程中需要注意的点，即如何保证整个流程的流畅性与安全性。在学生分享过后，老师从博物馆文物出发，以凭证和契约为切入点，带领学生了解完整的做账过程，在让学生对整个会计流程有整体的认识后进一步强调诚信在契约体系下的重要性。

介绍内容：这个展区按会计理论的逻辑顺序来构建，也就是从原始凭证，到记账凭证，再到账簿，最后生成报告。"契约板块"：契约是古代经济活动的重要凭据。墙壁上陈列着清代中晚期的契约，这些契约是当时重要的经济往来凭证，属于原始凭证范畴，主要有红契和白契之分，有官印的契约为红契，也称官契；没有官印的则为民众自行签订的,为白契,也称赤契。此外还有杜契和杜断契之分。杜断为买断的意思,杜断契约不能赎回。杜契为抵押性质,将来还可以赎回。"清丈执照板块":清丈执照是古代社会重要的资产凭证,类似于现今的不动产权证,其列示了土地的范围、大小、方位及产权归属,右侧须有两个存根,分别由不同的主体保管,一般存于官府和交易对方。在民族经济发展过程中,会计账簿出现过草流、单式账、三脚账、四脚账、龙门账等多种形式,草流一般采用苏州码编码形式,如账簿会列式业务序号、重量、时间、金额等信息。一竖表示1,两竖表示2,三竖表示3,X表示4,未封口的8字样表示5,一竖一横表示6,一竖两横表示7,一竖三横表示8,近似于"文"字的表示9,十则为10,因此从这个草流账本(博物馆展示的一本账本)就可以看书具体的金额:一竖下面一个万,说明是1万,然后是8千,再是两百,总计18 200。展柜中的"云南下关洪盛详售卖流水账"采用的是合账编码形式,列示的内容还包括交易物品名称、购买方等信息。金额编码更为隐秘。"采买流水薄板块":流水账从上到下记载了业务、数量、时间,仔细分析还是能够看出具体差异。在民族地区很多主体采用民族语言进行记账,在年终编制报表时要用民族语言和汉语各编制一套报表。"折米会计板块":财务规定系统图是云南省政府出具的第一份规范会计工作的流程的系统图。它规定了具体业务记入什么科目,登记什么账簿,出具什么报表。

此外,博物馆有一套青花瓷器,名为"一把莲"。中国有着数千年的陶瓷文化,造就了无数珍宝。"一把莲"大盘以白釉为底,青花为试料。莲自古以来就寓意清正廉洁,过去皇帝在任命地方官员的时候会授予其一套这样的器物,要求官员不仅自身要清正廉洁,还要带领府衙全体工作人员保持清正廉洁。廉政文化是博物馆的文化教育主题之一,博物馆也是学校的廉政文化教育基地,所以公正、诚信、廉洁也是博物馆的三大文化理念。

思政结合点:会计职业道德、中华优秀传统文化、社会主义核心价值观中的"诚信""爱国""法治"、企业社会责任、人生观价值观塑造、会计法律法规。

专业结合点:原始凭证,会计信息处理程序中的会计确认、会计记录、会计计量、财务报告,会计基本假设中的会计分期、货币计量,会计信息质量要求,企业会计法规体系。

7. 进入第五个板块——"心向财富·图腾的艺术"

教学流程:对财务会计的目标等专业知识进行回顾,让同学们论述一下企业运营的目标以及会计在企业中发挥的作用。在学生分享过后,老师进行专业性剖析,强调企业的盈利目标,并且强调企业在盈利的同时更应注重社会责任的履行。最后对博物馆文物进行介绍。

介绍内容:该板块主要展示的是代表少数民族对财富的崇拜与向往的一些文化和文物形式,有紫砂描金观音像、甲马镇纸、财神坐像。"瓦猫板块":在云南很多地方,人们信奉的财神是瓦猫,它是置于屋脊正中处的瓦制饰品,因其形象很像家猫而得名。其造型为:微张大嘴、露着尖牙、圆而鼓的大眼睛、一双尖长高耸的耳朵,人们将它安置在房顶飞檐或门口的瓦脊上,以吸财纳福,驱疫逐邪。它对外面,微张大嘴,寓意吸纳八方之财,它的尾部有一个洞,寓意让财富流入家院。

思政结合点:中华优秀传统文化。

专业结合点:财务会计的目标。

8. 进入第六个板块——少数民族地区会计工作环境

教学流程:带领学生了解古代少数民族的会计工作环境,忆苦思甜,让其明白当今时代的美好与来之不易。

介绍内容:简单介绍博物馆展示的一些会计工作工具,如印章、签章、会计科目章等等。

9. 进入第七个板块——云南会计名人堂

教学流程:首先,学生先谈一谈对企业内部控制、业绩评价方法的认识,并谈一谈对资本市场股权激励的认识。其次,老师对3个知识点进行阐述,让学生关注除了会计以外的其他管理学知识。再次,让学生分享自己熟知的中国历史名人、云南历史名人,尤其是与会计或者经济发展相关的历史名人。最后,老师对中国少数民族财会博物馆中展示的历史人物进行介绍,强调经济发展的来之不易,提醒学生"廉洁奉公""诚信经营""创新发展""爱国爱党""舍己为人"的重要性。

内容介绍:云南会计名人堂展示了为云南地区少数民族财会发展做出重要贡献的历史人物。第一位是王炽,人称"钱王",他是中国历史上的著名"红顶商人","同庆丰"钱庄的创始人,在英国《泰晤士报》评选的19世纪初世界首富中排名第四,对中国金融业和钱庄会计的发展做出重要贡献。第二位是盛延龄,字梦九,曾任旧富滇银行总行行长,他引进现代银行管理体系,重视金融风险控制,杜绝银行进行实体经营,恪守"廉洁奉公"信条,为近代金融管理者之楷模。第三位是朱朝瑛,他是清朝临安府巨商朱氏家族的核心人物。带领朱家将其名下企业"朱恒泰"商号发展成为云南三大商帮之首。第四位是严子珍,他是大理白族喜洲商帮"永昌祥"商号创始人,是近代中式会计方法改良的践行者,其所创"鸿账"是近代早期改良中式簿记总账的代表性形式,在当时具有很强的创新性。第五位是陈鹤亭,曾任云南省财政司司长兼盐运司司长,堪称近代云南资本运作第一人。第六位是董澄农,他是大理喜洲传奇商业巨子,将内部控制、绩效考核等先进企业管理理念引入商帮商号。第七位是郑一斋,他在同行中被称为"儒商",他开创了民营企业劳方入股的员工股激励计划。第八位是龚绶,他将现代会计核算方法引进土司政府管理机构。第九位是缪云台,他是20世纪著名的爱国人士,先后担任云南富滇新银行行长、云南锡业公司董事长,通过强化生产管理、财务管理和市场开拓,挽救云锡产业。第十位是梁金山,他从马锅头做到工头,1903年赴缅甸经商,主张强化企业经营的低成本控制。第十一位是舒金和,他是明末清初云南名商,"兴盛和"商号的创始人、总掌柜、三大股东之首。第十二位是现代名人徐学惠,她是一名中共党员。在1959年的一天,徐学惠遇到歹徒抢劫公款,为了保卫国家财产,她任凭残暴的土匪对其持刀乱砍,仍然紧抓住土匪不放。最后保全了钱箱,但是她也失去了她的手臂。她坚守了会计人的责任,堪当云南乃至全国会计界的楷模。

思政结合点:不忘国耻、民族团结、振兴中华、社会主义核心价值观中"爱国""敬业""诚信"、人生观价值观塑造、创新意识塑造、会计法律法规、会计职业道德。

专业结合点:内部控制、绩效考核、股权激励、会计账簿、财务会计目标。